로빈손과 함께 떠나는 재테크 시리즈 ②

돈 되는 부동산 투자여행

로빈손과 함께 떠나는 재테크 시리즈 ②

돈 되는
부동산
투자여행

조필규 지음

매일경제신문사

부자가 되어 돌아오는 부동산 투자여행을 떠나며…

예나 지금이나 '부자'가 되고 싶다는 것은 모든 사람의 꿈이자 염원입니다. 문제는 어떻게 해야 부자가 될 수 있을까 하는 방법일 것입니다. 사회가 복잡해지고 발전할수록 '부(富)'를 실현할 수 있는 수단은 더욱 어려워지고 있습니다. 근면성실하게 일하다 보니 부자가 되었다는 말이 현실성이 없이 들리는 것도 이 때문입니다.

특출한 재능이나 뛰어난 재능 없이도 부자가 될 수 있는 방법, 평범한 사람들이 부자가 될 수 있는 방법, 부자들의 재산의 원천이 부동산임을 우리는 익히 잘 알고 있습니다.

로또처럼 일확천금을 얻을 수 없더라도 부동산 투자야말로 부자를 향한 우리의 꿈을 실현시켜 줄 수 있는 가장 확실한 방법이 될 수 있습니다. 하지만 시대가 변한 만큼 부동산 투자법 또한 많이 변했습니다. 과거와 같은 소위 '묻지마' 식의 부동산 투자패턴으로는 성공할 수 없습니다. 뉴스와 신문에서 연일 보도하듯 아파트 미분양은 전국적으로 넘쳐나고 있습니다. 특히 중대형 아파트를 분양받은 사람들은 고통을 겪고 있는 실정입니다. 문제는 이러한 현상이 일시적이 아니라는 것입니다. 다시 말해 부동산 투자의 패러다임이 바뀌고 있다는 뜻입니다.

전체 인구 감소와 고령화, 그리고 1~2인 가구 증가에 따른 주거패턴의 변화는 필연적입니다. 더욱이 엄청난 출산율을 보이며 대한민국 경제성장을 이끌었던 전후세대인 '베이비부머(1956~1964년생)' 들의 은퇴가 진행될 앞으로의 부동산 시장은 새로운 투자패턴을 요구하고 있습니다. 결론적으로 이제 아파트를 통하여 부를 축적하는 것은 지나간 이야기라고 할 수 있습니다. 오히려 다른 나라들처럼 향후 아파트의 버블붕괴를 걱정해야 할지도 모릅니다.

그렇다면 부동산을 통한 부의 축적은 불가능한 것일까요? 대답은 여전히 부동산은 매력적인 투자라는 것입니다. 이제는 부동산 투자의 패러다임이 바뀌었다는 것을 정확히 인식하고 새로운 부동산 투자방법을 찾아야 할 때입니다. 과거에도 그랬듯 앞으로도 확실한 부의 원천은 '땅' 입니다. 땅이야말로 우리를 부자의 길로 인도할 수 있는 가장 확실한 수단입니다.

아울러 안정적인 수익원으로서 임대수익을 올릴 수 있는 소위 연금형 자산인 '수익형 부동산' 에도 관심을 가질 필요가 있습니다. 앞으로의 부동산 투자는 토지투자와 수익형 부동산 투자 두 가지에 집중될 것입니다.

부자가 되는 첫걸음은 일단 땅에 투자하는 것입니다. 문제는 땅이라고 다

같은 땅이 아니라는 것입니다. 미래에 나에게 몇 배 아니 수십 배의 수익으로 보답할 땅도 있지만, 반대로 잘못사면 애물단지로 전락할 땅도 있는 것이지요. 본서가 말하고자 하는 것도 미래가치가 있는 땅을 보는 방법입니다. 토지투자는 개발가능성과 미래가치를 읽을 줄 아는 안목을 키워 개발축을 따라 투자하기만 하면 반드시 성공하게 되어 있습니다.

본서는 10년 이상 부동산 관련 사업을 진행하여 온 부동산 전문가인 필자가 부동산에 투자하고자 하는 독자들을 위하여 쓴 책입니다. 부동산 투자에 관련된 사항들을 쉽고도 체계적으로 설명함으로써 부동산 투자의 성공지침서가 되리라 믿어 의심치 않습니다.

제1부에서는 개발축을 중심으로 부동산 투자를 하는데 있어 꼭 필요한 기본사항을 다뤘습니다. 제2부에서는 부동산 투자의 중심인 농지와 임야 투자에 대하여 체계적으로 설명하였기 때문에 어떻게 농지와 임야에 투자하여야 하는지를 쉽게 이해할 수 있을 것입니다. 제3부에서는 부동산 투자의 핵심인 개발축을 따라가는 투자에 관하여 필자의 노하우 및 유망지역을 분석하였기 때문에 실제 투자에 많은 도움이 될 것입니다. 마지막으로 제4부에서는 수익형 부동산 투자를 어떻게 해야 할 것인지 구체적으로 다루었습니다.

본서의 최종 편집과정에서 수익형 부동산인 '도시형 생활주택' 에 대하여 새로운 내용이 발표되었고, 아울러 우리국토의 지도를 바꿀 '새만금 방조제'가 준공되는 등 부동산 뉴스가 많았습니다. 따라서 본서는 최신 자료로 수정하는 노력을 아끼지 않았고 부동산 투자에 관련한 최신 정보를 다룬 책입니다.

《로빈손과 함께 떠나는 돈 되는 부동산 투자여행》을 읽는 독자 여러분들도 주인공 로빈손처럼 본서와 함께 신나고 유익한 재테크 여행을 즐기시길 바라며, 부자가 되어 돌아오길 진심으로 기원합니다.

마지막으로 본서의 집필과정 내내 부동산 초보자의 입장에서 이해하기 쉬운 책으로 쓸 수 있게끔 도와준 사랑하는 아내의 조언과 격려에 고마움을 전합니다. 아울러 존경하는 어머니와 사랑하는 아이들에게도 필자의 애정을 아낌없이 표현하고 싶습니다. 이 책이 출간되는데 수고를 아끼지 않은 매경출판 관계자분들에게도 감사를 표합니다.

저자 조필규

차 례

제 01 부

부동산 투자여행을 떠나면서
- 부동산 투자의 기본

부동산 투자의 출발점

부동산 투자 패러다임의 변화

로빈손 : 안녕하세요. 산수로님. 다시 만나 뵙게 되어 너무 반갑습니다. 우리 책 1권《부동산 법률여행》을 공부하면서 복잡한 부동산 관련법규를 쉽게 이해할 수 있었던 것이 부동산을 아는데 많은 도움이 되었네요. 그래서 이번《부동산 투자여행》편에 거는 기대가 매우 큽니다. 이제는 길 따라 방랑하는 '로빈손 크루소' 가 아니라 '재테크의 로빈후드' 로 우뚝 서고 싶습니다.《부동산 투자여행》을 마치고 오는 길이 부자가 되어 돌아오는 급행열차이길 바라는 마음이 굴뚝같을 뿐이죠.

산수로 : 정말 반갑습니다. 로빈손님. 다소 딱딱한《부동산 법률여행》의 길을 떠나다 보니 힘드셨지요. 하지만 지금부터 다룰《부동산 투자여행》은 좀 더 신나고 유익한 여행이 될 것입니다. 이번 여행과정을 통하여 로빈손님의 꿈이 반드시 이루어지리라 믿습니다.

1970년대부터 40년 동안 앞만 보고 달려왔던 대한민국 개발의 역사. 이는 전 국토를 부동산 투자의 광풍지대로 몰아갔다 해도 과언이 아니죠. 특히 이 시기에 부동산으로 수많은 부자들이 탄생하였고, '부동산 불패신화'란 말이 생겨났습니다. 또 '묻지마 투자'는 당연지사로 알았습니다. 땅이건 아파트 건 사두기만 하면 최소 몇 배씩 오르는 것이 정상이라 생각하던 때였지요.

그러나 최근의 부동산시장에서는 더 이상 과거의 투자 패러다임이 적용되지 않고 있습니다. 부동산 투자 패러다임이 변해야 할 때가 온 것이죠.

아파트를 부동산 투자의 주대상으로 삼던 시대는 이제 지나가고 있습니다. 이제는 새로운 부를 창출할 수 있는 투자대상을 찾아야 할 때가 아닌가 생각되네요.

로빈손 : 저도 그동안 결혼해서 전셋집부터 시작해서 청약예금을 들어 아파트를 장만하고, 애들이 커가면서 아파트 평수를 늘려갔던 게 부동산 투자라면 투자를 해본 경험의 전부네요. 그래도 아파트 투자가 부동산 투자의 기본이 아닌가요?

산수로 : 앞으로 아파트 시장은 일반아파트의 50~70% 정도의 가격에 대규모로 공급될 보금자리주택 및 총부채상환비율(DTI : 연소득에서 연간 부채원리금 상환액이 차지하는 비율) · 주택담보대출비율(LTV) 확대 시행의 여파로 계속 침체를 면치 못할 것으로 보입니다. 보금자리주택은 아파트 시장에 가히 핵폭탄같은 충격을 줄 것입니다. 문제는 이러한 현상이 단기적인 것이 아니라 장기적으로 갈 것으로 전망된다는 점입니다.

로빈손 : 산수로님 말씀대로 보금자리주택은 아파트 시장에 많은 영향을 미치리라 생각하는데 현재 추진상황과 앞으로의 계획은 어떻게 됩니까?

산수로 : 보금자리주택은 2018년까지 수도권에 100만, 지방에 50만을 합해 총 150만호의 주택을 공급하고자 하는 이명박 정부의 야심찬 계획입니다. 무주택 서민들에게 일반아파트보다 훨씬 저렴한 가격으로 분양할 뿐만 아니라 임대도 하게 되어 향후 아파트 시장에 지각변동을 가져올 것으로 예상되지요. 2009년도에 서울 강남지구(자곡동·세곡동·율현동 일원), 서초지구(우면동, 과천시 주암동 일원), 고양 원흥지구(원흥동·도내동 일원), 하남 미사지구(망월동·풍산동·선동·덕풍동 일원)를 시범지구로 선정하여 이미 당첨자를 발표했습니다.

그리고 가장 관심을 모으고 있는 송파구의 위례신도시 보금자리주택지구(거여동·장지동, 성남시 창곡동·복정동, 하남시 학암동·감이동 일원)는 2010년 4월 2일 당첨자 발표를 하였습니다. 보금자리주택 2차 지구로는 서울 내곡지구(서초구 내곡동·원지동·염곡동 일원), 서울세곡2지구(강남구 자곡동·세곡동·수서동·율현동 일원), 부천 옥길지구(부천시 소사구 옥길동 일원), 시흥 은계지구(시흥시 은행동·계수동 일원), 구리 갈매지구(구리시 갈매동 일원), 남양주 진건지구(남양주시 지금동 일원)가 지정되었습니다. 2010년 4월 1일에는 보금자리주택 3차 지구로 서울 항동지구, 인천 구월지구, 광명·시흥지구, 하남 감일지구, 성남 고등지구 등 5개 지구를 새로 선정하였습니다. 3차 지구에서 특히 주목할 만한 지역은 광명·시흥지구로 분당신도시급이 서울 서남부축으로 새로 건설된다는 것입니다.

로빈손 : 보금자리주택 사업이 예상보다 빨리 추진되는 것 같습니다. 보금자리주택의 특징은 무엇이라고 할 수 있을까요?

산수로 : 보금자리주의 장점은 무엇보다 주변 아파트 시세보다 저렴

한 가격으로 분양받을 수 있다는 것이죠. 게다가 대개 서울 도심 20km 이내에 위치하여 서울로의 접근성이 매우 뛰어나다는 장점을 갖고 있습니다.

보금자리주택은 저렴한 가격에 주택을 공급하기 위하여 주로 서울 근교의 훼손지역이 광범위하게 산재된 개발제한구역인 그린벨트를 수용하여 건설하게 됩니다.

로빈손 : 보금자리주택이 지속적으로 건설된다면 앞으로 아파트 투자방향을 전환해야 하지 않을까요?

산수로 : 그렇습니다. 게다가 인구의 지속적인 감소추이 및 출산율의 저하와 고령화 추세는 그동안 아파트 투자의 블루칩이었던 중대형 아파트 선호 경향을 바꿀 것으로 예상됩니다.

따라서 앞으로의 아파트 시장은 보금자리주택과 소위 명품주거단지로 불리는 아파트 외에는 과거와 같은 투자메리트는 기대하기 어렵다고 볼 것입니다. 앞으로는 아파트 시장의 양극화현상이 심화될 수밖에 없다는 논리이죠.

로빈손 : 이제 본격적으로 부동산 투자를 하고 싶긴 한데 사실 지식도 짧고 경험도 없다 보니 어떤 곳에 투자해야 할지 막막하더라고요.

산수로님 말씀대로 새로운 부를 창출할 수 있는 부동산 투자대상이라면 어떤 것이 있을 수 있을까요?

산수로 : 앞으로는 환경 및 식량안보차원에서 꼭 보존해야 할 농지 및 임야를 제외하고는 거의 도시화되어 간다고 보면 될 것입니다. 따라서 새롭게 떠오르는 부동산 투자대상은 농지와 임야라고 말씀드릴 수 있습니다.

농지와 임야는 다른 투자대상에 비해 아직 가격대가 비교적 저렴하므로 잘만 고르면 투자대비 수익률이 매우 높을 수 있습니다.

그러나 농지와 임야의 투자는 비교적 장기간을 요하므로 돈 되는 수익형 부동산에도 관심을 가질 필요가 있습니다. 인구구조의 변화 및 1인가구의 증가로 도시형 생활주택이나 준주택의 개념이 새롭게 떠오르고 있기 때문에 앞으로 새로운 수익형 부동산의 투자기회가 주어질 것으로 보입니다.

로빈손 : 그동안 아파트 외에는 부동산 투자를 해 본적이 없어서 약간 겁도 나지만 산수로님만 믿고 열심히 배워 부동산 투자여행의 첫 걸음을 시작하고 싶습니다.

산수로 : 하하~ 약간 부담이 되네요. 하지만 걱정하지 마시고 열심히 따라 하시다 보면 부동산 투자의 노하우를 배우실 것입니다.

그동안 최고의 재테크 수단으로 여겨졌던 아파트 투자 중심의 부동산 투자 패러다임은 이제 패러다임의 변화를 가져올 수밖에 없습니다.

베이비부머(6 · 25전쟁 이후 1956년부터 산아제한이 본격적으로 시작되기 전해인 1963년까지 태어난 세대)와 부동산시장의 관계를 분석한 기사를 참고하면 그동안 우리나라 부동산시장의 흐름과 앞으로 부동산 투자 패러다임이 어떻게 변화할 것인지를 예측하는데 도움이 될 것입니다.

베이비부머와 부동산시장

6 · 25전쟁 이후 흩어진 가족상봉, 새로운 가족의 결합 등으로 베이비붐이 일면서 1956~63년 사이에 엄청난 수의 신생아들이 탄생했다. 이들은 우리나라 경제성장의 동력 역할을 해왔지만 이제는 40대 후반에서 50대 중반의 중년이 됐다. 이런 베이비부머들은 그동안 주택시장에도 지대한 영향을 미쳤고 향후 부동산 및 자산시장에도 영향력이 지속될 것으로 예상되고 있다.

베이비부머들은 성년이 되기 시작하면서 우리나라 부동산시장의 지형을 바꿔놓기 시작했다. 80년대 베이비부머들은 성년이 돼, 이들이 결혼을 하면서 가구를 구성하게 됐고, 우리나라 가구증가율은 급격히 높아졌다. 주택수급 불균형으로 인해 주택가격은 80년대 후반으로 접어들면서 급격히 상승하기 시작했다.

물론 당시 저금리, 저유가, 저달러 등 3저 호황에 따른 무역수지 흑자로 유동성 과잉상태이기는 했지만 이들의 신규 주택수요가 뒷받침돼 80년대 말부터 부동산가격이 폭등했다. 주택 매매가 및 전세금이 급격히 상승해 사회적 문제가 되자 정부는 주택 200만호 건설 계획을 발표하고 분당, 일산, 평촌, 산본 등 1기 신도시를 건설해 급격히 증가한 주택수요에 대응했다.

당시 베이비부머들은 사회 초년생으로 자산이 많은 계층이 아니었기 때문에 부동산투자의 주요한 세력은 아니었다. 주로 청약통장을 통해 주택시장에 진입할 수가 있었다. 1기 신도시 건설 당시 엄청난 청약 경쟁률을 보였다. 이들은 후에 청약을 통해 받은 아파트를 근거로 중산층으로 도약할 수 있는 계기를 만들었다.

베이비부머들이 30대 후반에서 40대 초반이 됐을 때 대부분 직장에서 평균적으로 차 · 부장급 정도에 이르게 됐다. 당시 대부분의 기업에서는 상사만 많고 부하직원 수는 적은 다소 기형적인 구조를 보였다. 기업의 비용 측면에서 상당히 부담이 되는 구조로 경쟁력이 약화되고 있었다. 이 시기에 우리나라는 외환위기(IMF)를 맞게 됐고, 베이비부머 중 많은 인력들이 구조조정의 대상이 됐다. 이런 구조조정은 추후 자영업자가 급격히 증가하는 배경이 됐다.

베이비부머의 자녀들도 점차 나이가 들면서 2000년에는 중학생 연령대에 진입했다. 베이비부머의 자녀, '메아리부머'(에코부머)들이 성장하는 시기에 우리나라 부동산시장은 다시 한 번 요동치기 시작했다. 베이비부머들은 자녀수가 많지 않았고, 해당 연령대의 인구수가 많아 가장 치열한 경쟁을 체험한 세대이기도 해 자녀교육에 무척 관심을 기울였다. 따라서 2000년대에는 학군 등 교육환경이 좋은 지역의 부동산가격이 크게 상승했다.

그리고 베이비붐 세대들은 200만호 주택건설 당시에 소형주택을 주로 구입하거나 전세로 살았으나 2000년대에 들어서면서 소득상승이나 자녀성장에 따라 신규매입 수요가 늘고 보다 넓은 집으로 이사하려는 교체수요도 많이 발생했다.

인구와 세대가 변화하면 이들의 활동과 생활의 근거가 되는 부동산시장도 변화할 수밖에 없다. 메아리부머들도 향후 10년 안에 결혼을 하면서 수요가 증가할 것으로 보인다. 다만 그동안 아파트를 중심으로 꾸준히 주택건설이 이뤄져 재고주택 수가 크게 증가했고 이미 주택 보급률이 100%를 넘어선 데에 비해 메아리부머의 절대 인구수가 많지 않아 과거와 같은 주택시장의 급격한 파동은 없을 것으로 보인다.

베이비부머들은 앞으로 10년 안에 은퇴세대로 접어들 것이다. 그동안 인구수가 가장 많아 치열한 생존경쟁의 1세대였지만 점차 대규모 은퇴세대로 변화할 것이다.

〈매경이코노미〉 2007.07.18

수익성 · 안정성 · 환금성의 삼각관계

산수로 : 모름지기 재테크를 함에 있어서 가장 중요한 것은 투자의 수익성과 안정성, 그리고 환금성(유동성) 3자간의 관계를 어떻게 조화시키느냐 하는 문제입니다. 투자를 한다는 것은 수익을 얻기 위함이죠. 그러나 리스크가 없는 수익은 있을 수 없습니다. 다시 말하면 수익성도 보장되고 안정성도 있는 투자상품에 투자하는 것이 바람직하죠. '하이 리스크 하이 리턴(High risk High return)'이라는 말도 있죠. 위험성이 크면 클수록 수익도 크다는 말이지요. 로또복권이야말로 최고의 하이 리스크 하이 리턴 상품일 수 있겠죠. 그러나 수익성과 안정성의 문제 못지않게 중요한 것이 바로 환금성의

문제입니다. 내가 필요할 때 자금을 회수할 수 있어야 되겠지요. 따라서 가장 이상적인 투자상품은 수익성과 안정성 및 환금성의 3자가 서로 조화된 상품이라고 할 수 있습니다. 로빈손님 역시 주식투자의 경험이 있으시죠?

로빈손 : 음~ 대답하기가 그런데요. 대한민국 직장인의 70~80%가 주식투자 경험이 있다고 하던데요. 물론 저도 예외는 아니죠. 주식투자에서 생각보다 많은 손실을 봐서 이제는 부동산 투자를 해야겠다는 생각이 더욱 강렬합니다.

산수로 : 그렇군요. 주식투자야말로 전형적인 하이 리스크 하이 리턴 상품입니다. 주식을 투자의 3요소 측면에서 본다면 어떻게 이야기할 수 있습니까?

로빈손 : 주식은 위험성이 크고 대신 잘만하면 수익성이 큰데 장기적으로 수익을 거두기는 매우 어렵더라고요. 대신 내가 원할 때 언제든지 자금화할 수 있는 환금성 내지 유동성은 가장 뛰어난 상품이죠.

부동산의 수익성 · 안정성 · 환금성 분석

산수로 : 맞습니다. 그렇다면 부동산을 투자의 3요소 측면에서 분석한다면 어떻게 될까요?

로빈손 : 음~ 부동산은 안정성도 뛰어나고 수익성도 있는 반면 환금성에 약간 문제가 있다고 봅니다.

산수로 : 일반적으로 부동산은 안정성이 뛰어난 상품으로 알려져 왔지요. 오죽하면 사기만 하면 오른다는 말이 있을까요, 물론 주식에 비해 안정성이 뛰어나다고 할 수는 있지만 이제 부동산도 무조건 안정성이 뛰어난 투

자상품이라고 자신할 수는 없습니다.

　최근 들어 아파트는 미분양이 적체되는 것은 고사하고 특정지역을 제외하고는 하락세를 면치 못하고 있습니다. 토지의 경우에도 토지이용규제를 제대로 모르고 투자하거나 기획부동산의 덫에 걸리면 막심한 손해를 입을 수도 있죠.

　🧑 **로빈손** : 부동산조차 그렇다면 도대체 어떤 상품에 투자를 할 수 있겠습니까?

　🧑 **산수로** : 하하~ 흥분하진 마시고. 투자상품별로 점검해 보기로 합시다.

　첫째, 농지나 임야와 같은 토지의 경우 개발가능성과 미래가치를 볼 줄 아는 안목만 키운다면 안정성은 물론 수익성도 매우 뛰어난 상품이라고 할 수 있습니다. 다만, 어느 정도 장기투자를 해야 하기 때문에 환금성 측면에서 떨어진다고 할 수 있지요. 그러나 이 경우도 전용절차를 통하여 건축행위를 하여 지목변경을 한다면 단기간 고수익 상품으로 바꿀 수도 있다는 메리트가 있습니다.

　그러나 농지나 임야 같은 토지 투자의 경우 누구나 쉽게 접근하기가 어려운 투자상품이라는 점이 문제일 수 있습니다. 그렇다 하더라도 부자가 되고 싶은 의지만 있다면 본인이 열심히 공부하거나 전문가의 조언을 얻는다면 충분히 좋은 결과를 가져올 수 있습니다.

　둘째, 수익형 부동산의 경우 분양상가 광고 같은 덫에 걸리지만 않는다면 안정성이 뛰어날 뿐만 아니라 자금이 필요할 경우 환금성도 비교적 뛰어난 상품이라 할 수 있습니다. 다만, 수익성 측면에서는 임대수익으로 큰 수익은 기대하기 어렵지만 상품만 잘 고르면 자산가치의 상승이라는 수익을 얻을 수 있기 때문에 수익성 역시 나쁘지 않은 상품이라고 할 것입니다.

로빈손 : 그렇군요. 결국 부동산 투자는 토지 상품과 수익형 부동산 상품을 어떻게 조화시켜 투자해야 하는지가 중요하겠네요? 그래도 토지와 수익형 부동산 두 가지를 비교한다면 어느 쪽에 투자하는 것이 유리할까요?

산수로 : 그것은 자금규모라든가 자금의 성격 등에 따라서 달라지겠지요. 일반적으로 제대로 물건을 선별하였다고 가정하면 수익률 측면에서는 토지가 훨씬 높지요. 토지 투자에서 수십 배 이상 벌었다는 이야기는 우리가 많이 듣지 않습니까? 그러나 말씀드린대로 투자가 잘못되면 자금이 장기간 묶이는 고통을 당하게 됩니다.

반면에 수익형 부동산은 자산가치가 상승하더라도 수 배정도는 가능하지만 수십 배는 쉬운 일이 아니죠. 그러나 대신 꾸준한 임대수익을 창출할 수 있고 또한 환금성도 어느 정도 보장된다고 할 수 있습니다.

부동산 투자와 자금의 상관관계

산수로 : 부동산 투자를 할 자금이 넉넉하다면 얼마나 수익성이 높은 좋은 상품을 선택하느냐가 문제가 되겠지요. 그러나 부자가 되고자 하는 사람들도 처음에는 집 한 채부터 시작하지 않았겠습니까?

여유자금이 있다면 농지나 임야 같은 토지 투자가 바람직하고 여유자금이 별로 없을 때에는 전세나 융자를 끼고 수익형 부동산에 투자하는 것이 바람직하겠지요.

로빈손 : 과거 아파트 투자를 할 때 대출은 기본이었는데 이러한 레버리지 효과(지렛대 효과)를 충분히 활용한다면 종자돈이 좀 부족하더라도 부

동산 투자를 할 수 있지 않을까요?

산수로 : 지금은 아파트도 총부채상환비율(DTI)이나 주택담보대출비율(LTV) 확대 시행으로 인하여 과거와 같이 시세의 80~90%에 달하는 대출을 얻는다는 것은 불가능하죠.

토지 투자의 경우에는 감정가가 시세에 훨씬 못미치는데다가 담보비율도 보통 50% 미만으로 인정받기 때문에 레버리지 효과가 비교적 적다고 할 수 있습니다. 또한 토지의 경우 장기투자를 고려해야 하기 때문에 대출을 많이 받게 되면 중간에 자금압박을 받을 우려가 있습니다. 따라서 이러한 점을 고려하여 자신의 자금규모에 맞추어 여유자금으로 투자할 필요가 있습니다.

로빈손 : 근린상가나 오피스텔, 원룸텔 같은 수익형 부동산은 어떻습니까?

산수로 : 수익형 부동산도 유형에 따라 약간의 차이는 있지만 보통 건물을 끼고 있기 때문에 토지보다는 시세대비 감정가가 충분히 나옵니다. 그러므로 대출도 비교적 쉽다고 보시면 됩니다. 또한 임대를 목적으로 투자할 때에는 보증금 등을 충분히 활용할 수 있기 때문에 레버리지 효과를 충분히 활용할 수 있습니다.

따라서 수익형 부동산의 경우 비교적 환금성도 좋기 때문에 자신의 자금규모와 타인자금의 활용을 적절히 조화시켜 투자하시는 것이 좋다고 봅니다. 다만, 항상 시중금리동향에 신경을 쓰시고 이왕이면 저금리로 대출받을 수 있는 방법을 강구하는 것이 좋겠지요.

로빈손 : 그렇다면 아주 터놓고 산수로님께 여쭤보고 싶네요. 저에게 만약 5억 원 정도의 여유자금이 있다면 투자상품의 포트폴리오를 어떻게 짜

는 것이 좋을까요?

산수로 : 하하~ 그렇게 노골적으로 물어보시면 답변하기가 곤란하네요. 투자라는 것은 투자시점의 상황도 중요하기 때문에 일률적으로 어떻게 포트폴리오를 짜면 좋다는 이야기를 하는 것은 쉽지 않습니다.

또한 투자자의 성향과 처한 환경 기타 자금의 성격 등에 따라서 투자상품의 포트폴리오가 달라질 수밖에 없겠지요. 다만, 개인적으로는 자금규모가 작을 때에는 경매 등의 방법을 통하여 수익형 부동산 쪽으로 회전율을 높여 자금을 키워 나가고, 5억 원 정도의 자금이라면 확실하게 돈 되는 상품 중 토지와 수익형 부동산 두 가지로 자금을 배분하여 포트폴리오를 짤 것을 권하고 싶네요.

로빈손 : 산수로님 말씀을 들으니 무조건 부동산에 투자하면 대박이라는 환상을 주시는 것이 아니라 아주 합리적으로 투자시점의 상황과 개개인의 상황을 종합적으로 점검하여 말씀하여 주시는 것 같습니다.

개발가능성과 미래가치는 부동산 투자의 요체

지역요인 측면에서의 개발가능성

산수로 : 부동산 투자에 성공하기 위해서는 해당 부동산의 향후 개발가능성과 미래가치를 읽을 줄 아는 것에서 출발합니다. 해당 부동산의 입지분석과 직결되는 이야기죠. 개발가능성과 미래가치를 판단할 줄만 알면 저평가된 부동산에 투자하여 고수익을 얻을 수 있겠지요.

그러기 위해서는 각종 개발계획을 검토하고 부지런히 발품도 팔 뿐만 아니라 인터넷을 통하여 각종 정보도 얻고 전문가와 상담을 통하여 부동산을 볼 줄 아는 안목을 키워나가는 것이 중요합니다.

로빈손 : 부동산 투자에서 개발가능성과 미래가치가 중요하다는 것은 너무나 당연한 이야기인데 문제는 그것을 쉽게 보기가 어렵다는 것이죠.

산수로 : 일반인들은 눈에 보이는 형상만 중시하는 경향이 있습니다. 눈앞에 타워크레인이 올라가고, 불도저로 밀어내고 하는 변화의 모습이 보이고서 높은 건물이 올라가기 시작하면 그제서야 개발가능성을 읽고 투자를 합니다. 이런 곳이 투자가능성이 높은 곳이라고 할 수 있을까요?

로빈손 : 그런 경우는 이미 개발계획대로 진행되고 있으니까 호재가 이미 반영되어 시세가 상당히 올라가지 않았을까요? 더군다나 전문적인 투기꾼들은 한 번 훑고 지나갔을 것 같은데요?

산수로 : 그렇겠지요. 신도시다 택지지구개발이다 재개발·재건축이다 뉴타운이다 하면서 이미 개발계획이 발표되고 사업이 진행되면 단기적으로는 호재가 이미 반영되어 가치상승을 기대하기 어렵습니다. 물론 이런 지역도 장기적으로는 개발이 완료되면 지속적으로 가치가 상승하게 되지만 상승속도가 완만해지겠지요.

로빈손 : 산수로님. 그런데 주변에서 보면 땅 투자로 돈 번 사람들보다 손해를 봤다는 사람들이 더 많은데 이것도 개발가능성이 없는 땅을 사서 그런 것이 대부분이겠네요?

산수로 : 그렇다고 볼 수 있겠죠. 땅 투자로 손해 본 사람들 거의 대부분이 개발가능성이 없는 땅을 사서 그랬다고 할 수 있습니다. 아무리 보기

에 좋은 땅도 개발가능성이 없는 지역이라든가 땅 자체가 개발이 불가능한 각종 규제에 걸려들면 손해를 볼 수밖에 없지요.

그리고 대부분의 투자자들이 싼 땅을 선호하다 보니 그런 실수를 하는 경향이 많습니다. '싼 게 비지떡' 이라는 말도 있죠? 일부 부동산 컨설팅을 하는 사람들 특히 기획부동산들이 땅을 무조건 팔 목적으로 포장을 하는 경우가 많은데 이런데 당하지 않도록 해야겠죠. 그러기 위해서는 무엇보다 내가 먼저 알아야 하는 것입니다.

로빈손 : 정말 그런 것 같습니다. 아무쪼록 산수로님과 함께 성공적인 부동산 투자여행을 갈 수 있도록 노력하겠습니다. 그렇다면 개발가능성과 미래가치라는 측면에서 가장 이상적인 곳은 어디라고 할 수 있습니까?

산수로 : 한 마디로 지금은 음지이지만 앞으로 양지가 될 만한 곳을 찾을 줄 아는 안목을 키우는 것이죠. 장기 개발계획이나 도로망계획 등 각종 계획을 철저히 분석하고 개발축을 판단하여 지금은 낙후된 곳이지만 향후 개발될만한 지역을 물색하여 싼 값에 물건을 확보하여 두는 것입니다.

로빈손 : 그게 말처럼 간단하지 않을 것 같은데요?

산수로 : 그럴까요. 물론 일반인의 경우에는 쉽지 않겠지요. 그러나 지금은 '음지' 라는 말을 명심하셔야 합니다. 향후 개발가능성이 있다는 것은 해당 지역 주변에 도로 등 기간시설의 인프라가 가까이 있어야겠죠. 아무래도 탁 트인 평야지대나 얕은 구릉지대 등이 개발비용이 적게 들겠지요. 따라서 지금까지 신도시로 조성된 곳은 대부분 분지형의 도시이거나 평야지대이라는 것을 유념하셔야 합니다.

예컨대, 현재는 눈앞에 허허벌판만 펼쳐져 있거나 외관상 완전히 낙후된 미개발지들이지만 주변 도로와의 접근성이 좋은 지역들, 특히 개발축을 따라 있는 지역들이 바로 '양지' 가 될 수 있는 곳입니다.

　다시 말씀드리면 부동산은 현재 눈앞에 보이는 모습으로 평가해서는 안된다는 이야기죠. 항상 어떤 지역을 보게 되면 이 지역이 앞으로 어떻게 변화될 수 있을까라는 생각을 하다 보면 언젠가는 부동산을 보는 눈이 떠질 것입니다.

　로빈손 : 산수로님 말씀대로 나름대로 개발가능성과 미래가치를 분석하고 투자를 했는데 예상과 달리 헛다리 짚으면 어떻게 하나요?

　산수로 : 어렵네요. 아까 말씀드렸듯이 투자에서 수익을 원하는 정도가 큰 만큼 리스크도 감안해야 하는 것이죠. 설령 단기적으로 헛다리를 짚은 것처럼 보여도 철저한 입지분석으로 해당 지역을 선택하였다면 시간이 해결해 줍니다. 무릇 모든 투자는 타이밍의 예술이라고 하지 않나요.

　보통 사람들은 눈앞에 그림이 그려져야 움직이기 시작합니다. 그러나 소위 고수들은 그림이 그려지기 전에 미래의 그림을 읽고 움직이는 것입니다. 이때 어느 시점이 투자 타이밍인가를 항상 생각하는 것이지요.

　여기서 강조하고 싶은 것은 부동산 투자만큼은 눈에 보이는 모습으로 판단해서는 안된다는 것입니다. 보기 좋은 떡은 누구나 먹고 싶고 그만큼 비쌀 수밖에 없는 것이죠.

　로빈손 : 그렇다면 언론이나 부동산 관련서적에 구체적인 지명과 함께 유망하다고 소개되는 경우는 뒷북치는 경우가 많겠네요?

　산수로 : 거의 그렇다고 보셔야 합니다. 물론 부동산 가격이라는 것은 소위 개발계획 발표단계, 착공단계, 완공단계의 3단계에 걸쳐 부동산 가

격이 오른다는 '3승 법칙'에 의해 지속적인 상승은 가능할 수도 있겠지요. 그러나 언론이나 특히 부동산 관련서적에 구체적인 지명이 거론될 때에는 단기적으로는 이미 상투인 경우가 많지요.

로빈손 : 무슨 말씀인지 충분히 알겠습니다. 제가 산수로님께 열심히 배워 미래의 그림을 볼 줄 아는 안목, 아니 혜안을 가질 수 있도록 노력하는 것만이 부자가 되는 길이라고 확신합니다.

개별요인 측면에서의 개발가능성

산수로 : 우리는 땅이나 건물에 투자할 때 번듯하고 모양 좋은 물건에 관심을 가지게 됩니다. 당연한 이야기이겠지요. 그런 물건이 미래가치까지 확실하다고 판단된다면 당연히 값을 제대로 쳐서라도 그 물건을 선택하는 것이 바람직합니다.

'강남 불패신화'라는 말이 괜히 있겠습니까? 좋은 물건은 그만한 값어치를 하는 법이죠. 그러나 문제는 그런 물건의 투자자금이 엄청나다는 점입니다. 대부분의 사람들은 그런 물건에 투자할만한 여력이 없습니다. 부자는 부자대로의 투자방식이 있는 것입니다. 뱁새가 황새를 따라갈 수는 없는 것 아닙니까?

로빈손 : 정말 맞는 말씀이네요. 좋은 걸 모르는 사람은 없죠. 하지만 부자가 되고 싶은 저에게는 말 그대로 그림의 떡이네요. 그렇다면 부동산 투자를 함에 있어서 또 어떠한 접근방법이 필요할까요?

산수로 : 부동산은 지역적인 입지분석도 중요하지만 개별적으로 해당 부동산의 상태를 평가하는 것 또한 중요합니다. 부동산의 위치 · 모양 ·

지세 · 건물의 노후도 · 유동성 · 접근성 · 도로와의 관계 등 여러 가지 개별적 요인을 종합적으로 살펴볼 필요가 있지요.

부동산의 개별요인 분석에서도 누구에게나 보기 좋은 물건은 당연히 제 값을 하겠죠. 거기에 입지조건까지 좋다면 더 말할 필요도 없을 테죠.

그러나 우리의 투자목적은 저평가된 부동산 중 미래가치가 높은 부동산을 고르는 것이라고 하였지요. 따라서 보기에는 흠이 있는 부동산이더라도 여기서 미래가치를 읽을 줄 아는 안목이 필요한 것입니다.

예컨대, 푹 꺼진 땅이라든가 노후화 된 건물 등은 현재의 모습만 보면 투자가치가 없어 보입니다. 그러나 땅을 메운다든지 건물을 리모델링하면 다른 모습으로 탈바꿈하게 되는 것이지요. 경매에서도 하자있는 물건으로 수차 유찰된 물건 중에 보석 같은 물건을 발견하는 행운을 건지는 경우도 있죠.

'벌레 먹은 사과가 더 달다' 라는 말이 있듯이 다른 사람에게는 흠으로 보여도 이것을 내가 바꿀 수 있는 역발상을 할 수 있다면 나에게 효자가 되는 부동산이 될 수 있는 것입니다.

여기서 또 강조하고 싶은 것은 부동산 투자에서 안 된다는 생각보다는 남과 반대로 가는 역발상을 할 수 있는 능력을 키워야 한다는 것입니다.

로빈손 : 정말 중요한 이야기네요. 제가 그런 능력을 키울 수 있을지 걱정이 됩니다. 산수로님이 많이 도와주시길 바랍니다.

건물보다는 땅의 가치를 우선 생각하라

산수로 : 우리가 건물이 있는 땅(건부지)을 보게 되면 일단 건물의 상태에 먼저 눈길이 가게 됩니다. 사람들은 현재 눈에 보이는 것에 가치를 부여

하는 것에 익숙하다 보니 그럴 수밖에 없겠지요.

로빈손님, 건물이 있는 땅을 볼 때는 어떤 측면에서 가치를 평가해야 되겠습니까?

로빈손 : 그거야 건물의 가치와 땅의 가치를 합하여 평가하는 것 아닙니까?

산수로 : 일반적으로 도심지에 있는 빌딩이 아니라면 건물이 있는 땅의 경우, 건물이 아니라 땅의 가치를 평가하여 투자해야 합니다. 건물은 시간이 지나면 낡을 수밖에 없으나 땅은 영원히 살아남습니다. 건물이 마음에 안 들거나, 리모델링 비용이 신축비용보다 높을 것 같으면 건물은 철거하면 그만입니다. 그러나 땅의 활용가치는 그야말로 무궁무진하다는 것입니다.

해당 토지가 속하고 있는 용도지역에서 활용가능한 건축물의 유형은 매우 많습니다. 그중 수익성이 가장 높을 것으로 예상되는 건축물로 바꾸면 그것이 토지의 가치를 극대화시킬 수 있는 방법입니다. 굳이 예를 들지 않더라도 짐작할 수 있을 것이라고 생각합니다.

부동산 투자를 할 때에는 토지의 용도를 먼저 생각하고 땅의 가치를 알아보는 안목과 더불어 건물이 깔고 있는 토지의 활용성을 미리 생각할 수 있다면 투자의 반은 성공한 것이나 다름없다고 할 것입니다.

로빈손 : 부동산 투자라는 것이 그냥 보기에 좋다고 덜컥 투자하는 것이 아니라는 것을 새삼 느끼게 되네요.

산수로 : 그렇습니다. 입지분석과 용도분석 그리고 수익성 분석의 삼박자가 맞을 때, 바로 성공적인 부동산 투자를 할 수 있게 되는 것입니다.

부동산 투자는 개발축을 이해하는데서 시작

로빈손 : 부동산에서 '개발축'이라는 용어를 많이 쓰는데 정확히 어떻게 이해해야 합니까?

산수로 : 개발축이란 말 그대로 개발방향이 이어져 나가는 벨트라인으로 곧 '발전축'이라고 할 수 있습니다. 이러한 개발축은 도로를 따라가는 특징이 있기 때문에 '중심도로축'이 곧 개발축이라고 할 수 있죠. 따라서 개발축을 따라 투자한다는 것은 바로 돈줄기를 따라 가는 것이라고 볼 수 있습니다.

로빈손 : 부동산 투자는 개발가능성과 미래가치가 요체라고 설명하셨는데 그렇다면 개발축을 따라가는 투자가 곧 개발가능성과 미래가치를 읽는 투자라고 할 수 있겠네요?

산수로 : 제대로 보셨습니다. 그런 의미에서 개발축은 미래의 부를 약속하는 '미래축'이 되는 것입니다. 그렇다면 그동안 우리나라는 수도권서부터 시작해서 어떤 개발축을 따라 움직였을까요?

로빈손 : 그동안 우리나라는 경부고속도로를 중심도로축으로 한 경부축을 따라서 개발되어 왔지 않습니까? 강남부터 시작해서 판교, 분당, 수지, 용인, 동탄, 평택, 천안·아산까지 경부고속도로라는 대동맥을 따라서 발전해 오면서 서울접근성이 가장 뛰어난 곳부터 부동산 가격이 천문학적 수준으로 올라왔다고 봅니다.

산수로 : 정확하게 설명하셨습니다. '강남 불패신화'라는 말부터 '제2의 강남'이라는 표현까지 모두 사실 경부축이라는 개발축을 따라 이루

어진 것이지요. 따라서 그동안 돈줄도 경부축인 개발축을 따라 몰려들었던 것입니다. 부동산 투자는 바로 이러한 개발축을 분석하고 아직까지 때가 덜 탄 개발축을 따라 투자하면 미래에 큰 수익을 보장받을 수 있는 것입니다.

로빈손 : 각 지역의 개발축은 어떻게 분석해야 하나요?

산수로 : 개발축은 하루아침에 만들어지는 것이 아닙니다. 개발축을 분석하기 위해서는 무엇보다도 국토종합계획이라는 큰 그림부터 광역계획, 도시기본계획 등 각종 개발계획을 면밀하게 분석해야 합니다.

수도권의 경우만 들더라도 이제 경부축은 거의 포화상태라 새로운 개발축으로 발전하지 않을 수 없는 시점입니다. 이러한 개발축은 거시적으로는 국토전체를 놓고 분석할 수도 있고, 미시적으로는 광역권 차원에서의 개발축을 더 나아가 한 도시 내에서도 개발축을 항상 생각해야 하는 것입니다.

로빈손 : 개발축은 거시적인 국토차원과 미시적인 지역차원에서 항상 분석해야 한다는 말씀이네요?

산수로 : 바로 그겁니다. 우리가 개발축이라고 하면 국토차원이나 수도권 같은 광역권 차원에서만 생각하는데 한 도시에서도 주된 발전방향이 어디로 뻗어 나가는지가 바로 해당 도시의 개발축이 되는 것입니다.

도로변의 완충녹지는 반드시 피하라

로빈손 : 그렇다면 예를 들어 도시의 개발축을 따라가는 도로변의 땅에 투자하면 무조건 유리하겠네요?

산수로 : 일반적으로 도시의 도로변의 땅은 투자가치가 있다고 볼 수 있습니다. 그러나 도로변의 땅이 완충녹지로 지정되거나 지정될 예정인 경

우에는 절대 투자를 하여서는 안됩니다. 그야말로 땅의 가치가 '제로' 가 되는 것이나 다름없죠.

 로빈손 : 음~ 아파트 주변의 길가에 녹지대 같은 것이 형성되어 있는 것이 완충녹지입니까?

산수로 : 잘 아시네요. 완충녹지는 「도시공원 및 녹지 등에 관한 법률」상 도시의 대기오염·소음·진동·악취 등의 공해와 각종 사고나 자연재해 등의 방지를 위하여 설치하는 녹지입니다. 이러한 완충녹지는 도시의 간선도로·고속도로·국도·지방도, 철도 및 공장지대 주변 등의 양쪽에 폭 10~30m의 띠 모양으로 형성되는 녹지지대를 말하는 것이지요.

로빈손 : 그런데 도로변의 땅이 완충녹지로 지정되거나 지정될 예정인 경우에 왜 땅의 가치가 떨어지게 되는 것입니까?

산수로 : 완충녹지에 편입된 땅은 국도변의 접도구역(고속국도 20m, 일반국도 5m)과 마찬가지로 일체의 건축행위를 할 수 없어 시세 자체가 형성되기 어렵습니다. 그러나 접도구역은 진입로를 개설할 수 있는 반면에 완충녹지는 진입로를 개설할 수 없기 때문에 완충녹지에 의해서 차단된 토지는 사실상 맹지가 되는 것입니다. 또한 완충녹지에 저촉된 토지는 건폐율·용적률 등의 산정기준이 되는 대지면적에서 제외되기 때문에 진입로를 다른 방법으로 우회하여 개설한다 하더라도 건축시 매우 불리하게 되는 것이지요.

로빈손 : 그래서 완충녹지에 편입되거나 접한 도로변의 땅은 투자가치가 완전히 떨어질 수밖에 없군요. 그런데 개인의 사유토지를 완충녹지로 지정하게 되면 보상을 하게 되지 않나요?

산수로 : 개인의 사유토지가 완충녹지로 편입되었다고 해서 보상금

이 지급되지는 않습니다. 다만, 향후 도로가 확장되어 수용될 때에는 보상금이 지급되지요.

 로빈손 : 그렇다면 해당 토지가 완충녹지로 지정되었는지 여부를 알려면 어떻게 해야 하나요?

산수로 : 해당 필지가 완충녹지 지정된 경우에는 토지이용계획확인서에 나타나게 됩니다. 문제는 완충녹지로 편입이 예정되는 땅은 해당 지번으로는 알 수 없고, 관할 시청의 도시계획 도면을 직접 확인해야 알 수 있습니다. 이러한 완충녹지로 편입되거나 해제 예정인 땅은 해당 지방자치단체의 '도시계획재정비안 도면' 에 표시되어 주민공람공고 절차를 거쳐 지정되거나 해제되게 됩니다.

로빈손 : 도시의 도로변의 땅은 일단 좋다고 생각하였는데 완충녹지로 지정될 계획이 있는 땅을 사면 그야말로 손해가 막심하겠군요.

산수로 : 그렇습니다. 실제 완충녹지로 지정계획이 있는 줄 모르고 땅을 샀다가 막대한 손해를 보는 경우가 꽤 많습니다. 따라서 도로변의 땅이라고 덜컥 사지 말고 '장미의 가시' 가 있는지 반드시 확인할 필요가 있습니다.

로빈손 : 개발축과 도로와의 관계를 설명 들으면서 또 하나 조심하여야 할 중요한 것을 배웠네요. 아무튼 부동산 투자를 할 때에는 개발가능성과 미래가치를 생각하면서 그림을 그려 나가고 항상 주축 도로가 어디로 뻗어나가는지 보면서 미래의 개발축을 생각한다면 성공적인 투자를 할 수 있을 것 같습니다.

산수로 : 핵심을 정확히 이해하셨습니다. 부동산 투자를 할 때에는

항상 그런 관점을 잊지 마시기 바랍니다.

로빈손 : 산수로님. 그런데 이 중요한 개발축에 대해서 전국토는 물론 수도권 지역까지 전부 설명하게 되나요?

산수로 : 당근이지요. 개발축이야 말로 부동산 투자의 핵심인데, 앞으로 그런 관점으로 해당 부분에서 자세하게 설명될 것입니다.

개발계획과 토지이용규제는 부동산 투자의 양날의 칼

개발계획과 토지이용규제는 동전의 양면

산수로 : 우리가 부동산 투자를 함에 있어서 각종 개발계획의 중요성은 말할 필요도 없습니다. 개발계획 속에 돈이 있다고 해도 과언이 아니죠.

그러나 문제는 개발계획이 발표되면 토지거래허가구역, 개발행위허가 제한지역, 건축허가 제한지역, 부동산투기 단속지역 등 각종 토지이용규제가 시작된다는 것이죠. 따라서 개발계획과 토지이용규제는 부동산 투자를 함에 있어서 동전의 양면이자 양날의 칼 같은 평행선을 달릴 수밖에 없는 동반자입니다. 문제는 개발계획 속에 돈이 있는데 투자를 하려고 하면 손발을 다 묶어버리니 정작 투자를 하기가 어렵다는 것이지요. 또한 토지에는 수많은 공법적 규제가 있어 각종 토지이용을 규제하고 있다 보니 이러한 토지이용규제 내용을 제대로 모르면 투자하기가 쉽지 않은 것이 현실입니다.

로빈손 : 토지와 관련된 공법적 규제는 우리 책 1권《부동산 법률여행》을 공부하면서 어느 정도 이해가 된 것 같습니다. 그러나 산수로님 말씀

대로 개발계획이 발표되는 시점에서는 여러 가지 규제로 인하여 현실적으로 투자가 어렵더라고요. 실제 개발계획이 수립되어 발표되는 과정은 어떻게 진행되나요?

산수로 : 통상 개발계획은 국토해양부나 지방자치단체에서 공식적으로 발표하기 전에 국토연구원이나 산하연구원 등에서 사전에 상당기간 개발계획의 방향을 정부기관과 협의하여 수립하게 됩니다. 요즘에는 옛날처럼 개발정보를 독점하는 것이 쉽지 않습니다. 사전에 공청회를 개최하여 의견을 수렴하는 과정도 거치게 되고 언론이나 인터넷에도 개발계획의 방향 등이 공개되는 등 개방성과 투명성이 어느 정도 보장되고 있다고 할 수 있지요.

따라서 큰 그림은 굳이 정부기관에서 공식적으로 발표하기 전이라도 언론 기사나 인터넷을 통하여 어느 정도 알 수 있는 경우가 많습니다. 또한 개발계획이 수립되는 과정에서 현지에 가보면 개발정보가 돌아다니게 되는 경우 역시 종종 있지요.

그래서 최종적으로 개발계획이 확정되면 공식적으로 발표를 하게 되고 투기우려가 있다고 판단되면 고시시점이나 그 이후 상황을 보아 각종 토지이용 규제를 하게 되는 것입니다.

로빈손 : 그렇다면 개발지역에 투자를 해야 확실하게 돈을 벌 수 있을 텐데 현실적으로 어떻게 투자를 해야 합니까?

산수로 : 통상 큰 그림의 장기적인 개발계획은 계획이 발표되면 발표 시점에서 개발호재로 받아들여 당분간 일시적으로 가격이 올라가는 경우가 많으나 시간이 지나면서 소강상태로 접어들게 됩니다. 개발계획 분석을 통하여 개발축에 대한 확신을 갖고 입지분석을 확실하게 할 수 있으면 이 시점

이 투자에는 가장 적합한 시점이라고 할 수 있습니다.

경우에 따라서는 대운하사업같이 개발계획이 무산되어 피해를 볼 우려도 있기 때문에 매매타이밍이 매우 중요합니다. 세종시의 행정도시 이전계획에 따라 연기군 일대에 투자한 경우 지금은 거의 반토막 난 상태이죠. 또한 과거 호남지방의 J프로젝트 사업이나 혁신도시 등도 역시 지지부진한 상태에 있어 개발계획만 믿고 덜컥 투자하는 것도 쉬운 일은 아닙니다.

로빈손 : 산수로님 말씀을 들으니까 개발계획도 옥석을 가려야 한다는 이야기인데 그것도 쉬운 일은 아니겠네요?

산수로 : 그렇지요. 계획은 어디까지나 계획이므로 100% 계획대로 진행된다는 보장은 없습니다. 따라서 치고 빠져 나올지 아니면 계획대로 진행되어 가는 것을 확인하고 계속 보유할지 결정하는 타이밍이 중요한 것입니다. 그리고 개발계획이 예정대로 진행되더라도 신도시 사업이나 대규모 택지개발지구 같은 사업의 경우에는 수용방식으로 사업이 추진되는 경우가 많으므로 거기에 대한 대비책도 세워야 합니다.

다시 말씀드리면 개발계획과 관련해서 공식은 없습니다. 케이스 바이 케이스(case-by-case)이기 때문이죠. 따라서 그때그때 상황을 검토하여 어떻게 하는 것이 투자수익을 최대로 올릴 수 있는 최선의 방법인지를 판단하는 것이 중요하다고 할 수 있습니다. 중요한 것은 아무리 개발계획이 있다 하더라도 투자하고자 하는 해당 토지가 어떤 토지이용규제를 받는지 정확히 분석하지 않고 개발계획만 믿고 덜컥 사버리면 반드시 후회하게 된다는 것입니다.

로빈손 : 부동산 투자가 정말 쉬운 일은 아니군요. 그럴수록 더욱 열심히 배워야 되겠다는 생각이 듭니다.

토지이용계획확인서는 토지이용규제를 확인하는 전가의 보도

산수로 : 우리가 부동산 투자에서 말하는 소위 '4대 문서'를 반드시 확인하게 되지요. 로빈손님. 4대 문서가 무엇 무엇이었지요?

로빈손 : 등기부등본, 지적도 또는 임야도, 토지대장 또는 임야대장 그리고 토지이용계획확인서가 아닌가요?

산수로 : 맞습니다. 그 중에서도 토지이용계획확인서는 4대 문서의 결정판이라고 할 수 있지요. 토지이용계획확인서를 보면 해당 필지의 구체적인 토지이용규제 내용을 거의 대부분 확인할 수 있게 됩니다.

토지이용계획확인서를 보면 해당 토지가 어떤 용도지역 · 지구 · 구역 등에 해당되는지 알 수가 있을 뿐만 아니라 이에 따른 공법상의 각종 제한을 확인할 수 있는 가장 핵심적인 서류이니만큼 정확히 이해할 필요가 있지요.

따라서 우리가 부동산 투자를 하고자 할 때에는 해당 지번에 대한 토지이용계획확인서를 최우선적으로 확인하여야 합니다.

로빈손 : 토지이용계획확인서를 관할관청이나 전자민원G4C사이트(www.egov.go.kr)에서 발급받지 않고 사전에 열람할 수 있는 방법이 있습니까?

산수로 : 토지이용계획확인서는 토지이용규제정보서비스(luris.mltm.go.kr) 사이트에서 열람이 가능합니다. 또는 부동산 종합 포털사이트인 온나라부동산정보 포탈사이트(www.onnara.go.kr)를 이용하면 토지이용계획확인서뿐만 아니라 각종 부동산 정보를 확인할 수 있어 매우 유용하지요.

토지이용계획확인서 예시

경기도 양평군 단월면 덕수리 일반 289-13

지목	임야		면적	1,653 m²
공시지가	11,100원 (2009/01)			
지역지구등 지정여부	「국토의 계획 및 이용에 관한 법률」에 따른 지역·지구등	계획관리지역		
	다른 법령 등에 따른 지역·지구 등	준보전산지〈산지관리법〉,자연보전권역〈수도권정비계획법〉,배출시설설치제한지역〈수질및수 생태계보전에관한법률〉,수질보전특별대책지역(2권역)〈환경정책기본법〉		
「토지이용규제 기본법 시행령」 제9조제4항 각호에 해당되는 사항				

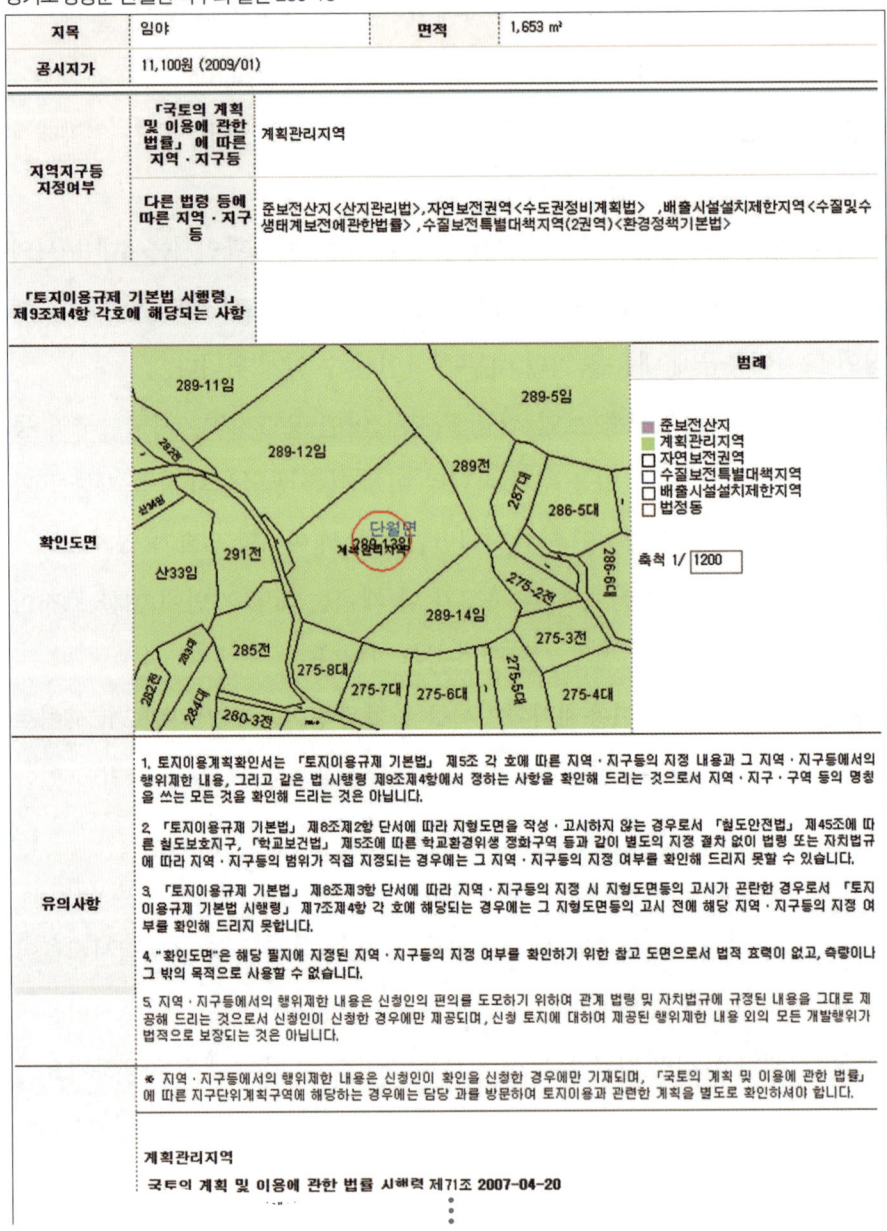

범례
- 준보전산지
- 계획관리지역
- 자연보전권역
- 수질보전특별대책지역
- 배출시설설치제한지역
- 법정동

축척 1/ 1200

확인도면 289-11임 289-5임 289-12임 289전 286-5대 289-13 단월면 계획관리지역 291전 산33임 289-14임 286-6대 275-2전 275-3전 285전 275-8대 275-7대 275-6대 275-5대 275-4대 280-3전

유의사항

1. 토지이용계획확인서는 「토지이용규제 기본법」제5조 각 호에 따른 지역·지구등의 지정 내용과 그 지역·지구등에서의 행위제한 내용, 그리고 같은 법 시행령 제9조제4항에서 정하는 사항을 확인해 드리는 것으로서 지역·지구·구역 등의 명칭을 쓰는 모든 것을 확인해 드리는 것은 아닙니다.

2. 「토지이용규제 기본법」제8조제2항 단서에 따라 지형도면을 작성·고시하지 않는 경우로서 「철도안전법」제45조에 따른 철도보호지구, 「학교보건법」제5조에 따른 학교환경위생 정화구역 등과 같이 별도의 지정 절차 없이 법령 또는 자치법규에 따라 지역·지구등의 범위가 직접 지정되는 경우에는 그 지역·지구등의 지정 여부를 확인해 드리지 못할 수 있습니다.

3. 「토지이용규제 기본법」제8조제3항 단서에 따라 지역·지구등의 지정 시 지형도면등의 고시가 곤란한 경우로서 「토지이용규제 기본법 시행령」제7조제4항 각 호에 해당되는 경우에는 그 지형도면등의 고시 전에 해당 지역·지구등의 지정 여부를 확인해 드리지 못합니다.

4. "확인도면"은 해당 필지에 지정된 지역·지구등의 지정 여부를 확인하기 위한 참고 도면으로서 법적 효력이 없고, 측량이나 그 밖의 목적으로 사용할 수 없습니다.

5. 지역·지구등에서의 행위제한 내용은 신청인의 편의를 도모하기 위하여 관계 법령 및 자치법규에 규정된 내용을 그대로 제공해 드리는 것으로서 신청인이 신청한 경우에만 제공되며, 신청 토지에 대하여 제공된 행위제한 내용 외의 모든 개발행위가 법적으로 보장되는 것은 아닙니다.

※ 지역·지구등에서의 행위제한 내용은 신청인이 확인을 신청한 경우에만 기재되며, 「국토의 계획 및 이용에 관한 법률」에 따른 지구단위계획구역에 해당하는 경우에는 담당 과를 방문하여 토지이용과 관련한 계획을 별도로 확인하셔야 합니다.

계획관리지역

국토의 계획 및 이용에 관한 법률 시행령 제71조 2007-04-20

계획관리지역

국토의 계획 및 이용에 관한 법률 시행령 제71조 2007-04-20

제71조 (용도지역안에서의 건축제한)

①법 제76조제1항의 규정에 의한 용도지역안에서의 건축물의 용도·종류 및 규모 등의 제한(이하 '건축제한'이라 한다)은 다음 각호와 같다.

　　19. 계획관리지역안에서 건축할 수 있는 건축물 : 별표 20에 규정된 건축물

국토의 계획 및 이용에 관한 법률 시행령 별표 20 2009-07-07

[별표 20] <개정 2009.7.7>

　　계획관리지역안에서 건축할 수 있는 건축물(제71조제1항제19호관련)

⋮

국토의 계획 및 이용에 관한 법률 시행규칙 별표 2 2009-08-19

[별표 2] <개정 2009.8.19>

　　계획관리지역에서 휴게음식점 등을 설치할 수 있는 지역(제12조관련)

1. 다음 각목의 1에 해당하지 아니하는 지역

　가. 저수를 광역상수원으로 이용하는 댐의 계획홍수위선(계획홍수위선이 없는 경우에는 상시만수위선을 말한다. 이하 같다)으로부터 1킬로미터 이내인 집수구역

　나. 저수를 광역상수원으로 이용하는 댐의 계획홍수위선으로부터 수계상 상류방향으로 유하거리가 20킬로미터 이내인 하천의 양안중 당해 하천의 경계로부터 1킬로미터 이내인 집수구역

　　　　물의 하천으로 유입되는　　　　　　　이 하천을 말하며,　　　　　　　　　부터 20킬로

⋮

자연보전권역

수도권정비계획법 제9조 2008-03-21

제9조(자연보전권역의 행위 제한) 관계 행정기관의 장은 자연보전권역에서는 다음 각 호의 행위나 그 허가등을 하여서는 아니 된다. 다만, 국민경제의 발전과 공공복리의 증진을 위하여 필요하다고 인정되는 경우로서 대통령령으로 정하는 경우에는 그러하지 아니하다.

　1. 택지, 공업 용지, 관광지 등의 조성을 목적으로 하는 사업으로서 대통령령으로 정하는 종류 및 규모 이상의 개발사업

　　 대통령령으로 정하는 학교, 공공 청사, 업무용 건축물, 판매용 건축물, 연수 시설, 그 밖의 인구집중

⋮

배출시설설치제한지역

수질 및 수생태계 보전에 관한 법률 제33조 2007-11-18

제33조 (배출시설의 설치허가 및 신고)

①배출시설을 설치하고자 하는 자는 대통령령이 정하는 바에 의하여 환경부장관의 허가를 받거나 환경부장관에게 신고하여야 한다. 다만, 제7항의 규정에 의하여 폐수무방류배출시설을 설치하고자 하는 자는 환경부장관의 허가를 받아야 한다.

②제1항의 규정에 의하여 허가를 받은 자가 허가받은 사항 중 대통령령이 정하는 중요한 사항을 변경하고자 하는 때에는 변경허가를 받아야 한다. 다만, 그 외의 사항 중 환경부령이 정하는 사항을 변경하려는 때 또는 환경부령이 정하는 사항을 변경한 때에는 변경신고를 하여야 한다. <개정 2007.5.

산수로 : 토지이용계획확인서의 예시를 보면 지목은 '임야'이지만 주소에는 '산' 자가 붙지 않는 '토임(임야대장이 아닌 토지대장에 등록된 임야)'임을 알 수 있고, 계획관리지역에 속한 땅으로 공시지가 및 각종 토지이용규제 내용을 확인할 수 있습니다.

특히 토지이용계획확인서상 확인도면은 '지적임야도'를 볼 수 있다는 장점이 있어 통상 토지대장상 일반지번만 나오는 지적도와 임야대장상 '산' 번지만 나오는 임야도를 함께 볼 수 있지요.

게다가 확인도면상 '범례'란의 축척이 표시되어 있는 네모박스 안의 숫자를 확인하고 싶은 축척으로 조정하면 해당 축척의 확인도면이 나타나게 되어 해당 토지현황을 보다 정확히 파악할 수 있게 됩니다. 예컨대 진입로 여부를 확인하고자 할 때 해당 토지에 접해 있는 길쭉한 토지의 번지와 지목이 잘 안 보이면 네모박스 안의 숫자를 600 정도로 조정해 보면 번지와 지목을 확인할 수 있게 되어 지적도상 도로인지 아니면 단순한 구거(도랑)인지 확인할 수 있게 되어 맹지(진입로가 없는 땅)인지 아닌지를 알 수 있게 되는 것이죠.

마지막으로 해당 계획관리지역 안에서의 각종 토지이용규제에 관련된 법령 및 조례를 모두 확인할 수 있어 해당 필지의 투자여부를 결정할 때 도움을 주게 됩니다.

로빈손 : 부동산 투자를 하고자 할 때 토지이용계획확인서는 1순위 서류가 되는 것이군요. 앞으로 토지이용계획확인서를 끼고 살아야 되겠습니다.

Chapter 02 용도지역에 따른 투자

개발가능성에 따른 용도지역의 분류를 알아야

산수로 : 우리가 부동산 투자를 할 때에는 해당지역이 어떤 용도지역에 속하는지 파악하는 것이 부동산 투자여행의 기본이죠. 우리 책 1권《부동산 법률여행》에서 자세히 배웠지만 부동산 투자여행과 관련하여 다시 한 번 점검해 봅시다. 대한민국의 모든 토지는 단 하나의 용도지역으로만 지정되게 됩니다. 어떤 용도지역이냐에 따라 그 토지의 가치가 기본적으로 결정된다고 할 수 있다고 하였지요. 그렇다면 용도지역별로 땅의 가치가 달라지는 구체적인 이유가 무엇입니까?

로빈손 : 음~ 먼저 용도지역별로 그 땅에 건축할 수 있는 건축물의 종류가 제한되므로 어떤 건축물을 지을 수 있느냐에 따라 땅의 가치가 달라질 수밖에 없겠지요. 두 번째는 용도지역별로 동일한 종류의 건축물을 지을 수 있다 하더라도 건폐율과 용적률이 다르다보니 공간 활용도가 달라 땅의

가치가 또한 달라지는 것이죠.

🧑 **산수로** : 정확하게 대답하셨네요. 전 국토는 '개발과 보전' 이라는 두 단어로 나눌 수 있지요. 현재 국토개발의 방향은 개발 가능한 토지는 쉽게 개발하고 보전이 필요한 토지는 철저히 보전할 수 있도록 이원화하고 있습니다. 우리가 부동산 투자를 함에 있어 가장 중요한 것은 '개발가능성' 이 있는 지역에 투자하는 것입니다.

용도지역을 개발과 보전이라는 관점에서 분류하면 다음과 같습니다.

첫째, 시가화용도에 해당하는 용도지역입니다. 주거·상업·공업지역은 이미 개발된 지역으로 용도지역제에 따른 개발행위가 자유로운 지역이 되겠지요.

둘째, 유보용도에 해당하는 용도지역입니다. 자연녹지지역, 계획관리지역, 생산녹지지역, 생산관리지역이 여기에 속하죠. 이러한 유보용도에 해당하는 용도지역은 주목할 필요가 있습니다. 보전가치가 비교적 낮은 지역을 중심으로 향후 계획적 개발이 가능한 지역이죠. 따라서 개발재료나 개발호재가 있을 경우 땅값의 상승률도 가장 높을 수밖에 없는 용도지역이 되겠죠.

셋째, 보전용도에 해당하는 용도지역입니다. 보전녹지지역, 보전관리지역, 농림지역, 자연환경보전지역이 보전용도에 해당하는 지역입니다. 이러한 지역은 최소한의 범위 내에서 개발행위를 엄격하게 제한하는 지역으로 쉽게 개발되기가 어려운 지역이겠지요. 따라서 투자를 할 때에는 신중히 고려해야 할 지역이라고 할 수 있습니다.

🙂 **로빈손** : 도시지역의 보전녹지지역과 비도시지역의 보전관리지역, 농림지역, 자연환경보전지역은 보전용도로 개발행위 자체가 엄격히 제한되

는군요. 그렇다면 보전용도의 용도지역에 속하는 땅은 가급적 쳐다보지도 말아야 되겠네요?

　　산수로 : 그렇게 무 자르듯 한 마디로 말할 수는 없겠지요. 보통 개발 가능성이 있는 땅이라고 할 때에는 해당 토지가 속한 지역이 개발계획에 따라 개발지역으로 개발되어 땅값이 몇 배 이상 오를 것을 기대하고 투자할 수 있는 경우를 말하죠. 그런 관점에서 본다면 일단 유보용도에 해당하는 자연 녹지지역과 계획관리지역이 투자에 가장 유리하고 생산녹지지역이나 생산 관리지역도 개발계획에 따라 향후 개발가능성이 있는 지역이라 할 수 있지요. 반면에 보전용도에 속하는 보전녹지지역, 보전관리지역과 농림지역은 개발되기가 쉽지는 않지요. 그러나 보전용도의 땅들도 개발가능지역과 함께 지구단위계획을 수립하여 개발사업을 추진하게 되면 개발이 허용되는 경우도 있고, 농림지역의 경우에도 개발진흥지구로 지정되면 지구단위계획을 수립하여 개발할 수도 있습니다.

　　또한 농림지역의 경우 농업진흥지역 밖의 농림지역 또는 농업진흥지역이 더라도 농지가 미경지정리 된 농업진흥구역이나 농업보호구역에 속한 지역으로 해제 가능성이 있거나 또는 보전산지가 해제되어 준보전산지가 되는 경우에는 향후 개발가능성을 보고 투자를 할 수도 있겠죠.

　　로빈손 : 그렇군요. 보전용도에 속하는 용도지역의 땅들은 개발계획 내지 해제가능성을 면밀히 살펴 신중하게 투자할 필요가 있군요.

　　산수로 : 사실 기획부동산은 말할 것도 없고 부동산 전문가를 자처하는 사람들조차 용도지역을 무시하고 단지 개발지역 또는 향후 개발예정지역 이라는 그림을 가지고 보전용도의 땅들을 개발지에 붙어 있다는 이유로 투자

를 권유하는 경우가 많고 실제 그런 꾐에 넘어가 투자했다가 빼도 박도 못하는 경우가 부지기수이지요.

따라서 일단 보전용도의 땅들인 도시지역의 보전녹지지역과 비도시지역의 보전관리지역, 농림지역, 자연환경보전지역은 원칙적으로 투자를 신중히 고려해야 할 필요가 있는 용도지역이라고 생각하시면 됩니다.

말씀 드렸듯이 보전용도의 지역들도 개발가능성이 있는 경우가 있으나 그러한 지역을 예측하여 땅을 산다는 것은 쉬운 일이 아니며 리스크가 클 수밖에 없습니다. 모름지기 투자는 수익성도 중요하지만 불확실한 수익성을 기대하고 투자의 안정성이나 환금성을 희생하여서는 안 되겠지요.

자연녹지지역의 투자는 신중해야

로빈손 : 그런데 자연녹지지역과 계획관리지역이 투자에 가장 유리한 용도지역이라고 말씀하셨는데 해당 용도지역의 정확한 정의를 다시 한 번 설명하여 주시죠?

산수로 : 먼저 자연녹지지역부터 설명드리죠. 자연녹지지역은 '도시녹지공간의 확보, 도시확산 방지, 장래 도시용지 공급 등을 위하여 보전할 필요가 있는 지역으로서 불가피한 경우에 한하여 제한적 개발을 허용할 수 있는 지역' 이지요. 자연녹지지역은 장래 도시용지 공급을 할 가능성이 있는 지역이므로 가치가 있는 것입니다.

로빈손 : 실제 현장에 가보면 자연녹지지역은 땅값이 3.3㎡당 최하 100만 원에서 심지어는 수백만 원까지 하는 경우가 대부분인데 현지 중개사무실에서는 무조건 개발될 수밖에 없는 지역이라고 하면서 매수를 권유하는

경우가 많던데 어떻게 옥석을 가려야 할지 모르겠네요.

 산수로 : 도시지역의 녹지지역 중 자연녹지지역은 향후 도시용지로 공급되면 시가화예정용지 등으로 지정되어 개발이 가능한 지역이므로 투자가치가 높은 지역이라 할 수 있습니다.

그러나 자연녹지라고 해서 모두 개발될 가능성이 있는 것은 아닙니다. 자연녹지는 장차 도시개발이 확대됨에 따라 단계적으로 개발될 가능성이 있는 유보지적 성격도 있지만, 단순히 도시의 녹지공간 확보를 위해 필요하기 때문에 실제 개발가능성이 희박한 경우도 있습니다. 예를 들어 자연녹지지역 임야의 임상이 우수하다거나 경사도가 급한 경우 등이죠.

자연녹지지역에 투자를 할 때에는 현지 지형 및 해당 시ㆍ군의 도시관련계획 및 조례를 검토하여 해당지역의 도시가 개발축(도로축)을 따라 확산될 수밖에 없는 위치에 입지하고 있다면 투자를 긍정적으로 검토하여도 될 것입니다.

그러나 이미 도시가 완성된 구역의 경계에 입지하고 있고 녹지공간이 잘 보존되어 있는 자연녹지지역의 경우 거의 개발가능성이 없다고 봐도 될 것입니다. 따라서 자연녹지지역에 투자하고자 할 때에는 토지이용상태나 향후 개발가능성 등 신중한 검토가 필요하며 아울러 도시지역의 웬만한 자연녹지지역은 이미 땅값이 만만치 않은 경우가 많다는 점도 고려해야 할 것입니다.

로빈손 : 아~ 그렇군요. 자연녹지지역은 무조건 좋은 지역이라고 투자하는 우를 범해서는 안되겠군요.

계획관리지역의 투자는 용도지역의 중심

 산수로 : 계획관리지역은 다른 비도시지역의 건폐율이 20%인데 비

하여 건폐율이 40%로 2배나 높고 건축할 수 있는 건축물의 종류 등 개발용도가 다양할 뿐만 아니라 향후 도시화 가능성이 가장 높은 용도지역이므로 비도시지역 중 가장 투자가치가 높은 지역이라 할 수 있습니다.

다만, 과거 관리지역이 세분화되기 전에는 계획관리지역으로 편입이 예상되는 지역은 황금알을 낳는 지역이라고 볼 수 있었지만 이제는 이미 관리지역이 세분화되어서 현재 계획관리지역은 땅값이 상당히 올랐다고 볼 수 있으므로 투자를 결정하기 전에 미래의 가치상승 여부를 잘 판단해야 할 것입니다.

로빈손 : 계획관리지역인데 지구단위계획이 수립되어 개발되는 경우가 많던데 이런 경우 투자와 관련하여 어떻게 하는 것이 좋을까요?

산수로 : 계획관리지역에 지구단위계획이 수립되는 경우는 크게 두 가지로 나눠볼 수 있습니다.

첫째는 30만㎡ 이상의 아파트 건설계획(수도권의 자연보전권역이나 초등학교가 확보된 경우는 10만㎡ 이상)이 포함되거나 주거개발진흥지구로 지정되는 경우입니다. 둘째는 3만㎡ 이상의 주거 외의 용도로 개발되거나 주거 외의 개발진흥지구로 지정되는 경우입니다. 지구단위계획의 경우 수립주체가 민간사업자인지 아니면 LH공사(한국토지주택공사) 등 공공기관인지에 따라 즉, 민간개발방식인지 공영개발방식인지에 따라 투자방향은 달라질 수밖에 없을 것입니다. 민간개발방식이라면 협의매수방식에 의해 충분한 투자가치가 있을 것이고 공영개발방식이라면 여러 가지 변수가 있어 투자가치를 일률적으로 말하기는 어려우나 아무튼 어떤 방식이든 계획관리지역이 지구단위계획구역으로 지정되면 당연히 땅값은 올라갈 수밖에 없겠지요. 구체적인 내용은 앞으로 자세히 설명하게 될 것입니다.

용도지역에 따른 개발용도가 그림을 그린다

미시적 측면에서의 개발가능성은 바로 개발용도

산수로 : 또 한 가지 개발가능성을 미시적 측면에서 본다면 해당 용도지역에서 어떠한 개발용도로 땅의 쓰임새가 사용될 수 있는지 판단하는 것 역시 중요합니다. 내가 땅을 사면 그 땅을 어떤 용도로 활용할 수 있을까를 항상 생각해야 합니다.

활용할 수 있는 개발용도가 많을수록 그 땅의 가치는 당연히 높을 수밖에 없겠지요. 예를 들어 새로 길이 난 국도변의 농지나 임야를 보고 저 땅은 어떤 쓰임새가 있을까 생각해 보는 것입니다. 길에는 차가 다니니까 저기 주유소나 충전소를 설치하면 괜찮겠구나, 하는 식으로 말이죠.

주유소는 보전녹지지역은 설치가 불가능하지만 시·군에 따라 보전관리지역에서는 설치가 가능할 수 있으며, 충전소는 보전관리지역은 물론 보전녹지지역이나 농림지역에서도 설치가 가능할 수 있습니다.

따라서 단순히 시세차익만을 노린다면 개발계획에 따른 개발가능성을 판단하는 것이 중요하지만 자신의 투자목적과 관련하여 해당 용도지역에 어떤 건축물을 건축하여 토지이용을 극대화할 수 있는지 사전에 개발용도를 확인할 필요가 있습니다.

 로빈슨 : 아무튼 산수로님 말씀은 부동산 투자를 하고자 할 때에는

거시적 측면에서 개발계획과 관련한 '개발가능성'과 미시적 측면에서 개발용도와 관련한 '개발가능성'을 동시에 검토하여야 된다는 것이군요.

산수로 : 잘 이해하셨네요. 개발계획과 관련한 '개발가능성'은 거시적이고 장기적이라면 개발용도와 관련한 '개발가능성'은 미시적이고 단기적이라는 점에서 양자를 잘 조화하여 부동산 투자에 임할 필요가 있습니다.

토지이용규제정보 사이트의 활용

로빈손 : 용도지역에서 어떤 건축물을 건축할 수 있는지에 관한 개발용도는 「국토의 계획 및 이용에 관한 법률」시행령 제71조에서 규정하고 있다고 배웠는데 여기를 보면 '시행령에 의해 건축할 수 있는 건축물'과 '도시계획조례가 정하는 바에 의하여 건축할 수 있는 건축물'로 구분되어 있어 실제 각 시·군의 도시계획조례에 따라 개발용도가 차이가 있지 않습니까?

용도지역에서의 구체적인 개발용도를 파악하기 위해서 각 시·군의 도시계획조례를 일일이 확인한다는 것도 쉬운 일은 아닌데 좋은 방법이 없습니까?

산수로 : 좋은 질문입니다. 우리가 토지이용계획확인서를 열람하려면 어떤 사이트를 이용한다고 하였습니까?

로빈손 : 아, 그거야 토지이용규제정보서비스(luris.mltm.go.kr) 사이트를 이용하면 되지요.

산수로 : 맞습니다. 토지이용규제정보서비스 사이트에서는 내 땅 위에 지역·지구와 관련 법령을 한 눈에 볼 수 있는 '토지이용계획 열람'뿐만 아니라 토지이용행위의 유형별 가능여부를 알 수 있는 '지역지구별 행위제한', 그리고 개발을 위한 절차 및 관련서류 길라잡이인 '규제안내서 열람',

그 외에도 도시계획 관련도면 소식함인 '고시도면 열람' 까지 토지이용과 관련한 중요한 사항을 모두 확인할 수 있어 매우 유용한 사이트입니다.

여기서 '지역지구별 행위제한' 을 클릭하고 '대상지역' 란에서 해당 시·군을 선택합니다. 행위제한 내용을 확인하고자 하는 지역·지구를 선택하게 되면 해당 지역·지구에서 행위가능한 토지이용행위와 행위가 금지되어 있는 토지이용행위뿐만 아니라 해당 시·군의 건폐율·용적률까지 한 눈에 확인할 수 있습니다.

또한 '조건별 행위제한' 을 클릭하면 먼저 '토지이용 행위' 란에서 토지이용명을 선택하고 대상지역의 해당 시·군을 선택 후 행위제한내용을 확인하고자 하는 지역·지구를 선택하게 되면 구체적인 토지이용행위(예컨대, 단독주택·아파트·공장·창고·주유소 등)가 가능한지 여부가 확인됩니다.

더 나아가 '지번별 행위제한' 을 클릭하여 지번을 입력 후 구체적인 토지이용행위가 가능한지 여부를 확인할 수도 있습니다.

로빈손 : 설명만 들어서는 잘 모르겠네요. 직접 토지이용규제정보서비스에 들어가서 산수로님이 설명한대로 하나하나 확인해 보겠습니다.

(독자 여러분들도 직접 토지이용규제정보서비스 사이트에 들어가 확인해 보세요)

확인해보니 정말 신기하네요. 그동안에는 토지이용행위가 가능한지 여부를 확인하기 위해서는 일일이 해당 시·군의 도시계획조례를 확인했는데 여기서는 한 눈에 모든 것을 확인할 수 있어 정말 편리하군요.

그런데 한 가지 의문사항은 제가 주유소 설치가 가능한지 여부를 확인하기 위하여 '지번별 행위제한' 을 클릭하여 충남 공주시 계룡면 화은리 ○○번지를 조회하였더니 보전관리지역으로 건축가능하다고 나오는데, 실제 그 땅은 도로상황이 주유소를 설치할 수 있는 곳이 아닌데 이건 어떻게 해석해야 되나요?

산수로 : 아~ 예. 토지이용규제정보서비스에서는 말씀하신 지번이 보전관리지역이므로 공주시에서는 보전관리지역에 주유소가 설치가능하다는 의미입니다. 구체적인 토지이용행위를 위한 인 · 허가 관계는 해당 토지이용행위를 위한 각종 관련 법률의 규정에도 적합해야 하므로 구체적인 개발행위를 하기 위해서는 반드시 관할 시 · 군의 담당부서에 확인하거나, 해당 지역의 토목측량설계사무소나 건축설계사무소에 문의하는 절차가 반드시 필요합니다.

로빈손 : 토지이용규제정보서비스 사이트에서 토지이용계획확인서만 열람하는 줄 알았는데 매우 다양한 정보를 알 수 있네요. 앞으로 부동산 투자를 하고자 할 때에는 사전에 토지이용규제정보서비스 사이트를 확인하는 습관을 반드시 가져야 되겠습니다.

제 **02** 부

농지와 임야 투자
- 부동산 투자의 중심

Chapter

01 농지와 임야 투자

농업인만이 농지를 소유할 수 있다고

산수로 : 우리가 보통 토지에 투자한다고 할 때 그 대상은 주로 농지나 임야가 되는 경우가 많죠. 아무래도 대지에 비해 땅값도 저렴하고 향후 개발가능성이나 전용가능성에 따라 많은 시세차익도 노릴 수 있기 때문이겠죠. 그러나 가치있는 농지나 임야를 구입하는 것이 쉬운 일은 아닙니다. 여러 가지 많은 규제 때문이죠.

먼저 농지를 구입하기 위해서는 원칙적으로 농업인이어야 합니다. 일단 농지취득자격증명을 받으면 농지를 구입할 수 있게 되는데 문제는 농지취득 후 계속 농사에 종사해야만 농업인의 자격이 인정되어 농지소유에 큰 문제가 없게 됩니다. 그동안 개발지역의 농지를 도시인들이 취득하여 실제 농사를 짓지 않는 부재지주가 되는 경우가 비일비재한데 이런 경우 농지처분명령을 받게 되고 또한 비사업용 토지를 소유한 것이 되어 양도소득세 중과처분을 받게 됩니다(2010년 말까지는 유예).

로빈손 : 저도 고향 근처에 농지를 취득하여 비공식적으로 임대를 주고 매년 맛있는 쌀을 직접 받아먹었는데 최근 농지처분명령을 받게 되어 농지은행이라는 곳에서 농지임대를 권유받게 되었습니다. 이런 경우 어떻게 해야 하나요?

산수로 : 농지은행에서 농지임대를 권유받았다니 다행이네요. 그런 경우에는 일단 농지은행에 임대를 위탁하는 것이 좋습니다. 아니면 2010년 말까지 비사업용 토지에 대한 양도소득세 중과(60%) 조치가 한시적으로 유예되고 일반세율(6~35%)이 적용되니 매각하는 것도 검토해 볼 필요가 있겠지요. 자세한 내용은 하나하나씩 풀어 나가도록 해 보겠습니다.

농지법상 농지의 정의

산수로 : 일반적으로 농지라고 할 때는 지목상 '전·답·과수원'을 의미하는 것이지만 「농지법」상 농지냐 아니냐의 판정기준은 공부상 지목이 아니라 '실제 이용현황'입니다. 「농지법」상 "농지란 전·답·과수원, 그 밖에 법적 지목을 불문하고 실제로 농작물 경작지 또는 다년생식물 재배지로 이용되는 토지를 말한다"라고 정의되어 있습니다. 즉, 우리 「농지법」은 농지에 관하여 '현황주의'를 채택하고 있는 것이지요. 그 외에도 고정식 온실·버섯재배사 및 비닐하우스 등과 축사·농막 등과 농지개량시설에 해당하는 유지·수로·농로·제방 등도 농지에 해당합니다.

로빈손 : 농촌지역에 가보면 지목은 임야인데 현황상으로는 농지로 사용되는 경우가 허다한데 이런 경우 농지로 보게 되는 것입니까?

산수로 : 지목이 전·답·과수원이 아닌 토지(대·잡종지·임야 등)라도 농작물 경작지 또는 다년생식물 재배지로 계속하여 이용된 기간이 3년 이상이면 농지로 간주하게 되어 「농지법」의 적용을 받게 됩니다. 다만, 임야의 경우 토지의 형질을 변경하는 개간을 하여 고추농사나 배추농사 등 밭농사를 3년 이상 하게 되면 농지로 보지만 토지의 형질을 변경하지 않은 상태 즉, 토지의 물리적 형상은 바꾸지 않고 수목만 과수·유실수·뽕나무, 조경 또는 관상용 수목 등 다년생식물의 재배에 이용되는 토지 즉, 과수원용도로 쓰는 토지는 농지로 보지 않습니다.

사실상 농지로 쓰이고 있는 임야의 경우에는 전용이나 토지거래허가 또는 세법을 적용할 때 애매한 경우가 많으므로 이러한 땅을 매수하고자 할 때에는 사전에 관할 시·군에 확인할 필요가 있습니다.

로빈손 : 그렇다면 지목이 '임야'인데 오랫동안 고추농사를 짓는 밭으로 사용된 땅을 매수한 경우, 8년 이상 자경하였다면 농지로 보아 양도세 감면을 받을 수 있겠네요?

산수로 : 세법에서는 실제 이용현황을 기준으로 하므로 사실상 농지로 사용한 것이 분명하다면 8년 이상 자경 시 양도소득세 감면대상이 됩니다.

로빈손 : 그런데 만약 위의 경우 사실상 농지로 사용되고 있는 임야를 전용하여 대지로 만들 경우 전용비용은 농지와 산지 중 어떤 것을 기준으로 납부하게 됩니까?

산수로 : 이런 경우는 토임(임야대장이 아닌 토지대장에 등록된 '산' 번지가 없는 임야)에서도 많이 볼 수 있는바, 일반적으로 일선 농지부서에서는

농지법령에 따라 임야에서 형질을 변경하여 농지로 3년 이상 실제 경작한 경우 농지조성이 적법한 절차를 거치지 않았다 하더라도 사실상 농지에 해당되어 농지보전부담금이 부과되어야 한다는 입장입니다.

이에 반해 산지부서에서는 산지를 적법한 절차를 거치지 않고 불법으로 형질을 변경해 농지로 사용되고 있는 토지는 산지로 봐야 한다는 입장을 보이고 있습니다. 따라서 이와 같은 경우 실무에서는 일선 시·군 담당부서의 유권해석이 중요하므로 토지 매수 전에 반드시 해당 시·군 담당부서에 확인할 필요가 있습니다.

경자유전(耕者有田)의 원칙

산수로 : 「농지법」상 "농지는 자기의 농업경영에 이용하거나 이용할 자가 아니면 소유하지 못한다"라고 규정되어 있습니다. 따라서 1996년 1월 1일 농지법이 생긴 이후 취득한 농지는 원칙적으로 직접 경작을 하는 농업인이나 농업법인만이 소유할 수 있다는 것이 '경자유전의 원칙'입니다. 경자유전의 원칙이 지켜지지 않으면 농민에게 생명의 땅인 농토는 결국 돈 많은 도시민이나 산업자본가들에게 넘어가고 농민들은 소작농으로 전락하는 사태가 오겠지요.

로빈손 : 그렇지만 원칙적으로 농사를 직접 짓지 않는 도시인은 농지를 소유할 수 없음에도 불구하고 현실은 농촌에 많은 부재지주들이 농지를 광범위하게 소유하면서 농지를 임대하여 경작하는 '소작'이 많지 않습니까?

산수로 : 현실적으로 그러한 경우가 매우 많지만 앞으로는 부재지주에 대한 농지처분명령 내지 양도소득세 중과문제로 인하여 별 생각 없이

농지를 매수하는 외지인들의 경우 곤경에 처할 것입니다. 따라서 외지인들은 합법적으로 농지를 매수할 수 있는 방법을 강구하는 것이 매우 중요하겠지요.

가장 좋은 방법은 농지를 소유할 수 있는 재촌(在村)·자경(自耕)의 농업인 요건을 충족하는 것이겠지만 그것이 어려울 경우 주말·체험영농을 통한 농지소유나 한계농지 취득 또는 농지은행에 위탁경영하는 방식 등으로 농지를 소유하는 것이지요. 도시민들이 합법적으로 농지를 소유할 수 있는 방법에 대해서는 다시 설명하기로 하죠.

로빈손 : 농지는 농업인이 스스로 농사짓는 자경을 해야 한다고 하는데 여기서 자경의 기준은 무엇입니까?

산수로 : 자경이란 농업인이 그 소유농지에서 농작물 경작 또는 다년 생식물의 재배에 상시 종사하거나, 농작업의 1/2 이상을 자기 노동력에 의하여 경작 또는 재배하는 것을 말합니다. 자경의무를 입증하는 것은 전업농의 경우는 아무 문제가 없으나 사업을 겸영하는 농업인이나 외지인들의 경우 문제가 될 것입니다.

로빈손 : 그렇지만 현지에 거주하지 않는 외지인의 경우 스스로 농사지었다고 자경을 주장하면 관할관청에서 이를 인정하여 줄 지 의문스럽네요.

산수로 : 일단 외지인의 자경여부 판정은 농작업의 1/2 이상을 자기 노동력에 의하여 경작 또는 재배하는 것을 입증하는데 달려 있습니다. 아울러 연간 90일 이상 농업에 종사했다는 것을 입증하는 것도 자경을 주장하는데 도움이 됩니다. 사실 농직업의 2분의 1 이상을 자기 노동력에 의하여 경작 또는 재배하였는지의 여부는 판정하기 매우 애매모호한 규정이라고 할 수 있

습니다.

자경여부를 판정하는데 경작거리는 관계없지만 지나치게 먼 거리는 자경을 주장하는데 불리하겠지요. 따라서 가능하면 자기 거주지에서 20km 이내는 재촌이 되니까 이상적이지만, 그렇지 않더라도 최소한 100km 이내가 좋지 않을까 생각되네요.

아무튼 사업을 겸영하는 농업인이나 외지인인 도시민의 경우 평소에 영농사실을 입증할 수 있는 농지원부, 비료나 농약의 구입근거자료와 영농현장사진(사진에 일자가 명기된 것)등과 마을이장 및 마을주민들에게 농사짓는 사실을 수시로 확인시켜 두는 것, 예를 들어 마을이장 등에게 경작사실확인서(농지원부 발급시 필요) 등을 받아 두는 것이 향후 자경사실을 증명할 때 도움이 될 것입니다.

아울러 농사지을 작물을 선택할 때 손이 많이 안가는 작물을 선택하는 것도 요령이입니다. 참고로 농지이용 실태조사는 보통 매년 9월부터 11월까지 3개월간 실시된다는 것도 알아두실 필요가 있습니다.

농지취득자격증명과 농지원부는 농지취득의 ABC

농지취득을 위해서는 농지취득자격증명을 발급받아야

산수로 : 농지를 취득하고자 할 때는 농지취득자격증명을 발급받아야 합니다. 이러한 농지취득자격증명은 직접 농사를 짓겠다는 자경(自耕)계획을 증명하는 서류라고 할 수 있죠. 농지취득자격증명을 발급받으려는 자

는 농업경영계획서를 작성하여 농지 소재지를 관할하는 시·구·읍·면의 장에게 발급신청을 하면 됩니다(주말·체험영농에 이용하고자 농지를 취득하는 경우에는 농업경영계획서 작성 불필요).

　농지취득자격증명을 발급받지 못하면 농업인으로 인정하지 않기 때문에 농지를 사더라도 소유권이전등기를 할 수 없죠. 경매로 농지를 경락받는 경우, 토지거래허가는 받을 필요가 없어도 농지취득자격증명은 역시 받아야 합니다.

　로빈슨 : 농지취득자격증명을 발급받는 절차가 까다롭습니까?

　산수로 : 농지취득자격증명을 발급받는 절차는 생각보다 매우 간단합니다. 헌법과 법률에서 농지소유를 엄격하게 제한하고 있지만 현실적으로는 누구나 농지를 취득하고자 농지취득자격증명을 신청하게 되면 요건에 맞는 이상 다 발급받을 수 있습니다. 농업경영계획서와 그에 따른 농지취득자격증명이 말 그대로 요식화 된 행위에 불과하기 때문이죠. 농지취득자격증명 자체는 직업이라던가 거주지(토지거래허가구역은 예외)와 관계없이 농지를 취득하고자 하면 누구에게나 발급이 가능합니다. 다만, 토지거래허가구역이 아닌 이상 거리제한은 없지만 농지소재지와 거주지가 너무 떨어져 자경을 한다는 것이 의심스러울 경우 해당 시·구·읍·면의 장이 발급을 거부할 가능성도 있기 때문에 사전에 발급가능 여부를 확인할 필요는 있습니다.

　로빈슨 : 그렇다면 농지취득자격증명을 발급받기 위한 요건은 무엇인가요?

　산수로 : 신규로 농지를 취득하여 농업경영을 하려고 하는 자는 일반 농지의 경우 1천㎡ 이상, 고정식온실·버섯재배사·비닐하우스·축사 등의

농업용 시설이 설치되어 있거나 설치하고자 하는 농지는 330㎡ 이상이면 소정의 양식에 따른 농업경영계획서를 첨부하여 제출하면 신청일로부터 4일 이내에 발급됩니다.

기존에 농지원부가 있는 농업인의 경우에는 면적제한이 없습니다. 또한 농업인이 아닌 개인이 주말·체험영농에 이용하고자 농지를 취득하는 경우에는 신청 당시 소유하고 있는 농지의 면적에 취득하고자 하는 농지의 면적을 합한 면적이 1천㎡ 미만(이 경우 면적 계산은 세대원 전부가 소유하는 총면적)이어야 하며, 이 경우 따로 농업경영계획서를 작성할 필요가 없고 2일 이내에 발급됩니다.

 로빈손 : 만약에 기존에 1천㎡ 이상의 농지를 소유하고 있을 경우 1천㎡ 미만의 농지는 누구나 추가 취득이 가능합니까?

산수로 : 기존에 농지를 소유하고 있다 하더라도 단지 토지등기부등본상의 소유자로만 등재되어 있고 농지원부가 없는 경우에는 기존 농지와 합산하여 1천㎡ 이상인 경우라도 취득할 수 없게 됩니다. 따라서 농지를 취득하여 경작하게 되면 농지원부를 발급받아야 유리하게 됩니다.

로빈손 : 결국 기존에 농지원부가 있는 농업인의 경우에만 면적제한이 없으므로 1천㎡ 미만의 농지도 농지취득자격증명을 발급받아 취득할 수 있게 되는 것이군요.

그런데 아까도 말씀하셨다시피 임야인데 개간 등 토지형질변경을 하여 농작물 경작이나 다년생식물 재배지로 계속하여 이용된 기간이 3년 이상이라면 이런 경우에도 농지취득자격증명을 받아야 합니까?

산수로 : 토지형질변경을 하여 농작물 경작이나 다년생식물 재배지

로 계속하여 이용된 기간이 3년 이상인 임야는 사실상 농지이므로 당연히 농지취득자격증명을 받아야 살 수 있습니다.

로빈손 : 그렇다면 반대로 농지가 장기휴경으로 인하여 오랫동안 방치되어 사실상 임야가 되어버린 농지의 경우에는 어떻게 됩니까? 사실상 임야니까 농지취득자격증명을 받지 않아도 되는 것 아닙니까?

산수로 : 글쎄 그렇게 되면 좋은데 뭐 법이란 것이 좀 그렇지 않나요. 요즘은 농사를 제대로 안 짓다 보니 휴경상태에 있어서 나무가 무성한 사실상 임야가 된 농지가 꽤 있죠. 그런 농지를 취득하고자 할 때에는 원칙적으로 원상복구 후에 농지취득자격증명을 신청해야 합니다. 다만, 원상복구계획을 포함한 농업경영계획서를 제출하면 실현가능성 여부를 시·구·읍·면의 장이 판단하여 농지취득자격증명서를 발급할 수 있습니다. 실제 취득하고자 하면 큰 어려움은 없을 것입니다.

로빈손 : 만약에 제가 농지전용을 목적으로 농지를 취득하고자 하면 농지취득자격증명서를 받을 수 있습니까?

산수로 : 농지란 농사짓는 것이 목적인데 농업경영 이외의 목적으로 농지전용을 하기 위해서 바로 농지취득자격증명서를 받기는 쉽지 않지요. 법규정상 안된다는 법은 없지만 그런 경우에 보통 현재 농지소유자에게 토지사용승낙서를 받아 본인인 제3자 명의로 농지전용허가 신청을 하여 농지전용허가가 떨어지면 그때 농지취득자격증명서의 취득목적란에 농지전용이라고 표시하고 농지취득자격증명을 발급받으면 전용된 농지를 소유할 수 있게 됩니다.

로빈손 : 궁금했던 것이 확 풀리네요. 그럼 도시의 녹지지역이나 경

우에 따라서는 주거지역인데도 농지가 있는 경우가 있던데 이런 경우에도 농지를 취득하기 위해서는 농지취득자격증명을 받아야 하나요?

산수로 : 도시지역의 농지는 농지취득자격증명을 받을 필요가 없습니다. 다만, 녹지지역의 농지로서 도시계획시설사업에 필요하지 않은 농지는 농지취득자격증명을 받아야 합니다.

로빈손 : 요컨대 농지를 구입하기 위해서는 농사를 직접 짓겠다는 약속으로 농지취득자격증명을 발급받도록 하는 것인데, 현실적으로 직접 농사 짓기 어려운 도시인들도 쉽게 농지취득자격증명을 받을 수 있는 것이 문제라고 생각되네요.

산수로 : 지금은 토지거래허가구역을 제외한 모든 지역에서 농지 구입에 사실상 제한이 거의 없다고 할 수 있습니다. 누구나 마음만 먹으면 손쉽게 농지를 매입할 수 있게 되었죠. 그러나 농지는 원칙적으로 농업인만이 매입할 수 있다는 점에서 직접 농사를 짓지 않는 사람이 농지를 취득하는 것은 불법이라고 할 수 있죠. 결국은 그동안 많은 도시민들이 불법으로 농지를 매입해 투기를 해온 셈이라고 할 수 있습니다. 그러다보니 직불금 파동이라든가 고위공직자들의 불법 농지매입으로 인한 낙마사태 등이 언론지상에 오르내렸던 것이죠. 문제는 농지취득자격증명 자체가 사문화된 것이나 다름없다보니 앞으로도 농지에 대한 투기는 사라지기가 쉽지 않을 것입니다.

그러나 중요한 사실은 농지 구입은 쉬워졌다 하더라도 일단 농지를 구입한 이상 농업인으로서 자경의무가 주어지고 이를 위반할 때에는 강력한 제재를 받게 되지요.

농지는 사는 것보다 사후관리가 더 중요하다는 것을 명심해야 합니다.

농지취득자격증명신청서

접 수 *	. . . 제 호	처리기간
처 리 *	. . . 제 호	4일 (농업경영계획서를 작성하지 아니하는 경우에는 2일)

농 지 취득자 (신청인)	①성명 (명칭)		②주민등록번호 (법인등록번호)				⑥취득자의 구분			
	③주소	시 도	구 동 시·군 읍·면 리 번지				농업 인	신 규 영농	주 말· 체험영농	법인 등
	④연락처		⑤전화번호							

취 득 농지의 표 시	⑦소 재 지						⑪농지구분		
	시·군	구·읍·면	리·동	⑧지번	⑨지목	⑩면적 (㎡)	진흥 구역	보호 구역	진흥 지역 밖

⑫취득원인				
⑬취득목적	농업경영	주 말· 체험영농	농지전용	시험·연구·실습용 등

「농지법」제8조제2항 및 같은 법 시행령 제7조 제1항에 따라 위와 같이 농지취득자격증명의 발급을 신청합니다.

년 월 일

농지취득자(신청인) (서명 또는 인)

시장·구청장·읍장·면장 귀하

	신청인(대표자) 제출서류	담당 공무원 확인사항	수수료
구 비 서 류	1. 별지 제2호서식의 농지취득인정서(법 제6조제2항제2호에 해당하는 경우에 한합니다) 2. 별지 제4호서식의 농업경영계획서(농지를 농업경영 목적으로 취득하는 경우에 한합니다) 3. 농지임대차계약서 또는 농지사용대차계약서(농업경영을 하지 아니하는 자가 취득하려는 농지의 면적이 영 제7조 제2항 제5호 각 목의 어느 하나에 해당하지 아니하는 경우에 한합니다) 4. 농지전용허가(다른 법률에 따라 농지전용허가가 의제되는 인가 또는 승인 등을 포함합니다)를 받거나 농지전용신고를 한 사실을 입증하는 서류(농지를 전용목적으로 취득하는 경우에 한합니다)	법인등기부등본	「농지법 시행령」 제74조에 따름

210㎜ × 297㎜(일반용지 60g/㎡(재활용품))

※ 기재상 주의사항

* 란은 신청인이 쓰지 아니합니다.

①란은 법인에 있어서는 그 명칭 및 대표자의 성명을 씁니다.

②란은 개인은 주민등록번호, 법인은 법인등록번호를 씁니다.

⑥란은 다음 구분에 따라 농지취득자가 해당되는 난에 ○표를 합니다.

　가. 신청당시 농업경영에 종사하고 있는 개인은 "농업인"
　나. 신청당시 농업경영에 종사하지 아니하지만 앞으로 농업경영을 하려는 개인은 "신규영농"
　다. 신청당시 농업경영에 종사하지 아니하지만 앞으로 주말·체험영농을 하려는 개인은 "주말체험·영농"
　라. 농업회사법인·영농조합법인, 그 밖의 법인은 "법인 등"

[취득농지의 표시]란은 취득대상 농지의 지번에 따라 매 필지별로 씁니다.

⑨란은 공부상의 지목에 따라 전·답·과수원 등으로 구분하여 씁니다.

⑪란은 매 필지별로 진흥구역·보호구역·진흥지역 밖으로 구분하여 해당란에 ○표를 합니다.

⑫란은 매매·교환·경락·수증 등 취득원인의 구분에 따라 씁니다.

⑬란은 농업경영 / 주말·체험영농 / 농지전용 / 시험·연구·실습용 등 취득 후 이용목적의 구분에 따라 해당란에 ○표를 합니다.

※ 농지취득 후 농지이용목적대로 이용하지 아니할 경우 처분명령 / 이행강제금 부과 / 징역·벌금 등의 대상이 될 수 있으므로 정확하게 기록해야 합니다.

※ 이 신청서는 무료로 배부되며 아래와 같이 처리됩니다.

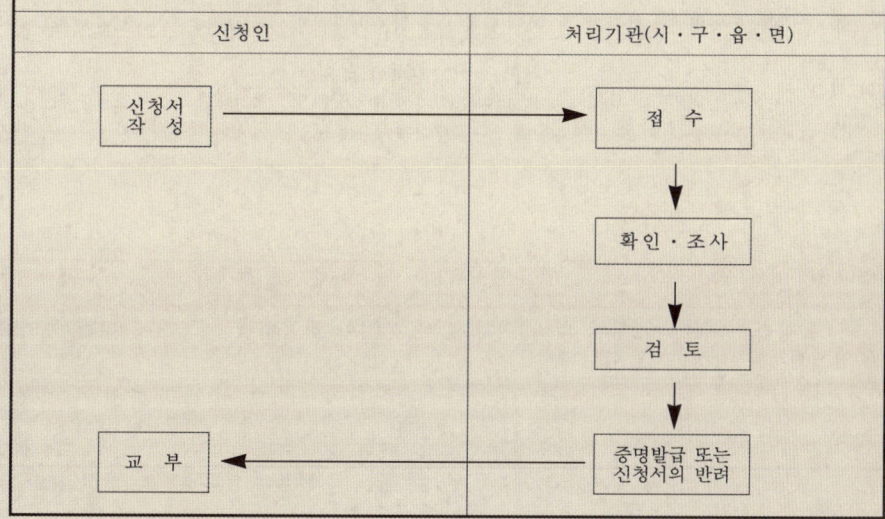

신청인	처리기관(시·구·읍·면)
신청서 작성 →	접 수
	↓
	확 인 · 조 사
	↓
	검 토
	↓
교 부 ←	증명발급 또는 신청서의 반려

농 업 경 영 계 획 서

취득 대상 농지에 관한 사항	①소재지			② 지번	③ 지목	④면적 (㎡)	⑤영농 거리	⑥주재배 예정 작목	⑦영농 착수 시기
	시·군	구·읍·면	리·동						
		계							

농업 경영 노동력의 확보 방안	⑧취득자 및 세대원의 농업경영능력					
	취득자와 관계	성별	연령	직업	영농경력(년)	향후 영농여부
	⑨취득농지의 농업경영에 필요한 노동력확보방안			
	자기노동력	일부고용	일부위탁	전부위탁(임대)

농업 기계·장 비의 확보 방안	⑩농업기계·장비의 보유현황					
	기계·장비명	규격	보유현황	기계·장비명	규격	보유현황
	⑪농업기계장비의 보유 계획					
	기계·장비명	규격	보유계획	기계·장비명	규격	보유계획

⑫연고자에 관한 사항	연고자 성명	관계

「농지법」 제8조제2항에 따라 위와 같이 본인이 취득하려는 농지에 대한 농업경영계획서를 작성·제출합니다.

　　　　　　　　　　　　　　　　　　　년　　　월　　　일

제출자　　　　　　　　(서명 또는 인)

210㎜ × 297㎜(일반용지 60g/㎡)

66

⑬소유농지의 이용현황								
소 재 지				지번	지목	면적 (㎡)	주재배 작 목	자경여 부
시·도	시·군	읍·면	리·동					

⑭임차(예정)농지현황								
소 재 지				지번	지목	면적 (㎡)	주재배 (예정) 작 목	임차(예 정)여부
시·도	시·군	읍·면	리·동					

⑮특 기 사 항	

※ 기재상 주의사항

⑤란은 거주지로부터 농지소재지까지 일상적인 통행에 이용하는 도로에 따라 측정한 거리를 씁니다.

⑥란은 그 농지에 주로 재배·식재하려는 작목을 씁니다.

⑦란은 취득농지의 실제 경작 예정시기를 씁니다.

⑧란은 같은 세대의 세대원 중 영농한 경력이 있는 세대원과 앞으로 영농하려는 세대원에 대하여 영농경력과 앞으로 영농 여부를 개인별로 씁니다.

⑨란은 취득하려는 농지의 농업경영에 필요한 노동력을 확보하는 방안을 다음 구분에 따라 해당되는 난에 표시합니다.

　가. 같은 세대의 세대원의 노동력만으로 영농하려는 경우에는 자기 노동력 란에 ○표

　나. 자기노동력만으로 부족하여 농작업의 일부를 고용인력에 의하려는 경우에는 일부고
　　용란에 ○표

　다. 자기노동력만으로 부족하여 농작업의 일부를 남에게 위탁하려는 경우에는 일부 위탁 란에
　　위탁하려는 작업의 종류와 그 비율을 씁니다. [예 : 모내기(10%), 약제살포(20%) 등]

　라. 자기노동력에 의하지 아니하고 농작업의 전부를 남에게 맡기거나 임대하려는 경우에
　　는 전부위탁(임대)란에 ○표

⑩란과 ⑪란은 농업경영에 필요한 농업기계와 장비의 보유현황과 앞으로의 보유계획을 씁니다.

⑫란은 취득농지의 소재지에 거주하고 있는 연고자의 성명 및 관계를 씁니다.

⑬란과 ⑭란은 현재 소유농지 또는 임차(예정)농지에서의 영농상황(계획)을 씁니다.

⑮란은 취득농지가 농지로의 복구가 필요한 경우 복구계획 등 특기사항을 씁니다.

농지를 샀다면 농지원부를 만들어야

로빈손 : 농지를 사면 농지원부를 꼭 만들라고 하는데 도대체 농지원부가 뭐고 왜 필요한 것입니까?

산수로 : 농지원부는 농업인임을 증명하는 신분증 같은 증명서라도 할 수 있습니다. 이러한 농지원부는 소유관계를 기준으로 작성하는 것이 아니고 경작현황을 기준으로 작성하기 때문에 농지를 소유하고 있다고 해서 무조건 농지원부에 등재할 수 있는 것도 아닙니다. 농지를 소유하든 임차하든 관계없이 실제 농사를 짓는 사람만이 농지원부에 등재될 수 있게 되는 것이죠.

시 · 구 · 읍 · 면의 장은 농지소유 실태와 농지이용 실태를 파악하여 이를 효율적으로 이용하고 관리하기 위하여 농지원부를 작성하여 비치하게 됩니다.

농지원부가 있으면 농업인임이 인정되기 때문에 여러 가지 혜택이 주어지게 되지요. 예를 들어 과거 직불제 파동이 일어났을 때, 쌀소득보전직불제의 대상농가 선정 등이 농지원부를 기초로 하는 것이지요.

로빈손 : 그렇다면 농지원부만 있으면 농업인으로 무조건 인정받게 됩니까?

산수로 : 정확히 표현하면 농지원부가 있으면 농업인으로 추정할 수 있다는 것이지 농지원부가 있다고 무조건 농업인으로 인정받게 되는 것은 아닙니다. 농업인이냐 아니냐를 판단하는 것은 실제 농사를 짓고 있는지 여부가 기준이 되는 것이죠. 그러나 농업인으로 인정받기 위해서 농지원부는 당연히 있어야 되겠죠.

로빈손 : 농지원부는 농사민 짓는다면 누구나 쉽게 만들 수 있는 것입니까?

산수로 : 농지취득자격증명은 농지를 취득할 때 향후 농사를 짓겠다는 계획만 가지고 누구나 받을 수 있는 것이지만, 농지원부는 실제 농사를 짓는 것이 확인되어야만 받을 수 있는 것입니다. 다시 말해서 농지원부는 농지를 소유하든 임차하든 관계없이 농사짓는 사실이 확인되는 농업인은 누구나 만들 수 있는 것이죠.

로빈손 : 그렇다면 농지원부에 등재되기 위해서는 어떻게 해야 합니까?

산수로 : 1천㎡ 이상의 농지에서 농작물 또는 다년생식물을 경작 또는 재배하거나, 농지에 330㎡ 이상의 고정식온실 등 농업용시설을 설치하여 농작물 또는 다년생식물을 경작 또는 재배하는 농업인임이 확인되면 농지의 소유여부와 관계없이 농지원부에 등재될 수 있습니다.

로빈손 : 그렇다면 농지를 취득하거나 임차하게 되면 바로 농지원부에 등재될 수 있게 되는 것입니까?

산수로 : 농지원부의 작성시점은 농지를 취득하거나 임차했다고 바로 작성되는 것이 아니라, 취득 또는 임차한 농지에서 경작하는 것이 확인된 시점에 농지원부를 작성하게 됩니다. 즉, 1천㎡ 이상의 농지를 소유하고 있다 하더라도 직접 자경을 하지 않으면 농지 소유주는 작성을 할 수 없고 임차인이 작성할 수 있게 되는 것이죠.

로빈손 : 그렇다면 주말 · 체험영농 목적으로 농사를 지을 경우에는 농지원부를 작성할 수 없겠네요?

산수로 : 그렇지요. 주말 · 체험영농 목적으로 농사를 짓는 경우는 농업인으로 보지 않기 때문에 농지원부를 작성할 수 없습니다.

로빈손 : 농지원부에 등재되기 위해서는 어디에 신청해야 하나요?

산수로 : 농지원부는 토지 소재지인 시·구·읍·면에 신청하는 것이 아니라 거주지 주민센터에 신청하면 토지 소재지인 시·구·읍·면에 경작현황을 조회 후 거주지 주민센터로 회신되는 시점부터 세대별로 농지원부가 작성되어 발급받을 수 있게 됩니다(관내의 경우는 즉시 또는 전자민원G4C사이트에서 온라인 발급도 가능, 관외의 경우에는 10일 이내).

이 경우 토지 소재지에서 자경증명서를 직접 발급받아 거주지 주민센터에 제출하면 경작 조회없이도 농지원부를 바로 작성할 수 있습니다.

로빈손 : 제가 지적공부상 임야인 토지에 수년 전부터 배나무를 재배하고 있는데 배나무도 과수에 해당하므로 농지원부를 작성할 수 있습니까?

산수로 : 말씀드린 바와 같이 농지법상 농지는 법정 지목을 기준으로 하는 것이 아니라 실제 이용현황을 기준으로 하는 것입니다. 때문에 지목이 임야인 토지를 그 형질을 변경하여 3년 이상 배나무 재배를 하고 있는 것이 확인된다면 농지법상 농지에 해당하여 농지원부를 작성할 수 있으나, 형질변경 여부는 사실을 확인해야 하므로 가능여부는 토지 소재지 관청에 문의하실 필요가 있습니다.

로빈손 : 농지원부는 농지를 소유하지 않고 임차를 하여 농사를 짓는 경우에도 발급받을 수 있다는데 실제 농촌에 가보면 임차인이 농지원부를 작성하는 것이 만만치 않던데 왜 그런가요?

산수로 : 농지법이 시행된 1996년 1월 1일 이후 취득한 농지의 경우 법정 사유가 있는 경우 외에는 농지의 임대차가 금지되어 있습니다. 때문에 이러한 농지를 임대하여 농사를 짓는다면 임차농을 주장하여 농지원부를 작

성할 수 없게 됩니다. 보통 농촌에서 60세 이상이 되어 더 이상 농사에 종사하지 않게 할 수 있게, 농지 중에서 자경한 기간이 5년이 넘는 농지의 경우에는 임대하거나 사용할 수 있게 합니다. 이런 농지를 임대 또는 사용대하여 농사를 짓게 되면 농지원부를 작성할 수 있습니다.

로빈손 : 그동안 농지원부를 어떻게 만드는 것인지 잘 몰랐는데 이제 분명히 알겠네요. 아무튼 농지원부는 자경사실을 확인하는 것이기 때문에 일단 농지원부를 만들어 놓고 도시에 살더라도 가끔 해당 농지에 가서 농사를 짓는 것도 가능하군요. 아까 말씀하신 것처럼 비료나 농약의 구입근거자료와 영농현장사진(사진에 일자가 명기된 것) 등과 마을이장 및 마을주민들에게 농사짓는 사실을 수시로 확인시켜 두면 농지이용실태조사가 나오더라도 직접 농사를 짓지 않는다는 이유로 농지처분명령을 받거나 하지는 않겠군요.

산수로 : 그렇지요. 조금만 신경 쓴다면 농지처분명령을 받는 불이익은 피할 수 있을 것입니다. 아울러 현지 농지관리인이 있다면 상호간에 좋은 유대관계를 가질 필요도 있겠죠.

농지원부의 혜택을 누려라

로빈손 : 농지원부가 있으면 여러 가지 혜택을 받을 수 있다고 하는데 어떤 혜택을 받을 수 있나요?

산수로 : 농지원부가 있으면 농업인임을 인정받기 때문에 다양한 혜택을 받을 수 있습니다.

첫째, 농지를 새로 취득하려면 1천㎡ 이상이어야 하지만 농업인은 그 이하의 소규모 농지를 사는데도 제한이 없습니다.

둘째, 농지원부만 있으면 다른 지방의 농지를 매입하거나, 특히 토지거래 허가구역 내에 소재하는 농업인의 경우 거주지역 내의 농지는 물론 20km 이내에 소재하는 농지를 매입하는데 제한이 없습니다.

셋째, 농지원부에 등재한 후 2년이 경과하면 신규로 농지 취득 때 취득세·등록세가 50% 감면됩니다.

넷째, 농가주택이나 농업인시설 등으로 농지를 전용할 때 농지보전부담금이 전액 면제됩니다.

다섯째, 농지원부를 보유하고 8년 이상 재촌 및 자경이 입증되면 당해 농지 양도시 양도소득세가 1년간 2억 원 한도(5년간 합산 3억 원)까지 감면되고, 그 이상의 금액에 대해서는 6~35%의 일반세율이 적용됩니다(2010년 말까지 부재지주의 경우에도 농지 양도시 한시적으로 일반세율 적용).

여섯째, 국민건강보험료 50% 경감, 국민연금 보조, 고등학생의 학자금 면제, 대학생의 등록금 무이자 융자혜택, 영·유아의 양육비 지원, 면세유 혜택 등 각종 정부지원을 받을 수 있습니다.

일곱째, 농협에 조합원으로 가입하여 저리 농자금대출을 받을 수 있습니다.

이외에도 농지원부가 있어 농업인 자격을 인정받으면 생활 속에서 눈에 보이지 않는 각종 혜택을 받을 수 있으므로 누구나 조금만 신경 쓰면 농지원부를 만들 수 있으니 농지를 중·장기로 보유하면서 개발의 가치로 농지를 바라보는 것뿐만이 아니라 도시인들도 맑은 공기를 마시면서 가끔 농사도 지으면서 농가소득도 올리고 건강도 챙기는 일석삼조가 아닐까 싶네요.

토지거래허가구역에서 농지 및 임야 취득은 신중하게

산수로 : 토지거래허가구역에서 농업인이나 임업인은 자기 거주지역 내 또는 그가 거주하는 주소지로부터 직선거리로 20km 이내에 소재하는 농지나 임야를 농업이나 임업을 경영하기 위해서 취득하고자 할 때에는 토지거래허가를 받을 수 있습니다. 또한 농지가 공공사업용으로 협의양도 되거나 수용된 경우 3년 이내에 대토를 취득하고자 할 때에는 보상금액 이하의 범위 안에서 주소지로부터 80km 이내의 농지를 취득할 수 있습니다.

로빈슨 : 만약 토지거래허가구역에 소재하지 않는 외지인이 토지거래허가구역 내에서 농지나 임야를 구입하기 위해서는 어떻게 해야 하나요?

산수로 : 외지인이 토지거래허가구역 내의 농지나 임야를 취득하기 위해서는 일단 전세대원이 해당 토지가 소재하는 시·군에 전입하여 실제 6개월 이상 거주해야 합니다.

6개월 이상 실거주요건은 당해 행정구역에 주민등록이 되어 있을 뿐만 아니라 실제로 당해지역에 거주하는 경우를 의미하므로, 실거주요건 판단 시 주민등록 외에 자기거주용 주택의 매매계약서, 전세권 등 주택사용권의 등기 여부, 주택임대차보호법에 의한 확정일자를 부여받은 임대차계약서 기타 허가권자가 실제 거주여부를 확인할 수 있는 증명서 등을 확인하여 실거주요건을 엄격하게 판단합니다. 따라서 땅을 사자고 전 가족이 이사한다는 것은 현실적으로 쉬운 일은 아니겠죠.

로빈슨 : 그런데 토지거래허가구역 내에서 농지나 임야를 사게 되면 거기에 따른 토지이용의무가 따르지 않나요?

산수로 : 정확히 기억하고 계시네요. 토지거래허가구역 내에서 농업인이 토지거래계약허가를 받아 농지를 사게 되면 2년간은 반드시 보유하면서 당초 목적대로 농사를 지어야 합니다. 또한 임업인 역시 임야를 사게 되면 조림의무는 없으나 3년간 영림의무가 있으며, 만약 임산물이 없을 시에는 5년간 의무보유해야 합니다.

당연히 이러한 의무이용기간 중에는 전매도 금지됩니다.

로빈손 : 토지거래허가구역 안에서 농지나 임야를 매수한다는 것이 쉬운 일은 아니네요.

산수로 : 토지거래허가구역 내에서는 물론 농업인이나 임업인이어야 농지나 임야를 매수할 수 있고, 또 이에 따른 의무이용기간이 따릅니다. 하지만 토지거래허가구역은 개발을 전제로 하는 것이기 때문에 해당 지역이 허가구역에서 풀리게 되면 그에 따른 시세차익은 매우 클 것입니다. 따라서 힘들더라도 토지거래허가구역만 골라서 요건을 맞추어 투자를 하는 사람도 있는 것입니다.

로빈손 : 토지거래허가구역이라 하더라도 비도시지역의 농지라면 500㎡ 이하, 임야는 1천㎡ 이하이면 외지인도 토지거래허가를 받지 않아도 살 수 있지 않나요?

산수로 : 말씀하신대로 비도시지역의 농지나 임야가 허가면적 이하이면 누구나 토지거래허가를 받지 않고도 땅을 살 수 있지요. 다만, 농지를 신규 취득할 때에는 1천㎡ 이상이라야 가능하니 거주이전을 하지 않고는 불가능하게 됩니다. 그러나 농지원부가 있는 경우에는 500㎡ 이하의 농지취득은 가능하게 됩니다. 그래서 토지 투자를 하고자 할 때 농지원부 하나는 꼭

만들어 놓으면 여러 가지로 쓸모가 있게 되는 것입니다.

로빈손 : 그렇다면 농지원부가 있으면 토지거래허가구역에서 농지를 살 때 농지취득자격증명을 받을 필요가 없지 않나요?

산수로 : 농지취득은 농지원부와 관계없이 농지를 살 때마다 농지취득자격증명을 받아야 하나 토지거래허가구역에서 허가면적을 초과하여 허가를 받을 필요가 있을 경우에는 관할 시장·군수 또는 구청장이 농지취득자격증명의 발급 요건에 적합한지를 확인하게 되므로 따로 농지취득자격증명을 받을 필요는 없습니다. 그러나 허가면적 이하의 농지를 취득할 경우에는 허가를 받을 필요가 없으므로 농지취득자격증명을 역시 받아야 하지요.

로빈손 : 주말·체험영농을 위한 농지취득은 토지거래허가구역 내에서도 가능한가요?

산수로 : 토지거래허가구역 내에서 주말농장이나 체험영농을 위한 농지는 농업의 영위를 위한 토지이용목적에 부적합한 것으로 보아 토지거래계약 허가를 받을 수 없습니다.

로빈손 : 그렇다면 수도권에서 토지거래허가구역 내의 농지를 살 수 있는 좋은 방법이 없을까요?

산수로 : 토지거래허가구역 내에서 농지취득은 일단 농업인만이 가능하므로 본인이 농지원부를 갖고 있다면 자신의 주소지에서 반경 20km 이내에 있는 농지를 농사짓겠다는 목적으로 토지거래계약 허가를 받아 취득하는 방법이 있겠죠. 아니면 500㎡ 이내의 자투리 농지를 허가 없이 취득하는 것도 방법이 될 수 있을 것입니다. 일단 농지를 취득한 이후에는 중·장기 보유를 하든지 아니면 지목변경을 하여 부가가치를 높이던지 하는 것은 개발상

황을 보아 결정하면 될 것입니다.

멍청하게 농지처분명령을 받아서야 농지은행이 구세주

자경하지 않으면 농지처분명령을 받게 된다

로빈손 : 설명을 쭉 듣다보니 농지는 자경을 해야 하며, 농사짓지 않는 경우에는 농지처분명령을 받는 것이군요. 그런데 자경을 하지 않을 경우 구체적으로 어떤 처분을 받게 됩니까?

산수로 : 농지 소유자 또는 주말 · 체험영농에 따라 농지를 취득한 자가 소유농지를 정당한 사유 없이 자기의 농업경영에 이용하지 않거나 주말 · 체험영농에 이용하지 않을 경우, 시장 · 군수 또는 구청장은 그 사유가 발생한 날부터 1년 이내에 해당 농지를 처분할 것을 통지하게 됩니다. 또한 농지전용허가를 받아 농지를 취득한 자가 취득한 날부터 2년 이내에 그 목적사업에 착수하지 아니한 경우 역시 1년 이내에 해당 농지를 처분해야 합니다.

로빈손 : 만약 농지처분의무통지서를 받고도 처분하지 않게 되면 어떻게 되나요?

산수로 : 처분통지를 받고도 처분의무기간인 1년 이내에 처분대상 농지를 처분하지 아니할 경우에는 시장 · 군수 또는 구청장은 해당 농지 소유자에게 6개월 이내에 그 농지를 처분할 것을 명할 수 있게 됩니다.

로빈손 : 농지처분명령서를 받고도 이행하지 않으면 또 어떻게 되나요?

산수로 : 그야말로 배째라는 식이 되겠지요. 농사를 제대로 지으라는데 이걸 무시하면 큰 코 다치게 됩니다. 농지처분명령을 받고도 이행하지 않게 되면 처분명령을 이행할 때까지 매년 해당 농지 토지가액(공시지가 기준)의 20%에 해당하는 이행강제금을 부과할 수 있게 됩니다. 나중에는 배보다 배꼽이 더 큰 경우가 발생할 수 있죠.

로빈손 : 도시에 살면서 땅만 살 줄 알았지 농사는 제대로 지을 줄도 모르는데 농지를 사놓고 농사 안 짓는다고 처분명령을 받으면 정말 큰일이겠네요. 만약 농지처분명령을 받게 된다면 피할 수 있는 방법은 없나요?

산수로 : 농지처분명령을 받으면 한국농어촌공사에 그 농지의 매수를 청구할 수도 있지만 그건 공시지가 기준으로 파는 것이나 다름없으니 실효성이 없는 이야기입니다. 농지처분의무통지서가 나온 시점에서 다시 농사를 제대로 짓게 되면 농지처분명령을 3년간 유예 받을 수 있게 되므로 이후 3년 동안 열심히 자경을 하여 농지이용실태조사시 인정을 받게 되면 농지처분명령은 없었던 일로 될 수 있으니 가장 좋은 방법입니다.

로빈손 : 한 번 걸리고 나서 농지처분명령을 무효화시키려면 정말 열심히 농사를 지어야 되는데 그것도 만만치 않은 일이네요.

산수로 : 만약 직접 농사짓는 것이 여의치 않으면 농지은행에 임대위탁하는 방법도 있습니다. 그러나 문제는 농지처분의무통지를 받고난 이후에는 농지은행에 임대위탁하는 것도 불가능하니 사전에 농지처분명령을 받지 않도록 잘 대처하는 방법이 최선이겠지요.

로빈손 : 사실 땅 산다고 하면 대부분 농지나 임야를 사고 땅값 오를 때까지 중·장기 투자를 하는 것인데 거기에 직접 농사를 지어야 할 것 같으

면 누가 힘들어서 농지를 살 수나 있겠습니까? 그래도 산수로님은 뭔가 특별한 노하우가 있을 것 같은데 알려주시죠.

산수로 : 저라고 별 뾰쪽한 방법이 있겠습니까? 다만, 지금까지 설명한 내용을 잘 이해하셨으면 그다지 어려운 일은 아니라고 생각하는데요. 농지를 사면 일단 무엇부터 하라고 했죠.

로빈손 : 음~ 무조건 농지원부를 만들라고 하지 않았나요?

산수로 : 바로 그겁니다. 농지원부 설명드릴 때 로빈손님도 제대로 답변하셨던 것 같은데요. 중요한 내용이니 다시 한 번 반복해서 설명을 드리자면, 농지원부는 자경사실을 확인하는 것이기 때문에 일단 농지원부를 만들어 놓고 도시에 살더라도 가끔 해당 농지에 가서 농사를 지으면서 비료나 농약의 구입근거자료와 영농현장사진 등을 찍어 놓을 필요가 있겠죠. 그리고 현지 마을이장 및 마을주민들 그리고 현지 농지관리인과 친분관계도 유지하면서 가끔씩 현지에 와 땀흘리면서 농사짓는 사실을 확인시키고 하면 농지이용실태조사가 나오더라도 큰 문제없이 자경사실을 확인받을 수 있을 것입니다. 참고로 말씀드리면 손이 많이 가는 벼농사보다는 손을 덜 타는 농사를 생각하면 더욱 좋겠죠.

농지은행 위탁을 적극 활용하라

로빈손 : 어떻게 보면 농지처분명령까지 받게 되는 것도 법에 무지하거나 게을러서 그렇다고 볼 수밖에 없다는 생각이 듭니다. 그동안에는 농지를 사놓고 농사를 직접 지어야 된다는 생각에 스트레스를 많이 받았는데 결국은 인간관계가 중요하다는 암시군요.

그렇지만 그래도 도저히 농사지을 수 없는 경우는 어떻게 해야 하나요? 무슨 좋은 방법이 없을까요?

산수로 : 농지는 원칙적으로 자경을 해야 하며, 부득이한 경우를 제외하고는 임대차 내지 사용대차를 할 수 없도록 되어 있습니다. 그럼에도 불구하고 부재지주로서 스스로 농사를 지을 형편이 안 되는 경우에는 농지은행에 임대위탁을 하는 방법이 있습니다.

로빈손 : 농지은행이라는 것도 있습니까? 그럼 농사를 안 지어도 농지은행에만 맡기면 알아서 임대를 주나요?

산수로 : 모든 농지가 임대위탁 된다면 도시민도 아무 걱정 없이 투자목적으로 농지를 마음대로 살 수 있겠지요. 그러나 이미 설명 드렸듯이 농지처분의무 부과대상으로 결정된 농지는 당연히 제외됩니다. 도시지역의 주거ㆍ상업ㆍ공업지역 내의 농지와 개발예정지역 내의 농지 및 1천㎡ 미만의 소규모 농지와 주말ㆍ체험영농 농지 등은 임대위탁을 신청할 수 없습니다.

주목할 점은 2009년 6월 25일까지는 도시지역의 녹지지역 및 계획관리지역 안에 소재하는 농지는 임대위탁을 할 수 없어 실효성이 떨어졌으나 지금은 농지은행에 위탁관리를 조건으로 소유를 허용하였다는 점입니다. 따라서 사실상 개발예정지의 농지를 제외하고는 거의 대부분의 농지에 대해서 임대위탁을 할 수 있게 되어 도시민의 경우 농지은행제도를 적극 이용해 볼만 합니다.

로빈손 : 임대방법과 임대기간은 어떻게 됩니까?

산수로 : 임대방법은 한국농어촌공사가 임차인을 선정하면 공사와 임대수위탁계약을 체결하고 농지 소유자는 공사에 연간 임대차료에 10% 내

외의 수수료를 지불하면 되는 것이죠. 임대수탁기간은 5년 이상으로 하되, 최초 계약기간 만료 후 동일 임차인과 재계약을 하는 경우에는 임대수탁기간의 제한이 없으므로 사실상 농지의 계속 소유가 가능합니다.

로빈손 : 농지은행 제도를 잘 이용하면 부재지주로서 굳이 자기가 농사를 짓지 않아도 얼마든지 농지를 소유할 수 있겠네요.

산수로 : 그렇습니다. 게다가 농지은행에 8년간 임대위탁하게 되면 부재지주의 비사업용토지에서 제외되어 양도시에도 일반세율을 적용받게 됩니다. 따라서 임대료도 받고 양도소득세도 할인되며, 게다가 땅값이 올라가면 시세차익까지 얻어 그야말로 일거양득이 될 수 있겠죠.

로빈손 : 그런데 만약 농지은행에 임대를 신청했는데 임차인이 없을 경우도 있지 않나요?

산수로 : 물론 그런 경우도 있겠지만 요즘은 귀농인구가 늘어 임차인은 많은데, 되려 제도가 홍보가 안 되다 보니 오히려 임대인이 부족한 실정이라고 합니다.

로빈손 : 그동안 농지는 경자유전의 원칙에 의해서 직접 농사를 지어야 한다는 생각과 토지거래허가구역에 묶여 쉽게 농지를 사지 못했던 경험 때문에 농지 투자를 어렵게만 생각했습니다. 그런데 산수로님의 설명을 쭉 들어보니 농지 투자는 여러 가지 방법이 있다는 것을 알게 되었고, 어떤 방법을 선택하든지 내 여건에 맞는 방법을 취하면 얼마든지 합법적으로 농지를 취득할 수 있다는 것을 알게 되었네요.

사람들이 법이나 제도를 제대로 모르거나 수시로 바뀌는 내용들을 알지 못하다 보니 토지 투자를 편법으로 해결하려는 생각을 많이 하는 것 같습니다.

산수로 : 맞습니다. 토지 투자는 풍부한 실전 경험 못지않게 빠르게 변화하는 법이나 제도를 실전 투자에 정확히 연결시킬 줄 아는 능력이 무엇보다도 중요합니다.

유휴농지 처분명령 · 이행강제금 '합헌'

헌법재판소는 농사를 짓지 않는 농지에 처분명령을 내리고 이행강제금을 부과하도록 한 농지법 조항이 헌법상 재산권을 침해한다며 구모씨가 낸 헌법소원심판 사건에서 재판관 전원 일치 의견으로 합헌 결정을 내렸다고 10일 밝혔다.

농지법은 소유자가 정당한 사유 없이 농지를 농업경영에 이용하지 않으면 1년 이내에 처분하도록 명령하고 이행을 거부하면 토지가액의 20%에 해당하는 이행강제금을 매년 1회 부과할 수 있도록 한다.

재판부는 "해당 법률조항들은 농지를 계속 농업경영에 이용하도록 하고 비자경농의 농지소유를 제한하기 위한 것으로, 국토의 효율적이고 균형적인 이용 · 개발과 보전을 위해 필요한 제한과 의무를 부과한 것이어서 정당하다"고 밝혔다.

또 "처분명령을 이행하지 않으면 이행강제금을 반복적으로 부과하게 돼 농지 자체의 가치를 넘을 수도 있지만, 강제금 부과에 제한을 둔다면 농지를 농업경영에 이용하지 않는 현상을 고착할 수 있다는 점에서 입법자의 재량권 한계를 벗어났다고 볼 수 없다"고 덧붙였다.

경기 고양시 덕양구에 농지를 갖고 있는 구씨는 2005년 구청에서 처분명령을 받고도 이행하지 않아 두 차례에 걸쳐 총 1억4천만원의 이행강제금을 부과받자 소송과 헌법소원을 냈다.

〈연합뉴스〉 2010.03.10

재촌 · 자경과 부재지주 양도세 중과가 사라졌다고

 산수로 : 2006년도부터 부재지주의 농지 · 임야 · 나대지 등 비사업용 토지에 대해 양도시 실거래가액으로 과세되었고 2007년도 양도분부터 장기보유특별공제가 배제되었으며 66%의 양도소득세율(주민세 포함)이 적용되게 됨에 따라 토지시장에 일대 폭풍이 몰아쳤죠. 이로 인해 부동산 시장이 위축되자 정부는 부동산 경기 활성화를 위해 2009년 3월 16일 이후부터 2010년 12월 31일까지 비사업용 토지의 양도소득에 대해서는 한시적으로 양도소득세 중과세를 유예하고 2년 이상 보유 후 양도시 일반세율(6%~35%)을 적용하고 있습니다.

따라서 종전에는 양도소득세 중과를 벗어나기 위해 농지는 재촌 · 자경요건을 충족해야 하고, 임야는 재촌요건을 충족해야 했지만 일단 2010년 12월 31일까지는 부재지주의 농지나 임야의 경우에도 2년 이상 보유하고 양도하는 경우라면 일반세율이 적용되니 적극적으로 매도를 검토해 볼 시기가 아닌가 생각되네요.

로빈손 : 부동산 경기에 따라 세법이 많이 바뀌다 보니 전문가가 아닌 이상 그 내용을 정확히 파악하는 것도 쉽지 않네요. 아무튼 2010년 12월 31일까지 양도하는 부재지주의 비사업용 토지의 경우 일반세율을 적용한다고 하니 재촌 · 자경요건을 충족하지 못한 경우에는 매도를 고려해야 할 듯 합니다. 자경요건은 설명을 충분히 들어서 알겠는데 재촌의 정확한 뜻이 무엇인가요?

산수로 : 재촌이란 토지 소재지와 동일한 시 · 군 · 구 및 경계가 붙은

연접 시·군·구에 주민등록이 되어 있고 사실상 거주함을 의미합니다. 농지의 경우 추가로 농지소재지로부터 직선거리로 20km 이내에 거주하는 것도 포함됩니다. 그리고 농지의 자경이란 농업인이 그 소유농지에서 농작물 경작 또는 다년생식물의 재배에 상시 종사하거나, 농작업의 2분의 1 이상을 자기 노동력에 의하여 경작 또는 재배하는 것을 말한다고 하였죠.

로빈손 : 지금까지 배운 것을 정리하면 농지에 있어서 자경의 문제는 부재지주 농지의 강제처분과 양도시 양도소득세와 관련되고, 농지나 임야의 재촌의 문제는 토지거래허가구역에서의 매수와 양도시 양도소득세와 직결되는 것이군요. 아무튼 2010년 12월 31일까지는 부재지주 양도소득세 중과 문제는 피할 수 있게 되었으니 당장 문제는 아니지만 2011년도부터는 어떻게 되나요?

산수로 : 현재 세법상으로는 비사업용 토지에 대한 양도세 중과는 2010년 12월 31일까지만 한시적으로 유예된 것이므로 2011년부터는 다시 양도세 중과가 된다고 보아야 할 것입니다. 하지만 세법은 항상 유동적이므로 부동산 경기상황에 따라 어떻게 변할지 모르므로 예의 주시할 필요가 있다고 봅니다.

로빈손 : 한 가지 의문사항이 있어 여쭤보고 싶은데 2010년 12월 31일까지 양도하는 비사업용 토지는 양도세가 일반세율로 적용되는 것이라면 만약 이때까지 취득하는 경우는 어떻게 됩니까? 양도시에만 적용된다고 하는 전문가들도 있던데요.

산수로 : 소득세법 제9270조 부칙 제14조에 보면 그 내용이 나와 있죠. 2009년 3월 16일부터 2010년 12월 31일까지 취득하는 비사업용 토지에

대해서도 2011년부터 양도세 중과조치가 다시 시행된다 하여도 향후 2년 이상 보유시 일반세율이 적용 됩니다. 다만, 해당자산의 보유기간이 3년 이상인 경우에도 장기보유특별공제는 적용하지 않게 됩니다.

로빈손 : 산수로님의 유권해석은 법률에 근거한 정확성을 바탕으로 부동산 투자를 함에 있어서 관련법규의 해석이 얼마나 중요한지 절감하게 합니다.

2010년은 토지매수의 절호의 기회

로빈손 : 2011년 이후의 상황은 어떻게 변할지 모르지만 그렇다면 2010년이 토지를 매수하는 절호의 기회가 아닌가 싶네요.

산수로 : 그렇습니다. 2010년도에는 부재지주의 양도세 중과를 피해 나오는 급매물이 많을 것으로 보입니다. 따라서 2010년도에 비사업용 토지에 해당하는 농지 · 임야 · 잡종지 · 나대지 등을 매입한다면 사업용 토지와 양도세 측면에서 동일하기 때문에 적극적으로 땅을 구입하는 것을 권하고 싶습니다. 다만, 늘 말씀드리지만 도로를 따라가는 개발축을 염두에 두고 개발호재나 개발압력이 높은 지역을 중심으로 미래가치가 높은 땅을 매입해야 하겠지요.

로빈손 : 그런데 설명을 듣다 보니 양도세 중과문제는 부재지주의 비사업용 토지에 대해서 발생하는 것이라면 농지나 임야도 아예 사업용 토지로 전환시키면 이런 복잡한 세금문제에서 벗어날 수 있지 않을까요?

산수로 : 맞습니다. 그래서 농지나 임야를 전용해서 건축행위를 통하여 사업용 토지로 만들어 부가가치를 높이려고 하는 것이지요. 농지와 임야

의 전용을 통한 지목변경은 따로 설명 드리도록 하겠습니다.

부동산시장 개미투자자, 1억 안팎 땅에 눈돌린다

서울 동작구 흑석동에 사는 김모씨는 부동산 시장이 살아나는 조짐을 보이자 거주지 인근에서 아파트를 사려고 하다가, 수도권 인근 토지에 투자하기로 마음을 바꿨다. 김씨가 토지 투자로 눈을 돌린 것은 1억원 안팎의 자금으로 서울에서 아파트나 재개발 지분을 사기가 쉽지 않기 때문이다.

강남 재건축 아파트를 중심으로 부동산 시장이 회복 조짐을 보이면서 토지시장에 대한 관심도 살아나고 있다. 특히 거액을 투자하는 큰손투자자는 물론 1억원 안팎의 자금으로 장기투자를 하려는 개미투자자들이 늘어나고 있다. 개미투자자들은 토지시장에서는 상대적으로 소액인 1억~1억5000만원 가량을 5년 이상 묻어둘 요량으로 가격도 상대적으로 낮은 3.3㎡당 20만~30만원 수준의 농지나 임야에 주로 투자한다.

관심지역은 경기도 이천 안성 화성, 충남 당진, 강원도 평창 등 도로 개통이나 개발 호재가 있는 곳들이다. 최근 몇 년간 부재지주 양도소득세 중과 등으로 토지 투자가 주춤했지만 양도세 중과 완화와 유동성 증가 등으로 토지시장 진입 장벽이 낮아졌고, 토지거래허가구역ㆍ그린벨트 해제 등도 토지 수요를 부추기고 있다.

토지거래량도 올해 들어 확연히 늘어났다. 특히 소규모 거래가 늘었다. 330㎡(100평) 이하 토지 거래는 지난 6월 15만7201필지로 전체 토지거래량에서 차지하는 비중이 73%나 됐다. 330㎡ 이하 토지거래는 지난 2004년 말에는 63%에 불과했으나 지난해 말 71%, 올 6월 73%까지 늘어난 것이다.

〈매일경제〉 2009.08.04

주말 · 체험영농 농지를 농지 투자의 전초전으로 삼아라

산수로 : 도시인들이 별다른 제한 없이 농지를 소유하면서 농지 투자를 시작할 수 있는 방법이 바로 주말 · 체험영농 농지입니다. 2003년 1월 1일부터 농업경영 목적이 아니더라도 비농업인이 주말체험영농 목적으로 농지를 소유할 수 있게 되었습니다. 주말농장은 내손으로 기른 먹거리로 가족건강도 챙기고 일상으로부터 잠시 벗어나 자연과 벗하며 취미생활이나 여가생활로 즐기기에는 더할 나위없이 좋은 방법이 아닌가 싶네요.

부동산 투자의 본격적인 출발점이 농지 투자에서 시작된다면 주말체험영농으로 농지를 취득한다는 것은 농사체험도 할 겸 미래의 농지 투자를 위한 준비작업이라고 보면 될 것 같습니다.

로빈손 : 주말 · 체험영농 농지를 취득하는데 면적제한은 없나요?

산수로 : 말 그대로 가볍게 영농체험을 하는데 땅이 너무 넓을 필요는 없겠죠. 주말 · 체험영농 농지는 세대가 합산하여 세대원 전부가 소유하는 총면적이 1천㎡ 미만의 범위 내에서만 가능합니다. 기존에 구입한 주말 · 체험영농농지가 있을 경우 그 면적과 합산해서 역시 1천㎡ 이상을 넘어서지 않으면 됩니다.

로빈손 : 만약에 세대합산하여 주말 · 체험영농 농지로 1천㎡ 이상을 구입하였을 경우에는 어떻게 해야 하나요?

산수로 : 주말 · 체험영농 농지의 소유상한선인 1천㎡ 이상에 해당하는 농지는 그 사유가 발생한 날로부터 1년 이내에 당연히 처분해야 하겠죠. 아니면 농업경영 목적으로 변경하여 취득할 수도 있습니다. 이 경우에는

농업경영계획서를 추가로 제출해야 하며 농업인으로서 자경의무가 주어질 것입니다.

로빈손 : 주말·체험영농 농지로 농지화 된 토임이라던가 형질변경하여 밭농사를 짓고 있는 임야를 구입해도 되나요?

산수로 : 주말·체험영농 농지는 농지를 구입하는 것이기 때문에 지목이 반드시 전·답·과수원이라야 합니다.

로빈손 : 토지거래허가구역 내에서는 주말·체험영농 농지를 구입할 수 없다고 하였는데, 맞나요?

산수로 : 이미 설명 드린대로 토지거래허가구역 내에서는 주말·체험영농 농지를 구입할 수 없습니다.

로빈손 : 주말·체험영농 농지도 농업경영계획서를 첨부하여 농지취득자격증명을 받아야 하나요?

산수로 : 주말·체험영농 농지는 별도로 농업경영계획서를 첨부할 필요는 없고, 관할 시·구·읍·면장에게 농지취득자격증명신청서에 주말체험영농용으로 표시하면 2일 이내에 발급됩니다.

로빈손 : 주말체험영농도 자경의무가 있나요?

산수로 : 주말체험영농을 하겠다면서 가끔씩이라도 와서 농사를 짓지 않는다는 것은 말이 안되겠죠. 다만, 농업인의 자경의무가 연간 90일 이상이라면 주말체험영농의 경우는 연간 30일 이상만 충족하면 됩니다.

로빈손 : 그렇다면 주말·체험영농 농지도 자경의무를 소홀히 하면 농지처분명령을 받을 수 있나요?

산수로 : 당연하죠. 하지만 주말에 내 땅 보고 가꾸는 재미에 가끔 바

람만 쐬러 와도 충분하겠죠.

로빈손 : 주말·체험영농농지로 농지를 구입하려고 해도 1천㎡ 미만의 농지를 구입하는 것이 쉽지 않아 마음에 맞는 사람들끼리 공유지분으로 하여 주말·체험영농농지로 구입하고자 하는데 이것도 가능한가요?

산수로 : 세대별로 1천㎡ 미만이면 공유지분으로 하여 주말·체험영농 농지로 구입하는 것은 물론 가능합니다.

주말·체험영농 농지의 주택부지 전용

로빈손 : 주말·체험영농 농지로 구입하였다가 이를 주말·체험영농 주택부지로 전용하는 것이 가능한가요? 만약 가능하다면 이 경우 농지보전부담금은 어떻게 되나요?

산수로 : 주말·체험영농 주택부지로 전용하기 위해서는 해당 농지가 농업진흥지역 밖의 읍·면에 소재하는 농지라야 하며, 도시지역 안의 농지 및 계획관리지역 안의 농지와 개발목적의 지역·지구·단지 안의 농지일 경우에는 주택부지로 전용할 수 없습니다. 또한 주말·체험영농 주택부지로 전용하고 주말·체험영농 농지로 이용할 수 있는 잔여면적이 150㎡ 이상이라야 합니다. 또는 주말·체험영농 농지로 이용하거나 이용하고자 하는 150㎡ 이상의 농지에 연접한 농지도 주말·체험영농 주택부지로 전용할 수 있습니다.

이 경우 건축면적 33㎡ 이하의 주말·체험영농 주택을 건축할 경우에는 농지보전부담금이 50% 감면됩니다. 아울러 주말·체험영농 농지와 관련하여서는 양도소득세 중과도 전혀 신경 쓸 필요가 없습니다.

관할 시·군의 농지담당부서에 문의하면 어렵지 않게 전용절차를 진행할 수 있을 것입니다.

로빈손 : 주말·체험영농 농지도 주택부지로 전용할 수 있다는 것은 처음 알았네요. 시골에 조그마한 집이나마 그림 같은 집을 짓고, 도시생활을 하면서 스트레스가 쌓일 때 내려와 주말에 텃밭도 가꾸고 아이들과 재미나게 놀면서 미래의 꿈을 꾸어봐야 되겠네요.

산수로 : 아주 좋은 생각이네요. 이제는 '5도2촌(5일은 도시에서 2일은 농촌에서)시대'라고 하잖아요. 전원생활이 거창한 전원주택을 지어 시작하는 것이 아니라고 생각합니다. 큰 부자도 시작은 조그마한 집 한 채라고 하지 않나요. "시작은 미약하나 끝은 창대하리라"라는 성경구절이 생각나는군요.

영농여건 불리농지(한계농지)는 새로운 기회의 장

한계농지와 영농여건 불리농지

산수로 : 우리가 농지 중에서 주목할 만한 농지는 바로 한계농지라고 불리는 '영농여건 불리농지'입니다. 영농여건 불리농지는 농업진흥지역 밖의 농지 중에서 영농여건이 불리하여 생산성이 낮은 농지입니다. 한 마디로 농사짓기가 어려운 농지라고 할 수 있습니다. 보통 농촌의 산비탈에 계단식 농지나 인근의 대규모 농지와 동떨어진 땅으로 대부분 물사정이 좋지 않은 천수답 형태로 많이 있죠. 정부는 이러한 영농여건 불리농지에 대한 소유와 거래 규제를 대폭 완화하기로 하였습니다.

로빈손 : 한계농지와 영농여건 불리농지의 정확한 개념은 무엇입니까?

산수로 : 한계농지는 「농어촌정비법」 용어로 최상단부에서 최하단부까지의 평균 경사율이 15% 이상이거나, 집단화 된 농지 규모가 2만㎡(2ha) 미만인 농지, 「광업법」에 따른 광업권의 존속기간이 끝났거나 광업권이 취소된 광구의 인근 지역 농지로서 토양오염 등으로 인하여 농업 목적으로 사용하기에 부적당한 농지를 말합니다.

영농여건 불리농지는 2009년 11월 26일 「농지법」 시행령을 개정하면서 종전의 한계농지의 개념을 원용한 것으로 농업진흥지역 밖의 농지 중 평균경사율이 15% 이상인 영농여건이 불리한 농지를 말합니다. 시·군의 읍·면 지역의 농지로 집단화 된 농지의 규모가 2만㎡ 미만인 농지이며, 시장·군수가 영농여건이 불리하고 생산성이 낮다고 인정하여 고시한 농지를 말하는 것입니다.

로빈손 : 이러한 한계농지나 영농여건 불리농지가 갑자기 주목받는 이유는 무엇입니까?

산수로 : 지금까지 배운 바와 같이 농지는 원칙적으로 농업인만이 소유할 수 있었으나 앞으로 영농여건 불리농지는 비농업인인 일반인도 손쉽게 소유할 수 있도록 됩니다. 사실상 농사짓기에 부적당한 농지를 다른 용도로 개발할 수 있도록 허용하였기 때문입니다. 이를 위해 2010년 말, 늦어도 2011년까지 각 지방자치단체의 시장·군수가 영농여건불리농지의 조사를 완료하고 일반인에게 고시하도록 하였습니다.

로빈손 : 그렇다면 앞으로 한계농지 내지 영농여건 불리농지에 대한 일반인의 관심이 높아질 수 있겠네요. 잘만 고르면 월척도 가능할 것 같습니다.

산수로 : 그렇습니다. 한계농지의 입지조건에 따라서 투자가치의 차이는 나겠지만, 경관이 수려하고 지대가 높은 곳이 많다보니 요즘 각광받는 조망권 측면에서도 투자가치가 매우 높을 것으로 예상됩니다.

로빈손 : 산수로님, 영농여건 불리농지에 대해서 좀 더 자세히 공부하고 싶네요. 아까 설명하신 걸 들어 보니까 시·군의 읍·면 지역의 한계농지만 대상으로 한다고 하셨는데, 그렇다면 도시지역은 제외되는 것인가요? 아울러 용도지역은 어디가 되는 것입니까?

산수로 : 일단 투기위험을 고려해 도시지역은 제외하고 읍·면 지역의 한계농지만 영농여건 불리농지로 지정하게 됩니다. 한편 한계농지는 농업진흥지역 밖에 위치하므로 농림지역에는 소재할 수가 없고 따라서 관리지역에 위치하게 되지요.

영농여건 불리농지의 규모

로빈손 : 영농여건 불리농지의 규모는 전국적으로 어느 정도나 됩니까?

산수로 : 현재 정부에서 추산하기로는 약 15만ha(1,500k㎡)에 이르는 엄청난 규모입니다. 이는 분당신도시 면적의 76.5배, 여의도 면적의 177배에 달하는 규모입니다. 2020년까지 '도시적 용지'로 전 국토면적의 3%에 해당하는 약 3천k㎡가 추가 소요될 전망이라고 하는데, 이를 보면 영농여건 불리농지의 규모를 짐작할 수 있겠지요.

로빈손 : 아~ 이거 정말 흥분할 만한 사실이 아닐 수 없네요. 아직 게임이 본격적으로 시작된 것은 아니니까 이제부터라도 부지런히 산 좋고 물 좋은 자투리 농지 답사를 다녀야 되겠네요. 아직 시간이 많이 남았으니까 기

회는 충분히 있겠지요. 그렇다면 수도권 지역의 영농여건 불리농지의 규모는 어느 정도 되는지 알 수 있을까요?

산수로 : 수도권 지역의 경우 2009년 말 경기도가 발표한 내용에 따르면 분당신도시의 3.4배에 달하는 6,600ha 규모의 영농여건 불리농지 규제가 완화될 예정입니다. 아직 확정된 사실은 아니지만 영농여건 불리농지의 투자를 활성화하기 위해 농지전용시 허가제를 신고제로 바꾸는 등 절차를 간소화할 것으로 보입니다.

로빈손 : 수도권 지역만 해도 규모가 엄청나네요. 지금부터라도 미리 투자할 수 있는 방법은 없을까요?

산수로 : 한계농지는 주말·체험영농 농지와 마찬가지로 농업인이 아닌 일반인도 취득할 수 있습니다. 따라서 농업경영계획서를 첨부할 필요 없이 농지취득자격증명을 발급 받으면 됩니다. 지금도 얼마든지 취득할 수 있지요. 현재도 비수도권의 읍·면 지역의 한계농지는 농지전용시 개별공시지가의 30%에 해당하는 농지보전부담금이 감면되고 있습니다.

영농여건 불리농지에 적극 투자하라

로빈손 : 영농여건 불리농지로 예상되는 지역에 투자한다면 어떤 기준으로 어느 지역을 선택하는 것이 좋을까요?

산수로 : 수도권의 경우 용인, 화성, 평택, 안성, 광주, 이천, 여주, 김포, 파주, 남양주, 양주, 양평, 가평, 포천, 연천 등 15곳의 지방자치단체에 6,600ha 가량의 영농여건 불리농지가 소재한 것으로 파악되고 있습니다. 다만, 영농여건 불리농지로 지정될 지역은 시·군의 읍·면 지역에 국

한하게 되므로 수도권 지역 중에서는 지역요건에 맞는 곳을 선별할 필요가 있습니다.

따라서 서울에서 1시간 내외의 도로축 내지 개발축을 따라 소재하는 강원권이나 중부권까지도 충분한 투자가치가 있다고 봅니다. 특히 첨단공장이나 골프장 또는 리조트단지 등이 주변에 위치하게 되면 더욱 금상첨화겠죠.

영농여건 불리농지는 입지 및 주변환경에 따라 전원주택, 펜션사업, 휴양단지, 관광농원, 연수원, 미니골프장, 체육시설, 전시장, 실버타운, 요양병원 등 다양한 아이템의 수익사업을 전개할 수 있어 그만큼 투자가치가 매우 클 것으로 보입니다.

 로빈손 : 너무 유용한 정보를 알게 되었네요. 그런데 농촌의 산비탈에 있는 한계농지를 보면 보통 도로연결이 원활하지 않은데 우리가 토지에 투자할 때 가장 중요한 것은 진입로 확보가 아닌가요?

산수로 : 한계농지는 성격상 아무래도 도로에서 많이 떨어져 있는데다 농로 등으로 연결되어 진입로가 없는 맹지가 많이 있을 수 있습니다. 진입로가 확보되지 않으면 향후 개발하고자 할 때 애를 먹을 수 있으므로 진입로를 확보할 수 있는 방안을 염두에 두고 구입을 하는 것이 바람직합니다. 그러나 자투리땅일 경우 맹지라 하더라도 한계농지는 어느 정도 규모를 갖고 개발이 될 가능성이 높으므로 향후에 매도하는데 큰 어려움이 없을 것으로 예상됩니다.

로빈손 : 그런데 이런 호재를 자본규모가 큰 기업이나 큰 손들이 놓칠 리 없을 텐데요?

산수로 : 말씀하신대로 자본규모가 큰 기업이나 큰 손들은 벌써 영

농여건 불리농지로 예상되는 지역을 암암리에 물색하면서 매수를 하거나, 할 준비를 하고 있다고 보시면 됩니다. 하지만 아직 시간은 충분하니 예상되는 지역을 부지런히 현장답사하다 보면 좋은 정보를 얻을 수 있을 것입니다. 잘 아시겠지만 모름지기 투자를 할 때에는 큰 손을 따라 투자하는 것도 좋은 방법이죠.

로빈손 : 그렇다면 현재 한계농지로 지정된 곳을 확인할 수 있는 방법은 없습니까?

산수로 :「농어촌정비법」제93조에 의하여 시장·군수·구청장은 농어촌지역의 한계농지를 조사 이를 고시하고 일반인이 열람할 수 있도록 하고 있습니다. 한계농지가 표시된 지형도는 각 시·군 및 한국농어촌공사와 농촌투자유치센터에서 열람 가능합니다. 또한 한계농지정비지구로 지정되어 한계농지정비사업이 시행 중인 지역 역시 열람 가능하므로, 이러한 정보들을 이용하면 앞으로 영농여건 불리농지로 지정될만한 지역을 예상할 수 있을 것입니다.

로빈손 : 산수로님의 설명은 막연하게 부동산 투자를 하면 좋다는 식이 아니라, 언제나 명쾌하고 분명하게 법적 근거를 가지고 말씀하십니다. 그래서 산수로님의 재테크 여행 시리즈를 마치면 저는 틀림없이 부자가 되어 돌아올 것이라는 확신이 생깁니다.

거래 자유로운 '영농불리농지' 지정

연말까지 전국 약 15만ha, 읍·면이 대상

올해 연말까지 거래가 자유롭고 용도 전용도 할 수 있는 '영농여건 불리농지'가 지정된다. 정부는 그 규모가 약 15만ha에 달할 것으로 보고 있다. 농림수산식품부는 올해 6월까지 평균 경사율이 15% 이상이면서 영농 여건이 불리하고 생산성이 낮은 영농여건 불리농지를 조사한 뒤 연말까지 이를 지정한다고 4일 밝혔다.

농지의 경사율이란 그 농지의 제일 높은 곳과 낮은 곳간의 수직거리를 농지의 수평거리로 나눈 비율로, 경사율 15% 이상인 곳은 비탈이 심해 농사를 짓기 어려운 땅이다. 영농여건 불리농지는 또 농업진흥지역에 속하지 않으면서 집단화 규모(한 덩어리를 이뤄 농지로 정비된 면적)가 2만㎡ 미만이어야한다. 종전에는 '한계농지'로 불리던 것을 명칭을 바꿨다.

이처럼 영농여건 불리농지로 지정되면 소유와 임대차 제한이 풀린다. 지금은 이런 땅도 농업인이나 농업법인만 가질 수 있지만 앞으로는 일반인도 소유가 가능해지고 지금은 금지된 임대차도 허용된다. 영농여건 불리농지는 또 허가를 받지 않고 신고만 해도 주택 등을 지을 수 있는 땅으로 전용할 수 있다.

다만 전용 범위는 농지별로 주변 여건을 고려해 결정된다.최종적인 지정 여부는 해당 시장·군수가 농업 경영 여건, 생산성을 판단해 결정하지만 정부는 그 규모가 전국적으로 약 15만ha에 달할 것으로 내다보고 있다. 농식품부 관계자는 "도시화된 특별시·광역시의 농지는 제외하고 시·군의 읍·면 지역 농지만 지정 대상이 될 것"이라고 말했다.

〈매일경제〉 2010.01.04

농업진흥지역과 농업진흥지역 밖의 농지를 구별하라

산수로 : 우리가 농촌에 가보면 바둑판처럼 경지정리가 잘 된 농지들이 있죠. 이러한 농지는 국가에서 국민의 세금을 들여 기계화 영농을 할 수 있도록 농지조성사업 또는 농업생산기반 정비사업을 완료한 우량농지들이지요. 이러한 지역을 뭐라고 부릅니까?

로빈손 : 그러한 지역은 순수한 영농목적의 지역으로 농업진흥지역이 아닌가요.

산수로 : 맞습니다. 「농지법」에서 농업진흥지역은 도시의 녹지지역(서울특별시 제외)과 관리지역·농림지역 및 자연환경보전지역을 대상으로 지정하게 됩니다. 그러나 대부분의 농업진흥지역은 농림지역에 소재하고 일부 관리지역에 있는 경우도 있습니다. 그러나 관리지역에서 「농지법」에 따른 농업진흥지역으로 지정·고시된 지역은 농림지역으로 보게 됩니다.

로빈손 : 그렇다면 농업진흥지역이 아닌 농지는 대부분 관리지역에 소재하겠네요?

산수로 : 일반적으로 그렇다고 볼 수 있습니다. 농업생산성이 높은 농업진흥지역 안의 우량농지는 식량안보와 환경보전 차원에서 보전에 무게를 두는 반면에 상대적으로 생산성이 낮은 농업진흥지역 밖의 농지는 각 지방자치단체에서도 지역경제 활성화를 위해 개발용지로 적극 공급하는 방향으로 나가고 있습니다.

농업진흥지역 밖의 농지는 「농지법」상 농업진흥지역에 해당하는 각종 행위제한을 받지 않기 때문에 농지전용이 보다 수월하므로 개발하기가 비교적 쉬운 농지라고 보면 됩니다.

따라서 농업진흥지역 밖의 농지는 같은 농지라도 입지조건에 따라 농업진흥지역의 농지보다 투자가치가 훨씬 많은 농지라고 생각하면 됩니다.

 로빈손 : 그렇군요. 농지를 볼 때에는 일단 용도지역이 어디인가도 중요하지만 농업진흥지역인지 아닌지의 여부도 중요하군요. 그렇다면 농업진흥지역은 전부 우량농지라고 생각하면 됩니까?

산수로 : 그렇지는 않습니다. 농업진흥지역도 다시 농업진흥구역과 농업보호구역으로 구분됩니다. 우리가 경지정리가 잘 된 우량농지인 경우 거의 농업진흥지역 중 농업진흥구역으로 지정되어 있다고 보시면 됩니다.

농업진흥구역은 주로 농업용으로 이용하고 있는 토지가 집단화되어 있는 지역으로 농지가 바둑판처럼 경지정리가 잘 되어 있는 것이 원칙이지만, 경지정리가 되지 않은 농지도 있습니다. 아무리 도시화가 진행된다고 하더라도 쌀은 먹고 살아야 하지 않나요. 따라서 이러한 농업진흥구역은 거의 해제될 가능성이 없는 지역이라고 보면 됩니다.

한편 농업진흥지역 중에서 농업보호구역은 농사짓기 위한 농업진흥구역의 용수원을 확보하고 수질보전 등 농업환경을 보호하기 위하여 필요한 지역을 지정하는 것입니다. 이러한 농업보호구역은 농지만 있는 것이 아니라 임야, 잡종지, 대지 등 농지 이외의 지목도 지정이 가능합니다.

농업보호구역은 대체로 저수지 주변이나 강 또는 하천 등을 끼고 있어 주변경관이 뛰어나고 조망권이 좋은 곳이 많아 비교적 적은 자금으로 토지를 찾을 경우 인기가 많습니다.

 로빈손 : 그렇다면 저수지를 끼고 있는 농업보호구역에서는 전원주

택이나 모텔 등 숙박업소 아니면 전원가든 등을 지으면 좋겠네요?

산수로 : 농업보호구역에서 전원주택은 가능하지만 숙박업소나 음식점은 설치할 수 없습니다. 자세한 내용은 농업보호구역에서 가능한 토지이용행위에서 설명하도록 하겠습니다.

농업인 주택을 지어보자

로빈손 : 그렇다면 농업진흥구역과 농업보호구역에서 가능한 토지이용행위에는 당연히 차이가 있겠군요.

산수로 : 그렇습니다. 차이가 많을 수밖에 없죠. 우선 농업진흥구역에서는 농업인 주택이나 농업인의 공동생활에 필요한 편의시설 설치와 농업 관련시설 설치 외에는 농업생산 또는 농지개량과 직접적으로 관련되지 않은 토지이용행위는 거의 할 수 없다고 보면 됩니다.

로빈손 : 농업진흥구역에서 농업인 주택을 지으려면 어떤 요건이 필요하나요?

산수로 : 먼저 농업·임업 또는 축산업을 영위하는 세대로서 해당 세대의 농업·임업 또는 축산업에 따른 수입액이 연간 총수입액의 1/2을 초과해야 하며, 해당 세대원의 노동력의 1/2 이상으로 농업·임업 또는 축산업을 영위해야 합니다. 그리고 농업인 주택부지의 총면적이 1세대 당 660㎡ 이하이어야 하며, 농업·임업 또는 축산업의 경영의 근거가 되는 농지·산림·축사 등이 있는 시·구·읍·면, 또는 이에 연접한 시·구·읍·면 지역에 건축할 때만 허용됩니다.

로빈손 : 농업인 주택을 짓고자 할 때 농지전용을 하여 지을 수 있

나요?

산수로 : 당연히 농지전용을 하여 농업인 주택을 건축할 수 있죠. 다만, 최근 5년간 농업인 주택으로 건축하기 위해 부지로 전용한 농지면적이 660㎡이어야 합니다. 농업인 주택은 농업보호구역에서도 동일하게 적용되며, 농업진흥지역 밖이라도 농업인이라면 농업인 주택을 지을 수 있습니다. 다만, 농업보호구역이나 농업진흥지역 밖에서는 농업인 주택이 아닌 단독주택을 지을 수 있기 때문에 전원주택 형태로 가능하죠.

참고로 무주택 세대주가 농업진흥지역 밖에서 최초로 짓는 농업인 주택은 농지전용신고만으로도 가능하나, 농업진흥지역 안에서는 농지전용허가를 받아야 합니다.

로빈손 : 농업인 주택을 짓기 위해서 농지전용을 할 경우 농지보전부담금은 어떻게 되나요?

산수로 : 농업인 주택을 짓기 위한 농지전용의 경우에는 농지보전부담금을 전액 감면받게 됩니다. 다만, 농업인 주택으로 사용한지 5년 이내에 비농업인에게 매도하려면 농지전용 용도변경승인을 받아야 할뿐만 아니라 감면받았던 농지보전부담금을 전부 토해내야 한다는 점을 유의하셔야 합니다.

로빈손 : 그러면 우리가 일반적으로 농가주택이라고 하는 것이 농업인 주택인가요?

산수로 : 농가주택은 단지 농촌에 있는 주택이라는 의미이지 농업인 주택과는 엄연히 다른 개념이죠.

로빈손 : 이제 농지원부를 보유하여 농지를 사는 것도 크게 어려운 일이 아닌데 이왕이면 농지전용을 해서 농업인 주택을 지으면 좋겠네요. 좀

싸게 건축할 수 있는 방법은 없을까요?

산수로 : 하하~ 이제 농업인 주택을 지을 욕심까지 생기시는 모양이네요. 한국농어촌공사가 운영하는 웰촌 포털사이트(www.welchon.com)에 가시면 2009년 12월 18일 공개된 농어촌주택 및 전원주택의 표준설계도가 12종 24유형으로 86㎡부터 185㎡까지 다양한 종류가 있습니다. 설계비가 무료라고 해서 별 볼일 없다고 생각하면 오산입니다. 이번 표준설계도는 상암 월드컵경기장을 설계한 이공건축의 류춘수 소장과 비에스디자인건축의 이관직 소장의 설계와 우송대학교 이해욱 교수의 연구를 기초로 설계도를 한 후 관련분야 전문가와 자문회의의 심의를 거쳐 최종 확정된 만큼 어디 내놓아도 손색없는 설계도라고 하네요.

따라서 이 설계도를 활용하면 설계비를 절감할 뿐만 아니라 주변환경과 어울리는 모델을 선택할 수 있어 농어촌주택이나 전원주택을 짓고자 할 때 많은 도움이 될 것입니다.

참고로 표준설계도를 이용한 전원주택의 예시를 두 가지 정도 보도록 하지요.

[그림1] 표준설계도를 이용한 전원주택 예시1

도면유형 표준주택설계도면 | 주택유형 철근콘크리트조 | 면적 165.92㎡ | 도면파일 농림-09-25

[그림2] 표준설계도를 이용한 전원주택 예시2

도면유형 표준주택설계도면 | 주택유형 조적조 | 면적 127.19㎡ | 도면파일 농림-2004-38-가

농업보호구역에서 가능한 토지이용행위

로빈슨 : 농업인 주택 설명을 듣다보니 시간 가는 줄 몰랐네요. 농어촌 주택도 정말 멋지게 그림같이 지을 수가 있겠네요. 그럼 이번에는 농업보호구역에서 가능한 토지이용행위는 어떻게 되나요?

산수로 : 농업보호구역에서는 농업진흥구역에서 허용되는 농업인 주택이나 농업인의 공동생활에 필요한 편의시설 설치와 농업 관련시설 설치 외에 좀 더 다양한 토지이용행위가 가능합니다. 농업진흥구역에서 허용되는 토지이용행위 외에 농업보호구역에서 가능한 토지이용행위를 요약하여 정리해 보도록 하죠.

첫째, 부지면적 2만㎡ 미만의 관광농원사업과 3천㎡ 미만의 주말농원사업이 가능합니다.

둘째, 부지면적 1천㎡ 미만의 단독주택 건축이 가능합니다.

셋째, 제1종 근린생활시설로서 부지면적 1천㎡ 미만의 슈퍼마켓, 소매점, 의원, 탁구장 및 체육도장의 설치가 가능하죠.

넷째, 제2종 근린생활시설로서 부지면적 1천㎡ 미만의 서점, 골프연습장을 제외한 테니스장 등 체육시설, 극장 등, 부동산중개업소 및 사무소 등, PC방, 사진관, 학원, 독서실, 동물병원 등의 설치가 가능합니다.

로빈슨 : 농업보호구역인데 음식점이나 카페 등이 있는 곳이 있던데 어떻게 가능한 건가요?

산수로 : 아~ 예. 그건 과거 농업진흥지역 지정 당시 이미 음식점이나 카페 등으로 허가를 받아 운영하고 있기 때문에 가능한 것이죠. 지금은 농업보호구역에서 휴게음식점이나 일반음식점 등은 일체 허가를 받을 수 없습

니다.

 로빈슨 : 만약 「국토의 계획 및 이용에 관한 법률」상 용도지역에서 허용하는 건축행위와 농업보호구역에서 허용하는 건축행위가 충돌할 경우에는 어떤 규정을 적용하게 되나요?

산수로 : 「국토의 계획 및 이용에 관한 법률」 제76조의 '용도지역 및 용도지구에서의 건축물의 건축제한 등'에 관한 규정 제5항에 의하면 농림지역 중 농업진흥지역, 보전산지 또는 초지인 경우에는 각각 「농지법」, 「산지관리법」, 또는 「초지법」에서 정하는 바에 따른다고 규정되어 있습니다.

따라서 「국토의 계획 및 이용에 관한 법률」상 용도지역에서 허용하는 건축행위와 농업보호구역에서 허용하는 건축행위가 충돌할 경우는 당연히 「농지법」상 농업보호구역의 건축제한이 우선하게 됩니다.

로빈슨 : 예를 들어 설명해 주시면 좋겠네요.

산수로 : 예컨대, 농림지역에 소재하는 농업보호구역의 농지가 저수지를 끼고 있어 조망도 좋고 해서 전원주택을 짓고 싶다고 합시다. 농림지역은 「국토의 계획 및 이용에 관한 법률」상 농어가주택만 가능하므로 해당지역에 거주하는 농업인에 한해서 농지전용신고를 하여 660㎡ 미만으로 농어가주택을 지을 수 있지만, 농업보호구역에서는 1천㎡ 미만의 단독주택의 신축이 가능하므로 농지취득자격증명을 취득하고 농지를 소유하고 있다면 현지인이 아니더라도 농지전용허가를 받아 단독주택을 지을 수 있습니다.

그런데 위에서 설명한 바와 같이 이런 경우에는 「농지법」이 우선하므로 농림지역의 농업보호구역이라 하더라도 1천㎡ 미만의 단독주택의 신축이 가능하게 됩니다.

로빈손 : 부동산 투자를 하면 돈 번다는 식의 두루뭉술한 이야기만 듣다가 산수로님의 법규해석 및 실무경험과 관련한 꼼꼼한 설명을 듣다 보니 부동산 투자가 어려우면서도 공부하기 나름에 따라서는 정말 돈 되는 부동산 투자여행을 떠날 수 있다는 것을 새삼 절감하게 됩니다.

농업보호구역의 해제

산수로 : 농업보호구역은 과거부터 보전가치가 미미한 곳에 대하여 꾸준히 해제가 되어 왔습니다. 2008년 12월 말 정부에서 농업용수 보호 목적으로 지정된 농업보호구역 중 수질오염 우려가 미미한 지역을 대상으로 전국적으로 약 66,000ha(660km²) 정도를 일단 농업진흥지역에서 해제하였습니다. 이번 농업보호구역 해제로 해당 용지를 개발수요가 늘어나는 지역의 각종 개발사업 추진에 활용할 수 있게 되어 용지난 해소에 기여할 뿐만 아니라 농지이용에 따른 개발행위 등의 규제완화로 지역경제의 활성화에도 크게 기여하게 될 것입니다.

로빈손 : 이번에 해제된 농업보호구역의 해제기준은 어떻게 되나요? 향후 다시 농업보호구역이 해제될 경우 참고할 수 있을 것 같은데요.

산수로 : 이번에 해제된 지역은 농업보호구역 중 경지정리가 안 된 미경지정리지역으로 저수지로부터 반경 500m이상 되는 지역과 농업진흥구역과 연접되어 있으나 용수원확보 및 수질보전과 관련이 없는 지역 및 농업진흥구역과 관련이 없는 단독지대인 자투리 농지를 대상으로 하였습니다.

로빈손 : 그렇다면 향후에도 농업보호구역에서 해제될 가능성이 있는 지역이 있을까요?

산수로 : 농업보호구역은 그동안에도 꾸준히 해제되어 왔으며, 앞으로도 농업생산과 관련이 적은 농업보호구역은 지속적으로 해제될 가능성이 있습니다. 따라서 위에 설명한 해제기준을 참고하면 농업보호구역의 토지를 매수할 때 도움이 될 것입니다. 특히 농업진흥지역이 택지개발이나 도로개설, 하천부지 편입 등의 이유로 농지가 잘려나가 2ha(2만㎡) 이하의 자투리 논이 되면 농지로서의 이용가치가 낮아지게 되어 해제될 가능성은 더욱 높아지게 됩니다.

앞으로도 농지는 주변도시의 개발압력으로 인해 꾸준히 해제될 가능성이 높으므로 수도권의 농지를 잘 선별하여 투자하면 큰 수익을 얻을 가능성이 있다고 봅니다.

농지 투자방향은 어디로 가야하나

개발가능성이 높은 지역의 농지 투자

로빈손 : 지금까지 농지에 대해서 설명을 듣다 보니 그동안 제가 잘 몰랐거나 잘못 이해하고 있던 부분이 명확해진 것 같습니다. 그런데 우리가 토지 투자를 하고자 할 때 가장 쉽게 접근할 수 있는 것이 농지입니다. 산수로님께서 농지에 대한 투자방향을 좀 더 구체적으로 짚어 주셨으면 합니다.

산수로 : 토지 투자의 핵심은 개발가능성과 미래가치라고 누차 말씀드렸지요. 또한 토지에는 많은 공법적 규제가 있기 때문에 법령의 정확한 해석이 필요하다는 것도 잘 아시겠지요. 결국 토지 투자는 해당 토지에 대한 개

발가능성과 토지이용규제를 어떻게 분석하느냐에 달려 있는 것입니다.

　　로빈손 : 전에는 그냥 땅만 사면된다고 생각했는데 우리 책 1권《부동산 법률여행》을 통해 공부해서 각종 공법적 규제에 대한 법률적 마인드는 어느 정도 갖춰진 것 같습니다. 그래서 이제는 땅을 보면 눈에 보이는 형상만 보는 것이 아니라, 그 이면에 숨어 있는 여러 가지 의미를 읽으려고 노력하고 있습니다.

　　일단 개발가능성이나 미래가치라는 측면에서 농지를 매수하고자 할 때에는 아무래도 개발계획이 예측되는 지역의 농지가 가장 유리하겠지요?

　　산수로 : 농지 투자를 함에 있어서는 무엇보다도 자신의 투자목적을 분명히 하는 것이 중요합니다. 여기서는 농지 투자를 통한 시세차익에 중점을 두고 설명한다면 농지 투자의 1순위는 당연히 개발예정지역의 농지가 되겠지요. 길이 뚫리고 개발이 예정되는 지역, 즉 개발축을 따라가는 지역의 농지를 살수만 있다면 최고의 투자가 되겠지요. 잘만 투자하면 그야말로 수십 배의 시세차익도 거둘 수 있는 대박도 가능합니다.

　　실제로 대단위 아파트단지가 들어서는 길목의 농지를 매입하여 농지전용 후 상가를 개발하여 큰 이익을 거두는 사례도 많습니다. 게다가 농지전용 후 용도지역까지 변경되면 개발이익은 말할 필요도 없겠지요.

　　그러나 보통 개발예정지역의 경우 개발계획이 잡히면 토지거래허가구역 내지 개발행위제한지역으로 묶일 가능성이 높기 때문에 초기에 편승하지 못하면 실제로 매수가 쉽지 않지요. 또한 과거 호남지방의 J프로젝트사업이나 한반도 대운하사업의 예에서도 보듯이 개발계획이 지지부진하게 되거나 무산되는 경우 후발주자들이 지금까지 고생하고 있는 것은 굳이 말씀 드리지 않아도 잘 아시리라 생각합니다.

　개발과 관련해서는 앞으로 자세히 설명할 예정이니 여기서는 용도지역과 농업진흥지역과의 관계에서 농지 투자를 분석하고자 합니다.

　로빈손 : 농지는 설명하신대로 용도지역 측면과 농업진흥지역인의 여부를 연결시켜 보아야 하겠지요. 그런데 용도지역 측면에서 보면 당연히 계획관리지역의 농지가 가장 투자가치가 있지 않나요?

　산수로 : 계획관리지역이 좋다는 것은 누구나가 다 아는 사실이고 따라서 계획관리지역 내에서 개발가능성이 높은 농지를 입지나 도로여건을 고려하여 매수하는 것이 가장 좋겠죠. 다만, 농지는 이미 땅값이 만만치 않아 투자금액이 비교적 크다는 문제가 있습니다. 그러나 투자금액에 여유가 있다면 당연히 계획관리지역의 농지를 잘 선별해서 매수하는 것이 바람직합니다. 그러나 단순히 계획관리지역의 농지가 좋다는 접근방법보다는 개발가능성이 있는 지역이냐 여부가 더 중요하다고 볼 수 있습니다. 개발가능성이 있는 지역이라면 생산관리지역이나 농림지역이라 하더라도 당장은 개발가능성이 별로 없는 지역의 계획관리지역의 농지보다는 훨씬 나을 수 있는 것입니다. 그래서 수도권의 농지가 가치가 높고 지방이더라도 대규모 개발계획이 예정된 지역의 농지의 가치가 높을 수밖에 없는 것이죠. 아울러 농지를 매수하고자 할 때에는 가능하면 입지조건과 개발가능성을 고려하여 농업진흥지역 밖의 농지를 매수하는 것이 바람직합니다.

　결국 재차 반복하는 이야기이지만 토지 투자의 1계명은 개발가능성입니다. 거기에 미래가치를 읽고 저평가된 땅을 살 줄 아는 안목을 키우는 것이 제일 중요한 것입니다.

농업진흥구역은 투자가치가 있을까

로빈손 : 투자자금도 크지 않고 해서 그냥 땅을 사서 묻어둔다는 개념으로 땅값이 상대적으로 싼 농업진흥지역에 소재하는 농지를 사볼까 하는데 이는 어떨까요?

산수로 : 농업진흥지역에 소재하는 농지의 매수는 농사지을 목적이 아니라면 사실 그다지 권하고 싶지는 않네요. 다만, 농업진흥지역의 농지 중 경지정리가 되지 않은 농지로서 개발지역 인근에 위치한 농지는 장기적으로 투자가치가 있다고 볼 수 있습니다. 경지정리가 되지 않은 농지는 대체로 농업보호구역인 경우가 많지만 가끔은 농업진흥구역이더라도 경지정리가 되지 않은 농지가 있으므로 경지정리계획 등과 향후 개발가능성 등을 확인하여 나름대로 잘만 고르면 소액의 투자로 묻어두는 개념으로 투자가 가능합니다. 농사만 지어야 하는 농업진흥구역도 투자기간을 장기간으로 생각하고 묻어둔다는 개념이라면 나름대로 방법이 없는 것은 아닙니다.

로빈손 : 농지원부가 있어 농업진흥지역의 농지를 샀다 해도 실제 경작하기 어려운 경우에는 어떻게 하나요?

산수로 : 농지은행을 설명할 때 말씀 드렸듯이 그런 경우 개발예정지역으로 확정된 경우가 아니라면 농지은행에 임대위탁을 하면 됩니다. 따라서 실제 농사를 지을 수 없다고 하여 농지를 못산다는 생각은 이제 버리셔도 됩니다.

로빈손 : 그러면 큰 돈 들이지 않고서 먼저 농업진흥구역에 투자를 한다면 어떻게 해야 하나요?

산수로 : 농업진흥구역은 말 그대로 농사만 지어야 하는 곳이기 때문

에 사실상 단기적 투자가치는 거의 없다고 봐야 할 것입니다.

그러나 자금사정 등 여러 가지 이유로 굳이 농업진흥구역에 투자를 해야 한다면 개발예정지역으로 토지수용이 예상되는 지역의 인근에 있는 농업진흥구역의 경우 대토수요를 노리는 방법이 있을 수 있습니다. 그러나 대토수요로 인하여 해당 지역의 토지가치가 일시적으로 상승하는 경우는 있으나 단기 투자목적이 아니라면 장기적으로는 결국 크게 상승하기가 어렵습니다.

다음에는 개발축을 따라가면서 향후 개발이 예상될만한 지역의 농업진흥구역의 농지를 매수하는 방법도 있을 수 있습니다. 예컨대, KTX 역세권 주변의 농지라던가 고속도로 인터체인지 인근의 농지 등은 장기적으로 개발압력을 받을 수밖에 없기 때문에 소액으로 묻어둔다는 식의 투자를 하면 언젠가는 빛을 볼 날이 올 수도 있겠죠.

통상 신도시 개발이나 택지개발 등 대규모 개발사업의 경우 보상가의 문제 때문에 농업진흥구역의 농지를 상당수 포함시켜 개발하는 경우가 많습니다. 그런 경우 1천㎡ 이상의 농지를 소유하면 협의양도인택지를 공급받을 수도 있고 보상금 대신 일부를 개발지역 내의 대토보상으로 받아 향후 개발이익을 누릴 수도 있습니다(자세한 내용은 추후 설명).

운이 좋으면 개발사업으로 인해 도로나 철도 등이 개설되어 3만㎡ 이하의 자투리 농지가 될 경우에는 해제될 가능성도 있을 수는 있습니다.

그러나 도시지역이나 개발지역 인근에 붙어 있는 농업진흥구역의 경우 개발에 따른 반사이익으로 지가가 상승하는 경우가 있으나 장기적인 관점이 아니라면 그런 땅을 사게 되면 후회하게 되는 경우가 많을 것입니다. 더군다나 기획부동산들이 그런 땅을 많이 노리고 개발예정지역 인근에 붙어 있는 농업진흥구역을 앞으로 도시가 확장되면 개발될 땅이라고 팔아먹는 경우가 많으니 조심하셔야 할 것입니다.

로빈손 : 결론적으로 농업진흥구역의 농지는 가급적 투자하지 않는 것이 좋겠네요?

산수로 : 농업진흥구역은 말 그대로 농사를 지을 목적으로 국가가 국민의 세금으로 경지정리한 땅입니다. 따라서 특별한 사유가 없는 한 농업진흥구역이 개발되기는 어렵다고 보면 될 것입니다. 그러나 그냥 10년이고 20년이고 묻어둔다는 배짱으로 산다면 이왕이면 개발축을 철저히 검토하여 언젠가는 개발될 수 있는 농지를 매수해야 되겠지요. 다만 그게 말처럼 쉬운 일은 아닙니다.

부동산 투자는 조금 비싸게 주더라도 언제 내 놓아도 쉽게 팔릴 수 있는 부동산을 구입하는 것이 요령이죠. 가격이 싼 물건보다는 잘 팔릴 수 있는 물건을 구입해야 한다는 것입니다. '싼 게 비지떡'이라는 말이 있듯이 토지 투자를 하더라도 항상 환금성을 고려할 필요가 있는 것입니다.

결론적으로 토지가치가 상승할만한 좋은 땅들이 널렸는데 군이 농업진흥구역의 농지를 살 이유가 없지 않나요. 농촌에 가서 노후에 힘들게 농사지을 계획이 아니라면 말이죠.

농업보호구역은 나름대로 투자가치가 있다

로빈손 : 농업보호구역은 투자가치 측면에서 어떨까요?

산수로 : 농업보호구역은 농사짓기 위한 농업진흥구역의 용수원을 확보하고 수질보전 등 농업환경을 보호하기 위하여 필요한 지역을 지정하는

것입니다. 그러므로 보통 저수지나 하천 등을 끼고 있어 주변경관이 뛰어나고 조망권이 좋은 곳이 많다고 하였지요. 게다가 농업진흥구역에 비하여 토지이용행위의 제한을 덜 받기 때문에 나름대로 입지 선택만 잘하면 투자가치가 있다고 볼 수 있습니다.

어떤 땅도 마찬가지지만 농업보호구역 역시 입지조건이나 주변환경, 도로와의 접근성 등에 따라 땅값이 천차만별이므로 땅을 사기 전에는 부지런히 발품을 팔 필요가 있습니다. 잘만 고르면 저렴한 땅값에 비해 시세차익을 크게 볼 수도 있습니다.

더군다나 설명 드린 바와 같이 만약에 농업보호구역이 해제될 경우 규제가 완화되기 때문에 땅값은 더욱 올라갈 수밖에 없겠죠.

로빈손 : 농업보호구역에서 음식점이나 카페 용도는 이제 안된다고 하였지만 단독주택을 지을 수 있기 때문에 전원주택 입지조건으로는 좋을 것 같은데요? 전원주택을 짓기 위해 농지전용을 한다면 충분히 가능한지 모르겠습니다.

산수로 : 아까 설명한 바와 같이 농업보호구역은 용도지역이 어디든지 「농지법」상 건축제한의 적용을 받게 되므로 당연히 전원주택을 지을 수 있습니다. 다만, 실제 전원주택을 짓기 위해 농지전용을 하려고 하면 쉽지 않습니다. 허가부서에서 보통 농지전용시 농업진흥구역에 공급되는 상수원의 수질오염 우려가 있다는 이유로 반려하는 경우가 많기 때문입니다.

그러나 법규정상으로는 가능하기 때문에 이런 경우 하수관을 저수지가 아닌 다른 곳으로 낸다든지 오 · 폐수 정화시설을 대폭 강화한다든지 하는 조건을 제시할 필요가 있습니다. 아무튼 농업보호구역에서 전원주택을 짓기 위해 농지전용을 하고자 할 때에는 사전에 관할 시·군 담당부서와 충분한 협의를 거칠 필요가 있으며, 경험이 있는 토목측량설계사무소나 건축설계사무소에 의뢰하여 추진할 필요도 있습니다.

임야투자는 보전산지와 준보전산지의 구별에서 시작

공익용산지는 쳐다보지도 말아야

산수로 : 우리가 토지 투자를 할 때 농지 다음으로 관심을 많이 가지는 물건은 임야입니다. 임야는 비교적 덩어리가 크고 입지조건을 분석하는 것이 쉽지 않아 일반인이 쉽게 다가서기 어려운 것은 사실입니다. 일반인들이 토지 투자를 통한 재테크를 할 때에는 농지가 주대상이지만, 공장부지나 창고부지 또는 전원주택단지 등으로 개발하고자 할 때에는 임야가 주대상이 될 수밖에 없기 때문에 임야와 관련된 내용을 잘 알아둘 필요가 있습니다. 개발과 관련된 수익 역시 임야의 규모가 훨씬 더 클 수밖에 없겠죠.

사실 농지는 현장답사를 하면 어렵지 않게 물건을 분석할 수 있지만, 임야의 경우 임장활동 자체부터 만만치 않죠. 임야투자는 말 그대로 꾸준히 발품을 팔고 임장경험을 쌓아야 좋은 물건을 고를 수 있는 것입니다.

로빈손 : 어딜 가던지 주위를 둘러보면 다 산인데 이러한 임야는 어떤 기준에 의해서 구분하게 되나요?

산수로 : 임야는 「산지관리법」에 의해서 크게 보전산지와 준보전산지로 나뉘게 됩니다. 보전산지는 산림자원의 조성과 임업경영기반의 구축

등 임업생산 기능의 증진을 위하여 필요한 산지로서 한마디로 보전가치가 높아 개발이 엄격하게 제한되는 산지입니다. 준보전산지는 보전산지 이외의 산지로 개발이 비교적 자유로운 산지입니다. 따라서 우리가 투자대상으로 삼는 산지는 주로 준보전산지가 되겠죠.

로빈손 : 토지이용규제정보서비스에서 토지이용계획을 열람하면 산지 구분이 표시되어서 나오나요?

산수로 : 토지이용계획확인서를 보면 임야의 경우 보전산지라면 공익용산지와 임업용산지가 구분되어서 표시되고, 준보전산지 역시 정확히 명기되므로 해당 임야가 어느 산지에 속하는지 알 수 있습니다.

로빈손 : 보전산지는 말 그대로 보전용도의 산지이므로 개발행위가 극히 제한되고 토지이용가치가 현저히 떨어질 수밖에 없는 임야라 투자가치는 없다고 보아야 하겠네요?

산수로 : 보전산지는 공익용산지와 임업용산지로 나뉘는데 공익용산지의 경우 임업생산과 함께 자연경관 보전 등 공익기능을 위하여 필요한 산지이므로 일반인이 임야에 투자를 할 때 공익용산지의 투자는 가급적 배제하는 것이 좋습니다. 특히 공익용산지 중 산지전용제한지역은 공익적 목적 외에는 산지전용 자체가 거의 불가능하다고 보면 됩니다.

로빈손 : 공익용산지는 보전산지이므로 도시지역이라면 보전녹지지역, 관리지역이라면 보전관리지역 아니면 농림지역이나 자연환경보전지역에 소재하게 됩니까?

산수로 : 도시지역의 보전녹지지역의 산지는 모두 공익용산지이며 보전관리지역의 산지는 원칙적으로 준보전산지입니다. 《부동산 법률여행》

에서 설명했듯이 관리지역에서 보전산지로 지정·고시된 지역은 농림지역 또는 자연환경보전지역으로 결정·고시된 것으로 보게 된다고 하였지요.

그러나 농촌지역의 임야는 덩어리가 크다보니 1필지의 임야에 용도지역이 농림지역과 보전관리지역이 걸쳐있고, 따라서 산지구분도 보전산지와 준보전산지가 걸쳐있는 경우가 많습니다. 이러한 경우는 해당 시·군에서 산지이용구분도를 확인하거나 산지정보시스템(www.forestland.go.kr) 사이트에 접속하면 보전산지와 준보전산지의 경계 및 면적비율을 확인할 수 있습니다.

로빈손 : 아무튼 일반적으로 산세가 험하고 울창하면 보전산지로 보고 얕은 구릉이나 경사도가 비교적 완만한 산지는 준보전산지로 생각하면 되지 않나요?

산수로 : 대체적으로 그렇게 보아도 무방하겠지요. 그러나 보다 정확한 것은 해당 필지의 토지이용계획서를 확인할 필요가 있습니다.

로빈손 : 개발제한구역의 산지 역시 보전산지와 준보전산지로 구분되나요?

산수로 : 개발제한구역의 임야는 국가정책상 모두 보전산지 중 공익용산지로 지정되게 됩니다. 따라서 개발제한구역이 도시의 자연녹지지역에 위치하더라도 준보전산지가 아닌 보전산지 중 공익용산지가 되게 됩니다.

따라서 개발제한구역의 임야의 경우에는 산지전용이 극히 제한될 수밖에 없는 것이지요.

또한 개발제한구역은 토지거래허가구역으로 묶여 있어 현지인 아니면 임야 투자가 어렵고, 해제시에도 수용될 가능성이 높으므로 투자에는 신중을 기해야 하겠지요.

임업용산지에 역발상투자 가능

로빈손 : 그렇다면 보전산지 중 임업용산지는 어떻습니까?

산수로 : 임업용산지란 산림자원의 조성과 임업생산 기능의 증진을 위하여 필요한 산지로 공익용산지에 비해 산지전용의 범위가 넓어 사업적 목적으로 산지전용을 할 때에는 유리한 점이 많습니다. 그러나 일반인이 투자를 하기에는 역시 부적합한 산지라고 할 수 있습니다.

로빈손 : 임업용산지를 분석할 때에도 역시 용도지역과의 관계를 염두에 두어야 하겠지요?

산수로 : 당연하지요. 임업용산지 뿐만 아니라 어떤 땅이든 일단 어떤 용도지역에 속하느냐에 따라 땅의 용도가 달라지는 것이기 때문에 임야를 매수할 때 역시 용도지역과의 관계를 제일 먼저 고려해야 되지요. 이미 아는 이야기이지만 반복하면 계획관리지역의 임야는 건폐율 40%, 용적률 100%가 적용되지만, 생산관리지역 이하는 건폐율 20%, 용적률 80%가 적용되므로 큰 차이가 있게 되는 것이지요.

로빈손 : 그렇다면 임업용산지에서는 어떤 행위가 가능한가요?

산수로 : 임업용산지는 공익용산지에 비해 산지전용의 범위가 비교적 넓어 공익적 목적의 전용은 당연히 할 수 있고 여기서는 투자와 관련하여 중요한 것만 설명하도록 하겠습니다.

첫째, 농림어업인이 자기소유의 산지에서 직접 농림어업을 경영하면서 실제로 거주할 목적으로 부지면적 660㎡ 미만의 주택을 신축할 수 있고, 공익용산지에서는 증축 및 개축만이 가능합니다.

둘째, 부지면적 1만㎡ 미만의 산촌휴양시설로서 임업체험시설이나 산림문화회관 등을 설치할 수 있습니다. 이는 공익용산지에서도 가능합니다.

셋째, 수목원·자연휴양림·수목장림·산림욕장·자연관찰원·산림전시관·목공예실·숲속교실·숲속수련장·산림박물관·산림교육자료관 등과 목조건축물의 건축 등 목재이용의 홍보·전시 및 체험·교육시설 등을 설치할 수 있으며, 공익용산지에서도 역시 가능합니다.

넷째, 농림어업인 등의 경우 부지면적 3만㎡ 미만의 축산시설, 부지면적 1만㎡ 미만의 야생조수 인공사육시설이나 양어장·양식장·낚시터시설 등이 가능하며 기타 농축산물관련 재배나 제조시설 등이 가능합니다.

다섯째, 3만㎡ 미만의 농어촌 관광휴양단지 및 관광농원을 설치할 수 있습니다.

여섯 번째, 묘지·화장장·납골시설의 설치가 가능합니다.

일곱째, 부지면적 1만 5천㎡ 미만의 사찰·교회·성당 등 종교시설을 설치할 수 있습니다.

여덟째, 종합병원은 물론 일반병원·치과병원·한방병원·요양병원 등을 설치할 수 있습니다.

아홉째, 사회복지시설·청소년수련시설·근로자기숙사·직장보육시설·근로자주택 등의 건축이 가능합니다.

열째, 농림어업인이 3만㎡ 미만의 산지에서 임산물 재배를 하거나, 가축방목, 관상수 재배 등이 가능합니다.

로빈손 : 임업용산지에서 할 수 있는 행위가 의외로 많네요. 그러나

일반적으로 임야에 투자할 때에는 공장용지나 창고용지 또는 전원주택단지 등의 개발을 염두에 두고 투자하는데 임업용산지의 경우 일반인들이 실제 투자해서 할 수 있는 일은 없다고 보면 임업용산지 역시 투자가치가 없다고 봐도 무방하겠지요?

산수로 : 그렇게 생각할 수도 있습니다. 그러나 우리가 투자를 함에 있어서는 때로는 역발상도 필요합니다. 공익용산지나 임업용산지의 땅값은 매우 싸다보니 덩어리가 커도 같은 규모의 준보전산지에 비하면 투자금액이 훨씬 적다고 볼 수 있습니다.

또한 아까도 설명했듯이 임야는 덩어리가 크다 보니 1필지의 임야가 용도지역이 중복되거나 준보전산지와 보전산지로 중복되는 경우가 많습니다. 따라서 경우에 따라서 이러한 임업용산지를 끼고 임야를 매수해야 하는 경우도 많죠.

그러나 임업용산지라 하더라도 위에 열거한 사업을 영위할 투자처를 찾을 수 있다면 가치가 있을 수도 있습니다. 다만, 도로를 끼고 진입로가 확보되어야 하며 개발이 용이한 경사도라든가 입목축적의 상태, 산의 토양 등 여러 가지 요인을 고려해야 하겠지요. 물론 가장 중요한 것은 역시 입지이며 이왕이면 개발축을 따라가는 지역에 있는 임야를 고를 필요가 있겠지요.

로빈손 : 그래도 활용용도가 특수하다보니 투자처를 쉽게 찾을 수 있는 것도 아니고 보전산지에 투자하는 것은 별로 내키지가 않네요. 사실은 그래도 수 억 이상 투자해야 하는데 돈을 묻어두는 것도 아깝기도 하고요.

산수로 : 하긴 저도 굳이 투자를 권하지는 않습니다. 다만, 준보전산지 중 쓸만한 곳은 가격대가 만만치 않다 보니 비교적 적은 금액으로 그냥 자

식대에 물려준다는 마음으로 투자를 한다면 가능할 수도 있지 않을까요. 그러나 항상 강조하지만 임야에 투자할 때에는 다른 토지에 투자할 때보다도 더욱 장기적인 마인드로 반드시 개발축을 따라가는 미래가치를 나름대로 판단하여 투자해야 한다는 것입니다. 그러다 보면 언젠가는 생각지도 않은 대박을 안겨줄지도 모르죠.

임야투자의 중심은 준보전산지

산수로 : 산림청장은 10년마다 전국의 산지에 대하여 산지구분타당성조사를 실시하게 됩니다. 최근 2008년 12월에 새로이 산지구분이 이루어져 약 1,300k㎡(13만ha)에 해당하는 보전산지가 개발이 용이한 준보전산지로 전환되었습니다. 또한 산지이용도 제고를 위해 1ha 이하의 산지는 앞으로 준보전산지로 계속 조정될 것입니다.

한편 사업지에 준보전산지가 70% 이상 포함된 경우에는 주변 보전산지에 대한 행위제한을 준보전산지에 준하여 완화하게 되는 등 준보전산지의 활용도가 매우 높아지게 되었죠. 게다가 계획관리지역 안의 준보전산지의 경우 전용허가기준을 대폭 완화하여 앞으로 산지전용을 통한 개발이 더욱 쉬워질 전망입니다.

로빈손 : 보전산지가 준보전산지로 전환되면 토지의 가치는 당연히 상승하겠네요?

산수로 : 당연하지요. 준보전산지로 전환되면 용도지역이 농림지역이나 보전관리지역에서 최소한 생산관리지역 이상으로 등급이 조정됩니다. 따라서 용도지역이 상향된 만큼 토지활용도가 높아지고 산지전용이 쉬워지

기 때문에 토지가치는 상승할 수밖에 없습니다.

보전산지에서는 건축제한에 있어서 「산지관리법」의 적용을 받게 되지만, 준보전산지는 건축제한에 있어서 「국토의 계획 및 이용에 관한 법률」상 용도지역에 해당하는 건축제한을 받게 되므로 준보전산지가 어떤 용도지역에 위치하느냐에 따라 개발용도가 달라질 수 있겠지요.

로빈손 : 그렇다면 임야에 투자한다고 할 때에는 아무래도 준보전산지가 중심이 될 수밖에 없겠습니다.

산수로 : 그렇지요. 준보전산지는 전용이 비교적 자유롭기 때문에 임야투자는 준보전산지를 중심으로 이루어지게 되지요. 전용과 관련해서는 다시 자세히 설명드릴 것입니다.

지목변경 투자

지목변경으로 땅의 가치를 높이자

산수로 : 지목변경은 당초 예정되었던 땅의 용도를 다른 용도로 변경하는 것으로 전용절차를 거쳐 대지화하면 실제 지목과 공부상의 지목이 달라집니다. 따라서 사실 지목대로 지적공부에 변경ㆍ등록하는 것을 말합니다. 즉, 땅의 용도가 달라지면 그 결과로 지목이 달라져 지목변경이 되는 것이므로 지목변경은 용도변경의 결과라고 할 수 있겠죠. 농지나 임야를 전용하여 지목변경하게 되면 땅의 용도가 달라지기 때문에 당연히 땅의 가치가 올라가겠죠. 따라서 많은 사람들이 지목변경에 관심을 갖는 것입니다.

로빈손 : 지목은 28가지 종류가 있는데, 그중 지목변경과 관련하여 의미있는 지목은 무엇입니까?

산수로 : 가장 흔한 지목변경은 '전ㆍ답ㆍ과수원' 등 농지를 농지전용하거나 '임야'를 산지전용하여 건축 후 주택이나 근린생활시설을 지은 후

대지인 '대' 로 지목변경하거나, 공장이나 창고 등을 지은 후 '공장용지' 나 '창고용지' 로 지목변경하는 경우입니다. 그 외의 특수한 경우로는 농지나 임야를 전용하여 모텔이나 장례식장 등을 지어 '대' 로 지목변경하거나, 또는 주유소나 충전소를 지어 '주유소용지' 로 지목변경할 수도 있습니다. 아니면 일단 '잡종지' 로 지목변경하는 사례도 있습니다.

로빈손 : 농지나 임야를 사면 용도에 따라 지목변경할 수 있는 지목의 종류가 생각보다 다양하네요. 그런데 지목변경을 하기 위해서는 사전에 해당 토지가 소재하는 용도지역에서 건축할 수 있는 건축물의 종류를 확인하는 것은 필수절차이겠네요?

산수로 : 당연하지요. 예를 들어 농림지역이면 농업인 주택밖에 지을 수 없으므로 농업인이 아니면 전용허가 자체가 나지 않겠지요. 또 관리지역에서 숙박시설인 모텔을 짓기 위해서는 최소한 계획관리지역이어야 전용허가가 가능하지요. 이와 같이 지목변경을 하기 위해 전용을 하고자 할 때에는 반드시 해당 시·군의 도시계획조례에서 건축가능한 건축물의 종류를 반드시 확인해야 합니다.

지목변경의 절차

로빈손 : 그렇다면 지목변경 절차는 어떻게 됩니까?

산수로 : 지목변경을 하기 위해서는 우선 농지나 임야를 농지전용하거나 산지전용하는 전용허가절차를 밟아야 합니다. 전용허가를 받게 되면 부지조성을 위한 형질변경절차를 거치겠죠. 형질변경 후 조성된 부지에 건축물을 건축하게 되면 비로소 해당 용도의 용지로 바뀌게 됨에 따라 바뀐 용

도의 지목으로 지목변경을 신청함으로써 지목이 바뀌게 되는 것입니다.

예를 들어 지목이 '전' 인 농지를 전용하여 전원주택을 짓기 위해서는 지목이 '대' 가 되어야 하죠. 따라서 먼저 농지전용허가 및 건축허가를 신청하여 허가를 받으면 부지조성을 위한 형질변경을 하고, 조성된 부지 위에 전원주택을 건축하여 준공검사를 받으면 지목변경을 신청하여 비로소 지목이 '대' 로 바뀌는 것이죠.

로빈손 : 지목변경을 하기 위해서 거쳐야 되는 절차가 생각보다 많네요. 이걸 일반인들이 하기에는 만만치 않을 것 같은데 어떻게 해야 하나요?

산수로 : 지목변경까지의 흐름도를 보면 토지형질변경과 건축을 하기 위해서는 「국토의 계획 및 이용에 관한 법률」상 개발행위허가를 받고, 농지전용이나 산지전용을 하기 위해서는 「농지법」이나 「산지관리법」상 전용허가를 받아야 합니다. 「건축법」상 건축허가도 받아야 하며, 기타 건축이나 토목공사에 수반되는 많은 법규에 따른 허가를 받아야 합니다. 건축이 완료되어 준공검사를 받게 되면 「측량 · 수로조사 및 지적에 관한 법률」에 의해 지목변경을 신청하게 되는 것이지요. 지목변경 자체는 서류상 정리절차에 불과하므로 별다른 문제없이 본인이 직접 신청만 하면 지목이 변경되게 되는 것입니다.

로빈손 : 그 복잡한 절차를 개인이 직접 한다는 것은 정말 어려워 보이네요?

산수로 : 농지나 임야를 전용하여 건축을 하기 위해서는 일단 개발행위허가를 받아야 합니다. 현재는 개발행위허가를 받을 때 전용허가 관련서류와 건축허가 관련 서류를 일괄적으로 제출하여 처리하기 때문에 개인이 직

접 이러한 절차를 수행한다는 것은 불가능합니다. 즉, 전용허가와 관련된 사무는 관계부서간 협의절차를 거쳐야 하기 때문에 복합민원으로 분류되어 처리되게 됩니다.

로빈손 : 그렇다면 전용허가를 받기 위해서는 어떻게 해야 하나요?

산수로 : 전용허가를 받고자 할 때에는 해당 토지의 소재지를 관할하는 시청이나 군청 인근의 토목측량설계사무소나 건축설계사무소에 의뢰하면 전용허가에 따른 제반 절차를 손쉽게 수행할 수 있습니다. 다만, 사전에 몇 군데 설계사무소에 문의하여 해당 지역에서 나름대로 검증된 설계사무소를 선택하는 것이 좋을 것입니다.

로빈손 : 많은 책들을 보면 전용허가 받는 절차를 자세히 설명하고 있는데 설계사무소에 의뢰한다면 굳이 그런 복잡한 내용들을 알 필요가 있습니까?

산수로 : 알아서 나쁠 건 없겠죠. 그러나 지목변경에 이르기까지 절차는 매우 복잡하므로 우리가 설계사가 아닌 이상 그런 세세한 내용까지 알아야 할 필요는 없다고 봅니다. 다만, 어떤 땅을 선택하여 전용허가를 받은 후 자기가 원하는 용도로 만들 수 있는지를 판별하는 안목이 가장 중요합니다. 그러기 위해서는 농지전용 허가기준이나 농지전용 후 건축 가능한 시설 정도는 알아둘 필요가 있겠지요.

로빈손 : 보통 개발가능성을 보고 땅을 사더라도 최소한 수년은 지나야 수익을 볼 수 있는 경우가 대부분인데, 땅을 전용하여 지목변경할 수 있다면 단기간에도 수익을 창출할 수 있겠네요?

 산수로 : 그렇습니다. 지목변경을 통해 자신이 원하는 용도의 땅을

만들어 놓으면 그만큼 가치도 올라가서 팔기도 쉬워지고 경우에 따라서는 자신이 직접 수익사업을 운영할 수도 있겠지요. 그러나 땅이라는 것은 나지 상태에서 일단 전용하여 용도가 변경되면 다시 바꾸기 어려우니 전용을 하기 전에 개발가능성이나 향후 미래가치 더 나아가 수익성 등도 치밀하게 검토해야 할 것입니다.

농지전용은 개발행위의 기본이다

산수로 : 일단 지목변경을 하기 위해서는 전용절차를 거쳐야 한다고 했지요. 여기서는 농지전용에 대해서 구체적으로 알아보기로 합시다. 여기서 농지전용이란 농지를 농작물 경작이나 다년생식물의 재배 등 농업생산 또는 농지개량 외의 목적에 사용하는 것을 말하는 것이죠.

로빈손 : 토지거래허가구역 외에서 1천㎡ 이상의 농지를 취득하기 위해서는 일단 농지취득자격증명이 있으면 농지를 취득할 수 있다고 하였는데, 그렇다면 농지를 취득 후 바로 전용허가를 신청할 수 있나요?

산수로 : 농지취득자격증명을 설명할 때 언급한 것 같은데 다시 한 번 설명 드리죠. 법규정상 안 된다는 명시적인 규정은 없습니다. 다만, 농지 취득 목적이 전용허가 후 용도변경에 있다하더라도 일단 농지를 취득할 때에는 농업경영계획서를 첨부하여 농지취득자격증명을 받았습니다. 그런데 취득하자마자 농지전용허가 신청을 한다고 가정해 보죠. 만약 로빈손님이 담당 공무원이라면 이를 받아들이겠습니까?

로빈손 : 하하~ 듣고 보니 제가 담당 공무원이래도 그건 말이 안 되겠네요. 그래도 농지취득목적이 농지전용 후 제가 원하는 용도로 사용하고 싶은 것인데 이런 경우는 어떤 방법이 있습니까?

산수로 : 해당 시·군마다 실무상 차이가 있기는 하지만 일단 농지를 취득한 당해연도는 농업경영계획서에 기재한 내용대로 농사를 지어야 되겠죠. 그리고 난 후 설계사무소와 의논하여 농지전용을 신청하면 요건에 맞으면 별 문제없이 받아들여질 것입니다.

그러나 바로 농지전용을 하고자 할 때에는 매수하고자 하는 농지소유자로부터 토지사용승낙서를 받아 본인인 제3자 명의로 농지전용허가 신청을 하는 방법이 있습니다. 농지전용허가가 떨어지면 그때 농지취득자격증명을 발급받아 전용된 농지를 소유할 수 있게 됩니다.

다만, 설계사무소의 능력에 따라서는 농지전용 자체를 목적으로 하여 농지를 취득하는 것도 가능할 수 있으니 사전에 알아볼 필요는 있습니다.

로빈손 : 농지를 취득한 후 농사를 제대로 짓지 못해 농지처분의무통지를 받게 되면 농지를 팔아야 되잖아요. 이럴 때 농지전용을 할 수만 있다면 좋은 방법일 것 같은데 그렇게는 안 될까요?

산수로 : 로빈손님은 곤란한 것만 골라서 물어보시네요. 이것 역시 마찬가지로 질문할 수 있겠네요. 로빈손님이 담당 공무원이라면 농사를 제대로 짓지 않아 처분하라는 농지를 편법으로 농지전용허가 신청을 한다면 받아들이시겠습니까?

로빈손 : 하긴 뭐 저도 괘씸해서라도 안 될 것 같네요. 당연히 불허가 사유에 해당되겠네요.

산수로 : 잘 아시면서. 그러나 방법이 전혀 없는 것은 아닙니다. 농지처분의무기간 중에 제3자인 매수예정자가 당해 토지사용승낙서를 받아서 농지전용허가를 신청하고 전용허가가 난 이후 제3자인 매수예정자가 매수하기로 하는 계약을 체결한 경우에는 처분대상 농지임을 이유로 매수예정자 명의의 농지전용허가를 제한할 수 없습니다.

로빈손 : 아하~ 그게 또 그렇게 되는군요. 산수로님께 정말 많은 것을 배우게 됩니다. 그런데 농지전용을 하고자 할 때 관련서류를 농지관리위원회에 제출하게 되나요?

산수로 : 전용절차는 어차피 설계사무소에서 대행할 일이지만 질문하셨으니 답을 하죠. 2009년 11월 28일자로 농지관리위원회가 폐지되어 지금은 바로 농지전용허가신청서에 사업계획서, 지적도, 지형도, 피해방지계획서를 첨부하여 관할 시장 · 군수 · 자치구청장에게 신청하시면 됩니다.

로빈손 : 그러면 농업인 주택의 경우에도 농지전용허가를 받아야 하나요?

산수로 : 농업인 주택은 농지전용허가를 받을 필요 없이 단순히 농지전용신고만 하면 됩니다.

농지전용 허가기준

로빈손 : 농지전용 허가기준은 어떻게 됩니까?

산수로 : 농지전용 허가기준에 대해서는 농림수산식품부 훈령(2009.11.28)인 '농지전용 업무처리규정'에 따라 처리하게 됩니다. 농지전용 허가기준을 살펴보면 다음과 같습니다.

첫째, 농업진흥지역의 농지의 경우 해당 용도구역에서의 행위제한에 위배되지 않을 것

둘째, 대기오염배출시설이나 폐수배출시설 기타 농업의 진흥이나 농지의 보전을 해칠 우려가 있는 시설의 전용이 아닐 것

셋째, 시설의 규모 및 용도의 적정성과 건축시 도로·상하수도의 설치 등 해당 지역의 여건을 감안할 때 전용하려는 농지가 전용목적사업에 적합하게 이용될 수 있을 것으로 인정될 것

넷째, 건축물의 건폐율 등 「건축법」의 규정과 건축물의 기능·용도 및 배치계획 등을 참작할 때 전용하려는 농지의 면적이 전용목적사업의 실현을 위하여 적정한 면적일 것

다섯째, 다음 사항 등을 참작할 때 전용하려는 농지를 계속하여 보전할 필요성이 크지 않을 것

- 경지정리 및 수리시설 등 농업생산기반정비사업 시행 여부
- 해당 농지가 포함된 지역농지의 집단화 정도
- 해당 농지의 전용으로 인하여 인근 농지의 연쇄적인 전용 등 농지잠식 우려가 있는지의 여부
- 해당 농지의 전용으로 인근농지의 농업경영 환경을 저해할 우려가 있는지의 여부
- 해당 농지의 전용으로 인하여 농지축이 절단되거나 배수가 변경되어 물의 흐름에 지장을 주는지의 여부

여섯째, 해당 농지의 전용이 인근 농지의 농업경영과 농어촌생활환경의 유지에 피해가 없어야 할 것. 다만, 그 피해가 예상되는 경우에는 다음의 사항

등을 참작할 때 그 피해방지계획이 타당하게 수립되어 있어야 할 것

- 해당 농지의 전용이 농지개량시설 또는 도로의 폐지·변경을 수반하는 경우 예상되는 피해 및 피해방지계획의 적정성
- 해당 농지의 전용이 토사의 유출, 폐수의 배출, 악취·소음의 발생을 수반하는 경우 예상되는 피해 및 피해방지계획의 적정성
- 해당 농지의 전용이 인근농지의 일조·통풍·통작(通作)에 현저한 지장을 초래하는 경우 그 피해방지계획의 적정성

일곱째, 해당 농지의 전용이 용수의 취수를 수반하는 경우, 그 시기·방법·부량 등이 농수산업 또는 농어촌생활환경 유지에 피해가 없어야 할 것. 다만, 그 피해가 예상되는 경우에는 피해방지계획이 타당하게 수립되어 있어야 할 것

여덟째, 사업계획 및 자금조달계획이 전용목적사업의 실현에 적합하도록 수립되어 있어야 할 것

로빈손 : 농지전용 허가기준에 의하면 기존 농업에 지장을 주지 않는 범위 내에서 도로와 상하수도의 확보가 가능하다면 농지전용 허가가 가능하다고 판단되네요?

산수로 : 잘 보셨습니다. 전용행위라는 것이 결국 건축을 전제로 하는 것이기 때문에 전용하고자 하는 농지에 도로인 진입로가 확보되어야 하고, 수도 및 하수도 처리가 가능해야 하지요.

또한 농지전용허가를 받고 나서 정당한 사유 없이 2년 이상 대지의 조성, 시설물의 설치 등 농지전용 목적사업에 착수하지 않거나 농지전용 목적사업에 착수한 후 1년 이상 공사를 중단하게 되면 농지진용허가가 취소되니 유의해야 합니다.

농지전용 허가제한시설

산수로 : 관할청은 농지전용허가신청서를 심사함에 있어서 농지전용 허가기준에 맞지 않으면 당연히 허가를 내주지 않게 되지요. 농지전용 허가기준에서 대기오염배출시설이나 폐수배출시설 기타 농업의 진흥이나 농지의 보전을 해칠 우려가 있는 시설부지로 사용하려는 경우에는 농지의 전용을 허가할 수 없다고 하였지요. 그러나 도시지역 · 계획관리지역 및 개발진흥지구에 있는 농지는 이러한 제한을 받지 않습니다.

로빈손 : 농지전용 측면에서 보았을 때에도 계획관리지역의 가치가 또한 높을 수밖에 없군요. 그렇다면 도시지역 · 계획관리지역 및 개발진흥지구 외의 지역일 경우 어떤 시설부지로 전용하는 것이 제한되나요?

산수로 : 농지전용 허가제한시설에 관해서는 「농지법」 제32조 및 「농지법」 시행령 제44조에 따라 자세히 규정되어 있습니다. 따라서 소유농지를 전용하여 특정용도로 사용하고자 할 때에는 「국토의 계획 및 이용에 관한 법률」상 용도지역에서의 건축제한과 「농지법」상 농지전용 허가제한시설을 검토하여 판단해야 할 것입니다. 누차 말씀드리지만 전용절차와 관련하여서는 개인이 직접 수행한다는 것은 불가능하기 때문에 설계사무소와 협의하여 진행하는 것이 일을 빨리 처리할 수 있는 방법이라고 할 수 있습니다.

로빈손 : 예를 들어 생산관리지역에서 농지전용을 하여 일반음식점을 허가받으려면 가능한가요?

산수로 : 위에서 말씀드린 바와 같이 용도지역에서의 건축제한과 농지전용 허가제한시설의 양자를 상호 검토해야 하겠지요. 일단 생산관리지역에서는 도시계획조례가 허용하는 경우 일반음식점의 설치가 가능합니다. 그

러나 일반음식점은 농지전용 허가제한시설에 해당되기 때문에 결론적으로 생산관리지역에서는 농지전용허가를 받아 일반음식점을 설치할 수 없죠.

로빈손 : 실제 농지의 전용허가를 받을 일이 있으면 산수로님께 여쭤보는 것이 더 빠를 듯합니다.

산수로 : 하하, 저야 로빈손님이 부자가 되어 돌아오길 학수고대하는 사람이니까 도움이 되는 일이라면 언제든지 사양하지 않겠습니다.

농지보전부담금

산수로 : 농지전용허가를 받고자 하는 자는 농지의 보전·관리 및 조성을 위한 농지보전부담금을 농지관리기금을 운용·관리하는 자에게 납입해야 하며, 이는 한국농어촌공사가 수납업무를 대행하게 됩니다.

농지보전부담금의 납입기간은 한국농어촌공사의 납입통지서 발행일부터 30일로 하며, 다만 납입의무자가 부득이한 사유로 그 기간의 연장을 신청한 때에는 1차에 한하여 60일의 범위에서 그 기간을 연장할 수 있습니다.

관할청은 농지보전부담금의 납입을 확인한 후에 농지전용허가증을 교부합니다.

로빈손 : 중요한 것은 농지전용허가를 받기 위해서 납부해야 하는 농지보전부담금의 금액이 어느 정도인지가 궁금하네요.

산수로 : 농지보전부담금은 전용면적 대비 공시지가의 30%이며, ㎡당 한도금액은 5만 원입니다. 따라서 3.3㎡당 농지보전부담금의 최대금액은 16만 5천 원이 됩니다. 해당 농지의 공시지가가 높은 경우 농지전용을 위한 농지보전부담금의 금액도 만만치 않습니다.

로빈손 : 농업인 주택을 지을 경우에는 농지보전부담금이 감면된다고 하는데 맞나요?

산수로 : 농업인 주택과 「농어촌정비법」에 의해 고시된 한계농지는 농지보전부담금이 100% 감면됩니다.

로빈손 : 농지전용이나 산지전용시 개발부담금도 납부한다는데 어느 정도 되나요?

산수로 : 농지전용이나 산지전용시 지목변경이 수반되게 되므로 땅값이 상승합니다. 따라서 개발이익을 환수하는 개념으로 개발부담금을 납부하게 됩니다. 개발부담금은 특별시·광역시의 경우 660㎡ 이상, 도시지역의 경우 990㎡ 이상, 비도시지역의 경우 1,650㎡ 이상 개발할 때 사업시행자가 개발이익 중 25%를 납부하게 되는 것이죠.

산지전용은 꼼꼼하게 검토해야

산수로 : 임야를 개발하기 위해서는 산지전용허가를 받아야 합니다. 임야는 비교적 덩어리가 커서 개발하고자 할 때에는 용도지역과 임야의 여러 가지 조건 등을 검토하여 최적의 개발방향을 찾아야만 자금손실이 없이 수익률을 최대화할 수 있습니다. 임야를 섣불리 개발하게 되면 중간에 개발을 중단하는 것도 쉽지 않고 자칫 잘못하면 큰 손실로 이어질 수도 있기 때문에 임야를 개발할 때는 특히 전문가 및 관련 설계사와 긴밀한 협의가 더욱 필요합니다. 보전산지인 공익용산지와 임업용산지에서 산지전용할 수 있는 범위는

이미 설명하였지요?

로빈손 : 앞서 설명한 공익용산지와 임업용산지에서의 행위제한이 결국 산지전용할 수 있는 범위가 되겠네요.

산지전용 허가기준

산수로 : 그렇습니다. 따라서 여기서는 준보전산지의 산지전용을 중심으로 설명드리도록 하죠. 산지전용과 관련하여서는 「산지관리법」시행령 제20조 제4항 '별표 4' 의 '산지전용 허가기준의 적용범위와 사업별 · 규모별 세부기준' 및 산림청 고시인 '산지전용 허가기준 등의 세부 검토기준에 관한 규정' 에 의하게 됩니다.

사실 임야의 전용은 농지에 비하여 기술적으로 훨씬 더 까다롭고 어렵기 때문에 일반인이 쉽게 접근하기는 어렵습니다. 따라서 임야를 전용목적으로 매수하고자 할 때에는 반드시 전문가 또는 설계사에게 사전 문의를 하실 필요가 있습니다.

로빈손 : 그래도 임야를 매수하여 전용하고자 할 때 기본적인 것은 알고 있어야 임야에 투자할 때 실수가 없지 않을까요?

산수로 : 맞는 말씀입니다. 산지전용 허가기준 중에서 꼭 알아두어야 할 내용을 중심으로 설명하죠.

첫째, 단독주택을 축조할 목적으로 산지를 전용하는 경우에는 자기 소유의 산지라야 됩니다. 즉, 산지전용 허가신청자와 건축허가 신청자가 동일해야 합니다.

다시 말하면 임야의 경우는 농지와 달리 현지인 명의의 토지사용승락서를 이용하여 임야를 산지전용하여 단독주택을 짓는 것이 허용되지 않습니다.

둘째, 분묘의 중심점으로부터 5m 내 산지가 산지전용예정지에 편입되지 않아야 합니다. 다만, 연고자의 동의를 받거나 연고자가 없는 분묘인 경우에는 관계없습니다. 즉, 산지전용을 하고자 할 때에는 분묘기지권의 유무를 꼭 확인해야 합니다.

그래서 임야에 투자를 하고잘 할 때에는 임야 내에 소재하여 있는 분묘에 신경을 곤두세우는 것이죠.

셋째, 전용하려는 산지의 평균경사도가 원칙적으로 25° 이하여야 합니다. 따라서 경사도가 25°를 초과하면 산지전용이 원칙적으로 불가능합니다.

그러나 실제 많은 일선 시·군에서는 경사도 15°를 기준으로 20° 정도까지 개발가능지로 분류하는 경우가 많습니다.

일반인이 육안으로 경사도를 확인한다는 것은 사실상 불가능하기 때문에 임야를 매수하고자 할 때에는 현지의 토목측량설계사무소를 통하여 경사도를 반드시 확인할 필요가 있습니다. 일단 등고선지도를 통해 개발가능 여부와 개발가능면적을 확인하는 것이 중요합니다. 현장답사는 말할 것도 없겠죠.

넷째, 전용하려는 산지의 ha(1만㎡)당 입목축적을 살펴보아야 합니다. 산지전용이 가능하기 위해서는 전용하려는 산지의 ha당 입목축적이 산림기본통계상의 관할 시·군의 ha당 입목축적의 150% 이하여야 합니다. 입목축적이란 입목본수도 또는 입목밀도로서 나무의 크기와 빽빽하게 자라는 정도를 수치화한 것으로 산지전용하고자 하는 임야가 해당 시·군의 입목본수도보다 50%를 초과하면 산지전용이 안 됩니다.

다섯째, 전용하려는 산지 안에 생육하고 있는 50년생 이상인 활엽수림의 비율이 50% 이하여야 합니다. 활엽수란 상수리나무, 참나무, 떡갈나무, 단풍나무 등 잎이 넓고 주로 낙엽이 지는 나무들이죠. 따라서 임야가 가을에 낙엽이 많이 지는 곳은 아무래도 부담이 될 것입니다.

여섯째, 연접개발제한에 해당되지 않아야 합니다.

일곱째, 진입도로는 당연히 있어야 합니다.

로빈손 : 연접개발이나 진입로 또는 분묘 등의 문제는 상식적으로 알고 있던 내용이지만 산지전용을 하고자 할 때에는 특히 경사도가 25° 이하여야 하고, 입목본수도가 50% 이하여야 한다든가, 50년생 이상 활엽수림인 수종이 50% 이하여야 한다는 기준 등은 새롭게 알게 되었네요. 앞으로 임야를 볼 때는 산수로님이 설명한 내용을 중심으로 세심하게 보면서 안목을 키워야 할 것 같습니다.

산수로 : 여기서 또 한 가지 중요한 사실은 「산지관리법」상 산지전용 허가기준은 법이 규정하고 있는 최고한도의 기준을 제시한 것으로 실제 각 시·군별로 전용가능한 경사도나 입목축적을 다르게 적용하는 등 개발행위 허가기준이 다른 경우가 많기 때문에 반드시 해당 시·군의 조례를 확인해야 한다는 것입니다.

임야에 투자하기 위해서는 산지전용 허가기준 외에도 고려할 사항이 너무 많습니다. 임야의 입지조건은 물론 임야의 상태 기타 여러 가지 요건 등을 고려해야 하고 임야 개발시 투자비용에 비해 어느 정도의 개발이익이 보장될 것인지 사업성 판단도 쉬운 일이 아닙니다.

결국 임야의 경우는 누차 말하듯 사전에 전문가와 철저한 컨설팅 및 현지의 토목측량설계사무소와 해당 시·군의 담당부서에 확인한 후 매수하는 것이 가장 안전합니다.

로빈손 : 사실 임야는 도시 근교의 얕은 구릉지대나 토임으로 되어 있는 경우에는 나름대로 판단하기가 쉬우나 대부분은 일반인들이 쉽게 판단하기 어렵더라고요.

대체산림자원조성비

산수로 : 농지의 경우에도 농지를 전용하려면 농지보전부담금을 납입하듯이 임야의 경우에도 전용하기 위해서는 대체산림자원조성비를 납부해야 합니다. 대체산림자원조성비란 산지를 전용하게 되면 그만큼 산지가 훼손되므로 줄어든 만큼의 산지를 대신해 다른 산지를 조성하는데 드는 비용을 납부하도록 하는 것입니다.

대체산림자원조성비는 원칙적으로 산지전용 허가를 받기 전에 미리 납부해야 합니다.

로빈손 : 대체산림자원조성비는 얼마나 되나요?

산수로 : 대체산림자원조성비는 매년 산림청장이 고시하는데 2010년 3월 16일자로 고시된 2010년도 대체산림자원조성비는 산지전용의 주 대상인 준보전산지의 경우 ㎡당 2,240원으로 3.3㎡당으로 환산하면 7,392원입니다. 보전산지의 경우에는 ㎡당 2,912원이고, 산지전용제한지역의 경우에는 ㎡당 4,480원입니다.

로빈손 : 전용시 부담하는 금액은 농지전용할 때보다는 산지전용할 때가 비교적 싸다고 할 수 있겠네요. 그런데 농림어업인주택의 경우에는 농지의 농업인 주택과 마찬가지로 전용비용인 대체산림자원조성비가 100% 감

면 되나요?

산수로 : 그렇습니다. 농림어업인의 주택은 농지전용시와 마찬가지로 전용비용인 대체산림자원조성비가 100% 감면되며, 산지전용허가를 받을 필요가 없고 산지전용신고만 하면 됩니다.

로빈손 : 농지전용시 부담하는 개발부담금은 산지전용시에도 당연히 부담하는 것이지요?

산수로 : 산지전용 역시 지목변경이 수반되게 개발이익이 발생할 때에는 개발부담금을 특별시·광역시의 경우 660㎡ 이상, 도시지역의 경우 990㎡ 이상, 비도시지역의 경우 1.650㎡ 이상 개발할 때 사업시행자가 개발이익 중 25%를 납부하게 되는 것은 동일합니다.

그런데 산지전용의 경우에는 산지복구비라는 것이 있습니다. 임야는 농지와 달리 산지전용허가를 받아 개발 도중에 여러 가지 문제에 봉착하여 개발이 뜻대로 추진되지 않는 경우가 종종 있습니다. 따라서 임야를 개발하다가 방치하게 되면 산지를 훼손하게 되는 것이므로 산지전용시 산지복구비를 미리 납부하게 됩니다.

로빈손 : 그런 게 또 있네요. 그럼 산지복구비는 얼마 정도 하나요?

산수로 : 산지복구비 역시 매년 산림청장이 고시하게 되는데 임야의 경사도에 따라 다르게 책정됩니다. 2010년도의 경우 산지전용허가시 산지복구비는 1만㎡당 경사도가 10° 미만이면 31,289천 원, 20° 미만이면 92,507천 원, 30° 미만이면 121,816천 원이며, 30° 이상이면 158,629천 원입니다.

로빈손 : 산지복구비도 장난이 아니네요. 대체산림자원조성비와 산지복구비를 합하면 임야를 전용하는 것도 꽤 부담이 되는데요.

산수로 : 산지전용을 하고자 하는 면적이 660㎡ 미만인 경우 예를 들어 농림어업인주택을 건축하기 위한 경우 등은 산지복구비를 낼 필요가 없으며, 산지복구비는 산지전용에 따른 건축물 등의 준공검사가 완료되면 돌려받게 됩니다.

이와 같이 개발행위를 하고자 할 때에는 세금을 포함하여 각종 준조세에 해당하는 많은 비용이 소요되므로 이러한 금액들을 고려하여 개발여부를 결정할 필요가 있겠죠.

임야는 연접개발제한이 관건이다

로빈손 : 《부동산 법률여행》에서도 자세히 공부했지만 임야를 개발할 때 가장 문제되는 것이 연접개발제한이었는데 다시 한 번 설명하여 주시면 합니다.

산수로 : 연접개발제한이란 개발행위허가의 면적제한규정을 적용할 때 녹지지역·관리지역·농림지역 또는 자연환경보전지역 안에서 연접하여 개발하거나 수차에 걸쳐 부분적으로 개발하는 경우에는 이를 '하나의 개발행위' 로 보아 면적을 산정함으로써 용도지역별 개발행위 규모를 초과하는 경우에 대해서는 개발을 제한하는 것을 말하지요.

아무리 땅의 위치가 좋고 모양이 좋으며 주변 호재가 풍부하다고 해도 연접개발제한에 걸려버리면 개발자체가 아예 불가능합니다.

이러한 연접개발제한은 난개발을 방지한다는 취지로 도입되었으나 사실상 그동안 토지소유자 및 투자자들에게 많은 고통을 준 제도라고 할 수 있습니다. 다만, 최근에는 각 지방자치단체별로 연접개발제한의 세부적인 규정을 완화하여 적용하고 있는 추세이므로 구체적인 것은 해당 시·군의 담당부서에 꼭 확인하실 필요가 있습니다.

여기서는 일반적으로 투자대상이 되는 관리지역과 녹지지역의 임야를 대상으로 연접개발제한을 살펴보기로 합시다. 관리지역과 녹지지역의 연접개발행위 가능면적은 얼마지요?

로빈손 : 음~ 관리지역은 3만㎡이고 녹지지역은 1만㎡가 아니었던가요.

산수로 : 녹지지역 중 보전녹지지역은 5천㎡이지만 아까 설명했듯이 보전녹지지역은 전부 공익용산지이기 때문에 사실상 투자대상에서 고려할 필요는 없겠지요. 그리고 관리지역의 경우에는 일부 시·군의 경우 도시계획조례로 연접개발행위 가능면적을 축소한 경우도 있기 때문에 반드시 해당 시·군에 문의하실 필요가 있습니다.

로빈손 : 그런데 제가 연접개발제한과 관련해서 경험이 있어서 말씀드리고 싶은데요. 제가 몇 년 전에 아산지역의 계획관리지역의 땅이 임야(약 1만㎡)이지만 2차선 도로변에 아주 평탄하게 물려있는데다가 바로 옆 땅에는 대기업 공장(약 3만㎡)도 있고 땅값도 적당하고 해서 매입하려고 한 적이 있었습니다.

정말 입지조건이며 가격이며 기가 막힌 땅이었는데 최종 매입단계에서 연접개발제한에 걸려든다는 것을 알고 포기한 적이 있었지요. 사실 도시의 녹지지역이나 비도시지역에서 공장이나 창고 등을 지으려고 투자를 하고자 할 때 연접개발제한의 적용으로 여의치 않은 경우가 많은데 답답하네요. 무슨 좋은 방법이 없을까요?

산수로 : 그 땅이 연접개발제한에 저촉된다는 것을 몰랐으면 큰 손해를 입을 뻔 하셨네요. 실무에서도 연접개발과 관련해서는 제대로 이해를 못해 잘못된 컨설팅을 하거나 투자를 하여 막대한 손실을 입은 사례가 비일비재합니다.

로빈슨 : 그런데 연접개발제한과 관련하여서는 혹시 토지이용계획확인서 등에 나타나지 않나요?

산수로 : 개발하고자 하는 토지가 연접개발제한에 걸리는지 여부는 서류상으로 확인할 길은 없습니다. 심지어는 관리지역에서 매수하고자 하는 임야 근처에서 아무런 공사가 진행되고 있지 않아 당연히 연접개발제한은 걸리지 않는다고 판단하였는데 이미 다른 사람이 3만㎡의 개발행위허가를 받아버린 상태이면 그야말로 닭 쫓던 개가 되는 것이죠. 따라서 임야를 매수하여 전용하고자 할 경우에는 반드시 해당 시·군의 담당부서에 연접개발제한에 저촉되는지 여부를 반드시 확인하실 필요가 있습니다.

계획관리지역과 녹지지역은 산지에서의 250m 거리제한 미적용

로빈슨 : 그런데 임야인 산지의 경우에는 '하나의 개발행위'를 계산함에 있어서 산지전용허가를 받으려는 지역의 경계와 종전의 산지전용허가지역의 경계가 직선거리 250m 이내에 있는 경우 허가예정지의 면적과 종전의 산지전용허가지역의 면적을 합산한 면적이 3만㎡ 이하라고 하지 않았나요?

산수로 : 그렇습니다. 임야를 산지전용하여 개발하고자 할 때에는 기

개발지와 새로 개발하려는 지역 간의 거리가 250m가 넘으면 연접개발제한을 받지 않고 산지전용허가를 받을 수 있게 됩니다.

로빈손 : 구체적으로 예를 들어 설명하여 주시면 하는데요.

산수로 : 예를 들어 생산관리지역의 임야에 '갑' 과 '을' 이라는 2필지의 토지가 있는데 각각의 토지사이의 거리가 250m 이내라면, '갑' 토지의 개발면적이 2만㎡라면 '을' 토지의 개발면적은 1만㎡를 넘을 수 없다는 것이지요.

로빈손 : 그런데 「국토의 계획 및 이용에 관한 법률」상 관리지역에서의 연접개발 가능면적은 3만㎡이지만, 해당 시·군 도시계획조례상 생산관리지역의 개발가능한 면적이 2만㎡ 미만이라면 이런 경우는 면적제한이 어떻게 되나요?

산수로 : 그런 경우에는 당연히 '을' 토지는 개발이 불가능하게 되는 것이지요. 다만, 여기서 유의해야 할 점은 「산지관리법」의 시행규칙은 2003년 10월 22일부터 시행되었기 때문에 부칙에 의하여 동법 시행일 전에 산림의 형질변경허가·신고를 하여 산지전용 된 면적은 연접개발면적에 합산하지 않는다는 것입니다.

로빈손 : 우리 책 1권《부동산 법률여행》에서 설명들은 것 같은데, 벌써 가물가물하네요. 혹시 용도지역과 관련하여 연접개발제한에서 중요한 것은 없나요?

산수로 : 2008년 7월 16일부터 계획관리지역과 녹지지역에서는 「산지관리법」상 거리제한에 의한 연접개발제한이 적용되지 않는다는 것을 꼭 알아두셔야 합니다. 즉, 임야를 산지전용하고자 할 때 「산지관리법」상 거리

제한은 이제 관리지역 중 생산관리지역과 보전관리지역 그리고 농림지역과 자연환경보전지역에서만 적용한다는 것을 유념하셔야 합니다.

 로빈슨 : 그렇다면 계획관리지역과 녹지지역의 임야는 아예 연접개발제한이 적용되지 않는 것입니까?

산수로 : 아~ 그건 아니지요. 계획관리지역이나 녹지지역에서 연접개발제한을 적용하지 않는다는 것이 아니라 「산지관리법」상 거리제한에 의한 연접개발제한을 하지 않는다는 의미입니다. 따라서 계획관리지역과 녹지지역에서는 「산지관리법」을 적용하지 않고 「국토의 계획 및 이용에 관한 법률」에 의한 연접개발제한을 한다는 의미이지요.

로빈슨 : 계획관리지역의 임야에서 산지전용시 250m 거리제한은 적용받지 않더라도 도로・철도・하천・공원 등 지형지물에 의하여 분리되어 있지 않은 이상 거리는 관계없지만 3만㎡의 개발행위가능면적의 연접개발제한은 받는다는 의미이군요.

산수로 : 맞습니다. 그러나 계획관리지역에서 산지전용시 250m 거리제한을 받지 않는 것만 해도 연접개발제한 규정이 상당히 완화된 것이지요. 또한 일선 시・군에서도 자체적으로 '개발행위허가지침'에 의하여 지형지물 분리요건 중 폭 20m 이상의 도로를 10m로 완화하여 연접개발제한 규정을 적용하지 않는 등 연접개발제한에 대해서는 현재 상당히 완화하여 가는 추세입니다.

로빈슨 : 산지전용시 연접개발제한을 아예 적용하지 않는 경우가 있나요?

산수로 : 660㎡ 미만의 자가주택 및 제1종 근린생활시설을 건축할

경우에는 「국토의 계획 및 이용에 관한 법률」에서 연접개발제한 대상에서 제외함에 따라 「산지관리법」에서도 연접개발제한 대상에서 제외하였습니다. 연접개발과 관련하여 보다 자세한 내용은 우리 책 1권《부동산 법률여행》을 참고하시면 충분히 이해가 가실 것입니다.

맹지를 살리는 진입로는 개발행위의 생명

건축법상 도로

산수로 : 농지와 임야를 개발하고자 할 때 가장 중요한 것은 진입로 확보입니다. 진입로가 없는 토지는 맹지가 되어 개발이 불가능하게 되기 때문이죠. 즉, 맹지란 토지에 도로가 접해 있지 않은 땅으로 건축자체가 불가능합니다. 따라서 우리가 농지나 임야를 전용하고자 할 때 법정도로를 끼고 있으면 아무런 문제가 없지만 그렇지 않은 경우에는 진입로인 도로를 어떻게 확보하느냐가 관건이 되는 것입니다.

로빈손 : 실제 현장답사를 다녀보면 농지나 임야 중에서 맹지가 굉장히 많던데요.

산수로 : 그렇습니다. 따라서 우리가 전용을 하고자 할 때 가장 먼저 보는 것이 해당 토지가 맹지이냐 아니냐의 여부입니다. 해당 토지가 맹지인 경우 땅값은 주변시세보다 훨씬 쌀 수밖에 없습니다.

맹지가 아니라면 건축허가를 받는데 아무 문제가 없으니 여기서는 맹지와 진입로 개설과의 관계를 중심으로 설명드리죠. 맹지에 진입로만 확보할 수 있다면 그 땅의 가치는 말할 나위 없이 높아지겠지요.

로빈손 : 그렇다면 「건축법」상 도로는 어떤 도로를 말하는 것입니까?

산수로 : 「건축법」상 도로는 보행과 자동차 통행이 가능한 너비 4m 이상의 도로나 그 예정도로로서 「국토의 계획 및 이용에 관한 법률」, 「도로법」, 「사도법」 등을 근거로 고시된 도로 및 건축허가 또는 신고시에 건축허가권자인 지방자치단체장이 그 위치를 지정하여 공고한 도로를 말합니다. 이러한 도로들은 지적도상 지목이 도로로 표시되게 되는 것이지요.

로빈손 : 건축허가권자가 그 위치를 지정하여 공고한 도로는 어떤 도로를 말하는 것입니까?

산수로 : 일반적으로 관습법상 도로를 도로로 인정하는 경우, 건축허가권자가 건축허가시 그 위치를 지정하여 도로로 공고하게 됩니다. 이런 경우 토지소유자 등 이해관계인의 동의를 받아 도로를 지정한 후 건축허가를 받을 수 있습니다.

로빈손 : 그런데 「사도법」상 개인도로인 사도개설절차가 까다롭나요?

산수로 : 그동안에는 군도(郡道) 이상의 도로와 연결되어야만 사도허가가 났었는데 앞으로는 면도(面道)나 이도(里道)에 연결되는 경우에도 사도허가가 가능하게 됩니다.

농어촌 지역 개인도로 개설 쉬워진다

농어촌 지역에서 농지나 산지를 소유한 개인이 사도(私道)를 만드는 것이 쉬워져 이들 지역의 개발행위가 활성화될 전망이다. 국토해양부는 농어촌도로정비법상의 면·리도(面·里道) 등에 연결하는 개인도로 개설을 허가할 수 있도록 하는 사도법 개정안이 3일 국무회의를 통과했다고 밝혔다.

사도는 개인도로 중에서도 시·군의 허가를 받는 도로로, 공장이나 주택건설 등 각종 개발 사업과 관련해 이 도로를 낼 때는 허가를 받아야 한다. 현재 사도 허가 대상에는 군(郡)이나 시(市) 도로에 연결하는 경우만 포함된다. 이 때문에 면·리 단위의 농어촌 지역 산지나 농지에서 공장이나 주택건설 등 개발사업을 할 때 진·출입 도로를 확보하기가 쉽지 않았다.

국토부 관계자는 "올 정기국회에 제출해 내년 초 시행을 목표로 하고 있다"며 "개정안이 시행되면 낙후 지역의 개발 사업이 한층 활성화될 것"이라고 말했다.

〈매일경제〉 2009.11.03

지적상 도로

 로빈손 : 그럼 먼저 법정도로인 지적상 도로에 대해서 설명하여 주시죠.

산수로 : 「건축법」상 건축허가가 나기 위해서는 지적도상 너비 4m 이상, 해당 토지가 도로에 2m 이상 접해야 합니다. 이러한 도로는 지적상 도로임과 동시에 현황상으로도 도로이어야 하는 것이지요.

 로빈손 : 그렇다면 예외인 경우도 있습니까?

 산수로 : 예외를 보면 첫째, 「국토의 계획 및 이용에 관한 법률」상 도

144

시지역 및 제2종 지구단위계획구역 외의 지역 중 동이나 읍이 아닌 지역 즉, 면단위 지역에 건축하는 건축물과 도시지역 및 제2종 지구단위계획구역 외의 지역 중 동이나 읍에 속하는 지역이라도 건축조례로 정하는 건축물은 너비 4m 이상 도로에 해당 토지가 2m 이상 접해야 하는 조건이 완화됩니다. 이런 경우 구체적인 것은 해당 시·군에 확인할 필요가 있습니다.

둘째, 막다른 도로에 접하는 땅의 경우 길이가 막다른 도로의 길이가 10m 미만이면 도로의 너비가 2m 이상, 10m 이상 35m 미만이면 3m 이상, 35m 이상이면 6m 이상(읍·면지역은 4m)이어야 합니다. 막다른 도로에 접한 땅의 경우에는 통행에 큰 지장이 없으므로 도로의 너비를 완화하는 것입니다.

셋째, 연면적의 합계가 2,000㎡ 이상인 건축물의 대지는 폭 6m 이상의 도로에 4m 이상 접해야 합니다. 대형 건축물은 당연히 도로의 폭이 넓어야 통행에 지장이 없겠죠.

넷째, 공장의 경우에는 부지가 3,000㎡ 이상인 경우에만 폭 6m 이상의 도로에 4m 이상 접하면 됩니다.

로빈손 : 일단 농지이든 임야이든 원칙적으로 너비 4m 이상의 지적상 도로에 2m 이상 접해 있으면 진입로 문제로 건축허가를 받는데 문제가 없군요. 그리고 비도시지역 면단위의 경우에는 진입로가 완화될 수 있다고 하니 해당 시·군에 반드시 확인해야 되겠군요?

산수로 : 그렇습니다. 입지조건에 따라서 진입로 조건이 다르니 비도시지역의 농지나 임야를 매수해서 전용하고서 건축물을 짓고자 할 때에는 진입로 부분을 정확히 파악해야 할 필요가 있습니다. 또한 아까도 말씀드렸다시피 지적상 도로와 현황상 도로가 반드시 일치해야 합니다.

로빈손 : 지적상은 도로인데 현황상 도로가 아닌 경우가 있을 수 있나요?

산수로 : 농촌에 있는 지적상 도로는 도시계획도로가 아니므로 폭이 일정치 않으며 현장과 틀린 경우가 많이 있습니다. 현장을 답사할 때에는 꼭 지적도를 지참하여 도로의 위치가 지적상 위치와 같은지를 확인해야 합니다. 경우에 따라서는 지적상 도로임에도 불구하고 현재 도로로 사용하고 있지 않는 경우, 즉 폐쇄된 도로도 간혹 있습니다. 그런 경우 농지가 지적상 도로를 잠식하고 있는 경우가 대부분입니다.

지적상에는 도로가 있으나 폐쇄된 도로의 복구는 인근 농지주인의 동의와 도로관리자의 동의를 얻어 도로부지를 경계측량하여 원상복구한 후 건축허가를 신청하면 됩니다.

따라서 매수하고자 하는 땅이 지적상 도로나 폐쇄된 도로에 연결되어 있는 경우에는 그다지 걱정할 필요가 없다고 하겠습니다.

현황도로가 있는 경우

산수로 : 현황도로란 지적도에 도로로 표시되어 있지 않으나 수십년 동안 도로로 이용되어 온 '사실상의 도로'를 말합니다. 사실상의 현황도로는 기능면에서는 손색이 없을지 몰라도 막상 건축하고자 하면 큰 문제에 봉착합니다. 건축허가를 받기 위해서는 지적상 도로이어야 하는데 현황도로는 거기에 해당되지 않기 때문이죠. 따라서 실제 도로로 쓰이고 있는 현황도로만으로는 건축허가를 받기 어렵습니다.

로빈손 : 수십년 동안 사실상의 도로 역할을 해왔다면 관습상 도로이

기 때문에 지적상의 도로가 아니더라도 도로로 인정받을 수 있는 것 아닙니까?

산수로 : 건축허가를 얻기 위해 현황도로를 건축허가 혹은, 신고시에 허가권자로부터 도로로 지정받고자 하는 경우를 생각해봅시다. 일단 도로로 지정하고자 하는 토지소유자의 동의와 이 도로에 대한 이해관계자의 동의를 받아야 합니다. 이후 건축을 하고자 하는 사람이 그 증빙자료를 갖추고서 건축허가신청을 할 때 제출해 처리해야 합니다. 이때 허가권자는 도로의 너비·연장·구간·위치 등을 확인하여 건축허가가 가능하다고 판단되는 경우에 건축허가를 내리고 도로로 공고하게 됩니다.

문제는 현황도로의 토지소유자 및 이해관계자의 동의를 얻어야 하는 등 그 절차가 간단하지 않다는 것과 도로로서 공고가 날 수 있다는 보장이 없다는 것입니다.

다만, 최근에 각 지방자치단체에서 현황도로인 사실상의 도로를 도로로서 인정하는 추세이므로 현황도로에 접하고 있는 농지나 임야를 매수할 때에는 사전에 각 시·군의 담당부서에 확인할 필요가 있습니다.

로빈손 : 그렇다면 지적 및 현황상 도로가 아닌 단순 현황 사실상의 도로만으로는 위와 같은 복잡한 절차를 거치지 않으면 건축허가를 전혀 얻을 수 없나요?

산수로 : 그렇지 않습니다. 1975년 12월 31일 개정된 건축법 부칙 제2조의 규정을 보면 현황도로라 하더라도 너비가 4m 이상인 경우에는 건축법상 도로로 인정하도록 되어 있습니다.

대법원 판례(1994년 1월 28일 대법원 제3부)에 의하면 "너비 4m 이상의 도로는 너비 4m 미만의 도로와는 달리 시장·군수가 도로로 지정하지 않은 사실상의 도로라 하더라도 「건축법」상의 도로에 해당한다 할 것이니, 사실상의 도로가 그 너비가 4m 이상으로서 1975년 12월 31일 이전에 이미 주민들의 통행로로 이용되고 있었다면 이는 「건축법」상의 도로에 해당한다"고 판시한 바 있습니다.

로빈손 : 그렇다면 1975년 12월 31일 이전에 통행로로 사용된 너비 4m 이상의 현황도로에 접해있는 토지는 개발행위시 별도의 수고를 하지 않고서도 건축물의 건축이 가능하다는 이야기군요?

산수로 : 그렇습니다. 다만, 1975년 12월 31일 이전의 현황도로라 하더라도 폭 4m가 안 되는 도로의 경우 「건축법」상 도로가 되지 않는다고 해석될 것입니다. 또한 너비는 4m가 넘지만 1975년 12월 31일 이후에 생긴 현황도로 역시 「건축법」상의 도로가 아니니, 건축허가나 건축신고시에 허가권자가 위치를 지정·공고하기 전까지는 통행도로가 아니라는 이야기가 됩니다.

로빈손 : 산수로님, 법이라는 것이 정말 대단하다는 것을 새삼 느낍니다. 법을 제대로 알면 돈 버는 길이 보이고 모르면 그야말로 당할 수밖에 없겠네요.

산수로 : 그렇지요. 따라서 부동산은 법규를 제대로 모르고 실전에 뛰어들면 자칫 큰 손해를 입는 경우가 비일비재합니다. 귀찮더라도 항상 법규와 조례를 확인하는 습관을 길러야 하지요.

로빈손 : 현황도로인 사실상의 도로를 이용하여 건축허가가 난 사례가 있으면 건축허가를 받을 수 있는 것으로 알고 있는데요?

산수로 : 현황도로를 이용하여 5가구 이상의 주택이 건축허가가 난 사례가 있고, 도로부지로 사용하고 있는 토지의 소유자가 해당관청에 도로

사용에 대한 이의를 제기하지 않는 경우 현황도로는 건축허가를 받을 수 있는 요건의 도로입니다.

문제는 현황도로라 하더라도 어디까지나 개인소유의 토지이라는 것입니다. 때문에 토지소유자가 통행권을 방해하는 등의 법적 절차를 진행한다면 당장 이를 막을 수 있는 현실적인 방법이 없습니다.

즉, 개인도로가 「사도법」상 도로로 대장에 도로로 등재되어 있으면 문제가 없지만 단순히 개인이 자기 땅에 도로로 사용하고 있는 현황도로를 도로로 알고 땅을 매수하게 되면 자기 땅은 맹지가 되어버리고 마는 것이죠.

만약에 현황도로로 인정되어 건축허가를 받을 수 있다 하더라도 현황도로의 토지소유자와 좋은 유대관계를 맺으면서 최대한 빠른 시간 내에 건축하는 것이 유리합니다.

🙂 **로빈손** : 농지나 임야를 매수하여 전용허가를 받아 건축을 하기 위해서는 진입로 확보가 무엇보다도 중요하니 지적도상 맹지이지만 현황도로가 있는 경우에는 관할 시·군의 담당부서에 도로로 인정받을 수 있는지의 여부를 확인하는 것이 무엇보다도 중요할 것 같습니다.

현황도로조차 없는 완전 맹지인 경우

🙂 **로빈손** : 현황도로조차 없는 완전 맹지인 경우에는 진입로를 개설하기 위한 어떤 묘책이 있을까요?

😊 **산수로** : 인접토지의 소유자로부터 토지사용승낙서를 받아 도로를 확보한 후 건축허가를 받는 것이 가장 쉬운 방법입니다. 토지사용승낙서를 받는 경우 반드시 인감증명서를 첨부해야 하며, 이때 전신주와 오폐수관로를 묻는 것에 대한 것도 반드시 함께 명시해야 차후에 논란이 없습니다.

🙂 **로빈손** : 그렇군요. 인접토지의 소유자로부터 토지사용승락서만 받으면 진입로 문제는 일단 해결되겠지만 결국 비용이 문제가 되겠네요.

😊 **산수로** : 인접토지 소유자 입장에서는 도로부분만큼 토지사용승낙서를 써주게 되면 향후 도로부분만큼의 필지를 분할하게 될 경우, 그만큼 대지가 줄어드는 것이 되어 건축면적이 줄어들 수 있습니다. 그 이유가 아니더라도 자기의 토지사용승낙서 없이는 맹지에 건축할 수 있는 방법이 없으니 그야말로 부르는 게 값이 되겠지요.

따라서 현실적으로 토지사용승낙서를 받아 건축허가 신청하는 것도 만만치 않은 일입니다.

로빈손 : 그렇다면 맹지를 사고자 할 때에는 사전에 토지사용승낙서를 받고 나서 땅을 매수하고 바로 건축허가 절차에 들어가야 되겠군요?

산수로 : 그렇지요. 땅을 매수한 후 토지사용승락서를 받게 되면 이미 약점을 노리고 많은 비용을 요구할 게 뻔하고 그러면 그야말로 배보다 배꼽이 큰 셈입니다. 또 한 가지 주의할 점은 토지사용승락서를 받았다 해도 건축허가를 받기 전에 토지소유자가 그 땅을 팔아버리게 되면 도로아미타불이 된다는 것이지요.

로빈손 : 토지사용승낙서를 이용하여 진입로를 확보하는 방법은 생각보다 리스크가 크다고 볼 수 있겠네요. 그럼 아예 진입로에 해당하는 부분을 인접토지의 소유자로부터 매수하는 것이 속 편하겠네요.

산수로 : 하기야 도로부분만큼 매수하여 사도개설허가를 받으면 골치 아픈 부분은 없겠지요. 다만, 땅값이 만만치 않겠지만 진입로 부분을 해결함으로 해서 맹지인 자기 땅의 가치가 얼마나 더 올라갈 수 있을지 잘 판단해야 하겠죠. 이런 경우 진입로가 필요한 다른 맹지 소유자들과 공동으로 매수할 수 있다면 비용이 절감될 수도 있을 것입니다.

구거를 활용한 진입로 개설

산수로 : 농촌지역에 가보면 현황도로는 없지만 도로에서부터 필지까지 이어지는 구거를 옆에 끼고 있는 땅이 꽤 많습니다. 이럴 경우 구거를 이용해 구거를 복개하거나 다리를 놓아 진입로를 확보하는 방법이 있습니다. 구거는 국가가 소유권자이므로 관할 시·군에 구거점용허가를 받아 홈

관을 묻거나 다리를 놓아 포장하여 진입로를 만들면 됩니다. 그러면 간단하게 건축허가를 받기 위한 진입로 문제가 해결되는 것이지요.

로빈손 : 너무 쉬운 것을 여쭈려니까 창피한데요, '구거'가 정확히 무엇인가요?

산수로 : 구거는 28개 토지 지목 중 하나로 용수 및 배수를 위한 자연적 또는 인공적 도랑 및 둑으로 하천보다 규모가 작은 보통 5m 이하 폭의 개울이나 도랑을 말하는 것이지요. 시골에 가면 농지 옆에 이런 도랑을 많이 볼수 있지 않습니까?

로빈손 : 아~ 도랑을 말하는 것이었군요. 그럼 구거를 끼고 있는 맹지는 그야말로 말이 맹지이지 진입로를 확보한 건축허가를 받을 수 있는 땅이나 마찬가지가 아닙니까?

산수로 : 그렇죠. 맹지 옆에 구거가 있어 도로까지 연결될 수만 있다면 진입로 문제는 크게 걱정할 필요가 없겠죠. 다만, 구거에서 도로까지의 거리에 따라 공사비가 좌우될 수 있으므로 이 역시 주판알을 잘 퉁기는 것이 중요합니다. 또한 구거를 사용하기 위해서는 구거점용료를 내야하며, 점용료는 점용면적만큼 인근 유사지의 공시지가의 10%를 내면 됩니다.

구거를 활용할 때 중요한 점은 자기 토지에 붙어 있는 구거를 다른 사람이 이미 선점하여 이를 이용하고 있다면 이때에는 구거를 이용하여 진입로를 내는 것이 불가능하다는 것이죠.

로빈손 : 앞으로는 구거를 끼고 있는 맹지를 눈에 불을 키고 찾아봐야 되겠네요.

산수로 : 그러나 첫째도, 둘째도, 개발가능성과 미래가치가 있는 땅

을 찾아야 한다는 것을 잊지 마십시오. 무엇보다도 입지가 중요합니다. 구거를 끼고 있는 맹지를 찾을 때 역시 이왕이면 도로를 남향으로 끼고 있는 땅을 찾는 것이 당연히 더 좋겠지요.

구거를 활용한 배수로 확보

산수로 : 구거는 진입로 확보를 위한 방법으로도 쓰이지만 무엇보다 중요한 것은 농촌지역에서는 오폐수를 처리하는 배수로가 없으면 건축허가를 받을 수가 없다는 것입니다. 따라서 보통 건물의 정화조에서 걸러진 오폐수의 배수로로 구거가 사용됩니다.

즉, 농촌지역에서 구거의 역할은 매우 중요하다 할 것입니다.

로빈손 : 맹지의 진입로 확보 문제만이 아니고 배수로를 확보하기 위해서라도 농촌지역의 땅에 투자를 하고자 할 때에는 구거를 확보하는 것이 중요하겠군요?

산수로 : 그렇습니다. 농촌지역에서 배수로를 확보하는 방법은 구거에 연결되는 땅을 사서 그 땅에 배수관을 묻는 것입니다. 구거가 멀리 떨어진 경우에는 배수로가 지나갈 땅의 토지소유자에게 토지사용승낙서를 받는 방법이 있겠지요.

로빈손 : 결론적으로 농촌지역의 농지에 투자를 하고자 할 때에는 구거를 가까이 낀 땅을 살 필요가 있다는 말씀이군요. 아무튼 땅을 사려고 하면 정말 여러 가지 요인을 세밀히 검토할 필요가 있다는 것을 새삼 느낍니다.

맹지를 기회의 땅으로

산수로 : 일반적으로 맹지는 투자에 있어서 모든 사람들이 기피하는 물건으로 인정됩니다. 그러나 위에서 본 바와 같이 맹지라 할지라도 진입로를 확보할 수 있는 방안만 강구할 수 있다면 살아있는 땅으로 바뀔 수 있는 것입니다. 또 맹지는 시세가 매우 싸기 때문에 잘만 투자하면 되려 가치 있는 땅이 될 수 있는 것입니다.

로빈손 : 맹지에 진입로를 확보할 수 있는 또 다른 좋은 방법이 있습니까?

산수로 : 예를 들어 진입로가 확보된 앞에 붙은 땅이 그다지 넓지 않은 경우를 생각해 봅시다. 땅을 매수하고 난 후 맹지를 소리 소문 없이 사서 합필하는 것도 하나의 방법이 되겠지요.

아니면 거꾸로 진입로 확보해야 할 부분과 맹지인 자기 땅의 일부분을 분필과 합필과정을 거쳐 상호 교환하는 방법도 있을 수 있겠지요. 이 경우 맹지인 자기 땅을 훨씬 더 주더라도 진입로가 확보되면 진입로를 내준 지주는 땅이 늘어나서 좋고 맹지였던 내 땅은 땅의 가치가 훨씬 올라가게 되므로 '누이 좋고 매부 좋은 격'이 될 수 있겠지요. 아무튼 맹지라도 발상을 바꾸면 길이 열릴 수가 있습니다.

경우에 따라서는 맹지임에도 불구하고 위치에 따라서는 투자가치가 있는 땅이 될 수도 있습니다.

로빈손 : 맹지가 투자가치가 있는 경우는 또 어떤 경우입니까?

산수로 : 여러 가지가 있습니다. 보따리를 다 풀어놔야 할까 고민이네요.

로빈손 : 산수로님. 제가 부자가 되어 돌아오는 것을 도와주신다고 하시지 않았나요? 가격이 싸지만 투자가치가 없는 맹지는 보통 버려진 땅으로 취급받는데, 이런 맹지가 오히려 투자가치가 있는 땅으로 탈바꿈만 할 수 있다면 그 보다 더한 노하우는 없을 것 같네요.

산수로 : 하하~ 그러죠. 그러면 제일 중요한 몇 가지만 일러드리도록 하겠습니다.

첫째, 부정형의 못난 땅을 헐값에 살수만 있으면 사는 것도 나쁘지 않습니다. 다만, 입지조건은 좋아야 하겠지요. 내 땅이 부정형이면 옆 땅도 부정형이니까 누가 먼저 합필하더라도 해야 될 것입니다. 하지만 내 땅은 맹지이고 상대방 땅은 도로에 물린 땅이라면 누가 더 급하겠습니까? 그냥 싼값에 사놓고 기다리면 답이 나옵니다.

둘째, 예를 들어 과거에는 건설업체의 개발계획을 미리 알고 단지 가운데 알박기를 하는 수법을 많이 썼지요. 맹지는 다른 땅들의 가운데에 박혀 아무 쓸모도 없는 경우가 많지만 다른 땅들이 개발하고자 할 때에는 가운데 박힌 맹지가 꼭 필요한 경우가 있습니다. 물론 맹지를 포함한 땅 전체의 미래상을 나름대로 그릴 수 있는 안목이 우선되어야 합니다.

셋째, 조망권이 훌륭한 조건을 가진 개발 될 만한 지역의 맹지를 사는 것입니다. 예컨대, 강이나 호수, 공원, 골프장, 스키장 등을 조망할 수 있는 곳으로 도로에서 너무 떨어지지 않은 맹지를 사둡니다. 사 놓고 기다리기만 하면 누군가가 반드시 팔라고 나설 것입니다.

넷째, 전국 도로개설계획을 잘 살펴보면 지금은 맹지지만 향후 도로가 개설되고 나면 도로에 접하게 되는 땅들이 널려 있습니다. 그런 땅의 소유주들이 아직까지 눈치 못 챈 경우도 많으니까⋯ 다음은 알아서 하면 되겠죠.

다섯째, 향후 개발이 예상되어 수용될만한 지역의 맹지를 싼 값에 사들여 과수원이나 조경사업을 하면 수용시 보상금 외에도 여러 가지 수익을 창출할 수 있습니다.

그 외에도 생각하기 나름에 따라서는 맹지도 활용할 수 있는 방법이 또 있을 수 있습니다. 모름지기 땅을 사고자 할 때에는 그 땅의 미래를 어떻게 그려나갈 것인지 나름대로 연구하는 자세가 필요하겠지요.

로빈슨 : 산수로님의 설명을 듣다 보니 정말 부동산 투자여행에 푹 빠지게 되네요. 저도 앞으로 꾸준히 노력하면 부자가 되어 꼭 돌아올 것이라고 믿고 싶습니다.

산수로 : 그럼요, 당근이죠. 제가 땅을 사는 노하우를 다 알려드리는데 부자가 안되시면 정말 안 되죠. '부동산계의 로빈후드' 의 꿈을 계속 잊지 마시길⋯.

'땅 전쟁'의 진화, 알박기→알빼기→알먹기

'땅 전쟁'은 3단계로 진화했다. 우선 ① '알박기'라는 게 있다. 건설업체의 개발계획을 미리 알고 땅을 사뒀다가 건설업체가 팔라고 하면 버티면서 비싸게 사달라고 요구하는 행위다. 건설업체를 괴롭히는 암적 존재로 지탄받아왔다. 이어 주택법은 이를 막기 위해 사업용지 중 80% 이상을 확보한 민간 주택건설 사업자가 나머지 20%의 땅을 매도청구하면 토지를 강제로 사들일 수 있는 규정을 만들었다. 이른바 알박기 땅(알)을 빼내는 ② '알빼기' 법인 셈이다. 그러나 뛰는 놈 위에 나는 놈이 있는 법. 이번에는 알빼기 법을 악용해 싸구려 땅을 산 뒤 알짜 땅을 매도청구권을 활용해 거저먹는 ③ '알먹기'가 등장했다.

마침 법원이 최근 알빼기를 남용하면 안된다는 판결을 내놓아 관심을 끌고 있다. 수원지법은 민간 건설 사업자에게 땅을 강제 매각해야 하는 조 모씨가 화성시를 상대로 낸 주택건설 사업계획 승인처분 취소 청구소송에서 "화성시는 주택건설 사업계획 승인처분을 취소하라"며 원고 승소 판결했다고 29일 밝혔다.

재판부는 판결문에서 "아파트 건설에 편입되는 원고의 토지가 전체 사업용지의 12.3%에 불과해 이를 제외해도 아파트단지 조성이 가능하고 편입될 경우 남는 원고의 토지가 긴 세모꼴 모양으로 개발가치가 없어진다"며 "부당이익을 얻으려는 목적이 없어 보인다는 점을 고려하면 화성시가 재량권을 남용해 사업계획을 승인했다고 본다"고 밝혔다.

부동산 전문 이기형 변호사는 "남의 땅에서 반대를 무릅쓰고 사업을 강행할 수 있는 것은 자본주의 시장경제질서에서는 예외적인 현상이어야 한다"며 "알박기 등 부당이득의 목적이 있는 경우에만 예외적으로 사업승인 및 매도청구를 할 수 있도록 주택법의 개정이 먼저 이루어져야 한다"고 주장했다. 이 변호사는 "다만 이번 판결은 현행 주택법 하에서도 토지소유자의 이익을 무시하고 일방적으로 시행사의 편들기 앞장 선 사업승인처분을 취소하였다는 점에 의의가 있다"고 덧붙였다.

◇왜 남의 땅에 사업승인을? = J건설은 지난해 8월 화성시 향남읍 일원 7만 6,000여㎡에 1308가구 규모 아파트 건설사업 계획을 승인받았다. 화성시는 같은 날 J건설 아파트 사업용지를 포함해 11만 3,000여㎡를 제1종 지구단위계획구역으로 지정·고시했다. 조씨 소유 1만 8,000여㎡ 땅이 지구단위계획구역에, 9,000여㎡ 땅이 J건설 아파트 사업용지에 편입된 것이다.

사업용지 중 80% 이상을 확보한 J건설이 조씨의 땅 9,000여㎡에 대해 매도청구권 소송을 제기해 1심에서 승소하자 조씨는 화성시를 상대로 행정소송을 제기했다. 주택법 제16조 제2항과 제18조의2 제1항의 매도청구권에는 현재 헌법소원이 수 건 제기돼 있다. 현행 주택법은 민간 개발업자라도 사업부지 내 80% 이상의 사용권만 확보하면 나머지 20% 미만이 반대하더라도 사업승인이 가능하고, 또 사업승인 후에는 그 토지를 강제로 매도청구할 수 있도록(80~90% 미만 확보하면 10년 이내 토지만 매도청구가능하고, 90% 이상 확보하면 10년 이전의 토지도 매도청구 가능) 규정하고 있다. 화성시의 사업승인은 이 규정에 근거한 것이다.

주택법의 규정은 민간개발사업에 있어서 알박기를 방지하여 투기적인 거래를 막고 주택의 안정적인 공급을 이루고자 하는 공익적 목적에서 규정을 둔 것이다. 법원은 알박기를 방지하고자 하는 입법취지와는 달리 주택법이 악용되는 사례가 발생했다고 본 것이다.

◇ "민원 넣었으나 무시 당해" = 이 사건의 조씨는 사업승인이 나기 이전부터 자신의 땅을 독자 개발하려고 하니 사업부지에서 제외시켜 달라고 수 차례에 걸쳐 화성시, 경기도 및 국민고충처리위원회에 민원을 넣었으나, 화성시는 사업승인을 강행 처리한 것으로 알려졌다. 조씨는 자기 땅을 제외하고서도 J건설이 얼마든지 사업을 할 수 있는데 굳이 자신의 땅까지 포함시킨 것은 부당하다고 보고 소송을 제기한 것이다. 수원지방법원은 "주택법의 사업승인 및 매도청구권 규정 자체가 문제가 있다" 면서 "화성시가 원고 조씨의 사익침해를 고려하지 않고 J건설의 사업상 편의만을 위해 이 건 사업승인을 한 것은 재량권의 일탈 남용으로서 취소한다" 고 판시했다.

◇ 알박기는 = 건설업체나 공공기관이 아파트단지 등을 만들기 위해 땅을 사들이고 있는 것을 알고 단지 개발에 필요한 땅을 미리 사놓고 시세의 수십, 수백 배를 요구하는 행위를 말한다. 사업 계획을 미리 알고 땅을 사 뒀으며, 사업자로부터 현저하게 부당한 이득을 취했다면 부당이득죄가 성립된다. 형법(제349조)은 '사람의 궁박한 상태를 이용해 현저하게 부당한 이익을 취한 자는 3년 이하의 징역 또는 1000만 원 이하의 벌금에 처한다' 고 규정하고 있다. 올 3월 대법원은 1991년 4월 울산시 중구에 47㎡를 사들인 김모씨가 2005년 I사의 매도 요청을 거부하고 버티다 시세(4,400만 원)보다 42배 비싼 18억 5,000만 원에 매각한 것에 대해 "개발사업이 추진되기 오래전부터 사업부지 내 부동산을 소유해 온 피고인이 이를 매도하라는 피해자의 제안을 거부하다가 수용하는 과정에서 큰 이득을 취했다는 사정만으로 부당이득죄의 성립을 인정해서는 안 된다" 고 판결했다. 비싸게 판 것보다는 사업 계획을 미리 알았는지 여부가 더 중요하다는 얘기다.

<중앙일보> 2009.12.01

임야의 분묘기지권을 어려워마라

산수로 : 임야를 매수하려고 보면 대개 분묘가 있기 마련입니다. 그것도 소위 명당자리라는 양지바른 곳에 위치하고 있죠. 분묘는 분묘기지권이 성립한다고 하여 임야를 개발하고자 할 때 큰 장애물이 되는 경우가 많습니다. 분묘기지권이 있는 묘지는 이장도 함부로 할 수 없기 때문에 땅의 가치를 크게 떨어뜨리게 됩니다. 따라서 분묘가 산재해 있는 임야의 경우 분묘문제를 합리적으로 처리하지 못하면 개발이 물 건너갈 우려도 있기 때문에 철저히 알아둘 필요가 있습니다.

로빈손 : 임야를 사려고 보면 분묘가 꼭 걸림돌이더군요. 그래도 다른 사람들의 조상인데 함부로 분묘를 건드리면 자손에 후환이 올 것 같은 기분도 들고 아무튼 이번 기회에 분묘를 어떻게 처리할 수 있는지 확실히 배워야 할 것 같습니다.

산수로 : 임야에 있는 분묘는 크게 분묘기지권이 있는 유연고 분묘와 분묘기지권이 없는 무연고 분묘로 나누어집니다. 무연고 분묘의 경우 「장사 등에 관한 법률」이 규정하는 바에 의하여 처리할 수 있기 때문에 큰 문제가 되지 않습니다. 임야에서 분묘의 문제는 분묘기지권이 있는 유연고 분묘를 어떻게 처리하느냐에 달려있다고 할 수 있지요.

임야개발의 암초인 분묘기지권

로빈손 : 분묘에는 분묘기지권이 성립한다는 것의 정확한 정의가 무엇입니까?

산수로 : 분묘기지권이란 타인의 토지에 분묘를 설치한 자가 그 분묘를 소유하기 위하여 분묘의 기지부분(봉분의 기저 부분)인 토지를 사용할 수 있는 관습법상 인정되는 일종의 지상권과 유사한 물권입니다. 분묘기지권이 성립되게 되면 적어도 그 후손들이 분묘를 관리하는 한 그 분묘에 대해서는 이장을 청구할 수 없게 됩니다. 따라서 분묘기지권이 인정되면 토지소유자가 토지이용에 막대한 제한을 받을 수밖에 없겠지요.

로빈손 : 아니, 조상님을 위한 무덤을 쓰려면 자기나 문중 소유의 임야에 써야지 어떻게 남의 땅에 분묘를 썼는데 그 땅을 조상을 위하여 내 땅처럼 쓸 수 있는 권리가 되나요? 상식적으로 이해가 안 되네요.

산수로 : 조상을 숭배하는 유교문화의 전통이라고 할 수 있겠지요. 자고로 명당자리를 잡아야 후손들이 잘 된다고 하는 뿌리 깊은 사상 때문에 명당이라면 남의 땅에라도 모시려고 했었죠.

로빈손 : 그럼 어떤 경우에 분묘기지권이 성립하나요?

산수로 : 분묘기지권의 성립요건은 세 가지가 있습니다.

첫째, 타인소유 토지에 토지소유자의 승낙을 얻어 분묘를 설치한 경우

둘째, 타인소유 토지에 토지소유자의 승낙 없이 분묘를 설치한 자가 20년간 평온·공연하게 점유하여 시효취득한 경우

셋째, 자기소유 토지에 분묘를 설치한 자가 분묘를 이장한다는 별도의 특약 없이 토지만을 타인에게 매도한 경우

위 세 가지의 경우에만 분묘기지권이 성립됩니다.

로빈손 : 분묘기지권은 일단 타인의 토지 위에 분묘를 설치하게 될 때 발생하는 문제이군요. 그러면 분묘기지권이 미치는 범위는 어디까지인가요?

산수로 : 분묘는 분묘의 봉분이 있는 기지 자체뿐만 아니라 그 분묘의 설치목적인 분묘의 수호 및 제사에 필요한 범위 내에서 분묘의 기지 주위의 공지를 포함한 지역에까지 미친다고 볼 것입니다.

로빈손 : 분묘기지권이 인정되기 위해서는 당연히 봉분이 존재해야 하는 것이지요?

산수로 : 분묘기지권이 성립하기 위해서는 봉분 등 외관상 분묘의 존재를 인식할 수 있는 형태를 갖추고 있어야 하고, 평장되어 있거나 암장되어 있어 객관적으로 인식할 수 있는 외형을 갖추고 있지 아니한 경우에는 분묘기지권이 인정되지 않습니다. 또한 장래의 묘소로 설치하는 등 가묘로서 내부에 시신이 안장되어 있지 않으면 당연히 분묘라고 할 수 없겠지요.

로빈손 : 분묘기지권이 무엇인지 분명히 알 것 같네요.

산수로 : 따라서 이러한 분묘기지권이 성립되는 임야를 매수하고 이를 개발하고자 하면 문제가 발생하는 것이지요. 그런데 산지전용 허가기준에서 분묘와 관련하여 어떤 기준이 있었는지 기억하나요?

로빈손 : 가물가물하네요. 산지전용 허가기준에서 분묘와 관련된 것이 있기는 했었나요?

산수로 : 분묘의 중심점으로부터 5m 내 산지가 산지전용예정지에 편입되지 않아야 한다고 했지요. 다만, 연고자의 동의를 받거나 연고자가 없는 분묘인 경우에는 관계없다고 했고요.

만약 분묘기지권이 성립되는 분묘가 소재하는 임야를 산지전용하게 되면 묘지반경 5m는 묘지동의자의 동의 없이는 개발할 수 없게 됩니다. 만약 해당 묘지가 꼭 개발해야 되는 장소에 있게 되면 정말 난감한 일이 아닐 수 없겠지요.

로빈손 : 분묘기지권은 타인소유 토지에서 발생하는 것인데 만약에 매수하고자 하는 임야에 소재하고 있는 분묘가 전부 매도자의 조상묘로, 이장을 조건으로 매도한다면 이런 경우는 당연히 분묘기지권이 성립되지 않겠네요?

산수로 : 그야 당연하지요. 그런데 로빈손님, 임야에 묘지가 산재하여 있다면 어떤 관점에서 묘지를 분석해야 하겠습니까?

로빈손 : 당연히 해당 분묘가 분묘기지권의 성립여지가 있는 분묘인지 아닌지를 판단하는 것이 중요하겠지요. 만약 분묘기지권이 성립하지 않는다면 사후처리에 별 문제가 없을 것이니까요.

산수로 : 바로 보셨습니다. 우리가 분묘기지권을 배우는 이유는 로빈손님 말씀대로 묘지가 분묘기지권이 성립하면 일단 후손들의 동의 없이는 이장이 불가능하기 때문에 문제가 되는 것이지요.

로빈손 : 그렇다면 분묘기지권이라는 것은 존속기간에 제한이 없습니까?

산수로 : 토지소유자의 동의를 얻어 분묘를 설치하였을 때 약정기간을 정하였다면 약정기간 동안 존속하지만, 그렇지 않은 경우에는 분묘권리자가 분묘의 수호와 봉사를 계속하고 그 분묘가 존속하는 한 분묘기지권은 영원히 존속합니다. 거의 대부분의 분묘가 그렇다고 보면 됩니다.

로빈손 : 조상의 음덕 때문인가요. 분묘기지권이라는 것이 정말 대단한 것이군요.

산수로 : 따라서 여기서는 일단 쉽게 해결할 수 있는 분묘기지권이

없는 무연고 분묘의 처리방법을 먼저 알 필요가 있을 것 같네요.

무연고 분묘의 정의

로빈손 : 무연고 분묘란 말 그대로 연고를 알 수 없는 분묘를 말하는 것임은 이해가 가는데 그래도 법적으로 어떤 경우에 무연고 분묘라고 정의를 합니까?

산수로 : 무연고 분묘는 관리하는 후손이 없다보니 봉분이 훼손된 경우가 많고 주위에 잡풀이나 나무가 무성한 경우가 많지요. 따라서 육안으로도 쉽게 확인할 수 있는 경우가 대부분입니다.

2001년 1월 13일 발효한 「장사 등에 관한 법률」에 의하면 토지소유자의 승낙 없이 해당 토지에 설치한 분묘나, 묘지설치자 또는 연고자의 승낙 없이 해당 묘지에 설치한 분묘의 연고자는 해당 토지소유자, 묘지설치자 또는 연고자에게 토지사용권이나 그 밖에 분묘의 보존을 위한 권리를 주장할 수 없다고 규정하고 있습니다. 무연고 분묘란 분묘기지권이 성립되지 않는 분묘이므로 분묘기지권의 성립요건을 거꾸로 뒤집으면 되겠지요. 로빈손님이 한번 설명하여 보시죠.

로빈손 : 음~ 어렵네요. 한 번 설명해 보겠습니다. 분묘기지권이 성립되는 경우를 거꾸로 뒤집으면 된다고 하였지요.

첫째, 타인소유 토지에 토지소유자의 승낙 없이 분묘를 설치한 후 20년이 안 된 분묘의 경우

둘째, 타인소유 토지에 토지소유자의 승낙 없이 분묘를 설치한 자가 20년 간 평온 · 공연하지 않게 점유한 경우(문서나 내용증명 등으로 이의제기한 경우)

셋째, 자기소유 토지에 분묘를 설치한 자가 분묘를 이장한다는 특약을 하고 토지를 타인에게 매도한 경우가 되겠네요.

산수로 : 기가 막히게 잘 답변하셨네요. 그렇다면 하나 더 물어봅시다. 분묘기지권과 관련하여 「장사 등에 관한 법률」에서는 어떤 것을 인정하지 않고 있는지 아시겠습니까?

로빈손 : 음~ 그러고 보니 시효취득을 인정하지 않고 있는 것 같은데요.

산수로 : 로빈손님도 이제 전문가가 다 되셨네요. 맞습니다. 「장사 등에 관한 법률」에서는 타인소유 토지에 토지소유자의 승낙 없이 분묘를 설치한 자가 20년간 평온·공연하게 점유하여 시효취득한 경우를 사실상 배제하고 있습니다.

로빈손 : 그렇다면 앞으로 시효취득에 의한 분묘기지권은 인정되지 않는 것입니까?

산수로 : 그렇다고 볼 수 있습니다. 2001년 1월 13일 이후 토지소유자의 승낙 없이 설치한 분묘는 법에 의하여 시효취득에 의한 분묘기지권을 주장할 수 없고 개장대상이라고 봐야 할 것입니다.

무연고 분묘의 처리방법

로빈손 : 그렇다면 무연고 분묘는 어떻게 처리해야 합니까?

산수로 : 무연고 분묘의 처리는 일단 법적으로 문제가 없는 것이기 때문에 법이 정하는 절차에 따라 처리하면 됩니다.

「장사 등에 관한 법률」에 의하여 토지 소유자(점유자나 그 밖의 관리인을 포함), 묘지 설치자 또는 연고자는 토지소유자의 승낙 없이 해당 토지에 설치한 분묘나, 묘지 설치자 또는 연고자의 승낙 없이 해당 묘지에 설치한 분묘에 대하여 그 분묘를 관할하는 시장·군수·구청장의 허가를 받아 분묘에 매장된 시체 또는 유골을 개장할 수 있습니다.

또 20년이 안 된 분묘나 20년이 넘었더라도 그동안 분쟁이 있었던 분묘 역시 같은 방법으로 개장할 수 있습니다.

 로빈손 : 무연고 분묘의 구체적인 처리절차는 어떻게 됩니까?

산수로 : 우선 전체적인 처리절차를 보도록 하겠습니다.

① 무연고 분묘 사진 촬영 → ② 3월 이상 통보 또는 공고 → ③ 개장허가 신청서 접수 → ④ 담당 공무원의 현장답사 → ⑤ 개장허가증 교부 → ⑥ 개장 → ⑦ 화장 및 봉안당 안치의 절차를 밟게 됩니다.

과거에는 개장허가증을 먼저 교부받고 3개월 이상 2회 공고를 한 후 개장 허가 신고필증을 교부받았으나 지금은 개장허가신청서 접수 전에 공고를 하며, 또한 인터넷 홈페이지 공고도 가능하기 때문에 절차가 단순화되었다고 할 수 있습니다.

로빈손 : 관심 있는 임야가 있어 매수하고자 할 때에는 사전에 분묘에 대한 사진부터 찍어놔야 되겠군요. 그리고 유연고 분묘인지 여부가 불분명하면 3개월 이상 통지 또는 공고를 하고서도 연고자가 나타나지 않으면 무연고 분묘로 인정받는 모양인데 이 절차는 구체적으로 어떻게 됩니까?

산수로 : 먼저 분묘의 연고자를 알고 있는 경우에는 미리 3개월 이상의 기간을 정하여 분묘개장과 관련된 사항을 문서로 표시하여 분묘의 연고자에게 알려야 합니다.

분묘의 연고자를 모르는 경우에는 중앙일간신문을 포함한 둘 이상의 일간신문 또는 관할 시·도 및 시·군·구 인터넷 홈페이지와 하나 이상의 일간신문에 분묘개장과 관련된 사항을 2회 이상 공고하되, 두 번째 공고는 첫 번째 공고일부터 1개월이 지난 후에 다시 해야 합니다.

이때 통지 또는 공고해야 할 분묘개장과 관련한 사항은 ① 묘지 또는 분묘의 위치 및 장소 ② 개장사유, 개장 후 안치 장소 및 기간 ③ 공설묘지 또는 사설묘지 설치자의 성명·주소 및 연락방법 ④ 그 밖에 개장에 필요한 사항의 내용입니다.

로빈손 : 분묘의 연고자를 전혀 모르는 경우에는 공고절차를 거치면 되는데 예를 들어 타인소유 토지에 토지소유자의 승낙 없이 분묘를 설치한 후 20년이 안 된 분묘의 경우는 연고자에게 3개월 이상의 기간을 정하여 문서로 통지한다고 하는데 구체적으로 어떤 방법으로 하면 좋겠습니까?

산수로 : 매수하고자 하는 임야에 무연고 분묘만 있다면 일단 매수하여 처리하는데 큰 어려움은 없습니다. 로빈손님이 말씀하신 예와 같은 경우 일단 내용증명으로 분묘에 대한 정보와 분묘기지권이 없으므로 개장을 부탁하는 내용과 아무런 조치를 취하지 않을 경우 내용증명을 발송한 날로부터 3개월 이후 개장허가를 받아 직접 개장하여 인근 화장장에 안치하겠다는 취지의 뜻을 기재하여 발송하시면 됩니다.

그럼에도 불구하고 3개월 이내에 조치가 없을 경우에는 관할 시·군·구에 개장 허가신청서를 제출하면 됩니다.

로빈손 : 개장허가신청서를 접수할 때 점부서류가 당연히 있을 텐데 어떤 것을 첨부해야 하나요?

산수로 : 개장허가신청서를 제출할 때에는 ① 기존 분묘의 사진 ② 분묘의 연고자를 알지 못하는 사유 ③ 묘지 또는 토지가 개장 허가신청인의 소유임을 증명하는 서류 ④ 「부동산등기법」 등 관계 법령에 따라 해당 토지 등의 사용에 관하여 해당 분묘 연고자의 권리가 없음을 증명하는 서류 ⑤ 통보 또는 공고문을 첨부하여 관할 시장·군수·구청장에게 신청하면 됩니다.

여기서 중요한 것은 분묘의 연고자를 알지 못하는 사유를 구체적으로 적시하여, 예를 들면 그동안 연고자를 찾기 위해 노력하였으나 연고자가 없었던가 하는 확인을 토지소유자 및 이해관계자의 확인을 받을 필요가 있습니다.

로빈손 : 개장허가신청서를 접수한 담당 공무원은 최종 개장허가증을 발급하기 전에 어떤 절차를 진행하게 되나요?

산수로 : 개장허가신청서를 접수한 담당 공무원은 무연고 분묘의 현장답사를 하여 묘지 또는 토지가 개장 허가신청인의 소유임과 해당 토지 등의 사용에 관하여 해당 분묘 연고자의 권리가 없음을 최종적으로 확인하게 되면 개장허가증을 발급하게 됩니다.

개장허가증을 받으면 비로소 개장을 하고 화장 후 봉안당에 안장하면 절차가 완료되는 것입니다.

로빈손 : 산수로님의 자세한 설명을 듣다보니 무연고 분묘의 경우 처리절차는 이제 별 어려울 것이 없을 것 같네요. 그런데 봉안당에 안장해야 하는 의무기간은 얼마 정도이고 무연고 분묘 1기당 처리비용은 보통 얼마나 드나요?

산수로 : 봉안당에 안장해야 하는 의무기간은 10년입니다. 그러나 분묘개장 대행업체에 의뢰하면 무연고 분묘 1기당 개장에서 봉안당에 안장

하는데까지 드는 일체의 비용으로 보통 2~3백만 원 내외라고 생각하시면 됩니다.

분묘기지권이 있는 유연고 분묘의 처리가 관건

산수로 : 임야에 투자하고자 할 때 문제가 되는 분묘는 분묘기지권이 성립하는 연고자가 있는 유연고 분묘입니다. 임야에 분묘가 산재되어 있을 때 가장 중요한 것은 해당 분묘가 분묘기지권이 성립하는 분묘인지의 여부를 판단하는 것이라고 하였지요. 일단 분묘기지권이 있는 유연고 분묘는 후손인 연고자가 이장을 거부하면 현실적으로 이장시킬 방법이 없습니다.

로빈손 : 분묘기지권이 있는 유연고 분묘의 경우 결국 연고자와 협의해 이장비용을 지불하고 이장시키는 방법밖에는 없겠네요?

산수로 : 그렇다고 할 수 있습니다. 그런데 분묘기지권을 내세워 터무니없는 이장비용을 요구하는 경우가 많지요. 분묘 1기당 1천만 원 정도는 보통이라고 할 수 있습니다. 이런 경우 끈질긴 설득 외에는 별 뾰족한 방법이 없는 것이 답답할 뿐이죠.

과거 경매계에서 전설처럼 내려오는 소위 '흑염소 사건' 이라는 재미있는 일화가 있습니다. 내막인즉 분묘기지권이 있는 묘지의 연고자가 이장을 거부하자 분묘 주위에 철조망을 두르고 흑염소를 키우겠다고 내용증명을 띄웠고 그래도 거부하자 실제 흑염소를 키웠다는 것이죠. 흑염소라는 놈은 언덕에 올라서서 땅을 파헤치는 습성이 있죠. 다음 이야기가 어떻게 전개되었는지 아시겠죠. 결국 분묘기지권자가 손을 들고 적당한 금액에 서로 합의해 이장을 하였다는 것이지요.

대법원 판례에 의하면 분묘기지권이 성립되어 있다 하더라도 토지소유자의 토지이용권한을 막을 수는 없다고 판시하고 있습니다. 즉, 분묘의 존재는 인정하지만 그것을 이유로 토지소유자가 사용상의 제한을 받을 수는 없다는 판례입니다.

로빈손 : 정말 웃음이 나오게 하는 이야기군요.

산수로 : 분묘기지권이 성립하는 분묘는 후손과 원만한 합의를 보아 적절한 이장비용을 지불하고 이장하게 하는 것이 최선입니다. 그렇지 않을 경우 해당 임야의 개발에 지장이 없는 가장자리 경계 부근의 명당자리를 제공해서 합의를 보는 방법도 있겠지요. 위의 '흑염소 사건' 같은 경우는 최후의 수단이겠지요.

묘지가 있는 임야에 투자하려면

로빈손 : 묘지가 있는 임야에 투자하려면 어떻게 접근해야 할지 종합적으로 설명해 주셨으면 합니다.

산수로 : 가장 먼저 해야 할 일은 해당 임야에 분묘가 몇 기가 있는지 그것이 어디에 위치하고 있는지를 파악하는 것이겠죠. 임야가 넓다 보면 미처 보지 못한 분묘가 나올 수도 있기 때문에 꼼꼼한 현장답사가 중요합니다.

그리고 해당 분묘가 임야의 경계선 부근에 있는지 아니면 개발하고자 할 때 꼭 필요한 부분에 있는지를 살펴봐야 할 것입니다. 다행히 해당 분묘가 임야의 경계에 있다면 개발하는데 그다지 큰 문제가 되지 않겠지요.

로빈손 : 그렇겠네요. 다음에는 무연고 분묘와 유연고 분묘를 구분할 필요가 있겠지요?

산수로 : 그렇지요. 그러나 분묘가 여러 기 있는 경우 이를 단기간에 육안으로 확인한다는 것이 쉽지 않습니다. 따라서 묘지가 있는 임야임에도 불구하고 정말 마음에 들어 투자하겠다면 계약 진행에 신중하실 필요가 있습니다. 이런 경우에는 계약서에 특약사항을 넣어 계약을 할 필요가 있습니다.

로빈손 : 그렇다면 특약사항은 어떤 문구로 해야 할까요?

산수로 : '매도인의 부담으로 이장하되, 잔금 지급 전까지 이장이 완료되지 않으면 계약은 해지하고 매도인은 계약금의 배액을 상환하기로 한다' 고 하면 매도인이 분묘기지권이 성립하는 분묘가 있음에도 계약하는 어리석은 짓은 안 하겠죠.

가장 바람직한 것은 '매도인의 부담으로 이전하되, 중도금은 법원에 공탁하기로 하고 잔금지급 전까지 이장이 완료되지 아니하면 계약은 무효로 한다' 라는 특약을 하여 계약하면 좋습니다. 보통 임야에 분묘가 있을 때 단순히 '매도인의 부담으로 이장한다' 는 특약을 하여 계약하는 경우가 많은데 이것은 아주 위험한 방법이죠. 왜 그런지는 아시겠죠?

로빈손 : 그야 분묘기지권이 있는 유연고 분묘의 경우 매도인이라고 어떻게 할 수 있는 성질이 아니니까 그렇지요.

산수로 : 맞습니다. 중도금이 지급되면 계약은 일단 유효한 것으로 진행되기 때문에 추후 이장이 제대로 진행이 안 될 경우 분쟁에 휘말릴 수밖에 없게 됩니다. 따라서 분묘기지권이 성립되는 묘지가 있는 임야에 투자하고자 할 때에는 계약 후 매도인인 현 토지소유자와 함께 분묘기지권이 있는 분묘의 연고자와 원만하게 합의를 볼 수 있도록 함께 노력할 필요가 있습니다.

로빈손 : 분묘기지권이 있는 묘지가 소재하고 있는 임야는 매수 전에 꼼꼼한 검토가 필요한 것 같습니다.

산수로 : 참고로 개발축을 따라가는 임야의 경우 지금 당장 개발하지 않아도 장기투자로 임한다면 향후 개발에 따라 수용이 될 경우, 묘지 문제가 자연스럽게 해결될 수 있는 방법이 있습니다. 따라서 임야에 투자할 때에는 개발여부를 잘 판단하여 분묘기지권의 문제를 판단할 필요가 있습니다.

경우에 따라서는 분묘기지권 문제로 경매시 수차 낙찰 되어 헐값이 된 임야를 낙찰 받아 사설묘지나 납골당으로 개발하던지 아예 묘지용 땅으로 분할해서 분양을 하는 방법도 있겠지요.

로빈손 : 다들 어렵다고 하는 분묘기지권도 산수로님의 명쾌한 설명을 듣고 나니 그다지 어렵지 않게 이해되네요. 분묘기지권도 어떤 방향으로 해결할 것인지를 생각한다면 앞으로 임야에 투자를 하고자 할 때에는 분묘기지권 문제도 나름대로 대응할 자신이 생깁니다.

몇 가지 지목변경 사례

지목변경의 유형

산수로 : 우리가 농지나 임야에 투자하여 지목변경을 할 수 있는 사례는 매우 다양합니다. 단독주택이나 전원주택을 짓는다든지 근린생활시설이나 모텔 또는 장례식장이나 요양병원 같은 특수한 용도로 건축을 하여 지목을 '대' 인 대지로 변경할 수 있습니다.

또한 공장이나 창고 같은 물류시설을 지어 지목을 '공장용지' 또는 '창고용지' 로 변경할 수도 있죠. 아니면 주유소나 충전소를 지어 지목을 '주유소용지' 로 변경할 수도 있습니다. 요즈음은 화장을 하는 것이 대세라 납골당을 지어 지목을 '묘지' 로 바꿀 수도 있습니다. 경우에 따라서는 야적장 같은 용도로 쓰면서 일단 지목을 '잡종지' 로 변경할 수도 있는 등 그야말로 다양한 지목변경 방법이 있습니다.

요즘은 주유소용지나 모텔부지, 장례식장, 납골당, 요양병원 등 특수한 용도의 지목변경이 수익성도 뛰어나고 해서 인기를 끌고 있는 추세입니다.

로빈손 : 농지나 임야에 투자를 하여 지목변경할 수 있는 방법이 그야말로 다양하군요.

산수로 : 농지나 임야에 투자를 하고자 할 때에는 투자목적을 분명히 하는 것이 중요합니다. 장기적인 관점에서의 개발가능성이나 미래가치를 보고 단순히 보유를 목적으로 투자를 할 것인지, 아니면 단기적인 관점에서 전용절차를 통하여 지목변경을 하여 땅의 가치를 높이는 방향으로 투자를 할 것인지를 먼저 결정하고 투자를 해야 할 것입니다.

지목변경을 하기 위해서는 전용절차를 거쳐 건축이 이루어져야 하기 때문에 거기에 따른 투자비용을 생각하지 않을 수 없습니다. 따라서 투자 대비 가치상승이 충분하다고 판단될 때 지목변경을 고려하여 결정해야 합니다.

로빈손 : 그런데 보통 농지나 임야를 전용허가만 받아 놓으면 지목변경 된 땅으로 보아 가치가 상승하지 않나요?

산수로 : 물론 전용허가를 받아 놓은 땅은 건축행위만 이루어지면 지목변경이 되므로 전용허가 받아 놓은 자체만으로도 땅값이 오르는 경우가 보

통이지요.

그러나 주의할 점은 그 땅의 용도에 적합하지 않은 용도로 전용허가를 받아 놓은 경우에는 오히려 역효과가 될 수 있다는 것입니다. 그래서 우리가 땅에 투자를 할 때 나지를 선호하는 것이지요. 빈 땅이라야 거기다 자신이나 수요자가 원하는 용도로 마음대로 그림을 그릴 수 있겠지요.

로빈손 : 무슨 말씀인지 이해가 됩니다. 그럼 일반인들이 농지나 임야에 투자하여 지목변경할 수 있는 사례를 하나하나 설명하여 주시면 좋겠네요.

산수로 : 일반인들의 경우 농지나 임야에 투자하여 지목변경하고자 하는 주된 건축물은 주택이나 근린생활시설이 되겠지요. 그 외 특수한 지목변경으로 주유소용지에 대해서 추가적으로 설명드리겠습니다.

기타 관심 있는 분야의 지목변경에 대해서는 설계사무소의 상담을 받아 보시는 것이 가장 빠른 길이라고 할 수 있습니다.

전원주택부지의 지목변경

산수로 : 전원생활을 위해 땅을 찾는 사람들은 하나같이 그림 같은 땅을 원하죠. 뒤에는 산이 있고 앞에는 강이 흐르는 배산임수의 땅을 찾고자 하나 그런 땅을 찾는 일은 하늘의 별따기 만큼이나 어렵습니다. 땅은 항상 현재 보이는 상태보다 이를 리모델링하여 변화시켜 놓았을 때를 생각해야 합니다.

현재는 잡목과 잡풀들이 우거져 있고 푹 꺼져 있거나 경사진 볼품없는 땅이지만 움푹 꺼진 곳은 흙으로 채우고 경사진 곳은 깎아 내 잡목과 잡풀들을 제거한 후의 모습을 볼 수 있는 혜안이 있어야 좋은 땅을 구할 수 있습니다.

로빈손 : 실제 전원주택부지로 적당한 땅을 구하려 돌아다녀 보면 산수로님 말씀대로 마음에 쏙 드는 땅은 거의 없더군요. 땅은 어떻게 가공하느냐에 따라 얼마든지 좋은 땅이 될 수도 있다는 것을 절감합니다.

산수로 : 전원주택부지를 구하기 위해서는 일단 해당 토지가 속하는 용도지역에서 건축가능한 범위를 파악할 필요가 있습니다.

농지나 임야에 투자해서 전원주택을 짓기 위해서는 용도지역에 따라 단독주택 형태로 짓는 방법과 농어가주택 형태로 짓는 방법이 있습니다. 자금여력이 충분하다면 전원주택단지로 전용허가를 받아 분양하는 방법도 있겠죠. 참고로 전원주택단지로 개발하고자 할 때에는 반드시 해당 지역에서 연접개발제한에 저촉되는지 여부를 확인해야 한다는 점 잊지 않고 있으시죠?

로빈손 : 주택은 연접개발 제한에 걸리지 않나요?

산수로 : 20세대 미만의 주택과 제1종 근린생활시설은 연접개발제한과 관계없이 건축할 수 있습니다. 따라서 전원주택단지를 19세대 이하로 짓는다면 이 경우는 연접개발제한과 관계는 없지요. 해당 지역에 이미 전원주택이 건축되어있다 하더라도 연접과 관계없이 다시 전원주택 건축허가를 받아 건축할 수 있습니다.

그렇다면 용도지역별로 건축 가능한 전원주택의 형태가 어떻게 되나요?

로빈손 : 지금까지 산수로님의 설명을 들어 보니 관리지역과 농림지역 중 농업보호구역은 단독주택 형태로 건축할 수 있고 농림지역은 농어가주택 형태로 건축해야 되지요. 임야의 경우에는 임업용산지는 농어가주택 형태로 건축할 수 있고 준보전산지는 단독주택 형태로 건축할 수 있습니다. 그리고 항상 해당 토지가 소재하는 시·군의 도시계획조례에서 입지가능 여부

를 최종 확인해야 한다는 점은 잊지 않고 있습니다.

산수로 : 맞습니다. 용도지역 별로 어떤 형태의 전원주택을 지을 것인지 결정되면 다음에는 전용허가를 받아야 하는데, 이때 어떤 점을 고려해야 한다고 하였습니까?

로빈손 : 전용허가를 받아 건축하기 위해서는 우선 진입로를 확보하고 오폐수 처리를 위한 배수로를 확보해야 한다고 했지요. 아까 자세히 설명을 들어서 충분히 이해하고 있습니다.

산수로 : 진입로나 배수로 외에도 전원주택부지에서 고려해야 할 사항은 또 어떤 것이 있을까요?

로빈손 : 전원주택은 아무래도 조망권이 중요하지 않을까요?

산수로 : 조망권을 고려한다면 농지보다 임야가 나을 수 있지요. 모든 전원주택 부지에 조망권이 확보되기 위해서는 부지조성이 계단식으로 되어야 하니까요. 임야는 경사져 있기 때문에 계단식으로 부지조성을 하는 것이 아무래도 농지보다는 수월하지요. 그런데 전원주택을 짓기 위해서는 진입로, 배수로나 조망권 외에도 기본적인 시설이 필요하지 않나요?

로빈손 : 음~ 상수도나 전기시설이 중요할 것 같군요.

산수로 : 그렇지요. 전원주택을 지을 부지는 보통 수도가 연결되기 어렵기 때문에 지하수 개발이 필수적입니다. 따라서 전원주택을 지을 목적으로 농지나 임야에 투자하고자 할 때는 사전에 지하수 개발업자에게 현장에 지하수 개발이 용이한지를 반드시 확인해야 합니다. 지하수 개발이 가능한지 여부를 확인할 때까지는 시간이 걸릴 수 있으므로 계약시 '지하수 개발로 음용수가 불가능한 경우 계약은 무효로 한다' 라는 특약사항을 달아놓으면

바람직하죠.

또 한 가지 유의할 점은 마을 인근에 있는 토지일 경우 지하수 개발이 여의 치 않을 때가 있습니다. 마을에 물이 귀한 경우가 있기 때문에 해당 토지를 구입하기 전에 마을의 이장님을 만나 지하수 개발가능 여부를 확인할 필요도 있습니다. 전기나 전화시설도 마을과 멀리 떨어지게 되면 추가비용이 꽤 들 어가게 된다는 점을 염두에 두서야 됩니다.

로빈손 : 실제로 전원주택 부지를 개발하고자 할 때는 각종 비용이 만만찮게 들어갈 수 있겠네요. 경우에 따라서는 전원주택 부지를 개발하려 고 농지나 임야에 투자했다가 여러 가지 문제로 여의치 않은 경우도 발생할 수 있을 것 같고요.

산수로 : 임야에 전원주택 부지를 개발하고자 할 때에는 지형의 문제 등 더욱 복잡한 문제가 발생하는 경우가 많습니다. 따라서 전원주택 부지로 농지나 임야에 투자할 때에는 입지선택이 무엇보다도 중요하고 현지의 설계 사무소와 해당 시 · 군의 담당부서와 충분한 상담을 거쳐 확인 후 계약을 하 시는 것이 좋습니다. 일단 농지나 임야를 매수하여 전용허가를 받아 전원주 택을 짓게 되면 준공검사 후 지목은 '대' 로 바뀌게 되겠지요.

근린생활시설부지의 지목변경

산수로 : 근린생활시설은 아시다시피 인근에 있는 생활시설로서 '제1종 근린생활시설' 은 주거생활을 위해서 반드시 필요한 생활시설인데 반하여, '제2종 근린생활시설' 은 편리한 주거생활을 할 수 있도록 도와주는 부수적인 생활시설이죠.

종별로 근린생활시설의 설치가능 지역은 어떻게 됐지요?

로빈손 : '제1종 근린생활시설' 은 비교적 소규모 시설이기 때문에 모든 용도지역에서 설치 가능한 시설이 됩니다. 반면에 '제2종 근린생활시설' 은 '제1종 근린생활시설' 보다는 규모가 비교적 커서 전용주거지역이나 보전관리지역 그리고 자연환경보전지역에서는 설치가 불가능하지 않나요.

산수로 : 맞습니다. 농지나 임야에 투자를 하여 근린생활시설을 하고자 하는 경우는 보통 음식점, 카페, 휴게소 등을 목적으로 전용허가를 받아 건축하게 되면 지목이 '대' 로 바뀌게 되는 것이지요.

로빈손 : 저수지 주변이나 강가에 음식점이나 카페를 많이 보게 되는데 이런 곳에 농지나 임야를 투자하면 좋지 않을까요?

산수로 : 카페도 일반음식점 용도이므로 음식점을 기준으로 설명하자면 농촌지역에서는 관리지역 중 계획관리지역만 입지할 수 있고, 또 저수지나 강가는 상수원보호구역으로 지정되어 있으면 음식점 허가가 날 수 없는 등 과거와 달리 상당히 까다롭습니다. 따라서 농지나 임야에 투자하여 근린생활시설을 짓고자 할 경우에도 사전에 입지조건을 확인할 필요가 있습니다.

주유소용지로 지목변경

로빈손 : 여행을 다니다 보면 새 길이 생각보다 많이 뚫리고 앞으로도 많은 길이 뚫릴 예정인데 이러한 길에 주유소나 충전소를 차리면 괜찮겠다는 생각이 많이 들던데요. 농지나 임야를 전용하여 주유소나 충전소를 짓는 것은 어떻습니까?

산수로 : 로빈손님 말씀대로 길이 있는 한 주유소나 충전소는 반드시 필요하지요. 그러나 개인이 주유소나 충전소를 짓기 위해 도로 변의 농지나 임야에 투자하는 것은 쉬운 일이 아닙니다.

주유소나 충전소의 경우 입지분석은 물론 사업타당성 분석도 할 줄 알아야 될 뿐만 아니라 주유소나 충전소는 「건축법」상 '위험물저장 및 처리시설' 이기 때문에 농지나 임야를 전용허가를 받아 주유소용지로 바꾸는 과정에서는 많은 관련 법률의 장애가 있습니다. 또한 무엇보다도 규모가 큰 정유회사들이나 주유소관련업체들이 이미 이런 부지에 눈독을 들이고 있기 때문에 더더욱 쉬운 일이 아니죠.

로빈손 : 주유소용지 역시 용도지역별로 입지가 가능한 지역분석은 필수적이겠네요.

산수로 : 그것은 주유소용지 뿐만 아니라 어떤 건축물을 건축하든지 해당 토지가 속한 용도지역에서 해당 건축물의 입지가능 여부를 분석하는 것은 필수적입니다. 따라서 농지나 임야에 투자할 때에는 해당 용도지역에서 활용이 가능한 용도가 무엇인지 판단하는 것이 무엇보다도 중요합니다. 물론 장기적인 개발가능성을 판단하는 것은 더 말할 나위도 없는 이야기죠.

로빈손 : 그래도 도로변의 농지나 임야에 투자해서 주유소를 꼭 한번 해보고 싶은데 일반적인 기준과 어떤 좋은 방법이 없는지 알려주실 수 없나요?

산수로 : 농지나 임야를 전용허가 받아서 주유소를 짓게 되면 지목이 '주유소용지' 로 바뀌게 됩니다. 문제는 전용허가를 받아 주유소를 짓는 과정에 많은 법률이 산재해 있다 보니 그 기준이 매우 복잡하다는 것입니다. 우

선 주유소 관련법령만 해도 「건축법」, 「소방시설 설치유지 및 안전관리에 관한 법률」, 「도로법」, 「도로와 다른 도로 등과의 연결에 관한 규칙」 등은 물론 「석유 및 석유대체연료 사업법」 내지 관할 시·도의 주유소 설치 관련 고시 등 복잡하기 짝이 없습니다.

주유소의 경우 부지면적이 $660m^2$ 이상이어야 하며, 부지일면의 길이 20m 이상이 일정 도로 폭을 가진 도로에 접해야 합니다. 또 진·출입로가 일정 도로 폭을 가진 도로와 접해야 하고, 특정시설과의 이격거리도 충족해야 하는 등 각종 까다로운 요건을 충족해야 설치가 가능하지요.

따라서 농지나 임야를 주유소용지로 사용하기 위하여 투자를 하기 위해서는 사전에 전문가와 반드시 상담을 할 필요가 있으며, 섣불리 투자를 하게 되면 큰 곤경에 처할 수도 있습니다.

제 03 부

개발축을 따라가는 투자
- 부동산 투자의 핵심

Chapter 01 수도권지역 투자

부동의 투자 1순위, 수도권지역

산수로 : 서울 · 인천 · 경기도를 포함하는 수도권지역은 전체 국토 면적의 11.8%에 지나지 않으나 대한민국 인구의 49%가 거주하고 있습니다. 또 국내총생산의 47.6%, 서비스산업의 41.5%를 차지하고 있는 등 '우리나라는 수도권이 떠받치고 있다' 고 해도 과언이 아닙니다. 따라서 부동산 투자의 중심 역시 수도권이 되는 것은 당연지사겠지요.

로빈손 : 과거 참여정부시절에는 국가균형발전을 강조하여 수도권 규제를 더욱 강화하였지만 이명박 정부에 들어와 수도권 규제완화를 강조하고 있는데, 이것이 앞으로 수도권 땅값 상승에 많은 영향을 미치지 않을까요?

산수로 : 말씀처럼 이명박 정부는 '수도권 규제완화' 와 '지역균형발전' 공존진락으로 정책기조를 변경함에 따라 앞으로 수도권 투자가 부동의 투자 1순위임을 다시 한 번 확인시켜 주고 있으며, 수도권 투자에 새로운 기

회를 가져오고 있습니다.

수도권 지역의 땅값은 원래 비쌌지만 향후 더욱 높아질 가능성이 높은 것이 사실입니다. 여기서 우리는 옥석을 가려 앞으로 보석이 될 만한 땅을 찾아내야지요.

로빈손 : 이명박 정부의 수도권 규제완화의 주 내용은 무엇인가요?

산수로 : 현재까지의 주요 내용은 기업투자 활성화와 관련하여 주로 공장입지나 공장증설을 허용하고 수도권 지역의 개발제한구역이나 군사시설보호구역을 대폭 해제하는 등이 대부분이었습니다. 특히 경제자유구역 내에서만 허용된 외국인투자기업의 신증설을 수도권지역에서도 가능하도록 하는 법률 개정안이 추진되고 있어 동 개정안이 시행될 경우 수도권지역에 많은 파장을 가져 올 것으로 예상됩니다.

로빈손 : 그린벨트 해제의 경우 주로 보금자리주택의 건설과 관련되어 실제 투자를 해도 다 수용되어 버리기 때문에 투자자 입장에서는 별 의미가 없지 않나요?

산수로 : 그린벨트 지역인 개발제한구역은 토지거래허가구역이므로 외지인이 신규 투자한다는 것은 사실상 어렵고 현재 그린벨트 해제지역은 수용지역으로 묶이는 바, 이는 원주민에게 해당되는 이야기이므로 현재로서는 그다지 큰 의미를 부여할 수는 없습니다. 그러나 발상을 바꿔 그린벨트에 투자하는 것이 아니라 해제가 되어 개발될 지역의 인근지역에 투자한다면 큰 수익을 올릴 수 있는 기회가 될 수도 있을 것입니다.

로빈손 : 수도권의 공장규제 완화나 만약 외국인투자기업의 유치가 이루어질 경우 이러한 것이 투자에 어떤 영향을 미치겠습니까?

산수로 : 로빈손님, 한 번 생각해보세요. 대규모 공장이 들어서면 주변에 부품공장인 중소기업들이 입지하게 되고 그러다 보면 수많은 근로자와 해당 지역에 많은 인구유입이 이루어지겠지요. 사람이 몰리면 자연히 주변의 농지나 임야였던 땅들의 용도가 여러 가지로 활용될 것이고, 그러면 자연히 땅의 가치가 높아질 수밖에 없지 않겠어요. 어떤 지역에 대기업 공장이 입지한다는 것은 주변지역의 땅값을 수배 이상 급등시키는 결과를 가져올 수밖에 없는 것입니다. 수도권의 경우 대표적인 지역이 바로 파주의 LG필립스 LCD를 필두로 한 LCD 클러스터단지이지요.

우리가 투자를 할 때 어떤 지역에 대기업공장이나 대학교, 또는 골프장이나 스키장 등 리조트단지 등이 입지하게 되면 자연히 유동인구가 늘어나 주변지역의 땅값은 크게 오를 수밖에 없는 것입니다. 따라서 새로운 인구를 유입시킬만한 재료가 예상되면 초기에 과감히 투자를 할 필요가 있습니다(사례 참조 : 언론기사).

로빈손 : 개발재료에 의해서 새로운 인구유입이 되면 먹고 자고 놀고 일하고… 자연히 땅이 많이 필요할 수밖에 없겠군요. 그래서 인구가 늘어나는 지역에 투자하라고 강조들 하는군요. 하지만 수도권의 경우 워낙에 땅값이 비싸서 투자를 할 엄두가 나지 않던데요?

산수로 : 수도권 땅값이 비싼 것은 사실이지요. 그러나 과거 참여정부 시절 지방땅값 역시 너무 올라서 지금은 지방 땅값도 수도권에 비해 훨씬 싸다고 단정하지 못합니다. 문제는 투자라는 것은 확실하게 돈 되는 지역에 해야 한다는 것입니다. 그러나 앞으로 지속적인 수도권 규제완화가 이루어질 뿐만 아니라 그동안 경부축을 중심으로 한 개발축이 향후 다양하게 변화

될 것이기 때문에 앞으로 우리에게 충분한 투자기회를 제공할 것입니다.

로빈손 : 수도권에 꼭 투자하고 싶은데 투자할 만한 땅을 산수로님이 책임지고 꼭 소개하여 주세요.

산수로 : 하하~ 걱정하지 마십시오. 이 책만 읽어 봐도 어디에 투자해야 될지 그림이 보일 것입니다. 하나하나 차근차근 설명드리도록 하겠습니다. 참고로 수도권의 SWOT(Strength-Weakness-Opportuniy-Therat)분석을 살펴보겠습니다.

〈그림3〉 수도권의 SWOT 분석

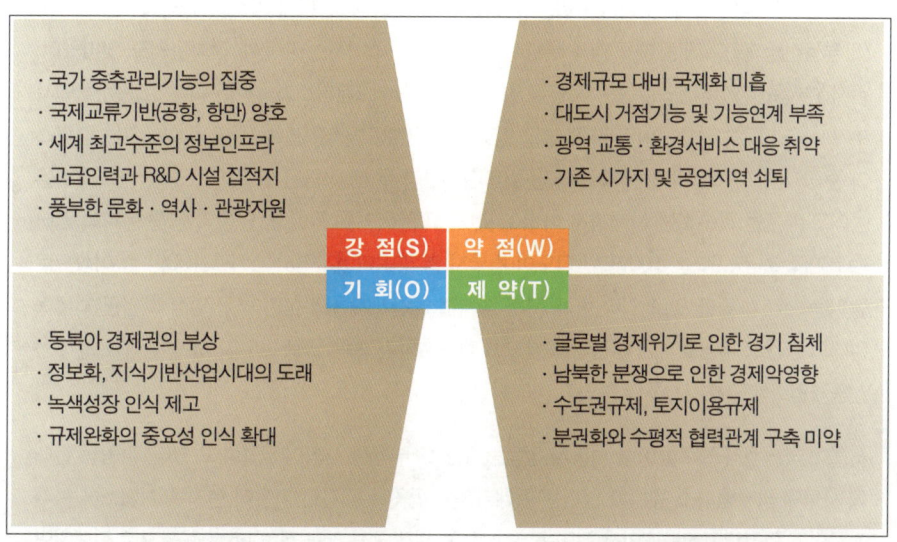

캠퍼스가 온다 부동산시장 북적

"남양주 지역은 지난해 하반기 이후 수도권 보금자리주택 공급의 직격탄을 맞아 부동산 시장이 크게 침체해 있었습니다. 3월 입주예정인 주상복합아파트는 분양권 값이 분양가 수준에 머물러 있어요. 그러나 서강대 제2캠퍼스 유치 소식이 전해지면서 주변 아파트와 토지에 대한 투자자들의 관심이 부쩍 늘고 있습니다(경기 남양주시 도농동 P공인 관계자)."

서울 명문대학들이 수도권에 캠퍼스 확장 경쟁에 나서면서 최근 수도권 부동산 시장에 '캠퍼스 확장발' 훈풍이 불고 있다. 서울대 국제캠퍼스 부지가 경기 시흥시에 둥지를 트는 것으로 확정된 가운데 서강대도 남양주시의 중앙선 양정역 인근에 제2캠퍼스를 짓기로 했다. 이어 중앙대는 인천 검단동 일원에 제3캠퍼스 부지를 물색 중인 것으로 전해졌다. 이에 따라 이들 지역을 중심으로 아파트와 땅값이 들썩이고 있다.

서강대의 제2캠퍼스 부지 확정 발표 이튿날인 18일 오후 남양주시 양정역 인근에 위치한 4곳의 부동산중개업소에는 매도자와 투자자들의 발길이 이어지는 가운데 전화문의도 잇따랐다. 현지 Y부동산컨설팅 관계자는 "지난달 말부터 서강대 제2캠퍼스가 들어온다는 소문이 돌면서 투자자들의 토지 매수문의가 부쩍 늘고 발길이 이어지고 있다"면서 "주민 사이에서는 캠퍼스가 준공되는 2015년까지는 이 일대 땅값이 지금보다 두 배 가량은 뛸 것으로 보고 매도호가를 높이고 매물을 회수하는 사례까지 나오고 있다"고 분위기를 전했다. 양정역 인근 농지와 임야는 현재 3.3㎡당 90만~100만 원 정도이며 투자 열기가 이어지면서 호가를 100만 원 이상으로 높이는 사례가 줄을 잇고 있다는 게 현지 중개업소 관계자들의 전언이다. 양정역 인근 와부읍 일대의 땅값도 후광효과에 대한 기대감으로 매도호가가 속속 오르고 있다. 남양주 시내의 부동산중개업소에도 투자자들의 문의가 이어지고 있었다.

서울대 국제캠퍼스가 들어설 시흥시 정왕동 주변도 부동산 시장이 꿈틀대고 있다. 정왕동 일대에 서울대 국제캠퍼스 유치를 알리는 플래카드가 곳곳에 내걸린 가운데 현지 중개업소에는 투자문의가 잇따르고 있다. 인천 검단동 및 마전동 일대도 중앙대 제3캠퍼스 유력지로 전해지면서 부동산 가격 상승에 대한 기대감이 고조되고 있다. 마전동은 아파트 매매가격이 최근 한달 새 0.14% 상승했다.

〈파이낸셜뉴스〉 2010.02.18

'경제 살리는 효자' 소문… 틈새 투자 '관심'

전국에 골프장 건설 붐

골프 하는 사람이 부쩍 늘었다. 지난해 국내 골프장을 다녀간 사람은 2,200만 명(연 인원)이 넘는다. 도시에선 스크린 골프장이 성업 중이고 지방 곳곳엔 골프장 건설 붐이 일고 있다. 골프장은 주변 부동산에도 큰 영향을 미친다. 고급 스포츠를 즐기는 지갑 빵빵한 소비자의 왕래가 늘어난다는 사실 하나만으로도 '가치 상승'의 이유가 된다. 특히 싸게 즐기는 대중 골프장이 늘면서 수요가 더 일어날 분위기다. 요즘 눈치 빠른 투자자들은 골프장 주변 부동산을 주목하고 있다. 주식 부동산 모두 엉거주춤하는 요즘, 이만한 '틈새'가 없다고 생각하기 때문이다.

장면#1. "골프장이 새로 생기면 오가는 사람이 늘어날 테니까 장사가 더 잘 되겠지요. 그래서인지 외지인들이 주변 부동산을 많이 샀다고 하더군요."

경기도 안성시 죽산면 장계리에서 슈퍼마켓을 운영하고 있는 이모씨는 요즘 기존의 가게를 허물고 그 자리에 새 건물을 짓고 있다. 공사가 한창인 B골프장까지 이어지는 새 도로가 나는 바람에 가게 터 일부를 내줘야 했던 차, 내친김에 번듯한 슈퍼마켓과 주택을 짓기로 한 것이다. 이는 물론 골프장 수요 증가를 예상한 '투자'다. 이 씨는 "앞으로 죽산면에 들어설 골프장이 5개나 된다" 면서 "상권이 이전보다야 좋아지지 않겠느냐"고 말했다.

이 씨가 사는 죽산면의 골프장은 작년만 하더라도 안성CC가 유일했다. 하지만 1~2년 사이 골프장 허가가 쏟아지면서 죽산면 장능리, 장계리 일대에 에덴블루, 블랙나이트 등 3개의 골프장이 공사에 들어갔다. 게다가 추가로 허가 신청을 내놓은 곳도 두 군데나 된다. 또 차로 15분 거리인 보개면 동평리에도 9홀짜리 대중 골프장을 포함한 27홀 규모의 골프장이 건설되고 있다. 안성시 전체로 보면 7개의 골프장이 동시다발로 건설되고 있다.

장면#2. 금융사 임원인 K 씨는 요즘 강원도 횡성의 부동산 중개업소에서 거는 전화를 자주 받는다. 몇 년 전 '묻어두지' 라는 생각으로 사 둔 땅 3,300㎡(옛 1,000평)를 팔지 않겠느냐고 묻는 용건이 대부분이다. K 씨가 3.3㎡당 4만 원을 주고 산 그 땅은 주변에 골프장이 들어오기로 하면서 순식간에 다섯 배가 올랐다. K 씨는 "이렇게 빨리 호재가 생겨서 땅값이 오를 줄 몰랐다" 며 크게 웃었다.

강원도 횡성은 서울에서 접근 거리가 가까워 최근 골프장 적지로 각광받고 있다. 횡성군 서원면의 경우 동원썬밸리가 지난해 개장한 데 이어 한일개발 등 4개 업체가 사업을 서두르고 있다. 특히 국내 최초의 골프대학이 2010년 개장하는 등 골프에 투자를 아끼지 않고 있다. 횡성군이 골프를 친환경 레저 스포츠 산업으로 발전시키기 위해 행정 지원을 할 정도로 적극적이다.

경기도 골프장, 2년 사이 20개 늘어

전국에 골프장 건설 붐이 일고 있다. 경기가 하강곡선을 긋고 있다지만 착공에 들어가는 골프장 수는 점점 늘고 있다.

문화체육관광부 집계에 따르면 올 초 기준 전국의 골프장은 총 402개다. 이 가운데 30%가량인 122개가 건설 중이거나 착공을 앞둔 곳이다. 지난해 새로 건설 승인을 받은 골프장은 50군데에 달한다.

골프장 건설 붐은 골프 인구의 급속한 증가와 깊은 관련이 있다. 한국골프장경영협회 조사에 따르면 2007년 국내 골프장을 찾은 사람은 연간 2,200만 명을 돌파했다. 2005년의 1,776만 명, 2006년의 1,965명에 이은 뚜렷한 증가세다.

특히 경기도에서 골프장 건설이 집중되고 있다. 경기도에 따르면 4월 30일 현재 공사 중인 골프장은 총 24군데다. 충북 전북 경북 등 다른 지자체가 많아야 11~12군데 정도인 것과 비교하면 두 배가 넘는 규모다. 승인을 기다리고 있는 곳을 합하면 그 수는 훨씬 많아진다.

이는 김문수 경기도지사의 '지방자치 철학'과 연결되는 것이다. 김 지사는 지난 2006년 취임 이후 "골프장 많이 지어 주민 소득 높이겠다"고 공언했다. 골프장을 통해 지역경제를 활성화하겠다는 의지였다.

실제로 그의 취임 후 경기도 내 골프장은 20개나 증가했다. 2006년 7월 113곳에서 2008년 4월 133곳으로 늘어난 것이다. 면적으로 따지면 여의도의 2배 수준의 골프장이 늘어났다.

시군별로는 용인이 26곳으로 가장 많다. 뒤이어 여주 20곳, 안성 16곳, 이천 광주 포천 가평 각 9곳, 화성 8곳, 남양주와 파주 각 6곳 등의 순이다. 군사시설 때문에 웬만한 레저시설이 들어가기 어려웠던 동두천, 양주, 연천 등지에도 개발 바람이 불고 있다.

골프장 건설 붐이 이는 배경에는 몇 가지 이유가 있다. 우선 관련 법들이 골프장 개발에 유리한 방향으로 바뀌고 있는 게 가장 큰 요인이다.

이는 하반기에 바뀌는 부동산 관련 규제 완화 내용에서도 잘 나타난다. 정부는 10월까지 산지관리법을 개정해 굳이 보전할 필요가 없다고 판단하는 보전 임야를 준보전 임야로 용도 변경할 예정이다.

또 계획관리지역 내 임야에 대한 연접 개발 제한 규제도 완전히 푼다는 계획이다. 한계농지는 이르면 12월 말까지 개발이 종전 허가제에서 신고제로 바뀌게 된다. 모두 골프장 등 레저 시설 개발에 유리한 방향이라는 평가다.

게다가 군사시설보호구역 규제도 완화되는 추세가 뚜렷하다. 휴전선과 가까운 연천군은 얼마 전까지만 해도 각종 개발 행위에 군부대의 동의를 받기 어려웠지만 최근 군사보호구역에 대한 규제가 완화되고 서울외곽도로 북부 구간 개통 등으로 접근성이 좋아지면서 골프장 건립이 한꺼번에 추진되고 있다. 지난 3월 전곡읍 고능리에 9홀 규모의 대중 골프장이 처음 개장한데 이어 골프장 4곳의 건설이 예정돼 있다.

대중(public) 골프장의 증가도 무시할 수 없다. 현재 공사 중이거나 착공을 앞 둔 곳은 75개에 달한다. 요즘 전국에 지어지는 골프장의 60%가 대중 골프장인 셈이다.

대중 골프장은 말 그대로 일반 대중들이 저렴하고 쉽게 즐길 수 있도록 만든 골프장이다. 고가의 회원권을 구입해 그 골프장의 회원대우를 받아야 라운드의 예약이 가능한 회원제 골프장과는 뚜렷한 차이가 있다.

정부는 대중 골프장 확대를 위해 18홀인 회원제 골프장은 6홀 이상, 그리고 18홀을 초과하는 회원제 골프장은 기본 6홀에다 18홀에서 9홀을 초과할 때마다 대중 골프장 3홀을 추가토록 하고 있다. 예를 들어 회원제 27홀 규모의 골프장은 9홀의 대중 골프장을 설치해야 하는 것이다.

이 때문에 대중 골프장 수는 전체 골프장 수 증가에 비례하는 양상이다. 99년 37개였던 대중 골프장은 올해 177개로 다섯 배 가까이 늘었다.

여기에 전국의 많은 지자체가 골프장 개발에 매달리는 게 골프장 붐의 원인으로 작용하고 있다. 골프장을 '지방 경제 살리는 약'으로 보고 적극 개발하려는 움직임이 뚜렷하다. 골프장이 가진 고용 창출과 지방 세수 확대의 기능에 주목하기 때문이다. 경기도청의 한 관계자는 "환경보호 시민단체 등의 반대도 있지만 지금으로선 골프장 하나가 가져다주는 경제 효과에 더욱 주목할 수밖에 없다"면서 "전국의 많은 지자체들이 벤치마킹하고 있다"고 전했다.

입지 여건 좋은 주변 토지 '호가 쑥쑥'

상황이 이렇다 보니 골프장 주변 땅은 투자가치 높은 예비 금싸라기로 변하고 있다. 골프장이 들어서면서 토지 가치가 높아지고, 이용객을 겨냥한 상업시설 개발이 가능하기 때문에 눈독을 들이는 이가 적지 않다.

골프장 건설이 이어지고 있는 안성 죽산면 일대는 골프장 건설 이후 호가가 많이 뛰었다. 윤성로 원주민공인 대표는 "안성 외곽 절대농지는 3.3㎡당 15만~20만 원, 개발이 가능한 관리지역은 3.3㎡당 40만 원선"이라면서 "그래도 인근 용인에 비해 죽산, 일죽은 많이 오른 편이 아니다" 고 말했다.

20개의 골프장이 있는 여주군의 경우 가남면 등 골프장 예정지 주변 땅값이 여전한 강세다. 골프장 이슈가 땅값을 견인하고 있는 셈이다.

특히 올 하반기에 토지 관련 법 개정 절차가 끝나면 입지 여건이 좋은 토지에 투자 수요가 몰릴 것이라는 예상이 많다. 규제가 풀리게 되는 보전 임야와 계획관리지역 내 임야, 한계 농지 등에 투자하려는 사람이 늘고 땅값이 오를 가능성이 크다는 의견이다.

게다가 최근 들어선 기존 골프장 주변에 타운하우스 등 고급 주거 시설이 들어서고 있어서 지명도가 더 높아지고 있다. 골프장을 조망할 수 있는 아파트는 조망권 프리미엄이 수억원을 호가할 정도다.

골프장 주변 땅은 가급적 기존 개발지와 가깝고 경사도가 낮은 곳, 도로와 접하거나 가까운 곳이 좋다. 특히 골프 인구를 겨냥해 상가를 운영하려면 주도로와 진입로 연결 입지에 자리 잡는 게 중요하다.

한편 골프장 주변 상권에도 변화가 감지되고 있다. 한우 고깃집 일색이던 음식점들이 다양해지고 가격대도 세분화되고 있는 것이다. 이는 대중 골프장 설립 증가에 따른 새로운 현상이기도 하다.

'골프장 조망 프리미엄이 3억~4억'

집값을 결정하는 주요 변수인 조망권 중에서 골프장 조망권은 어느 정도 위치를 차지할까. 집값을 기준으로 보면 골프장 조망권은 강, 바다, 산 못지않은 파워를 과시한다. 골프장 인근의 아파트 가운데 골프장을 볼 수 있는 가구와 그렇지 않은 가구의 가격 차이는 수억 원에 달한다. 그야말로 '부르는 게 값'인 셈이다.

골프장 조망 아파트는 발코니 너머로 잘 가꿔진 푸른 잔디밭을 시원하게 볼 수 있다는 게 최대 장점이다. 대표적인 단지는 한성CC를 조망할 수 있는 용인 구성읍 동아솔레시티와 죽전자이 I. 용인은 전국에서 골프장이 가장 많은 지역인 만큼 골프장 조망 아파트도 많다.

동아솔레시티는 지난 2001년 8월 입주한 1,701가구의 대단지로, 조망권과 로열층 여부에 따라 가격 차이가 억대로 벌어지고 있다. 294㎡(옛 89평형)의 경우 골프장 조망이 가능한 가구가 최고 17억 원, 그렇지 않은 가구는 11억 원으로, 그 차이가 무려 6억 원에 달한다. 185㎡(옛 56

평형)도 상한가(10억 원)와 하한가(7억 5,000만 원)의 차이가 2억 5,000만 원이다.

죽전자이Ⅰ 역시 한성CC 조망권에 따라 집값이 엇갈리는 단지다. 죽전에서 최고가를 기록하고 있는 이 아파트는 195㎡(옛 59평형) 단일 규모로, 최고가가 16억 7,000만 원이다. 3.3㎡당 2,800만 원을 웃도는 것이다. 반면 조망이 여의치 않은 단지는 이보다 3억~4억 원가량 낮은 값에 거래된다. 죽전 아이파크부동산 관계자는 "골프장 조망권이 3억~4억 원 정도 차지하는 셈"이라면서 "한성CC를 시원하게 바라볼 수 있는 가구가 많지 않아 희소성이 부각된 것"이라고 밝혔다.

용인 구성읍 초원마을 성원상떼빌은 수원CC 조망권으로 유명하다. 2004년 10월 입주한 이 단지는 골프장 조망권 가운데 단연 으뜸이라는 소문이 나 있다. 단지 앞으로 막힘이 없어 전체 가구의 70% 정도가 골프장을 바라볼 수 있다.

〈한국경제〉 2008.07.28

수도권정비계획법상 3대권역은 수도권 투자의 기초

산수로 : 수도권은 과밀화를 억제하기 위하여 1982년 수도권정비계획법이 시행되어 현재 제3차 수도권정비계획이 수립되어 시행 중입니다. 수도권정비계획법에 의하면 수도권은 과밀억제권역, 성장관리권역, 자연보전권역의 3대 권역으로 나누어져, 권역별로 산업입지, 대학교, 공공청사, 대규모 개발사업 등을 제한하고 있습니다.

문제는 이러한 3대 권역이 행정구역 위주로 획일적으로 구분되다 보니 수도권 투자에 많은 어려움이 있게 되지요.

로빈손 : 3대 권역은 어떤 기준으로 구분하고 해당지역은 어디인가요?

산수로 : 첫째, 과밀억제권역은 인구와 산업이 지나치게 집중되었거나 집중될 우려가 있어 이전하거나 정비할 필요가 있는 지역입니다. 서울을 중심으로 주변의 인천광역시(성장관리권역 제외), 의정부시, 구리시, 남양주시(동 지역), 하남시, 고양시, 수원시, 성남시, 안양시, 부천시, 광명시, 과천시, 의왕시, 군포시, 시흥시(반월특수지역 제외) 등 16개 시가 해당됩니다.

둘째, 성장관리권역은 과밀억제권역으로부터 이전하는 인구와 산업을 계획적으로 유치하고 산업의 입지와 도시의 개발을 적정하게 관리할 필요가 있는 지역입니다. 동두천시, 안산시, 오산시, 평택시, 파주시, 남양주시(와부읍, 진접읍, 별내면, 퇴계원면, 진건읍, 오남읍), 용인시(일부 자연보전권역 제외), 연천군, 포천시, 양주시, 김포시, 화성시, 안성시(일부 자연보전권역 제외), 인천광역시 일부(강화군, 옹진군, 인천경제자유구역 및 남동국가산업단지, 서구 일부동), 시흥시 중 반월특수지역 등이 해당됩니다.

셋째, 자연보전권역은 한강 수계의 수질과 녹지 등 자연환경을 보전할 필요가 있는 지역입니다. 이천시, 남양주시(화도읍, 수동면, 조안읍), 용인시(일부만 해당), 가평군, 양평군, 여주군, 광주시, 안성시(일부만 해당) 등이 해당됩니다.

로빈손 : 일단 3대 권역을 그림으로 한 눈에 봐야 이해가 쉬울 것 같네요.

[그림4] 수도권 3대권역 구분도

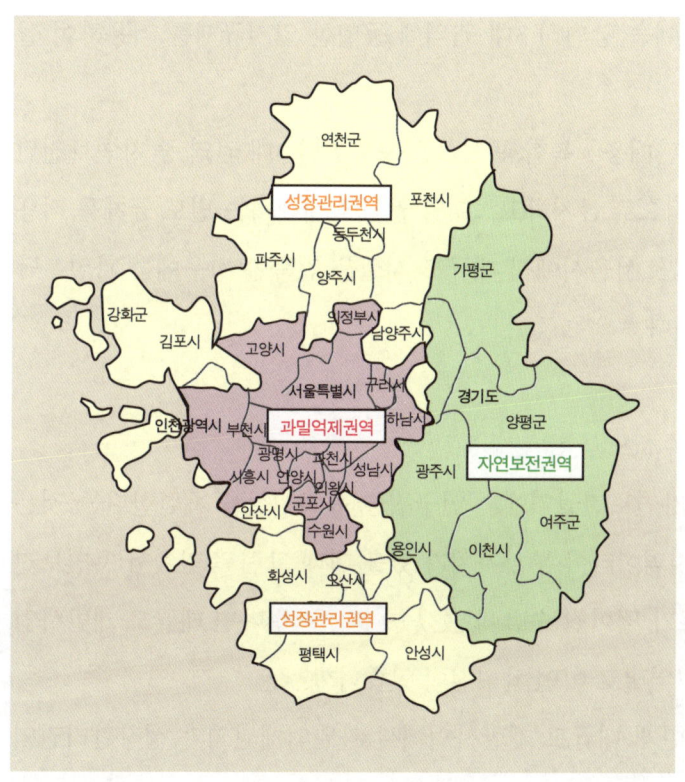

로빈손 : 각 권역에서 제한되는 내용들의 차이점은 무엇인가요?

 산수로 : 내용이 많아 모두 설명하기가 만만치 않은데 이해하기 쉽게 투자관점에서 설명해 보기로 하지요.

첫째, 인구집중 유발시설의 입지 제한 정도가 다릅니다.

대학교의 경우 수도권에서 신설·이전을 원칙적으로 금지하되, 과밀억제권역에서의 이전과 수도권에서 성장관리권역으로 이전은 수도권정비위원회 심의를 거쳐 허용하게 됩니다. 예를 들어 연세대학교가 송도국제도시 캠퍼스를 지어 일부 이전하는 것은 송도국제도시가 경제자유구역으로 성장관리권역이기 때문에 가능한 것입니다.

공공청사의 경우에는 당연히 3대 권역에 동일한 입지규제를 적용하여 설치 가능하겠지요.

문제는 업무용·판매용·복합용 시설은 수도권의 3대 권역 중 자연보전권역 내 건축을 원칙적으로 금지하고, 그 외 권역에 대해서는 별도 규제를 적용하지 않습니다. 다만, 서울시에서 대규모 시설을 건축할 경우에는 과밀부담금 부과대상이 됩니다.

자연보전권역의 수질오염총량관리제

 로빈손 : 자연보전권역에는 인구집중 유발시설을 제한한다는 것은 인구가 늘어나는 지역이라야 투자가치가 있을 텐데 그런 측면에서 자연보전권역이 투자메리트가 떨어질 수밖에 없겠습니다. 그렇다면 대규모 개발사업 추진의 경우 3대 권역별로 어떤 차이점이 있습니까?

 산수로 : 현재 대규모 개발사업에서 과밀억제권역과 성장관리권역

은 수도권정비위원회의 심의를 거쳐 허용하나, 수질 및 환경보전 목적의 자연보전권역에서는 강력히 규제하여 사업유형에 관계없이 6만㎡ 미만의 사업에 한하여 허용하였습니다. 그러나 이명박 정부에 들어와 자연보전권역을 종전의 입지규제 방식에서 총량규제방식으로 전환하며 면적제한을 없애고 관광지나 대형건축물의 입지가 가능하도록 바꾸었습니다.

다만, 자연보전권역이라 할지라도 오염총량관리계획 시행지역에서 시행하는 택지조성, 도시개발, 지역종합개발은 도시지역에서 10만㎡ 이상, 비도시지역에서 10만~50만㎡까지 심의 후 허용하게 되면 지구단위계획을 수립하여 시행할 수 있게 됩니다.

로빈손 : 한 마디로 자연보전권역은 아파트 건설 등의 대규모 개발사업이 여의치 않겠군요. 그런데 전에 자연보전권역인 경기도 광주시에 가보니 옛날보다 아파트들이 엄청나게 많이 들어섰던데, 그건 왜 그런가요?

산수로 : 경기도 광주시는 2004년도에 한강수계의 시·군 중 최초로 수질오염총량관리제를 도입하였지요. 수질오염총량관리제는 지방자치단체별로 수질을 정한 뒤 오염물질의 배출총량을 관리하는 제도로 오염물질 배출총량을 감축하여 수질을 일정 범위 이하로 유지할 경우 해당 지방자치단체의 오염총량을 더 많이 배정받게 되지요. 따라서 광주시와 같은 오염총량관리계획 시행지역에서는 오염총량제 범위 내에서 대단위 개발사업을 시행할 수 있게 되는 것입니다.

로빈손 : 그렇다면 자연보전권역에 속하는 시·군들도 수질오염총량관리제를 도입하여 수질을 깨끗이만 유지하면 대규모 개발사업이 가능하게 되는 것이군요. 그렇다면 자연보전권역의 시·군들 중 현재 수질오염총

량관리제를 도입한 시·군은 어디입니까? 해당 시·군은 자연보전권역이라도 투자를 고려할 수 있는 지역같은데요?

🧑 **산수로** : 한강수계의 7개 시·군 모두가 수질오염총량관리제를 시행하게 됨에 따라 자연보전권역이라는 이유로 대규모 개발사업을 못하던 제한이 대폭 완화되게 됩니다. 물론 목표수질을 지속적으로 관리해야 한다는 전제가 있기는 하지만 향후 자연보전권역의 투자환경이 보다 나아질 것으로 예상됩니다.

이르면 내년 1월 팔당유역 7개 전 시군 수질오염총량제 시행

이르면 2010년 1월부터 팔당유역 7개 전 시·군에 수질오염총량제가 시행될 전망이다. 22일 경기도팔당수질개선본부에 따르면 지난 2004년 광주시가 수질오염총량제를 처음 시행한데 이어 남양주시, 용인시, 양평군, 가평군에 이어 이천시와 여주군에도 수질오염총량제가 도입시행될 예정이다. 수질오염총량제란 지자체별로 수질을 정한 뒤 오염물질의 배출 총량을 관리하는 제도로 환경부가 한강 수질개선을 위해 도입했다.

환경부는 이천, 여주지역의 수질오염총량제 도입을 위해 해당 지자체와 막바지 협의 중인 것으로 알려졌다. 팔당수질개선본부는 이들 시·군의 수질오염총량관리계획이 내년 1월 중 승인될 것으로 예상하고 있다. 이에 따라 7개 시·군은 수질오염총량제 도입을 조건으로 모두 1,392건에 달하는 지역개발사업 추진에 나서고 있다.

시·군별로는 광주시 180건(1단계 157건, 2단계 23건), 용인시 117건, 남양주시 220건, 양평군 84건, 가평군 152건, 여주군 174건, 이천시 465건의 지역숙원사업을 추진한다. 광주시는 지난 2004년 수질오염총량세 1단계사업(2003~2007)에 이어 지난해 12월 2단계사업을 승인받아 공공하수도 신·증설사업과 하수고도처리사업을 추진하고 있다. 광주시는 수질오염총량제 도입을 통해 2012년까지 팔당호로 유입되는 경안천 하류 수질을 생물학적산소요구량(BOD) 4.0㎎/ℓ (연계방류 3.8㎎/ℓ)이하로 관리하게 된다.

가평군은 지난해 12월 한강수계에서 5번째로 수질오염총량관리계획을 승인받았다. 가평군은 자라섬 등지에 생태환경관광지를 조성하는 '북한강 르네상스 사업'을 비롯, 가평·청평 등 역세권 개발을 단계적으로 추진한다. 이에 앞서 지난해 5월 환경부로부터 수질오염총량관리계획을 승인받은 남양주시도 옛 한센병 환자들의 정착촌인 성생공단 개발에 나선다. 남양주시는 2012년까지 792억 원을 들여 하수처리장 용량을 1일 2만톤으로 확충하고, 하수관거를 정비한다. 양평군과 용인시도 수질오염총량제 승인으로 종합운동장, 축구장 등 레저스포츠단지조성 사업과 모현지구 등 동부권 개발사업 추진에 나서고 있다. 이천시와 여주군은 수질오염총량제가 승인되는대로 성남~여주 복선전철 역세권 사업과 신륵사 국민관광지 민자개발을 추진할 예정이다.

팔당수질개선본부 관계자는 "내년 1월께 이천시와 여주군의 수질오염총량관리계획이 승인되면 팔당유역 7개 시·군에 오총제가 전면 시행되는 것"이라며 "해당 시·군에서도 오총제 도입을 조건으로 현재까지 공동주택, 관광지조성 등 1,392건의 지역개발사업을 추진하거나 계획하고 있다"고 말했다.

〈뉴시스〉 2009.12.22

수도권의 공장규제 완화

　　산수로 : 공업지역은 「국토의 계획 및 이용에 관한 법률」에 의한 공업지역, 「산업입지 및 개발에 관한 법률」에 의한 산업단지, 「국토의 계획 및 이용에 관한 법률」에 의한 제2종 지구단위계획구역 및 개발진흥지구로서 공업용도로 구획되는 면적이 3만㎡ 이상인 지역으로 분류됩니다.

　수도권 공업지역의 기본적인 정책목표는 수도권 과밀억제권역에 집중된 산업을 성장관리권역으로 분산 수용한다는 원칙하에 수도권정비계획을 통하여 공업용지를 공급한다는 방식입니다. 따라서 과밀억제권역은 공업지역의 신규지정을 금지하고 성장관리권역은 과밀억제권역에서 이전하는 공장을 유치하거나 필요한 경우 공업용지 공급총량을 통해 제한적으로 공급하며, 자연보전권역에서는 규모 6만㎡를 초과하는 공업용지 조성사업을 금지하고 있습니다.

로빈슨 : 이명박 정부에 들어와 수도권 공장규제를 완화하였다고 하셨는데 구체적인 내용은 무엇입니까?

산수로 : 2008년 10월 30일 발표된 '국토이용의 효율화 방안' 에 포함된 수도권 규제합리화의 주요 내용은 수도권 내 권역구분 및 공장총량제 등 법률이 정한 기본 틀은 유지하면서 첫째, 과밀억제권역과 성장관리권역의 산업단지 내 공장입지 규제를 완화하여 규모 · 업종의 제한 없이 공장의 신설 · 증설 · 이전을 허용하였습니다.

둘째, 첨단업종 공장의 증설규모와 관련하여 성장관리권역 내 공업지역은 첨단업종의 증설제한을 완전히 폐지하고 기타지역은 200% 이내 증설을 허용하였습니다. 또한 과밀억제권역 내 공업지역은 200% 이내 증설 및 기타지역은 100% 이내 증설을 허용하였습니다.

셋째, 자연보전권역의 공장의 입지규제방식에서 총량제 · 배출규제 중심으로 전환함에 따라 총량제 범위 안에서의 공장입지가 제한적인 범위 내에서 가능해졌습니다.

그 외에도 공장과 관련하여 수도권에서 규제가 완화된 사항을 보면 수도권 내에서는 공장 신 · 증실을 제한하여 온 연접개발제한 규제가 완화돼 공장증설이 쉬워졌습니다. 또한 보전관리지역 내의 공장의 건폐율이 20%에서 40%

로 2년간 한시적으로 상향조정되어 공장의 증축이 가능해졌습니다. 기타 군사시설보호구역 내 산업단지 기업들도 공장 신·증설시 군협의 절차가 간소해지는 등 공장과 관련하여 기업의 애로사항이 상당부분 해소되었다고 할 수 있습니다.

자연보전권역의 공장규제

로빈손 : 내용이 복잡하네요. 아까 자연보전권역의 공장의 경우 입지규제에서 총량제·배출규제 중심으로 전환하였다는데 이것이 무슨 의미입니까?

산수로 : 위에서 설명한대로 그동안 자연보전권역에서는 원칙적으로 6만㎡를 초과하는 공업용지 조성사업을 금지하는 입지규제를 해 왔었는데, 규제완화로 인해 경기도가 국토해양부장관으로부터 배정받은 공장총량 범위 및 수질오염총량 범위 내에서 공장의 신·증설을 허용하게 됨에 따라 자연보전권역에서도 공장설립이 제한적이나마 가능하게 된 것이죠. 예를 들어 2009년 3월 국토해양부장관은 2009년부터 2011년까지 3년간 수도권 공장건축 총허용량으로 9,564천㎡를 배정하고 이 중 경기도에 8,386천㎡를 배정하였지요.

로빈손 : 그동안 수도권 3대 권역 중 개발이 가장 억제되었던 자연보전권역의 개발을 가로 막고 있던 규제들이 제한적이나마 완화되었다는 의미이군요. 아무튼 대규모 공장이 입지하게 되면 자연히 주변지역의 땅값이 올라가는 것은 기정사실인데 수도권 공장규제 완화로 인하여 가장 혜택을 받는 지역은 어디입니까?

산수로 : 지금까지 설명을 들어서 아시겠지만 수도권 공장규제 완화의 가장 큰 혜택을 보는 지역은 성장관리권역에 속한 지역이지요. 따라서 기존에 공장이 많이 있는 파주시, 안산시, 오산시, 화성시, 평택시, 김포시 등과 특히 종전 과밀억제권역이었다가 성장관리권역으로 조정된 인천광역시의 경제자유구역(송도지구 · 청라지구 · 영종지구)이 가장 큰 혜택을 받는다고 할 수 있습니다. 아울러 자연보전권역의 경우에도 일정 범위 내에서 공장설립 규제가 완화되어 관심을 가질 필요가 있죠.

로빈손 : 그동안 「수도권정비계획법」을 복잡하게만 생각했는데 산수로님 설명을 들으니 충분히 이해가 됩니다.

수도권 투자시 넘어야 할 장애물

「수도권정비계획법」상 3대 권역을 확인하라

산수로 : 지금까지 「수도권정비계획법」상의 3대 권역을 설명드렸지만 수도권 투자를 할 때 가장 먼저 체크해야 할 사항은 투자지역이 어떤 권역에 속하느냐 하는 것입니다. 설명드린 바와 같이 어떤 권역에 속하느냐에 따라 행위제한을 받게 됩니다. 지금까지 설명드렸으니 중복해서 설명드리지는 않겠습니다만 수도권에서는 과밀억제권역이냐 성장관리권역이냐 아니면 자연보전권역이냐에 따라 투자대상이 완전히 달라지게 되는 것입니다.

로빈손 : 충분히 이해가 됩니다. 그런데 수도권에서 「수도권정비계획법」과 「국토의 계획 및 이용에 관한 법률」이 충돌될 때에는 어느 법이 우

선하게 되나요?

산수로 : 좋은 질문을 하셨습니다. 수도권에서는 「수도권정비계획법」이 수도권의 「국토의 계획 및 이용에 관한 법률」에 따른 도시계획, 그 밖의 다른 법령에 따른 토지이용계획 또는 개발계획 등에 우선하며, 그 계획의 기본이 됩니다. 다만, 수도권의 군사지역에서는 「군사기지 및 군사시설보호법」 등 군사에 관한 법률이 우선합니다.

로빈손 : 아까 말씀하신 바와 같이 수도권에서는 아무래도 성장관리권역에 관심을 가져야 되겠네요?

산수로 : 일차적으로는 성장관리권역에 관심을 가져야 하는 것은 맞습니다. 그러나 앞으로 자연보전권역에 대해서도 관심을 가질 필요가 있습니다. 현재 국회에서 수도권 발전을 가로막는 「수도권정비계획법」의 개선 및 장기적으로 폐지를 추진하고 있는바, 그 초점이 바로 자연보전권역을 대상으로 하고 있습니다.

따라서 자연보전권역 쪽의 개발축을 따라서 묻어 둔다고 생각하시고 투자하시면 언젠가는 큰 수익을 얻을 수 있지 않을까 생각합니다.

토지거래허가구역인지 확인하라

산수로 : 수도권의 경우 많은 지역이 토지거래허가구역으로 묶여 있어 투자를 하기에 용이하지 않은 경우가 많습니다. 아시다시피 토지거래허가구역에서는 실수요 목적이나 사업용 목적이 아닌 경우 기준면적을 초과하게 되면 토지거래계약허가를 받아야만 토지를 취득할 수 있지요.

다시 한 번 확인차원에서 용도지역 별로 허가대상 기준면적을 확인해보도록 합시다.

로빈손 : 음~ 도시지역의 주거지역은 180㎡, 상업지역은 200㎡, 공업지역은 660㎡, 녹지지역은 100㎡이고 용도지역이 미지정된 경우에는 90㎡를 초과하면 토지거래계약허가를 받아야 하죠. 비도시지역의 경우에는 농지는 500㎡, 임야는 1,000㎡, 기타 지목에 해당하면 250㎡를 초과하면 허가를 받아야 합니다.

산수로 : 농지·임야편에서도 설명드렸듯이 토지거래허가구역에서 농지나 임야에 투자하기 위해서는 농업인이나 임업인이어야 하며, 거주 및 재촌요건도 충족해야 하기 때문에 토지거래허가구역으로 묶이게 되면 실제 투자가 쉽지 않다고 하였지요.

로빈손 : 실제 수도권에서 토지거래허가구역 지정현황은 어떻게 되나요?

산수로 : 2010년 현재는 신도시, 뉴타운 사업지구, 균형발전촉진지구, 재정비촉진지구, 도시재정비지구, 대규모 택지개발사업지구, 개발제한구역의 일부, 서울의 준공업지역, 인천 경제자유구역, 보금자리주택 시범사업 예정지 등 개발관련 지역은 거의 대부분 토지거래허가구역으로 묶여 있다고 보면 됩니다. 특히 토지거래허가구역으로 지정된 지역 중 녹지, 용도미지정 및 비도시지역이 큰 비중을 차지하고 있어 수도권에서 농지나 임야에 투자하고자 하면 상당수가 토지거래허가구역으로 묶여 있다고 보시면 됩니다.

로빈손 : 토지거래허가구역 여부는 어디서 확인하면 되나요?

산수로 : 전국적인 토지거래허가구역 현황은 국토해양부 사이트에서 확인이 가능합니다. 또한 개별 지번의 토지거래허가구역 여부는 토지이

용계획확인서에 나타나게 됩니다.

개발제한구역 투자에 유의하라

산수로 : 1971년 도입된 개발제한구역(그린벨트)은 도시의 무질서한 확산 방지와 환경보전 등에 크게 기여하여 왔으나, 일부 부작용도 발생하고 있는 실정입니다.

수도권의 대다수 도시주변이 개발제한구역으로 둘러싸여 있다 보니 도시용지 제약으로 도시발전을 저해하고, 개발제한구역을 뛰어넘는 시가지 확산으로 기형적인 도시발전을 하는 등 문제점을 노출하고 있습니다.

개발제한구역 중 개발압력이 높은 지역은 각종 불법 시설물이 난립하여 오히려 녹지를 훼손하고 도시환경을 저해하고 있습니다. 수도권의 과천시, 하남시, 남양주시 등 서울권과 가까운 도시의 경우 녹지는 없고 창고만 무성해져 '그린 없는 그린벨트' 또는 '창고벨트'로 전락하고 있는 실정이지요.

더군다나 개발제한구역은 원주민에 한해서 제한적으로 주택신축이 허용될 뿐 1차 산업 목적 이외에는 거의 개발을 할 수 없다보니 축사나 농업용 창고를 편법적으로 물류 · 유통창고나 소규모 공장으로 무단 용도변경하여 사용하고 있는 사례가 비일비재합니다.

그러나 이러한 개발제한구역에서 불법행위를 한 경우 시정명령을 받게 되고 올해부터는 시정명령을 받고도 이를 이행하지 않은 경우에는 1억 원의 범위 안에서 이행강제금을 부과하게 되므로 앞으로는 개발제한구역의 땅을 매수해서 불법으로 용도변경하는 행위는 어렵게 됩니다.

또한 사실상 도시주변의 쓸만한 땅은 대개 개발제한구역으로 묶여 있는데

다가 대부분 토지거래허가구역으로 묶여 있어 실제 투자를 한다고 하더라도 활용가치가 떨어질 수밖에 없습니다.

로빈손 : 이명박 정부에 들어와서 상당수의 개발제한구역을 해제하는 방향으로 방침을 전환하지 않았나요?

산수로 : 맞습니다. 이명박 정부는 개발제한구역의 합리적인 조정을 위하여 2008년 9월 30일 '개발제한구역 조정 및 관리계획' 을 발표하고 계속 보전할 가치가 낮은 지역은 과감히 해제하여 도시용지로 활용하기로 하였습니다.

2009년 4월 변경 확정·발표된 가장 최근의 수도권계획인 '2020년 수도권 광역도시계획' 에 의하면 개발제한구역 해제시에는 경부축 중심의 개발을 지양하고, 동·북부축, 서·남부축을 중심으로 필요한 도시기능을 배치하도록 유도하고 있습니다. 서울 반경 20km 내외의 기반시설을 갖추고 있는 지역을 중심으로 개발제한구역을 해제하여 도시용지로 전환 활용하며, 개발제한구역이 과다하게 지정되어 자족기능 확보가 어려운 시·군에 한하여 우선적으로 여건변화에 맞는 도시기능을 확충하는 방향으로 해제하기로 하였습니다.

위와 같은 원칙하에 수도권의 경우 2009년 3월 현재 기존 해제계획총량인 124,507k㎡ 중 현재 해제하고 잔여면적인 26.52k㎡와 2020년까지 추가 해제가능총량인 114,496k㎡를 합한 141,016k㎡를 개발수요 등을 감안하여 필요한 시점에 해제대상지를 선정하여 단계적으로 해제될 계획입니다.

[그림 5] 서울 주변 개발제한구역 위치도

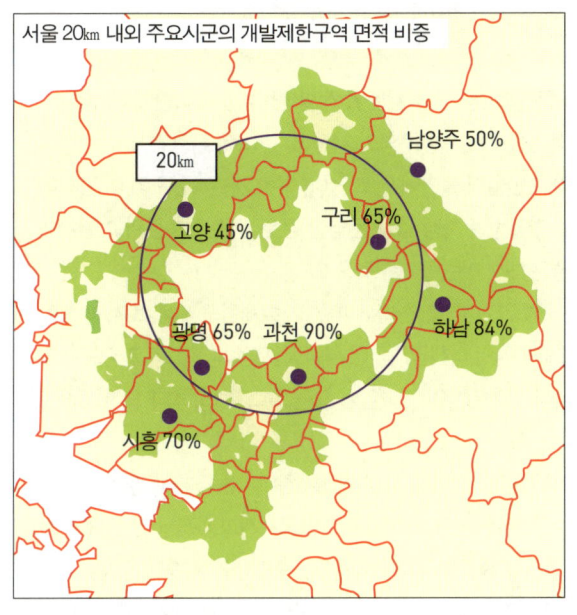

서울 20km 내외 주요시군의 개발제한구역 면적 비중

남양주 50%
구리 65%
고양 45%
20km
광명 65% 과천 90%
하남 84%
시흥 70%

로빈손 : 개발제한구역이 해제되면 도시주변에 있는 땅이니 당연히 땅값은 폭등하지 않을까요?

산수로 : 개발제한구역이 해제되는 지역은 제1종 지구단위계획구역으로 지정되어 지구단위계획에 따라 일단 수용하여 공영개발된다고 보면 되고, 보상가 상승이나 난개발을 방지하기 위하여 개발제한구역 해제예정지역은 사전에 개발행위허가 제한지역으로 묶어버리죠. 정부에서도 강력한 투기단속을 벌이기 때문에 사실상 개발제한구역 해제예상지에 투자한다고 해도 큰 실익이 없다고 보시면 됩니다. 오히려 해제 예정인 개발제한구역의 인근지역에 투자하는 것이 확실한 투자수익을 올릴 수 있는 기회가 될 수 있습니다.

부산 강서주민, 이행강제금 걱정 태산

개발제한법 발효… 고물상, 자재상 등 형질변경ㆍ적치행위 적발 땅값 올라 이전 쉽지 않아… 이사비 갈등도 불거져 다음달 발효예정인 개발제한구역의 지정 및 관리에 관한 특별조치법(이하 개발제한법)때문에 부산 강서지역 주민들이 불안에 떨고 있다. 특히 개발제한구역 내 농지에서 용도변경 없이 불법으로 고물상, 자재업, 주차장 등을 운영할 경우 '폭탄' 수준의 이행강제금이 부과될 예정이어서 관련 주민들은 대책 마련을 촉구하고 있다.

12일 부산 강서구청에 따르면 오는 2월 7일 개발제한법에 따른 개발제한구역 내 토지의 형질변경, 물건적치 행위에 대해 연 최고 1억 원의 이행강제금이 부과될 예정이다. 토지 형질변경과 물건적치 행위에 대해서는 개별공시지가에 위반면적과 일정 요율(최소 0.15, 최대 0.3)을 곱한 금액이 부과된다.

강서구 대저동에서 농지 3,230여㎡(980평)를 임대해 고물수집을 하고 있는 권모(63) 씨의 경우 2월 7일 이후에도 농지 원상복구를 하지 않으면 3.3㎡(평)당 개별공시지가 29만 6천 원에 위반면적과 요율(0.3)을 곱한 8,700여만 원의 이행강제금이 부과된다. 수십년간 지속돼온 개발제한구역 내의 불법 행위를 근절키 위한 개발제한법은 기존 건축법과 농지법에서 부과되는 이행강제금과는 별도로 3~10배가량 높은 이행강제금이 부과되는 쌍벌적인 강력한 법이라는 점에서 주민들의 한숨은 더욱 깊어지고 있다. 권 씨는 "1년에 100여만 원의 이행강제금을 물고 있는데 다시 수천만 원의 벌금이 나오면 당해낼 재간이 없다"며 "더이상 옮겨갈 곳도 없는데 대책을 세워줘야 할 것 아니냐"고 토로했다. 사정이 이렇게 되자 이행강제금 폭탄을 피해 개발제한구역 외의 지역으로 이전했거나 이전을 고려하는 주민들도 생겨나고 있지만 한꺼번에 수요가 몰리다 보니 인근 김해 주촌면, 대동면 등의 토지임대료도 폭등하고 있다.

강동동 개발제한구역 내에서 3년째 건축자재업을 하는 이모(42) 씨는 "이곳 350평에 월세 60만 원을 주고 사용해 왔는데 이전을 위해 인근 땅값을 알아보니 비슷한 부지에 월 120만~150만 원을 달라고 하는 등 비쌌고 그나마 적당한 땅을 구하기조차 어려운 실정"이라고 말했다. 또한 개발제한법은 행위자만 처벌하던 기존 건축법, 농지법과 달리 행위자는 물론 소유자, 관리자, 점유자에게도 고발을 할 수 있게 단속규정이 변경되면서, 지주들이 임대인에게 토지를 비워달라는 내용증명을 보내 이사비용 문제를 두고 마찰을 빚는 경우도 속출하고 있다.

송정부 대저신도시 주민대책위원장은 "신도시 사업 지연으로 재산권 제약을 받는 것도 억울한데 다시 이행강제금까지 물어야 하는 것은 1차적으로 사업시행자인 한국토지주택공사의 잘못"

개발제한구역 해제, 인근지역을 노려라

 로빈손 : 개발제한구역 해제가능 지역의 선정원칙은 무엇인가요?

산수로 : 개발제한구역 해제가능 지역은 도시관리계획상 '조정대상지역'이라고 불리며 ① 개발제한구역 중 환경평가 결과 3~5등급지로서 보전가치가 낮게 나타나는 지역으로 도시용지의 적절한 공급을 위하여 필요한 곳 및 도시의 균형적 성장을 위하여 기반시설의 설치 및 시가화 면적 조정 등 토지이용의 합리화를 위하여 필요한 곳이어야 한다. 기존 시가지 · 공단 · 항만 등에 인접하고 간선도로 · 철도 등 주요 기반시설이 구비되어 대규모 기반시설 설치소요가 적은 지역으로 난개발 방지를 위하여 20만㎡ 이상으로 설정함을 원칙으로 함 ② 호수밀도(집단취락 1만㎡당 주택 10호 이상의 밀도)를 기준으로 주택이 20호 이상인 집단취락지구(단, 시 · 도지사가 호수밀도는 주택 20호로, 주택호수기준은 100호 이상으로 강화하여 적용할 수 있다) ③ 도로 · 철도 · 하천개수로 등 공공시설의 설치로 인하여 단절된 1만㎡ 미만의 소규모

단절토지 ④ 개발제한구역의 경계선 관통대지 등입니다.

 로빈손 : 개발가능지역 해제지역은 정작 크게 별 볼일 없다는 말씀인데 그래도 도시주변에 있어 위치가 좋다보니 어떻게든 투자할 수 있는 방법을 알고 싶은데 좋은 방법이 없을까요?

산수로 : 우선 개발제한구역의 해제절차 흐름도를 살펴보기로 합시다. 개발제한구역을 해제하기 위해서는 1단계 광역권별 '광역도시계획' 을 변경해야 합니다. 이 단계에서 공청회를 거치게 됩니다. 수도권의 경우 2009년 4월 변경 발표되었지요.

2단계로 시·군별로 '도시기본계획' 을 변경하게 됩니다. 이에 따라 수도권의 일부 시·군은 도시기본계획을 변경하였지요. 여기서도 공청회를 거치게 됩니다.

3단계로 최종적으로 개발제한구역을 해제하기 위하여 '도시관리계획' 변경절차를 거치게 됩니다. 이 단계에서 주민공람절차가 이루어지게 되지요.

제가 개발제한구역의 해제절차 흐름도를 설명한 이유를 아시겠습니까?

로빈손 : 글쎄요. 잘 모르겠네요.

산수로 : 개발제한구역 해제라는 호재가 최종적으로 발표되기 전까지는 3단계에 걸친 도시계획 절차를 거치게 됩니다. 그 때마다 공청회를 열게 되고 최종적으로 주민공람절차를 거쳐 확정·고시하게 되는 것이지요.

제가 처음에도 언급했지만 이제는 개발계획의 수립과정도 개방성과 투명성이 중요하다고 하였지요. 과거처럼 밀실에서 몇몇 사람만이 개발정보를 독점하는 시대는 지났다는 이야기이죠. 따라서 개발제한구역 해제 절차 하나만 보더라도 우리가 사전에 충분히 이를 인지할 수 있는 시간적 여유가 있다는 이야기입니다.

로빈손 : 산수로님 말씀을 듣고 보니 정말 그렇군요. 그럼 개발제한구역 해제가 최종적으로 확정·고시되기 전에 그 주변지역의 땅에 투자하라는 말씀이지요?

산수로 : 바로 그겁니다. 지금은 개발지역에 투자하는 것보다 그 인근지역에 투자하는 것이 현명한 방법입니다. 따라서 개발제한구역 해제지역의 경우에도 그 인근지역에 입지를 제대로 선정하여 투자하면 돈 버는 것도 그다지 어려운 일이 아닙니다. 나중에 다시 설명드리겠지만 개발지역 내에 포함되게 되면 보통 공영개발방식으로 사업이 진행되게 되어 수용될 가능성이 높기 때문입니다.

개발제한구역의 이축권은 과연 로또인가

산수로 : 개발제한구역이 해제되는 지역이 늘어나면서 소위 '용마루'라고 불리는 이축권이 각광받고 있습니다. 이축권이란 개발제한구역 내에서 거주하던 원주민이 공공사업 등으로 집이 철거되는 경우 인근지역에서 대토를 받아 새로 주택을 신축할 수 있는 권리를 말합니다. 말하자면 그린벨트에 있는 집이 헐리게 되면 인근지역에 새 집을 지을 수 있는 법으로 인정하는 '입주권 딱지'라고 보면 됩니다.

로빈손 : 이축권을 받을 수 있는 조건은 무엇입니까?

산수로 : 「개발제한구역의 지정 및 관리에 관한 특별조치법」에 의하여 원주민이 이축권을 받을 수 있는 조건은 다음과 같습니다.

첫째, 도로개설 등 공익사업의 시행 또는 재해로 인하여 더 이상 거주할 수 없게 된 경우입니다.

기존 주택이 「공익사업을 위한 토지 등의 취득 및 보상에 관한 법률」에 따라 공익사업의 시행 또는 재해로 인하여 더 이상 거주할 수 없게 된 경우로서, 그 기존 주택의 소유자가 철거일 또는 재해를 입은 날로부터 6개월 이내에 동일 시·군·구의 지역이거나 인접 시·군·구의 지역 중 기존의 주택으로부터 2km 이내의 지역인 그린벨트(임야 제외)로 옮겨서 신축할 경우에 이축권을 받을 수 있습니다.

둘째, 그린벨트로 지정되기 전 다른 사람의 땅을 임대하여 주택을 지어 살고 있던 중 토지소유자가 재임대를 거부하여 할 수 없이 집을 옮겨야 하는 경우입니다.

개발제한구역 지정 이전부터 건축되어 있는 주택 또는 개발제한구역 지정 이전부터 다른 사람 소유의 토지에 건축되어 있는 주택으로서 토지소유자의 동의를 받지 못하여 증축 또는 개축할 수 없는 주택을 집단취락지구에 신축할 경우에 이축권을 받을 수 있습니다.

로빈손 : 개발제한구역의 이축권은 결국 그린벨트 지정 이전부터 거주하던 원주민에게 도로개설 등 공익사업이나 재해 또는 토지주가 재임대를 거부해 세입자에게 정착을 위해 대토를 주는 것이군요.

그런데 이러한 이축권이 소위 로또라고 불리는 이유는 무엇입니까?

산수로 : 외지인의 땅 거래가 사실상 불가능한 그린벨트 내에서 외지인이 땅을 살 수 있는 방법은 원주민의 이축권을 사는 방법입니다. 도시 외곽의 경치 좋은 곳에 있는 가든이나 카페 등은 거의 이축권으로 지은 건물이라고 보면 됩니다.

이러한 이축권은 개발제한구역이 본격적으로 해제되기 시작한 2002년 이전에는 물건이 흔해 2~3천만 원이면 살 수 있었던 것이 이후 물건 품귀현상이 일어나 최근에는 물건도 거의 없을 뿐만 아니라 있다하더라도 부르는 게 값이라고 생각하면 됩니다. 지역에 따라서는 심지어 10억을 호가할 정도이니까요.

로빈손 : 그렇다면 이축권이란 것이 수용지역에서 철거당한 원주민에게 주는 이주자택지와 비슷한 성격이겠네요?

산수로 : 그렇습니다. 둘 다 해당 원주민에게 주는 대토라는 점에서는 큰 차이가 없습니다. 대토 평수도 비슷한 바 과거 판교지역의 이주자택지 가격이 10억 정도를 호가하였는데, 이축권 역시 위치에 따라서 5~10억을 호가한다면 로빈손님은 이축권을 살 의향이 있습니까?

로빈손 : 이주자택지는 해당 신도시의 요지에 주어지는 것이지만 이축권은 그린벨트 안에서 주어지는 것인데, 희소가치 때문에 거품이 엄청 긴 것 같군요.

산수로 : 맞습니다. 요즘은 이축권 매물이 예전처럼 흔하지도 않고 개발로 인하여 개발제한구역이 해제되어 해당 토지가 수용될 경우에는 택지개발지구와 마찬가지로 이주자택지 등이 공급될 뿐 이축권은 주어지지 않는다는 점에 유의하셔야 합니다.

로빈손 : 그동안 언론기사나 책들에서 이축권을 마치 로또처럼 이야기하면서 투자를 권유하는 내용을 많이 봤는데, 산수로님의 말씀을 들으니 이축권 투자에도 신중을 기하여야 할 것 같네요.

군사시설보호구역 투자에 유의하라

산수로 : 수도권 북부지방은 군사시설보호구역으로 지정된 지역이 많아 투자에 각별한 유의를 하실 필요가 있습니다. 특히 연천군은 무려 98%가, 파주나 김포, 포천지역 등의 상당수도 군사시설보호구역으로 지정되어 있습니다.

이에 따라 정부는 지난 2008년 9월 22일 수도권 내 군사시설보호구역 가운데 여의도 면적의 8배 규모인 69.4㎢를 해제하였습니다. 대상지역은 주로 파주, 김포, 포천, 고양 등 수도권 북부지역입니다.

「군사기지 및 군사시설 보호법」 개정에 따라 민간인통제선(통제보호구역)을 기존 15㎞ 이내에서 10㎞ 이내로 축소하고, 군사분계선에서 25㎞ 이외 지역에 있는 군사기지와 군사시설은 통제보호구역을 500m 이내에서 300m 이내로, 제한보호구역은 1천m에서 500m 이내로 축소 조정에 따른 것입니다.

로빈손 : 군사시설보호구역 내에서는 개발행위를 하고자 할 때에는 어떤 절차를 거쳐야 합니까?

산수로 : 군사시설보호구역에서는 건축행위 등 개발행위를 위해 행정기관에 인·허가를 신청하기 전에 사전에 군부대와 협의를 거쳐야 합니다. 군사시설보호구역 안에서는 군부대의 동의하에 모든 행위가 이루어지도록 되어 있습니다. 때문에 심지어는 낡은 주택의 개축에도 군사협의를 받아야 하는 등 시일이 오래 걸릴 뿐만 아니라, 군부대의 입장에서만 결정이 이루어지며 군사협의를 얻지 못하면 행위 자체가 불가능해진다는 문제가 있습니다. 과거에는 군부대의 동의를 얻지 못하는 경우가 태반이었지만 최근에는 동의율이 높아지고 있습니다. 다만, 군부대가 일정범위 내의 개발행위 인·

허가를 관할 행정기관에 위임한 위임지역의 경우에는 군부대와 사전에 협의를 거칠 필요가 없습니다. 특히 2010년 2월부터 군사시설보호구역의 규제가 대폭 완화되므로 수도권 북부지방도 관심을 가져 볼 필요는 있다고 봅니다.

軍, 군사시설보호구역 기준 완화

다음달 1일부터 군사분계선(MDL)으로부터 25km 이내의 작전지역에서도 개발행위가 허용되고 부대주변의 건축물 높이·방향 제한도 해제되는 등 군사시설 보호구역에 대한 규제가 완화된다. 합동참모본부는 "군사시설보호구역 내에서 작전 임무수행의 장애를 판단하는 작전성 검토기준을 합리적으로 개선, 통제를 최소화했다"고 26일 밝혔다.

이번에 개선된 작전성 검토기준은 다음달 1일부터 적용된다. 변경된 작전성 검토기준에 따르면 MDL에서 25km 이내 작전지역을 '반드시 보호해야 할 지역' 과 '그 밖의 지역' 으로 구분해 재산권의 행사 가능성을 판단하는 등 보호구역 통제를 최소화했다. 합참은 "반드시 보호해야 할 지역에서도 방어강도가 유지된다면 민간인의 개발이 가능하다" 며 "그 밖의 지역에서는 이미 설정된 보호구역을 최대한 해제하거나 지방자치단체에 행정업무를 위탁하도록 했다"고 설명했다. 이와 함께 군부대 주변의 보호구역 적용거리 기준도 완화된다.

합참은 "적용거리 기준이 기존 부대 울타리 경계선에서 지휘소 등 부대의 핵심시설로 완화 조정됐다"고 말했다. 그간 보호구역을 부대 최외곽 경계선부터 500m 이내로 판단했다면 다음달부터는 지휘소 등 핵심시설로부터 500m 이내의 구역으로 조정돼 주둔 부대 보호구역 기준이 완화됐다는 얘기이다. 또 군부대 주변에서 건물을 신·개축할 때 시야에 들어오는 전투진지에 따라 건물의 높이와 방향이 제한됐지만 앞으로는 진지의 특성에 따라 제한을 받지 않아도 된다.

합참은 "최근 5년간 사용되지 않은 전투진지는 폐기된 진지로 간주해 건물의 높이와 방향에 걸림돌이 되지 않을 것" 이라고 설명했다. 그러나 적의 침투와 국지도발에 대비해 사용되는 진지의 인근 건물은 높이와 방향이 제한을 받게 된다. 사격장도 실제 사격훈련장과 비사격훈련장으로 용도를 명확히 구분해 보호구역 기준을 완화했다. 실제 사격장은 최외곽 울타리에서 1km 이내 지역이 보호구역으로 적용되지만 비사격훈련장은 보호구역 거리가 적용되지 않는다.

〈노컷뉴스〉 2010.01.26

한강수계(水系)지역은 관련 법률을 철저히 분석해야

산수로 : 수도권의 주민들의 식수원 역할을 하는 팔당호를 중심으로 북한강과 남한강의 수계는 「환경정책기본법」을 비롯하여 「한강수계 상수원 수질개선 및 주민지원 등에 관한 법률」과 「수도법」, 「수질 및 수생태계 보전에 관한 법률」 등에 의해 수질보전을 위한 중첩적 규제를 받고 있습니다. 게다가 한강수계지역은 전부 「수도권정비계획법」상 자연보전권역에 해당하므로 그야말로 규제의 집합소라고 할 수 있습니다.

따라서 한강수계지역에서 개발행위를 할 때에는 관련 법률을 철저히 분석할 필요가 있습니다.

로빈손 : 한강수계지역에 해당되는 시·군은 어디입니까?

산수로 : 남양주시, 양평군, 가평군, 광주시, 용인시, 이천시, 여주군 등이 한강수계지역을 끼고 있습니다.

[그림6] 한강수계 해당 시·군

로빈손 : 한강수계지역은 경치가 그림같이 아름다워 꼭 그곳에 별장이나 전원주택을 짓고 싶은데 지금은 건축이 쉽지 않겠네요?

산수로 : 아무래도 수질보전 때문에 제한을 받는 경우가 많지만 수질보전이 확보된다면 건축은 가능합니다.

한강수계는 크게 네 가지 지역으로 나누어 관리하고 있습니다.

첫째, 「환경정책기본법」에 의한 팔당호 수질보전을 위한 '특별대책지역'이 있습니다.

둘째, 「한강수계 상수원수질개선 및 주민지원 등에 관한 법률」에 의한 '수변구역'이 있습니다.

셋째, 「수도법」에 의한 '상수원 보호구역'이 있습니다.

넷째, 「수질 및 수생태계 보전에 관한 법률」에 의한 '배출시설 설치제한지역'이 있습니다.

로빈손 : 아~ 정말 복잡하네요. 한강변에 그림처럼 멋진 집 한 번 지으려면 꽤나 머리 아프겠네요.

「환경정책기본법」상 특별대책지역

산수로 : 관련법규가 많으니 복잡하긴 하죠. 그래도 차근차근 풀어나가면 충분히 이해가 될 것입니다. 먼저 「환경정책기본법」에 의한 '특별대책지역'부터 설명하기로 하죠. 팔당호 광역 상수원의 수질보전을 위하여 한강수계지역의 7개 시·군에 대하여 '특별대책지역 I 권역'과 '특별대책지역 II 권역'으로 구분하여 지정·관리하고 있습니다.

I 권역은 팔당상수원 수질에 직접 영향을 미치는 거리에 있는 지역이며,

Ⅱ권역은 간접 영향을 미치는 거리에 있는 지역입니다. 따라서 당연히 Ⅰ권역의 규제가 훨씬 강하겠지요.

로빈손 : 한강수계의 특정지역이 '특별대책지역Ⅰ권역' 인지 아니면 '특별대책지역Ⅱ권역' 인지 어떻게 알 수 있습니까?

산수로 : 그거야 당연히 토지이용계획확인서를 열람해보면 나오죠. 토지분석의 첫 출발은 토지이용규제정보서비스에 들어가서 토지이용계획확인서를 열람하는 것에서부터 시작해야 한다고 하였지요.

로빈손 : 투자와 관련해서 Ⅰ권역과 Ⅱ권역을 분석하여 주시죠?

산수로 : Ⅰ권역은 Ⅱ권역에 비하여 강한 규제를 받는 권역이겠지요. 건축연면적 400㎡ 이상의 숙박업, 식품접객업 및 건축연면적 800㎡ 이상의 오수배출시설은 원칙적으로 Ⅰ권역에 입지할 수 없습니다. 그러나 비오수배출시설의 경우에는 Ⅰ권역이라도 입지가 가능합니다. 예를 들어 창고의 경우 Ⅰ권역이라도 설치가 가능하죠.

반면 Ⅱ권역은 오수처리가 확실하면 오수배출시설이라도 입지가 가능합니다. 기타 폐수배출시설, 가축분뇨배출시설 등 여기서 모두 설명할 수는 없지만 각종 규제도 있습니다.

따라서 특별대책지역에 투자할 경우에는 반드시 환경부고시 '팔당·대청호 상수원 수질보전 특별대책지역 지정 및 특별종합대책' 및 '팔당·대청호 상수원 수질보전 특별대책지역 특별배출 허용기준' 을 참조하셔야 합니다.

로빈손 : 한강수계지역에 투자하려면 정말 공부를 많이 해야 할 것 같네요. 아파트를 산 경험으로 부동산 투자를 쉽게 생각했는데 하면 할수록 만만치 않은 것이 부동산 투자이네요.

산수로 : 부자가 되는 길이 그렇게 쉬우면 누구나 부자가 되지 않겠어요. 감나무 밑에서 감이 떨어지기를 기다리는 시간에 하나라도 더 알려고 노력하는 자세가 중요하다고 생각합니다. 다만, 아는 길도 물어가라고 하는 말이 있듯이 전문가의 도움을 얻는 것도 좋은 방법이겠지요.

로빈손 : 다시 한 번 여쭤보고 싶은데 '특별대책지역Ⅰ권역'에 속하면 투자가치는 거의 없다고 봐도 됩니까?

산수로 : 한강수계지역의 투자를 너무 민감하게 생각하실 필요는 없습니다. '특별대책지역Ⅰ권역'에 속하더라도 오폐수가 전량 하수종말처리시설로 유입되어 처리되는 곳은 '하수처리구역'으로 특별한 제한을 받지 않습니다. 따라서 하수처리구역은 자연보전권역과 해당 용도지역의 건축물의 용도에 따라 건축행위를 하면 되는 것입니다. 물론 이런 경우에도 해당 시·군의 조례를 확인해야 한다는 것은 잊지 않으셨겠죠.

로빈손 : 아~ 그렇다면 Ⅰ권역의 경우 하수처리구역이 아닌 경우에만 문제가 되는 것이군요?

산수로 : 그렇다고 할 수 있습니다. 따라서 아까 말씀드렸던 Ⅰ권역에서 건축연면적 400㎡ 이상의 숙박업·식품접객업 및 건축연면적 800㎡ 이상의 오수배출시설은 입지할 수 없다고 한 것은 바로 '하수처리구역 외의 지역'일 경우에만 해당되는 것이지요.

로빈손 : 이제 이해가 갑니다. 역으로 Ⅰ권역의 '하수처리구역 외의 지역'이라도 건축연면적 400㎡ 미만의 숙박업·식품접객업 및 건축연면적 800㎡ 미만의 오수배출시설은 입지가 가능하다는 이야기겠군요. 그렇다면 Ⅰ권역의 농지나 임야에 투자해서 전원주택을 짓는 것도 문제가 없겠네요?

산수로 : 너무 깊이 들어가는 것 같네요. 그래도 질문하셨으니 답변해야죠. 만약에 앞으로 '특별대책지역 I 권역'의 '하수처리구역 외의 지역'의 농지나 임야에 투자를 하고자 할 때에는 전용허가 신청일 이전 6개월 전부터 세대주를 포함한 전세대원이 현지에 전입하여 거주해야 합니다. 다음에 건축물의 용도는 해당 용도지역에서 허용하는 건축물이라야 가능하게 됩니다. 이건 당연히 기본이죠.

따라서 II 권역의 경우는 당연히 거주요건도 필요 없고 오폐수를 처리하는 정화시설만 확실하게 갖추면 오수배출시설도 입지가 가능하다고 했죠.

로빈손 : 정말 복잡하긴 하네요. 하지만 앞으로 한강수계지역에 경치 좋은 땅을 물색하게 되면 산수로님께 상담을 받으면 되니 걱정할 필요는 없겠지요.

수질보전을 위한 수변구역 및 상수원보호구역

로빈손 : 수변구역은 어디를 말하는 것입니까?

산수로 : 수변구역은 한강을 비롯한 4대강에 지정하는 구역입니다. 한강수계에서는 남양주시, 양평군, 가평군, 광주시, 용인시, 여주군 등 6개 시 · 군에 지정되어 있죠. 한강의 수변구역은 한강수계의 수질보전을 위하여 팔당호, 북한강, 남한강, 경안천의 양안을 대상으로 지정하게 됩니다.

특별대책지역 내의 수변구역은 양안 경계로부터 1km 이내의 지역이며, 특별대책지역 밖의 수변구역은 양안 경계로부터 500m 이내의 지역입니다.

수변구역은 지난 2009년 2월에 110만㎡ 정도 해제하여 그동안 제한되었던 각종 건축행위가 해제되었죠. 토지의 투자가치가 상승한 것은 당연한 이야기겠죠.

로빈손 : 특별대책지역이나 수변구역이나 상수원보호구역 모두 수질보전을 위한 지역인데 왜 굳이 법을 달리하여 복잡하고 헷갈리게 만들었을까요? 이해를 못하겠네요.

산수로 : 투자자의 입장에서 보면 그렇겠죠. 한 가지로 통합해서 법을 만들면 투자자 입장에서도 이해하기가 쉬울 수 있겠지만 세 가지가 각기 지정지역도 다르다보니 근거법도 달리 할 수밖에 없겠죠.

그러나 기본적으로 상수원을 보호하기 위해서 일정한 개발행위를 제한하고 오폐수배출을 규제한다는 취지는 동일하다고 볼 수 있습니다.

로빈손 : 산수로님 말씀만으로는 왜 굳이 구분하는지 더 이해가 안가네요.

산수로 : 좀 더 자세하고 분명하게 설명해야 되겠군요.

첫째, 특별대책지역은 직접 상수원(취수원)이 되는 팔당호와 대청호의 수질을 확실하게 보전하기 위하여 지정하는 지역입니다. 따라서 이 지역에서는 오폐수처리가 확실하게 되지 않으면 개발행위가 제한될 수밖에 없겠지요.

둘째, 수변구역은 취수원인 호수에 이르기까지의 강줄기의 수질을 보전하기 위하여 지정하는 구역입니다. 따라서 팔당호나 대청호의 특별대책지역의 양안에 지정되는 수변구역은 특별대책지역에 준하는 행위제한을 받을 수밖에 없겠죠. 그러나 특별대책지역 밖의 일반 강줄기의 수변지역은 허가조건을 충족하면 음식점이나 숙박업소 등이 들어설 수 있고 외지인의 단독주택 신축도 가능합니다.

셋째, 상수원보호구역은 주로 강 상류지역에서부터 원천적으로 상수원을 보호하기 위하여 지정하는 구역이라고 보면 됩니다. 따라서 상수원보호구역에서는 규제가 매우 까다로울 수밖에 없고, 농업인인 경우에만 농가주택을 지을 수 있습니다. 그것도 지목이 '대' 이어야 하며, 100㎡ 이하의 농가주택만 가능합니다. 즉, 농지전용으로는 지을 수 없죠.

이제 어느 정도 이해가 되셨나요?

로빈손 : 이제 알 것 같네요. 규제하는 지역이 다르고 행위제한의 정도도 다르다 보니 당연히 근거법도 달라야 하겠네요.

그런데 한 가지 의문스러운 점은 팔당호 근처에 가보면 모텔도 있고 카페촌이나 음식점들도 즐비한데 앞뒤가 안 맞는 이야기 아닌가요?

산수로 : 법에는 항상 경과규정이라는 것이 있습니다. 법이 시행되기 이전에 원주민들이 허가를 받아 운영하는 시설은 인정해 줄 수밖에 없는 것입니다. 다만, 새로운 법에 근거한 오폐수처리시설은 갖추어야 하겠지요.

로빈손 : 한강수계에 있는 지역은 모두 자연보전권역인데 아까 산수로님이 설명하셨을 때 자연보전권역이더라도 수질오염총량관리제를 시행하여 수질보전을 확실하게만 한다면 대규모 개발도 가능하다고 하지 않았나요?

산수로 : 맞습니다. 다만, 위에서 설명 드린 특별대책지역이나 상수원보호구역 같은 경우에는 수도권 주민들의 상수원과 직결된 문제이므로 해제되기가 쉽지 않고 오히려 더욱 보전을 해야 하는 지역이 되겠지요. 그러나 수변구역의 경우는 이미 상당부분 해제가 되었고 향후에도 수질오염총량관리제와 관련하여 더 많은 구역이 해제될 가능성이 있다고 봅니다. 수변구역이라는 것이 강을 바라다보는 조망권이 확실한 지역 아닙니까?

로빈손 : 산수로님 설명을 들으니 부동산 투자를 어떻게 해야 되는지 하나씩 알아가게 되는 것 같습니다.

산수로 : 지금까지 수도권에 투자할 때 넘어야 할 장애물 즉, 각종 토지이용규제에 대해서 설명을 드렸죠. 투자라는 것이 제대로 알고 투자하면 수익으로 돌아오지만 모르고 투자하거나 어설프게 알고 투자하면 반드시 손실로 돌아오게 된다는 것을 명심하셔야 될 것입니다.

수도권은 철저히 개발축을 따라가라

수도권 관련계획 속에 돈이 있다

산수로 : 서두에서도 설명하였지만 모름지기 부동산 투자는 철저하게 개발축을 따라가야 한다고 하였지요. 개발축은 무엇을 따라가는 특징이 있다고 하였지요?

로빈손 : 예. 개발축은 곧 주축도로가 뻗어 나가는 방향이므로 '개발축 = 도로축'이라고 보아도 무방합니다.

산수로 : 맞습니다. 앞에서도 설명하였지만 수도권의 경우 오랜 기간 동안 경부고속도로를 주축으로 한 경부축을 개발축으로 삼아 강남으로 또 제2의 강남을 만들면서 발전해왔지요. 따라서 강남이라는 이름 아래 대한민국의 돈줄기가 모이고 '강남 불패신화'를 만들었습니다.

자금여력이 충분하다면 당연히 강남에 투자해야 되겠지요. 경부축은 포화상태라고 하지만 제2, 제3의 경부축은 계속 생겨날 수밖에 없습니다.

부동산 투자와 투자자금은 서로 함수관계입니다. 자금여력이 넉넉하다면 이왕이면 새로운 경부축에 투자하는 것이 좋고, 투자자금이 부족하다면 새롭게 뚫릴 수 있는 개발축을 찾아 투자하는 것이 바람직하겠지요.

 로빈손 : 어휴~ 저도 경부축에 투자할 여력이 되었으면 좋겠습니다. 그래도 비교적 적은 자금을 가지고 수도권에 새로운 개발축에 투자할 수 있다면 더 바랄 나위가 없겠네요. 아무튼 길 따라 뚫릴 새로운 개발축으로 산수로님의 도움을 얻어 함께 길을 걸어가고 싶습니다.

산수로 : 그렇지요. 길은 걸어가라고 있는 것입니다. 수도권을 중심으로 지금도 수많은 도로가 뚫리고 있습니다. 그 도로 중에서 어떤 길을 걸어가야만 과연 미래의 개발축이 될지 철저하게 분석해야 하는 것이 중요한 것입니다.

로빈손 : 그렇다면 수도권의 새로운 개발축을 분석하기 위해서는 어떻게 해야 할까요?

산수로 : 제1부에서 개발축에 관해 설명할 때 언급했듯이 각종 계획을 철저하게 분석해야 합니다. 그럼 수도권과 관련하여 어떤 계획들이 있을까요?

로빈손 : 산수로님께서 항상 먼저 숲을 보고 그 다음에 나무를 볼 줄 알아야 한다고 말씀하셨지요. 따라서 먼저 가장 큰 그림인 '제4차 국토종합개발계획 수정계획'을 봐야 한다고 생각합니다. 다음에는 수도권 계획인 '제3차 수도권정비계획'을 봐야 하지 않나요? 그 다음에 서울, 인천, 경기도의 도시기본계획 등을 분석하면 답이 나오시 않을까요?

산수로 : 반은 맞는 설명입니다만 일단 계획의 흐름을 보도록 하겠습

니다.

제4차 국토종합개발계획 수정계획(2006~2020) ⇒ 제3차 수도권정비계획(2006~2020) ⇒ 수도권 광역도시계획 수정계획(2009~2020) ⇒ 수도권 광역경제권 발전계획(2009~2014) ⇒ 서울시 도시기본계획, 인천시 도시기본계획, 경기도 종합계획 ⇒ 거점도시의 도시기본계획들까지 꼼꼼하게 살펴볼 필요가 있습니다.

로빈손 : 그 많은 계획들을 검토하는 것도 보통 일이 아니겠네요. 그 중에서도 수도권과 관련해서는 어떤 계획을 중점적으로 보는 것이 좋을까요?

산수로 : 제3차 수도권정비계획은 「수도권정비계획법」에 의해서 수도권의 3대 권역별로 수도권 규제의 합리적인 개선에 초점을 맞춘 것이라면 '2020년 수도권 광역도시계획'은 국토종합계획 바로 아래 단계의 계획으로 수도권의 장기발전방향을 제시한 계획이지요. 수도권 광역도시계획은 서울시, 인천시, 경기도의 세 광역자치단체의 특성을 감안한 광역 개발계획이 담겨 있습니다. 즉, 어디를 개발하고 어디를 보전할 것인지에 대한 큰 밑그림이 그려지게 되는 것이지요.

아울러 이명박 정부에서 계획한 '수도권 광역경제권 발전계획' 역시 주목할 필요가 있습니다. 참여정부에서 수립된 각종 계획들과 골격은 동일하나 세부적인 측면에서 변화가 있었기 때문이죠.

따라서 수도권에 관한 큰 그림은 일단 '2020년 수도권 광역도시계획'과 '수도권 광역경제권 발전계획'으로 줄기를 잡고 관심 있는 투자지역에 대해서는 해당 도시의 도시기본계획을 살펴보게 되면 해당 도시의 미래의 비전을 구체적으로 알 수 있게 되는 것입니다.

도시기본계획은 해당 도시의 중장기 개발계획이 모두 담겨 있기 때문에 '지역개발의 청사진' 이자 '부동산 투자의 로드맵' 역할을 하는 가장 중요한 계획 중의 하나라고 할 수 있습니다.

도시기본계획에는 보전할 땅과 장차 개발할 땅이 상세하게 표시되어 있습니다. 따라서 부동산 투자를 위해 도시기본계획을 살필 때는 '개발 가능지가 어디인가' 에 주안점을 두고 미리 선점 투자를 한다면 성공확률이 높을 것입니다. 도시기본계획 상의 개발 가능지는 '시가화예정용지' 로 표시하게 됩니다. 도시기본계획을 꼼꼼히 검토하게 되면 향후 해당 도시의 개발축을 판단할 수 있게 되는 것이지요.

여기서 수도권의 여러 도시들의 도시기본계획을 하나하나 모두 검토하는 것은 불가능하겠지만, 로빈손님은 투자하기에 앞서 반드시 해당 도시의 도시기본계획을 확인하는 습관을 길러야 합니다.

로빈손 : 도시기본계획은 중장기 계획이므로 100% 실현되지 않을 가능성도 있지 않나요?

산수로 : 물론 그럴 가능성도 배제할 수 없습니다. 그러나 도시기본계획은 일단 해당도시의 로드맵을 제시한 것이므로 계획의 추진과정에서 일부 수정이나 보완은 있을 수 있어도 근본적인 틀은 크게 변하지 않을 것입니다.

로빈손 : 그렇다면 도시기본계획에 따른 최종적인 개발계획은 어디서 확인할 수 있나요?

산수로 : 도시기본계획은 한 도시의 중장기적 비전을 제시하는 지역개발계획으로 해당 시 · 군의 도시관리계획에 의하여 최종 확정 · 고시가 되

게 됩니다. 도시기본계획을 수립할 때까지는 공청회를 거치기 때문에 일반인들도 충분히 사전에 개발계획을 감지할 수 있습니다.

로빈슨 : 광역도시계획이나 도시기본계획도 중간에 변경되는 경우가 있나요?

산수로 : 광역도시계획이나 도시기본계획은 보통 5년마다 그 타당성여부를 전반적으로 재검토하도록 되어 있습니다. 따라서 이러한 장기계획이 바뀔 때가 바로 투자 타이밍이 될 수 있는 것입니다.

계획 속에 돈이 있다고 항상 말씀드렸죠. 각종 계획들을 자주 보는 습관을

[표1] 관련 계획에서의 비전과 전략 내용

계 획 명	비 전	전 략
제4차 국토종합계획 수정계획 (2006-2020)	- 서울 : 세계일류도시 - 인천 : 물류 · 경제자유도시 - 경기 : 지식산업중심지역	- 서울 : 다핵형 도시공간구조의 형성 - 인천 : 국제비즈니스, 첨단지식산업 중심 - 경기 : 첨단산업 클러스터 육성
제3차 수도권 정비계획	- 지방과 상생 발전하는 살기 좋은 동북아 경제중심	- 수도권 인구 안정화/ 주민의 삶의 질 개선 - 수도권의 경쟁력 강화/수도권 규제의 합리적 개선
2020 수도권 광역도시계획	- 한국을 대표하는 세계적 경쟁력을 갖춘 대도시권	- 공간구조 다핵화, 지역별 자족도시권형성 - 개발제한구역 조정가능지역 설정
2020 서울시 도시기본계획	- 맑고 매력 있는 세계도시 서울	- 단핵 공간구조에서 다핵 공간구조로 개편 - 1도심 5부심 개발
2020 인천시 도시기본계획	- 21세기 동북아 물류중심, 경제자유도시 인천	- 단핵 공간구조에서 다핵 공간구조로 개편 - 송도, 영종, 청라지구의 경제자유구역 - 검단신도시 도시공간 형성
2020 경기도 비전과 전략	- 21세기 동북아 물류중심, 경제자유도시 인천	- 지식정보사회의 인프라 구축, 지식기반산업의 역량 강화, 삶의질 제고와 복지사회 구현, 지속가능한 환경친화적 사회, 정보화 · 세계화 성장기반 마련

들이면 눈앞에는 아무 것도 안보여도 미래를 보는 눈이 생깁니다. 미래가치를 읽을 수 있는 혜안이 생기는 것이지요. 그러면 수도권과 관련된 각종계획들을 간단히 요약한 〈표1〉을 살펴보도록 하겠습니다.

국토종합계획과 수도권정비계획상 수도권 공간구조 구상

산수로 : 각종 계획에 있어서 수도권의 공간배치도가 어떻게 변화해왔는지 이해하기 위해서는 계획수립시점이 언제였는지부터 파악할 필요가있습니다.

먼저 '제4차 국토종합개발 수정계획'은 2005년도에 발표된 계획입니다. 그리고 '제3차 수도권정비계획'은 2006년도에 발표되었죠. '2020년 수도권 광역도시계획'은 2007년도에 발표되었으나 이명박 정부에 들어와서 2009년 4월에 다시 수정 발표되었습니다. 마지막으로 '수도권 광역경제권 발전계획'은 2009년 8월에 발표되었죠.

로빈손 : 말씀하신 바를 이해할 수 있겠네요. 수도권에 관해서는 이명박 정부의 정책방향이 담겨져 있는 '2020년 수도권 광역도시계획'과 '수도권 광역경제권 발전계획'을 주목해야 한다는 말씀이시죠.

산수로 : 바로 보셨습니다. 그러나 큰 틀은 국토종합계획과 수도권정비계획 안에서 이루어지므로 이것 역시 참고를 할 필요는 있습니다.

로빈손 : 항상 개발축을 따라서 투자하라고 말씀하셔서 앞으로 설명하실 내용이 매우 궁금하네요.

산수로 : 기존 경부축을 중심으로 한 수도권의 개발축 외에 어떤 방향의 개발축이 향후 부각될 것인지 살펴보기 위해서는 일단 '제4차 국토종

합개발계획 수정계획'과 '제3차 수도권정비계획' 및 '2020년 수도권 광역도시계획'과 '수도권 광역경제권 발전계획'에 이르기까지 각 계획에서 수도권의 공간구상을 어떻게 펼쳐나가고 있는지 살펴볼 필요가 있습니다 (그림7).

【그림7】 **'국토종합계획'의 수도권 정비방향**

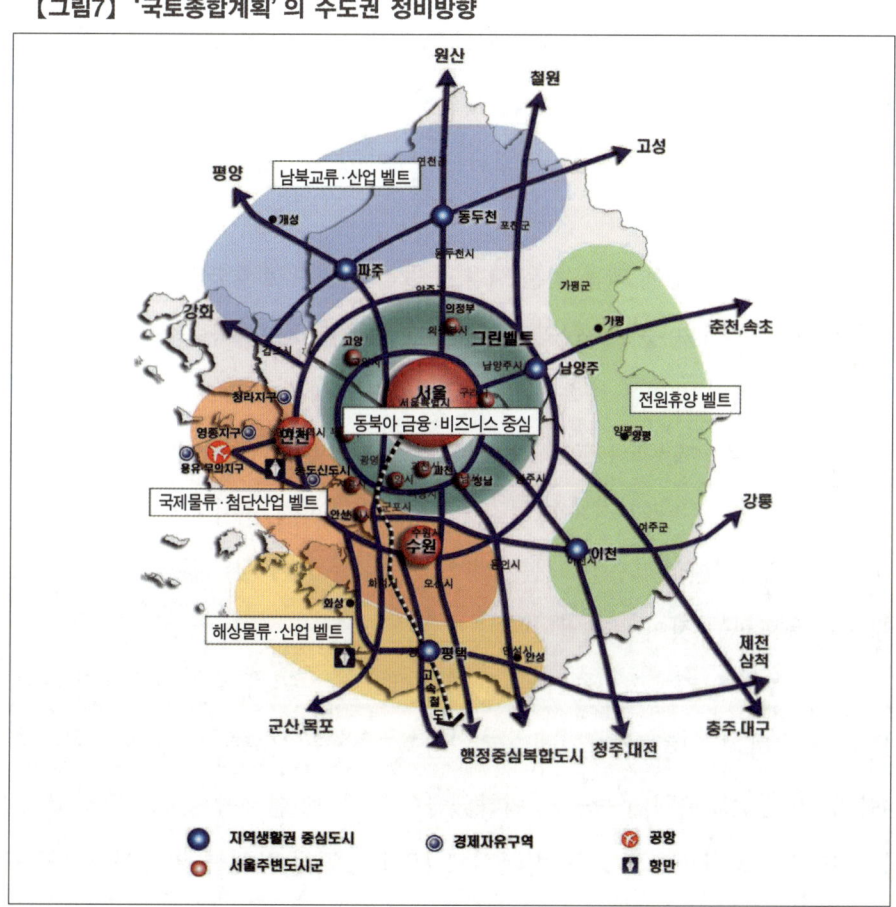

산수로 : 2005년 '제4차 국토종합계획 수정계획'에서 강조한 것은 수도권 공간구조를 서울 일극집중형에서 자립형 다핵도시구조로 전환하여 수도권 내 균형발전을 도모하고 서울 중심의 방사형 교통체계를 순환격자형으로 개편하여 네트워크형 공간구조 형성을 지원하는데 초점을 맞추었습니다. 이후의 계획들도 국토계획의 큰 틀 속에서 수도권의 공간구조를 '다핵구조'와 '순환격자형 교통체계'로 가져가고 있습니다.

국토종합계획에서는 서울 주변의 인천-수원-용인 사이에 국제물류·첨단산업벨트를 구상하고, 그 아래쪽에 화성-평택-안성 쪽의 해상물류·산업벨트를 구상하였지요. 따라서 국토종합계획에서 개발축은 기존의 '경부축'과 서쪽의 '서해안축'이라고 할 수 있습니다. 이 개발축은 현재도 유지되고 있다고 보시면 됩니다.

그리고 한 가지 눈에 띄는 것은 서울 주변을 원형으로 둘러싸고 있는 제1외곽순환도로와 계획 중인 제2외곽순환도로입니다. 제2외곽순환도로가 개통되면 주변지역의 발전을 가속화시킬 것이라고 예상됩니다(그림8, 그림9).

산수로 : 제3차 수도권정비계획 국토종합계획과 마찬가지로 서울 중심적 공간구조를 '다핵 연계형 공간구조'로 전환시키고 서울 중심의 방사형 교통체계에서 '환상격자형 교통체계' 구축을 통하여 네트워크형 공간구조 형성을 유도하는 것이 골자입니다.

그리고 교통밀집지역의 교통난을 완화하고 수도권의 다핵연계형 공간구조를 촉진하기 위하여 장기적으로 '남북7축·동서4축·3개 순환망(7×4+3R)'의 간선도로망 구축을 계획하였습니다. 특히 한계용량에 도달하고 있는 서울외곽순환도로의 교통량 분산과 도시간 연계 강화를 위하여 제2외곽

【그림8】 '수도권정비계획'의 다핵연계형 공간구조

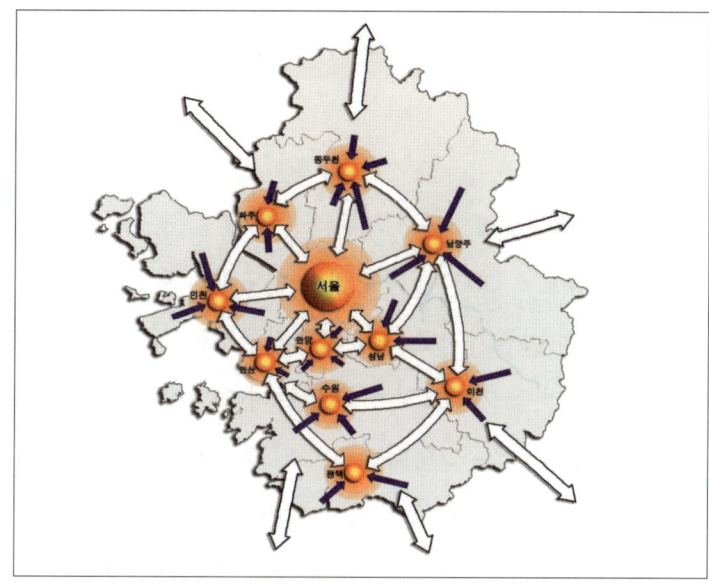

【그림9】 '수도권정비계획'의 공간구상도

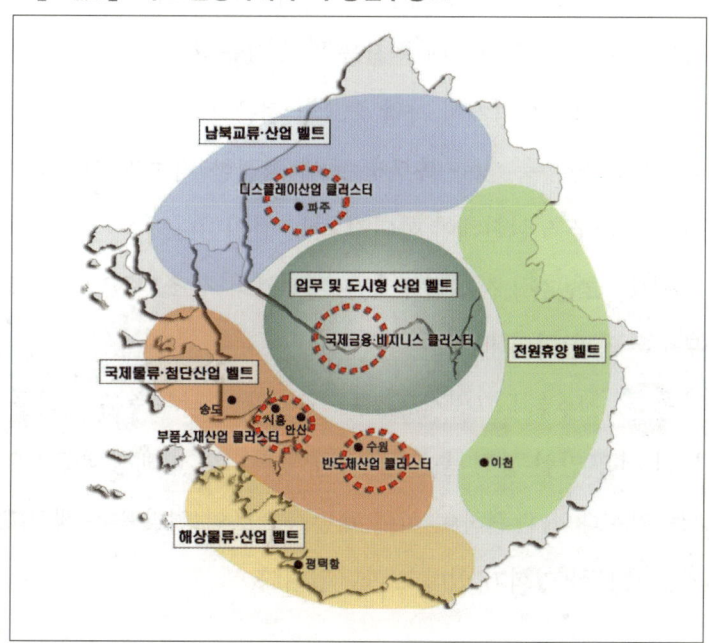

순환고속도로 건설 추진을 계획하고 있지요. 따라서 제3차 수도권정비계획은 국토종합계획을 좀 더 구체화한 계획으로 기본적으로는 동일한 컨셉을 유지하고 있습니다.

2020년 수도권 광역도시계획의 수도권 공간구조 구상

산수로 : '2020년 수도권 광역도시계획' 역시 국토종합계획과 수도권정비계획과 마찬가지로 수도권 공간구조를 '다핵공간구조' 로 하고 '격자순환형 교통망' 을 기본으로 하고 있습니다(그림10).

로빈손 : 음~ 그렇다면 수도권 광역계획은 국토종합계획과 수도권정비계획을 발전시켜 보다 구체화한 계획이 되겠네요?

산수로 : 그렇습니다. 수도권 광역계획에 의하면 서울 외곽에 '거점도시' 를 육성하여 인접 배후지역간의 연계를 강화하여 거점도시 중심의 '자족도시권' 을 형성하는데 중점을 두고 있습니다.

수도권 광역계획에서 가장 중요한 점은 기존의 경부축 중심의 개발을 지양하고 서 · 남부축, 동 · 북부축 등에 적절한 기능과 시설을 유치하여 다핵분산형 공간구조 실현해야 한다고 하는 점입니다.

로빈손 : 서 · 남부축은 이전부터 강조되었던 개발축이지만 동 · 북부축은 약간 의외네요?

산수로 : 그렇지요. 수도권의 서 · 남부축은 인천을 비롯하여 광명-부천-시흥-안산-봉담-송산-동탄-평택 라인까지 해당되겠지요. 서 · 남부축은 서해안시대와 관련하여 이미 개발축으로의 역할을 수행하고 있지만 아직까지도 충분한 기회가 있다고 판단됩니다.

【그림10】 '수도권 광역도시계획'의 수도권 공간구조 골격구상도

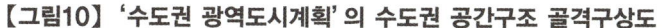

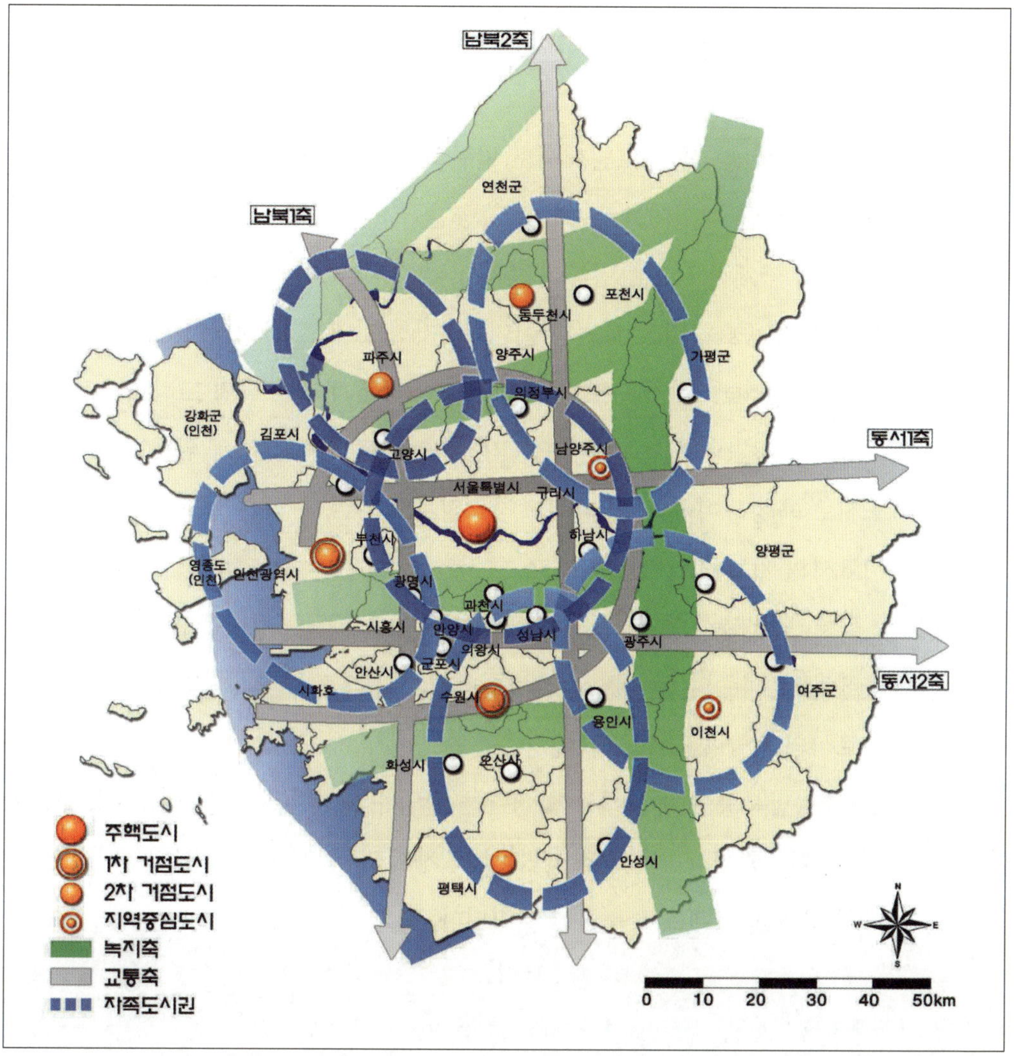

동·북부축은 구리 - 남양주 - 의정부 - 양주 - 동두천 - 포천 라인으로 대부분이 자연보전권역인데다가 군사시설보호구역이나 한강수계 등에 해당되어

그동안 개발이 뒤떨어졌던 지역이지요. 그럼에도 불구하고 동ㆍ북부축을 언급하였다는 것은 향후 자연보전권역에 대한 제한이 상당히 풀릴 가능성이 높다고 예상할 수 있습니다.

로빈손 : 산수로님께서도 말씀하셨듯이 '2020년 수도권 광역도시계획' 은 중요한 계획이므로 '수도권 공간구조 골격구상도' 의 그림과 관련하여 좀 더 구체적으로 설명하여 주시기 바랍니다. 특히 투자와 관련하여 '거점도시' 가 중요하다고 보는데 어디가 '거점도시' 로 선정되었나요?

산수로 : 먼저 수도권 거점도시 육성에 대하여 설명 드리죠.

첫째, 인천ㆍ수원은 서울 도심기점 30km권 외곽지역에 위치한 1차 거점도시로 육성하여 인천은 국제교역ㆍ정보도시로, 수원은 수도권 남부거점도시로서의 기능을 각각 제고하고,

둘째, 남북축상의 40km권 외곽의 파주ㆍ동두천ㆍ평택을 2차 거점도시로 육성하여, 파주와 동두천은 남북협력의 거점으로, 평택은 임해물류 거점도시로서의 기능을 각각 제고하며,

셋째, 남북방향 주축에서 벗어나는 남양주ㆍ이천은 지역중심도시로서 전원 및 여가중심의 친환경적인 도시 및 생활권 내 서비스 중심지로서의 기능을 수행하는 방향으로 육성될 것입니다.

2020년 수도권 광역도시계획의 개발축

로빈손 : 수도권 광역도시계획에서 개발축은 어떻게 설정되었습니까?

산수로 : '수도권 공간구조 골격구상도' 의 그림을 보면서 설명하기로 하죠.

수도권 광역도시계획에서는 교통축 중심의 개발축을 '주축' 과 '부축' 으로 나누어 다음과 같이 설정하였습니다.

먼저 주축으로 첫 번째 개발축은 서울의 동서 거점지역을 주요 결절점으로 하여 남북 방향 2개축을 각각 설정하되, '남북1축' 은 기존의 경의축·서해안축을 근간으로 하고, '남북2축' 은 기존의 경원축·경부축을 근간으로 하는 것이지요.

두 번째 개발축은 내륙지역과 인천(국제공항)을 연결하는 동서방향의 2개축을 각각 설정하되, '동서1축' 은 서울의 도심·거점지역을 관통하는 경인·경춘축을 근간으로 하고, '동서2축' 은 인천·수원·여주의 수인·영동축을 근간으로 하는 것입니다.

다시 부축으로 첫 번째 순환축으로 서울외곽순환고속도로를 그리고 향후 거점도시간을 연결하는 순환축으로 제2외곽순환고속도로를 추가로 설정하고, 두 번째 남북방향으로 강화 - 평택, 철원 - 용인 - 세종(제2경부고속도로), 철원 - 여주(중부내륙고속도로)의 3개의 보조축을 설정합니다.

세 번째 동서방향으로 강화 - 김포 - 포천축, 안중 - 평택 - 제천축의 2개 보조축을 설정하도록 계획하고 있습니다.

로빈손 : 결국 개발축은 도로를 따라 형성되므로 산수로님 말씀대로 개발축은 곧 도로축이 되는군요. 주축과 부축을 합하여 총 11개의 개발축이 그려지네요. 그중에서도 앞으로 어떤 축에 주력을 하면 좋을지 선별하여 주실 수 없을까요?

산수로 : 기존 경부축은 이미 발전한 많이 진행된 상황이니까 일단 제외하기로 하죠. 첫 번째 개발축인 남북1축의 파주 - 광명- 안산 - 화성 - 평

택의 개발축도 땅값이 많이 오른 상태이지만 아직도 충분한 개발의 여지가 있습니다.

두 번째 개발축으로는 서하남-광주-용인-안성-천안-세종을 연결하는 제2경부고속도로의 신경부축입니다. 많은 전문가들도 예상하듯이 제2경부고속도로 나들목을 중심으로 한 도시의 발전은 기존 경부축의 발전에서도 보았듯이 예측 가능한 사실입니다. 2017년까지 완공될 제2경부고속도로는 앞으로 부동산시장의 떠오르는 블루칩이 될 것입니다.

세 번째 개발축으로는 인천 - 안양 - 성남 - 광주 - 여주 - 원주를 잇는 제2경인고속도로와 제2영동고속도로의 동서2축입니다. 제2경인고속도로는 이미 완공되었고 광주 초월읍에서 원주까지의 제2영동고속도로가 2010년 5월에 착공하여 2014년 준공예정입니다. 특히 광주는 제2경부고속도로 및 제2영동고속도로가 교차할 뿐만 아니라 자연보전권역 중 수질오염총량관리제가 가장 잘 시행되는 도시로서 향후 발전가능성이 매우 큽니다.

네 번째 개발축으로는 인천 - 김포 - 파주 - 양주 - 포천 - 남양주 - 양평 - 광주 - 이천 - 용인 - 오산 - 봉담 - 송산 - 안산 등을 연결할 예정인 수도권 제2외곽순환도로축입니다. 제2외곽순환도로는 23개 구간으로 나누어 2013년부터 순차적으로 개통돼 2020년경께 완전히 개통될 예정입니다. 제2외곽순환도로가 개통되면 수도권 북부나 동북부지역의 교통여건이 획기적으로 개선되어 낙후된 지역발전에 미치는 파급효과가 매우 클 것으로 예상됩니다.

향후 수도권의 개발축은 기존의 경부축을 제외하고 크게 4대 개발축으로 나누어 볼 수 있는데 특히 나들복이 예정된 도시에 주목할 필요가 있을 것입니다.

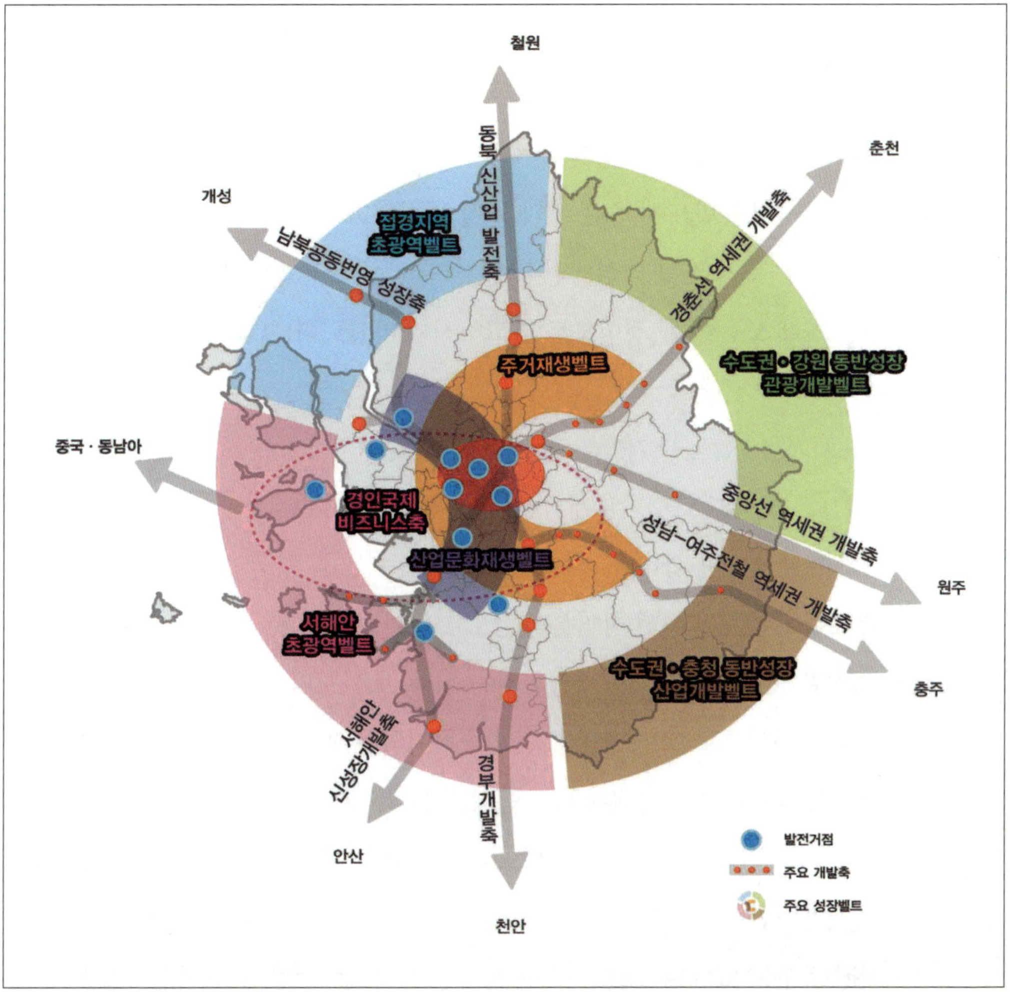

로빈손 : 산수로님의 체계적인 설명을 들으니 수도권의 개발축에 대한 감이 완전히 오네요. 자금여력이 많지 않다 보니 4대 개발축 중에서 비교적 때가 덜 탄 지역의 나들목이 예상되는 인근지역을 선정하면 되겠다는 생

각이 듭니다.

산수로 : 잘 생각하셨네요. 수도권 개발축과 향후 개설될 도로망을 잘 들여다보면 어디에 투자를 하는 것이 가장 효과적일까 하는 답이 나올 것입니다. 자신의 자금사정과 투자목적, 그리고 지금까지 배운 토지이용규제를 조화시키면 반드시 좋은 결과가 올 것이라고 믿습니다.

아울러 '수도권 광역경제권 발전계획'의 수도권 공간배치 구상도도 수도권 투자에 도움이 될 것이므로 참고하시기 바랍니다(그림11).

도시기본계획상 시가화예정용지에 주목하라

로빈손 : 도시기본계획에서 설명하신 시가화예정용지에 대해 좀 더 설명하여 주셨으면 합니다. 시가화예정용지는 소위 '황금알을 낳는 거위'라고도 표현들 하는데 어떤 지역을 대상으로 시가화예정용지로 지정하게 됩니까?

산수로 : 시가화예정용지는 향후 도시지역의 시가화용지로 개발이 예정된 지역으로 도시지역의 자연녹지지역과 관리지역의 계획관리지역 및 개발진흥지구 중 개발계획 미수립지를 대상으로 지정하게 됩니다.

또한 그 외의 지역에 대해서도 도시의 장래 성장방향 및 도시와 주변지역의 전반적인 토지이용상황에 비추어 볼 때 시가화가 필요한 지역을 대상으로 지정할 수도 있습니다. 도시기본계획상 시가화예정용지로 지정되게 되면 총량적으로 관리하되, 단계별 사업추진계획을 고려하여 개발의 시급성에 따라 순차적으로 개발하게 됩니다.

로빈손 : 시가화예정 용지도 개발용도가 부여되면 지구단위계획을 수립하게 되나요?

산수로 : 그렇습니다. 시가화예정용지의 경우 소규모 개발에 의한 난개발 문제의 해소 및 기반시설이 충분히 확보될 수 있도록 하고, 고·중·저밀도의 개발이 적절하게 조화를 이루어 계획인구의 원활한 수용이 될 수 있도록 지구단위계획을 수립하여 개발하게 됩니다.

로빈손 : 도시기본계획이 수정될 경우 시가화예정용지도 추가지정되거나 해제될 경우가 있겠네요?

산수로 : 물론이지요. 따라서 시가화예정용지로 지정된 지역이라 할지라도 개발축을 잘 검토하여 투자를 하여야만 실수가 없게 됩니다.

로빈손 : 시가화예정용지에 대하여 지구단위계획이 수립되면 어떤 방식으로 개발하게 됩니까?

산수로 : 대부분 수용방식에 의한 공영개발방식으로 개발된다고 보시면 됩니다. 따라서 시가화예정용지에 대한 투자 역시 투자 타이밍이 매우 중요하지요. 수용방식에 의한 개발방식에 대하여는 다시 자세히 설명하도록 하겠습니다.

길 따라가는 수도권 투자

수도권 도로망 계획을 철저히 분석하라

산수로 : 수도권에서 도로와 전철이 새로 뚫린다는 것은 단순히 접근성이 좋아진다는 의미 이상입니다. 여러 차례 이야기한대로 '길가는 곳에 돈이 있다' 고 하였죠. 부동산 시장이 아무리 침체되어도 길이 뚫리면 주변의

집값과 땅값은 올라가게 되어 있습니다.

대규모 택지개발 또는 신도시를 건설하거나 개발제한구역을 해제해 개발하고자 할 때에도 모든 기준은 도로·전철망이 주변에 얼마나 확보되어 있나 하는 것이 될 수밖에 없습니다. 따라서 길은 모든 개발의 중심축이 되는 것입니다. 곧 개발축 = 도로축이 되는 것이지요.

문제는 이미 개통된 눈에 보이는 길이 중요한 것이 아니라 지금은 눈에 보이지 않지만 앞으로 개통될 길입니다. 이 중에서 지역에 미치는 영향을 철저히 분석하여 투자 타이밍을 잡으면 결코 손해 보는 일은 없을 것입니다.

로빈손 : 그렇다면 수도권에서 향후 새로 개설될 도로와 전철망의 착공시점과 개통시점을 잘 분석하여 주 개발축과의 관계 및 거점도시를 중심으로 한 자족생활권과의 관계를 염두에 두고 투자 타이밍을 분석하여 투자해야 되겠군요.

산수로 : 바로 그겁니다. 도로나 전철망의 경우 공사기간이 수년 이상 걸리기 때문에 단기간에 급등하기보다 장기간에 걸쳐 지속적으로 상승하게 됩니다. 따라서 자신의 자금성격에 따라 중장기적인 안목을 갖고 투자 타이밍을 결정하여도 수익의 차이는 있더라도 확실한 수익을 보장받을 수 있게 되는 것입니다.

로빈손 : 수도권의 간선도로망 계획을 보니 정말 거미줄처럼 길이 뚫리게 되는군요. 이 중에서 어떤 길을 선택하여 투자를 해야 할지 신중히 판단해야 할 것 같습니다.

산수로 : 아까 설명한 수도권의 주개발축을 1차적인 기준으로 삼되 지역재료에 따라 주개발축과의 연계성을 염두에 두고 투자를 하면 될 것입

니다. 수도권에서 개통될 도로별로 개별적인 분석은 제시한 자료를 가지고 로빈손님이 독자적으로 분석하는 것이 부동산 투자를 위한 눈을 키우는데 도움이 될 것입니다. 다만, 주요도로에 대해서는 따로 설명을 드리도록 하죠(그림12).

【그림12】수도권 광역도시계획 간선도로망 계획구상

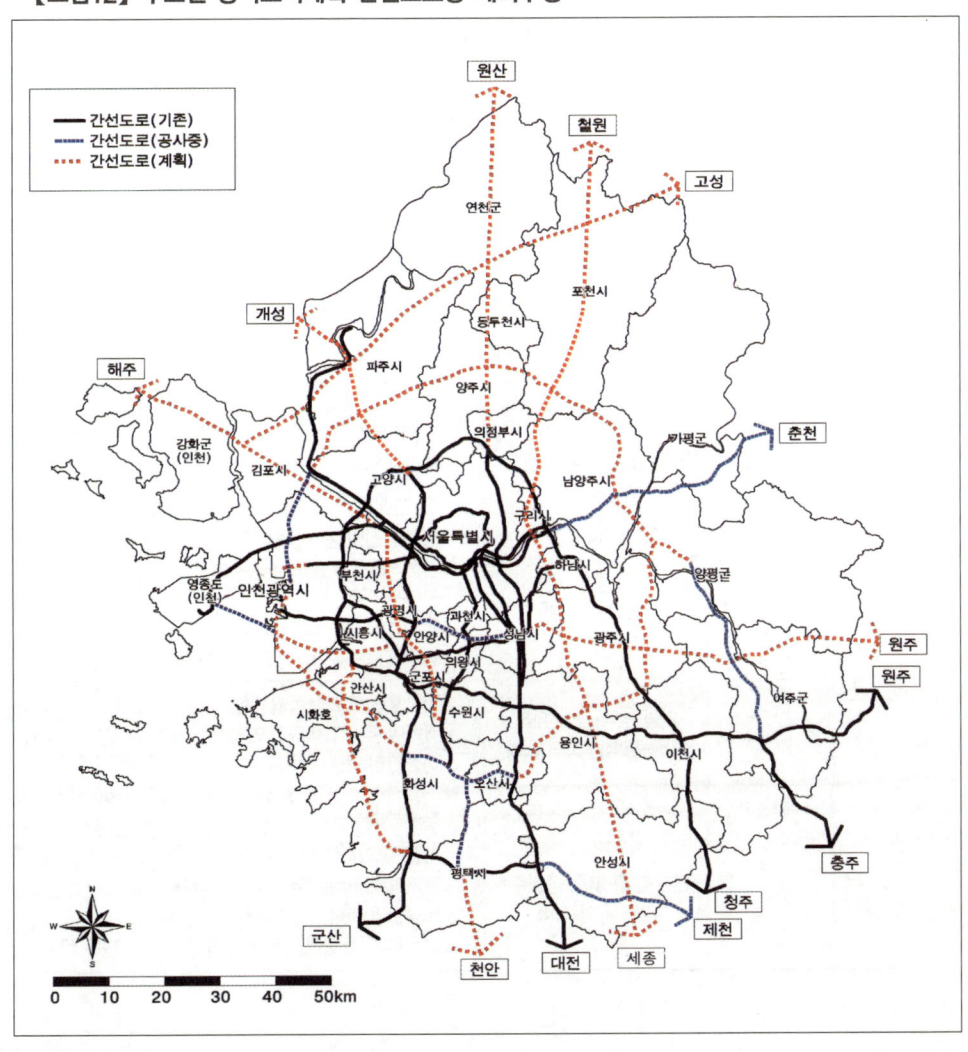

【표2】 수도권 간선도로망 계획노선 및 특성

구분	노선명	주요 경유지	노선 특성	비 고
남북축	① 강화-평택	강화-김포-서울외곽-안산-평택 (서해안고속도로)	· 전국 간선망 남북 1축 · 서해안지역 연결 고속도로 (시흥-평택간 민자고속도로 포함) · 인천국제공항-김포-파주간 동서2축과 연결	
	② 문산-천안	파주-고양-광명-수원-평택	· 전국 간선망 남북 2축 · 광명-수원-평택간 연계 및 서해안, 경부축 보완노선	수원-평택 보완
	③ 연천-대전	연천-의정부-성남-오산 (경부고속도로)	· 전국 간선망 남북 3축 · 경부고속도로	
	④ 철원-세종	철원-포천-남양주-광주-용인(제2경부고속도로)	· 전국 간선망 남북 3축과 중부고속도로축을 보완하며, 남양주-광주-용인지역 통행축 보완 · 구리-용인-안성-세종 노선 신설	남북축 보완
	⑤ 철원-충주	철원-포천-양평-여주 (중부내륙고속도로)	· 전국 간선망 남북 4축 · 여주-구미간 중부내륙과 연계	
동서축	㉮ 강화-고성	김포-파주-연천-포천	· 전국 간선망 동서 1축 · 경기, 강원 북부지역 연계	
	㉯ 인천-춘천	부천-서울강변북로-구리-양평(경인, 서울-춘천간 고속도로)	· 전국 간선망 동서 2축 · 경인고속도로, 서울-춘천간 고속도로의 동서간 연계	
	㉰ 인천-원주	안산-신갈-이천 (영동고속도로)	· 전국 간선망 동서 3축 · 인천국제공항-송도지구-시화지구간을 직결 · 제2경인고속도로(인천-광명-안양-성남-광주-원주)와 제2영동선 연결	고속도로, 인천국제공항 연계
	㉱ 안중-제천	안중-평택-안성-제천 (안중-평택간 고속도로)	· 전국 간선도로망 동서 4축 · 서해안, 경부고속도로 연계 및 아산만권 연결	
순환축	제2순환	서울외곽순환도로	· 서울외곽순환고속도로	
	제3순환	인천-김포-파주-남양주-광주-용인-시화	· 서울제2외곽순환고속도로 · 경기북부, 남부지역 고속노로 계획노선을 동서축 · 남북축으로 연계 보완하며, 생활권간 연결 강화	

수도권 전철망 및 철도망도 길임을 잊지 말라

산수로 : 도로 못지않게 수도권 전철망 역시 부동산 가격 상승에 결정적인 영향을 미칩니다. 그동안 서울 지하철 9호선라인에 돈이 몰려들었었지요. 또 수도권 철도망 역시 복선화되면서 해당 지역발전에 많은 영향을 끼치고 있습니다.

항상 투자1순위는 역세권 투자라고 이야기 하죠. 따라서 수도권 전철망 및 철도망도 분석할 필요가 있습니다. 수도권 간선철도망 구상계획을 보시면 향후 수도권의 전철망 및 철도망이 어떻게 구축될 것인지 한 눈에 알 수 있을 겁니다.

로빈손 : 전철 및 철도 역시 도로와 마찬가지로 길을 따라가는 투자라는 말씀이지요. 개발재료가 너무 많다 보니 어지럽지만 여러 가지 복합적인 요인을 잘 분석해서 제대로 된 투자를 하도록 하겠습니다.

산수로 : 로빈손님, 부동산 투자는 '길 따라 가는 투자'라고 누차 강조하지만 여기서 꼭 명심하여야 할 사항이 있습니다. 새로운 길이 생기면 기존의 길이 쇠퇴할 가능성도 있습니다.

따라서 새로운 길이 생기면 기존의 길과의 관계를 분석하여 만약 기존의 길이 죽는 길이 된다는 판단이 서면 재빨리 갈아탈 줄 아는 순발력도 필요합니다.

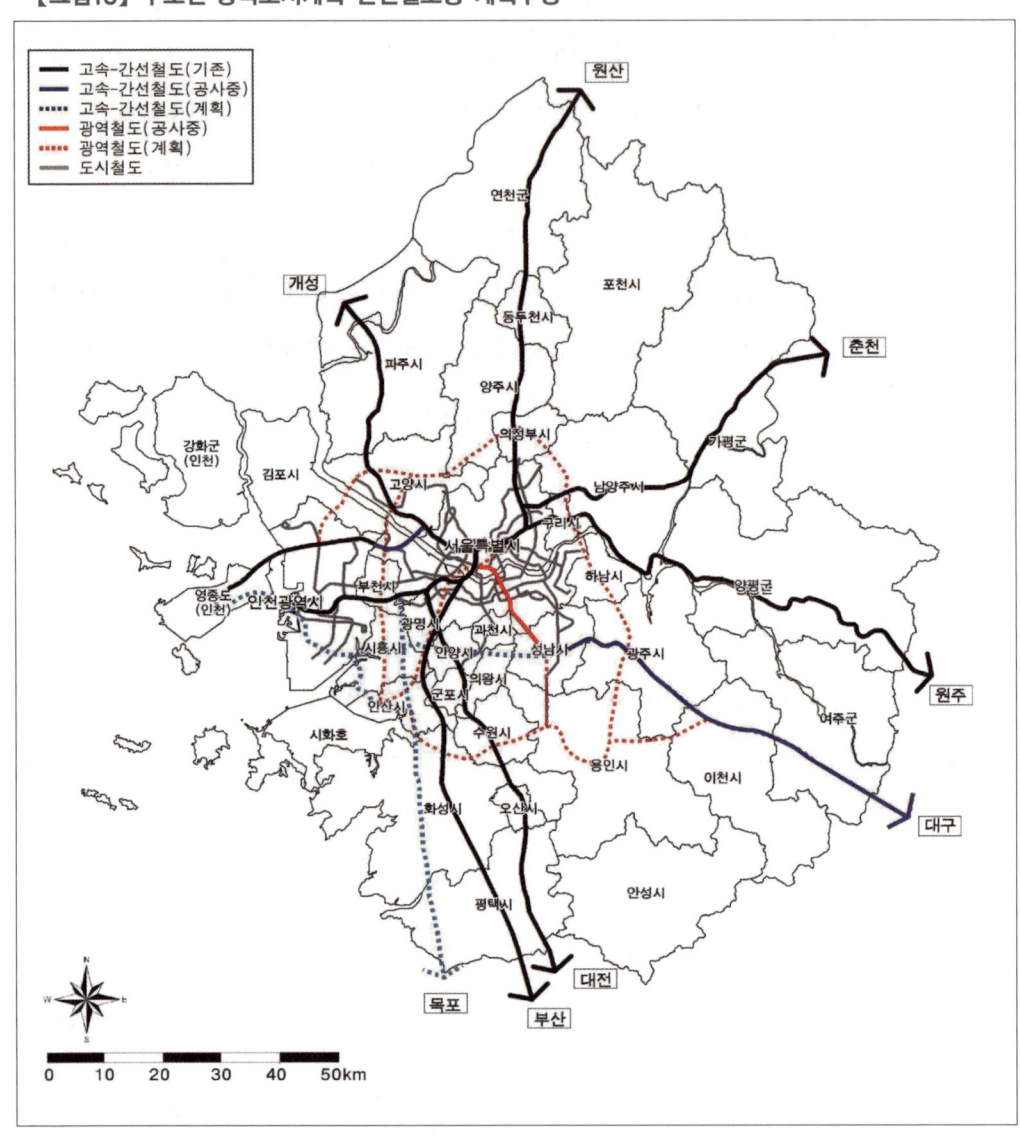

【표3】 수도권 간선철도망 계획노선 및 특성

구 분	노선명	경유지 및 계획노선 특성	비 고
고속 · 간선철도	①경부고속철도	· 서울(광명역) - 천안 · 아산 - 대전 - 대구 - 부산	일부 개통
	②서남선 철도	· 수도권 서부와 아산만권 산업지대 연결	
	③인천국제공항철도	· 인천국제공항과 서울역 연결	일부 개통
	④중부내륙선	· 성남(분당) - 광주 - 이천 - 여주 - 문경	
	⑤제2공항철도	· 인천국제공항 - 인천 - 광명(경부고속철도) - 판교 · 개항단계에서 기존철도로 환승하고, 수도권 서남부지역 인천국제공항과 고속철도역간 연계 강화를 위한 장기구상	교통시설간 연계
	⑥ 방사형 노선	· 경인선, 경부선, 경의선, 중앙선, 경춘선, 경원선, 수인선 등 복선전철화 사업	
광역철도망	⑦수도권 순환선	· 지역간철도와 도시철도 노선 연계 강화 · 수도권 내 주요 생활권 중심도시를 직결 · 도로교통수요 전환을 위한 대중교통체계 구축	지역간철도 보완
	⑧신분당선	· 용산 - 강남 - 정자 - 광교 - 호매실(수도권순환선) · 중부내륙선과 수도권 남부지역 연계	지역간철도 보완
	⑨신안산선	· 안산 - 광명역 - 여의도 - 청량리	지역간철도 보완
	⑩인천(인천국제공항) - 고양(경의선) - 의정부 (경원선)연계	· 인천국제공항, 경기북부지역 연계, 남북교류 강화를 위한 장기구상	지역간철도 보완
도시철도간 연계	도시철도간	· 서울특별시 7호선, 인천광역시 1 · 2호선 등	
	도시철도와 간선철도	· 인천광역시 2호선, 인천국제공항선, 경인선, 수도권 순환선 연계	

제2경부고속도로는 미래의 새로운 경부축

산수로 : 2017년에 완공될 제2경부고속도로가 향후 기존 경부고속도로의 경부축을 대신할 새로운 경부축으로 부동산 시장을 뒤흔들 메가톤급 재료가 될 것은 분명합니다. 다만, 아직까지 노선도가 확정되지 않았으므로 섣불리 나들목 주위를 예상하여 투자하는 것은 시기상조라고 판단되네요. 나들목을 어디에 위치시키느냐 하는 것은 토지보상 및 해당지역 주민들간의 이해관계로 인하여 최종적으로 결정될 때까지는 시간이 소요될 것이라는 것입니다. 그러나 경유 도시는 지금도 충분히 예상 가능하므로 해당도시의 다른 복합적인 재료와 함께 판단하여 투자한다면 크게 무리 없을 것으로 보입니다.

로빈손 : 수도권의 개발축을 설명하실 때 통과노선에 대해서 말씀하셔서 어느 정도 예상은 가능하네요. 저 같은 경우는 용인지역이 각종 개발축이 겹치고 게다가 용인경전철이 국내 최초로 개통 예정인 등 많은 복합호재를 갖고 있어 1차적으로 투자하고 싶네요.

그리고 다음에는 광주지역의 경우에도 개발축이 겹치는데다가 자연보전권역이라 아직은 비교적 싼값에 투자를 할 수 있을 것 같아 적극적으로 투자를 해 보면 어떨까 하는데 산수로님 의견은 어떠신가요?

산수로 : 용인지역은 기존의 경부축에 속하면서 강남 접근성이 뛰어나 이미 엄청난 지가 상승을 보였지요. 게다가 2009년 7월 용인~서울간 민자고속도로의 개통에 이어 앞으로도 제2경부고속도로나 제2외곽순환도로가 지나가기로 예정되어 있는데다가 경전철 재료 및 2014년 준공예정인 신분당

선까지 개통될 예정이라 사통팔달의 교통망을 구축하게 됩니다. 따라서 향후에도 꾸준한 지가상승이 예상됩니다. 다만, 투자자금이 비교적 많이 소요되는 문제가 있지만 투자가 가능하다면 입지여건을 잘 따져보고 적극적인 투자도 무방하다고 생각합니다. 다만, 용인시의 기존 경부축의 개발지보다는 제2경부고속도로의 나들목이 예상되는 동부 쪽이 아직은 개발이 덜 되어 있어 투자할만 합니다.

광주지역의 경우는 제2경부고속도로뿐 아니라 제2영동고속도로의 재료와 자연보전권역의 규제완화 및 분당 인근에 있어 향후 강남진입성이 아주 좋을 것으로 보입니다. 또한 한강수계지역 중에서 수질오염총량관리제도가 가장 잘 시행되고 있는 지역이라 개발여력도 많지요. 무엇보다 매력적인 것은 도로가 개통되고 나면 용인지역 못지않게 서울 접근성이 좋아지는데다가 아직까지 지가가 전반적으로 낮은 수준이기 때문에 투자자금 측면에서도 유리할 수 있다는 점입니다.

즉, 용인이나 광주의 경우 복합적인 재료를 갖고 있는데다가 주 개발축에 위치하게 되어 투자가치 측면에서는 아주 매력적이라고 말할 수 있습니다.

그러나 무엇보다도 중요한 것은 분위기에 휩쓸려 토지에 대한 분석도 제대로 하지 않고 투자를 하는 우를 범하지 마시라고 당부 드리고 싶습니다.

참고로 제2경부고속도로에 대한 이해를 하는데 다음의 언론기사가 참조가 될 것입니다.

사업방식 두고 부처 간 '손익계산' 치열

"민자 방식으로 추진해야 경기 활성화, 일자리 창출 효과를 낼 수 있다(기획재정부 관계자)."

"경기 침체기엔 공공사업 방식이 딱 맞다. 자금 조달도 어려운 시점에서 민자 방식으로 추진했다가는 낭패를 볼 수 있다(국토해양부 관계자)."

대규모 국책사업으로 꼽히는 '제2경부고속도로'가 첫 삽을 뜨기도 전에 난항을 겪고 있다. 개발 주체인 국토해양부와 사업자금 조달을 쥐락펴락하는 기획재정부 간 힘겨루기가 벌써부터 빚어지는 양상이다. 제2경부고속도로를 두고 왜 이리 이해관계가 복잡한 걸까.

이슈 1. 공공 vs 민자사업 어떤 게 효율적일까

민자 추진 시 통행료 부담 우려

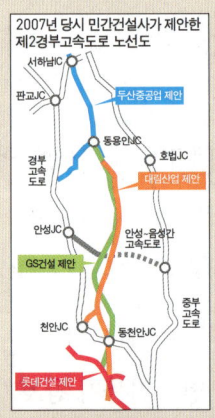

2007년 당시 민간건설사가 제안한
제2경부고속도로 노선도

제2경부고속도로는 서울에서 충남 세종시 사이 약 128㎞ 구간을 잇는 도로다. 서울 동부 지역인 송파구를 기점으로 용인-안성-천안-세종시를 연결한다. 총 5조원 예산을 투입해 2017년 최종 완공될 예정이다. 1단계 구간인 서하남~용인 간 39.5km는 빠르면 올 11월 일괄 턴키방식으로 공사를 발주할 것으로 보인다. 서울~용인은 2015년, 용인~세종시 구간은 2017년 최종 개통될 예정이다.

그런데 사업 추진 방식을 두고 기획재정부와 국토해양부 간 갈등이 커지는 양상이다. 진위는 이렇다. 제2경부고속도로는 당초 대형 건설사들이 제안한 사업이었다. 때문에 민자 방식으로 추진되는 쪽으로 가닥이 잡혔다. 하지만 워낙 중요한 국책사업인 만큼 공사 기간을 줄이기 위해 지난해 3월 정부재정사업으로 방향을 틀었다.

그러다 최근 경기 활성화 측면에서 민자사업 추진 방식이 또다시 대두되고 있다. 극심한 불황인 지금 대규모 국책사업인 제2경부고속도로를 민자 방식으로 개발해 경기 활성화 효과를 낸다는 게 기획재정부 입장이다. 물론 공식적인 입장 표명은 하지 않은 상태다. 기획재정부 민간투자

제도과 관계자는 "사업 예비타당성을 조사하는 중 민자사업이 적정한지 여부를 검토하고 있을 뿐 아직 결론은 나지 않았다"는 답변을 내놓는다. 하지만 국토해양부는 여전히 공공개발 입장을 고수하고 있다. 국토해양부 측은 "전 세계 금융위기로 앞서 추진 중인 민자사업조차 자금조달이 어려운 점을 감안해야 한다. 제2경부고속도로를 민자사업으로 추진하는 것은 현실적으로 곤란하다"고 밝혔다.

국토부는 제2경부고속도로를 도로공사 자체 조달 방식으로 추진할 계획이다. 보통 재정고속도로가 국가재정 35%, 도로공사 자체 조달 65%로 예산을 집행하는 데 비해 이번 제2경부고속도로는 전적으로 도로공사가 회사채를 발행해 100% 사업비를 조달한다는 뜻이다. 현재 예비타당성 조사를 진행 중이다.

이런 가운데 정작 산하공기업인 한국도로공사 입장은 불분명하다. 도로공사 관계자는 "산하공기업으로서 국토해양부 눈치를 봐야 하고 공식적인 입장이 정해지지 않아 이렇다 할 견해를 내비치긴 어렵다"고 털어놓는다.

무엇보다 공공사업으로 추진하면서 거둬들이는 수익이 막대해 국토해양부, 도로공사 측이 민자사업 추진을 결사반대한다는 얘기도 흘러나오고 있다.

대우건설 등 사업 뛰어들 태세

대규모 공공건설사업을 추진하는 방법은 크게 3가지다. 정부나 지자체 주도의 공공 방식이 첫째, 민간 프로젝트 자금을 이용한 민간 방식이 두 번째, 그리고 민간과 공공 방식을 혼합한 제3섹터 방식이 셋째다. 제2경부고속도로 같은 대규모 사업의 경우 추진 방식을 정하기에 앞서 공익성부터 따져볼 필요가 있다.

첫째 민자 방식으로 추진할 경우 민간기업 투자를 유도하고 일자리 창출에 기여하는 효과는 분명 있다. 하지만 비싼 통행료를 부담해야 하는 건 단점이다. 실제 2000년 개통한 인천공항고속도로, 지난해 말 개통한 부산~울산 민자고속도로 통행료가 일반 도로에 비해 턱없이 높다는 지적을 받아왔다.

제2경부고속도로 개발 목적 중 하나는 경부고속도로 교통량 분산이다. 게다가 민자 방식으로 개발하면 자칫 주변 토지 가격이 뛸 가능성이 높아 부동산시장 불안감을 조성할 우려가 크다. 또 금융시장이 경색돼 자금 조달이 어렵다는 것도 문제다.

만약 민자사업으로 추진한다면 최대 수혜자는 당연히 대형 건설사들이다. 주택 사업이 침체되면서 신사업 찾기에 골몰하고 있는 건설사로서는 더없이 좋은 먹잇감이기 때문이다. 이미 2007년 GS건설, 대림산업, 롯데건설 등은 정부에 민자사업을 제안한 적이 있어 준비작업은 마친 상태다. 현대, 대우건설 등 나머지 대형 건설사들도 벌써부터 조직개편 등의 준비작업을 통해 사업 수주전에 뛰어들 태세다. 민자사업으로 진행된다면 도로공사와 민간업체들이 컨소시엄을 구성해 추진할 가능성이 높다. 대우건설 관계자는 "주택 부문 사업성이 워낙 낮아져 대안으로 제2경부고속도로 사업 추진을 적극 검토 중"이라고 전한다.

둘째 정부 예산 위주 공공 방식으로 추진한다면 통행료 걱정은 한시름 덜게 된다. 사업체 선정 시 특혜 시비도 예방할 수 있다. 이성근 경희대 행정대학원 교수는 "민자 방식으로 진행하면 개발이익에 대한 특혜시비 등 부작용이 우려되기 때문에 공공 방식이 훨씬 낫다"고 강조한다.

양재모 한양사이버대 부동산학과 교수 역시 공공개발 방식에 무게를 뒀다. 양 교수는 "민간개발 방식은 투자기업의 이익 보장을 위해 기반시설의 공공성이 외면되는 경우가 있고 참여업체, 지자체 요구로 관련 기관 이익이 국민권익보다 우선시되는 게 문제"라고 밝힌다.

이슈 2. 부동산시장 파급효과는

경기 광주 · 충남 천안 수혜 입을 듯

서울 강남에서 시작해 과천, 성남, 분당, 용인으로 이어지는 경부고속도로 축은 '부동산 투자 명당'으로 꼽힌다. 도로 접근성이 부동산 시세에 적잖은 영향을 미치는 만큼 건설사들도 주변 아파트 분양에 올인해왔다. 실수요자 입장에서도 '투자하면 실패하진 않는 곳'으로 인식됐다. 하지만 요즘은 사정이 다르다. 이미 경부고속도로는 '거대 주차장'이 될 정도로 제 역할을 못하고 있고 주변 주택 공급도 포화 상태에 이른 지 오래다. 정부가 제2경부고속도로를 추진하는 것도 기존 경부고속도로 역할을 분담시키고 새로운 개발축을 형성할 필요가 있다고 판단했기 때문이다.

이런 가운데 제2경부고속도로가 지나는 지역이 벌써부터 신(新)투자 축으로 떠오르고 있다. 경기도 하남에서 용인~안성~천안~세종시를 잇는 새로운 경부축이 형성되면 분당과 용인, 수원의 서울 접근성이 좋아질 뿐 아니라 동탄2지구 등 주변 신도시 교통 여건도 크게 개선될 것으로 기대된다.

실제 수도권에서 고속도로 개통의 직접적인 수혜가 기대되는 곳으로는 용인 동부, 안성 중부, 광주시 등이 꼽힌다. 이들 지역은 서울과의 거리는 가깝지만 상대적으로 교통 여건이 취약한 곳으로 분류돼왔다. 무엇보다 성남과 여주를 잇는 복선전철 외에도 제2외곽순환도로까지 개통되면 광주시가 적잖은 수혜를 입을 것으로 예상된다. 특히 태전동 일대는 광주시 동남부 주거 중심축에 위치해 알짜 지역으로 꼽힌다.

충청권에선 당진, 아산 등 서해안권 개발의 직접적인 수혜를 입는 천안을 주목할 만하다. 교통 요지로 향후 중부권 물류중심도시로 부상할 가능성이 높다. 천안 청수동 일대 122만㎡ 규모에 종합행정타운이 조성되는 청수지구도 주목할 만하다.

이슈 3. 부작용은 없을까

불필요한 토지보상비 낭비 줄여야

국토연구원에 따르면 제2경부고속도로의 하루 예상 교통량은 10만여대다. 양재~신갈 구간을 기준으로 하루 평균 19만여대인 경부고속도로 교통량의 절반을 흡수할 수 있다. 그만큼 건설효과가 상당하다는 얘기다. 하지만 동시에 부작용도 우려된다. 당장 토지보상비 등 건설비용이 기하급수적으로 늘어날 우려도 크다. 보상이 지연돼 건설기간이 늘어난다면 국고 부담도 가중될 수밖에 없다. 한태욱 대신증권 부동산전문위원은 "제2경부고속도로의 정확한 노선을 발표하기 전에 해당 지역을 미리 수용지로 지정해 사업비가 늘어나는 걸 사전에 방지해야 한다"고 지적한다.

건설 목적도 명확히 정할 필요가 있다. 기존 경부고속도로의 통행량 과부하를 해소시킬 목적이라면 기존 노선과 병행된 노선을 정해야 효용성을 높일 수 있다. 물론 일부 지역 교통량이 집중돼 국토균형개발을 해칠 우려는 감수해야 한다.

이에 비해 제2경부고속도로가 기존 경부고속도로와 독립성을 유지해야 하는 프로젝트라면 그동안 소외됐던 지역의 교통 접근성을 높이기 위해 노선을 재조정할 필요가 있다. 이를 통해 지역 균형발전의 계기로 삼아야 한다는 지적이다. 어떤 식으로 개발하든 불필요한 자금 낭비를 사전에 없애야 하고 품질을 높이기 위해 공정한 감리시스템도 마련해야 한다.

〈매경이코노미〉 2009.04.08

제2외곽순환도로는 수도권 동북부축의 새로운 투자기회

산수로 : 수도권의 새로운 개발축으로 '신경부축'과 함께 '동북부축'이 꼽히고 있다고 설명하였지요. 현재의 서울외곽순환도로가 1기 신도시를 잇는 순환도로라면 수도권 제2외곽순환도로는 2기 신도시 사이를 이어주는 순환도로의 역할을 하게 될 것입니다.

수도권 제2외곽순환도로는 서울 도심에서 약 60km 떨어진 수도권 외곽지역을 순환하게 되는데, 인천~김포~파주~양주~포천~화도~양평~이천(곤지암)~용인~오산~화성~송산~안산~(인천)의 수도권 외곽을 원형으로 경유하게 되죠. 2014년부터 2020년까지 단계적으로 완공될 예정인 수도권 제2외곽순환도로로 거점도시를 중심으로 한 수도권 다핵화가 이루어져 각 지역의 자족생활권 발전에 크게 기여할 것으로 보입니다(그림14).

그 파급효과는 수도권 각 도시에 골고루 미치겠지만 특히 그동안 낙후지역이었던 수도권 동북부지역의 발전에 결정적인 역할을 할 것입니다. 양주·포천·화도·양평 등 수도권의 동북부지역은 그동안 많은 규제 및 접경지역에 가까운 이유로 제대로 발전하지 못하였습니다. 하지만 앞으로는 수도권에 대한 규제가 더욱 완화될 전망이고 향후 통일한국의 미래를 꿈꾼다면 이지역에 돈을 묻어 놓는 것도 나쁘지 않다고 생각됩니다.

특히 수도권의 동북부축 방향으로는 2009년 7월 15일 경춘고속도로가 개통된데 이어 2011년 말에는 서울~춘천간 경춘선을 복선전철화하면서 이 구간이 고속전철화가 되어 기존에 1시간 50분 걸리는 거리가 40분대로 단축됩니다. 여기에 제2외곽순환도로까지 개통된다면 투자환경은 매우 좋아지게 될 수밖에 없겠지요.

로빈손 : 하지만 그동안의 산수로님의 설명을 들어보면 수도권의 동북부지역은 많은 규제가 중첩되어 있어서 일반인이 투자하기에는 쉽지가 않은 것 같던데요?

산수로 : 그동안 설명 드렸던 내용을 잘 이해하셨으면 각종 규제를 잘 파악하셔서 투자할 경우 큰 무리는 없을 것입니다.

[그림14] 수도권 제2외곽순환도로

수도권 제2외곽순환도로 본 궤도 오른다

재정부 송산~봉담 등 3곳 민자사업 신규지정 예정
상반기 중 제3자 공고 등 절차 마무리 될 듯

수도권 제2외곽순환도로 건설사업이 본격화된다. 3일 기획재정부에 따르면 정부는 이르면 내달 송산~봉담, 오산~광주, 화도~포천 등 수도권제2외곽순환도로 3곳을 신규 민자대상사업으로 지정할 예정이다. 재정부는 이들 3개 도로사업에 대해 상반기 중 민간투자심의위원회에 제3자 공고안을 선정하는 등 우선 협상자 선정 절차에 착수할 것으로 알려졌다.

송산~봉담, 오산~광주, 화도~포천 민자도로사업은 당초 지난해 하반기 제3자 공고를 목표로 추진됐던 사업이다. 하지만 금융위기가 닥치면서 사업 추진이 일시 중단된 바 있다. 송산~봉담 구간은 총 연장 18.5km 노선으로 한화건설 컨소시엄이 사업비 3,500억 원으로 제안한 사업이다. 이 노선은 화성시 마도면 평택~시흥고속도로와 화성시 봉담읍 분천리의 서수원~오산~평택도로를 잇는다. 오산~광주 민자도로는 금호산업 건설부문 컨소시엄이 제안한 사업이다. 동동탄 신도시 개발과 연계돼 있어 사업 착공 및 완공이 시급한 도로로 평가 받고 있다.

금호산업 건설부문은 7,500억원에 사업을 제안했으며, 총 연장은 29.7km다. 화도~포천은 경남기업이 제안한 사업이다. 27.4km를 4,600억 원이 투입될 전망이다. 재정부는 "제2외관순환도로가 기간망 조기 확보를 위해 필요한 사업으로 인식하고 있다"며 "신규 사업지정과 제3자 공고를 위한 절차를 상반기 중 마칠 계획"이라고 밝혔다.

수도권 제2외곽순환도로는(총연장 224.3km) 인천~김포~파주~양주~포천~화도~양평~이천(곤지암)~오산~봉담~송산~안산을 잇는 사업으로 총 사업비는 7조 7,383억 원이 투입될 것으로 추산되고 있다. 구간별로 2013년부터 2020년까지 단계적으로 개통 예정에 있으며 구간별로 민자와 재정으로 나눠 추진되고 있다.

〈이데일리〉 2010.02.03

수도권 교통혁명 대심도 광역급행철도 GTX

산수로 : 수도권 교통망과 관련해서 주목할 만한 사실은 경기도가 국토해양부에 제안한 대심도 광역급행철도 GTX입니다. GTX는 경기도와 서울 구간뿐만 아니라, 서울 내부 구간도 고속운행 되어 수도권 경쟁력을 한층 강화하고 대한민국을 이끌어 나갈 저탄소 녹색성장의 새로운 동력이 될 것으로 예상됩니다.

로빈손 : 대심도 광역급행철도 GTX는 '대심도' 라고 하는 것을 보니 땅 밑을 달리는 급행철도인 모양이네요?

산수로 : 그렇습니다. 지하 40~50m 공간을 활용하여 평균시속 100km 이상, 최대속도 200km까지 달리는 꿈의 열차라고 할 수 있죠. 만약 계획대로 실현만 된다면 가히 수도권의 교통혁명이라고까지 할 수 있습니다.

로빈손 : GTX가 과연 실현가능성이 있는지, 있다면 GTX 노선은 어떻게 되며 언제 착공해서 언제 완공될 계획인가요?

산수로 : GTX에 대해서는 경기도가 2009년 4월 국토해양부에 제안을 하였으며, 정부도 이를 긍정적으로 받아들이고 구체적인 타당성조사 연구에 착수한 상태입니다. 노선은 현재 경기도가 국토해양부에 3개 노선을 제안한 상태로 첫 번째 노선은 킨텍스~동탄신도시 노선, 두 번째 노선은 청량리~인천 송도 노선이며, 세 번째 노선은 의정부~군포 금정 노선입니다. 계획대로 진행된다면 2011년에 착공하여 2016년에 개통될 것입니다.

이 중 첫 번째 노선인 킨텍스~동탄신도시 노선은 고양 킨텍스~수서 구간까지는 GTX이며, 수서~동탄신도시 노선은 수서에서 평택까지 놓이게 되는 수도권 고속철도(2014년 개통 예정)를 이용하게 됩니다.

로빈손 : 수도권에 투자할 호재가 너무 많아 헷갈릴 정도이네요. 그러나 광역급행열차인 GTX는 아직 확정된 재료가 아니기 때문에 GTX 재료로 투자를 하는 것은 신중을 기해야 하겠지요?

산수로 : 물론 아직 확정된 것은 아닙니다만 이미 정부에서 긍정적으로 검토하고 있으니까 실현가능성은 높다고 봅니다. 어차피 수도권의 대부분의 지역은 복합 개발호재를 가지고 있으므로 여러 가지 재료를 조합하여 개발가능성과 미래가치를 충분히 판단하여 결정하면 될 것입니다.

'일산~동탄 40분' 지하급행철도 생긴다

2016년 수도권 통행시간을 40분대로 묶는 경기도의 수도권 광역급행철도 'GTX(Great Train eXpress)' 건설 계획안이 최종 확정됐다. GTX는 기존 대심도 철도의 새로운 명칭으로 서울 경기 인천을 잇는 광역 교통망에 일대 혁명을 가져올 전망이다.

김문수 경기도지사는 대한교통학회에 의뢰한 수도권 광역급행철도의 경제성 및 기술성 검토용역 결과를 14일 경기도청에서 발표하고 '수도권 교통혁명 선포식' 을 가졌다. '지하 40m에서 수도권 40분대 주파' 를 골자로 하는 용역결과가 이번 주 제출되면 국토해양부는 이를 수도권 광역교통기본계획에 반영할지 검토한 뒤 연말께 결론을 내릴 계획이다.

지하 40m 가로 · 세로축 교통망

= 경기도는 이날 총 145.5km 길이의 3개 노선을 제시했다. 일산 킨텍스~수서(동탄) 간 46.3km, 인천 송도~청량리 간 49.9km, 의정부~금정 간 49.3km 구간이다. 인천 송도~청량리 노선 가운

데 여의도~청량리까지는 신안산선 2단계 구간을 함께 사용하고, 킨텍스~수서(동탄) 간 노선에선 삼성~동탄 간 KTX 노선을 GTX 노선으로 함께 사용한다. 이번 사업엔 총 13조 9,000억 원이 소요될 전망인데 역사 수와 위치는 이번 사업의 수행방식이 재정사업이냐 민자사업이냐에 따라 달라지게 된다. 기존 지하철 역사가 1~1.5km마다 설치되는 것과 달리 GTX는 10km 내외 간격으로 설치된다. 운행속도도 40~50km인 지하철보다 3배 이상 빠른 120km로 운행된다.

서울 도심 10분, 수도권 40분대

= 3개 노선이 완공되면 하루 서울 도심으로 진입하는 차량이 18만대가량 줄어들 것으로 분석됐다. 다른 대중교통 수단에 비해 이산화탄소 배출량이 6분의 1 수준에 불과해 연 150만 t 의 이산화탄소 배출량 감소 효과와 연 5800억원의 에너지 소비량 감축도 예상된다. 경기도는 "자가용 위주 개인교통체계를 철도 중심 대중교통체계로 전환해 교통혼잡비용을 연 7,000억 원 줄이고, 사회경제적 편익도 연 2조 원 이상으로 예상된다"고 밝혔다. GTX가 건설되면 경기·인천 통행뿐만 아니라 서울 도심 이용도 편리해진다. 신도림~삼성 구간은 기존 31분에서 13분으로, 31분이 소요되는 신도림~청량리 구간은 12분으로 단축된다. 연신내~삼성 구간은 48분에서 12분으로, 창동~양지 구간은 53분에서 14분으로 단축된다. 또 동탄~삼성은 66분에서 18분으로, 대화~서울역은 41분에서 16분으로, 인천 송도~여의도는 47분에서 20분으로, 의정부~청량리는 31분에서 12분으로 각각 단축된다.

민자개발사업으로 추진

= 이번 사업에 대한 최종 결정권은 국토해양부에 있다. 광역교통기본계획 반영 여부는 올해 말 판가름난다. 경기도와 건설사 등은 국가가 주도하는 재정사업보다 민자사업 방식이 사업수행에 더 경제적이라고 보고 이를 적극 추진 중이다. 실제 현대산업개발 등 국내 상위 10개 건설사로 구성된 컨소시엄이 조만간 국토부에 민간사업 제안서를 제출할 예정이다. 민자사업으로 시행되면 철도 이용요금은 3,000원이 유력하게 거론되고 있다.

그러나 서울시는 반대, 인천시는 찬성하는 등 지자체 간 입장이 엇갈리는 데다 서울시가 찬성한다고 하더라도 3개 노선을 순차적으로 건설해야 한다면 자치단체마다 선호 노선이 달래(서울시 의정부~금정 간, 인천시 송도~청량리 간, 경기도 킨텍스~수서(동탄) 간) 교통정리도 필요한 상황이다.

〈매일경제〉 2009.04.14

서울시 지하대심도 구축계획

로빈손 : 그런데 한 가지 더 여쭤보고 싶은 것이 있습니다. 2009년 8월에는 서울시에서 '지하대심도 구축계획'을 발표한 것으로 알고 있는데, 어떤 내용인지 소개해 주실 수 있습니까?

산수로 : 서울시 지하대심도 구축계획은 일명 'U 스마트웨이' 프로젝트입니다. 서울 도심에 6개 노선, 총 149km(터널공법으로 지하 40~60m에 건설하는 신개념 도로)의 지하도로를 뚫겠다는 계획입니다. 이 지하도로망이 개통되면 서울 전역을 30분 이내에 이동할 수 있는 획기적인 교통혁명이 되겠죠. 일단 서울시의 계획은 2011년 착공하여 2017년 준공하겠다는 계획을 가지고 있습니다.

로빈손 : 계획노선은 어떻게 되나요?

산수로 : 다음 그림을 보면 이해가 될 것입니다.

[그림 15] 서울시 지하대심도 구축계획

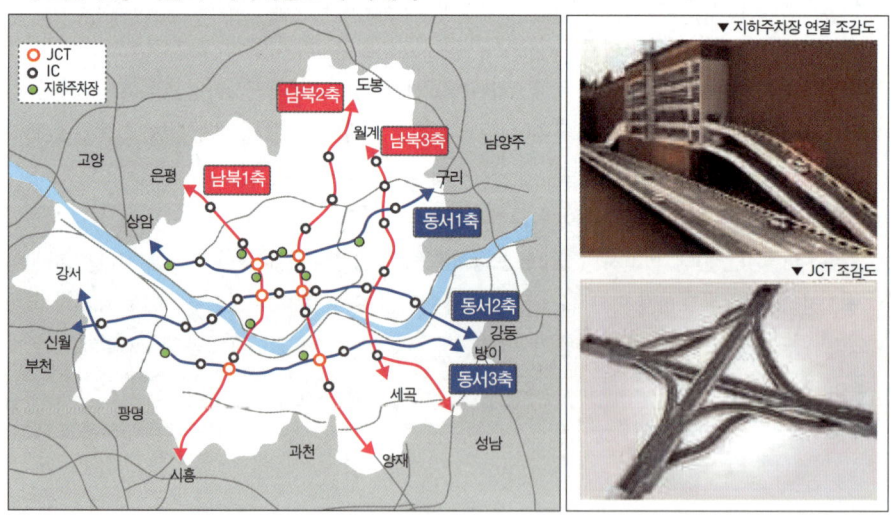

로빈손 : 서울시의 지하대심도 프로젝트는 투자와 관련하여 어떤 영향을 미칠까요?

산수로 : 지하대심도와 연결되는 서울 외곽지역이 혜택을 받겠지요. 특히 아파트 가격에 영향을 미칠 가능성이 높습니다.

로빈손 : 개인적인 생각입니다만 경기도가 추진하는 '대심도 광역급행철도 GTX'와 서울시가 추진하는 '지하대심도 U 스마트웨이'는 그 천문학적인 예산 때문에 과연 계획대로 실현될 수 있을까 하는 생각이 드는데요. 산수로님은 어떻게 생각하십니까?

산수로 : 글쎄~ 저도 갑자기 옛날에 실버스타 스텔론이 주연으로 나왔던 영화 '데이라이트(DAYLIGHT)'가 기억나네요. 터널 안에서 차량 충돌로 화재가 일어나고 실버스타 스텔론이 고군분투하면서 사람들을 구하고 뭐 그런 내용이었던 것 같은데, 영화에서나 본 것 같은 꿈같은 프로젝트들이라 반신반의하네요.

우리의 목적인 부동산 투자와 관련하여 본다면 경기도가 추진하는 '대심도 광역급행철도 GTX' 프로젝트가 부동산 시장에 미치는 영향이 훨씬 크다는 말씀밖에는 드릴 수 없습니다. 다만, 두 프로젝트를 비교한 흥미있는 언론 기사가 있어 한 번 실어보았습니다.

GTX vs 지하도로

천문학적 예산 필요… 재원조달이 '관건'
화재, 사고, 환기 등 선결과제 산적

오세훈 서울시장과 김문수 경기도지사는 수도권 지하철 노선보다 깊은 지하 40~60m 깊이에 길을 내는 소위 '대심도 교통망' 을 추진하고 있다.

경기도는 지난 4월 경기도와 서울을 연결하는 수도권 광역급행철도(GTX) 추진 계획을 발표했으며 서울시는 지난 8월 지하도로(U-smart way) 건설 구상을 밝혔다. 경기도의 GTX와 서울시의 지하도로 차이점을 살펴본다.

오세훈 · 김문수, 지하도로 · GTX 놓고 '맞대결'

경기도가 추진 중인 GTX노선은 고양 킨텍스~동탄신도시(74.8㎞), 의정부~군포 금정(49.3㎞), 청량리~인천 송도(49.9㎞) 등 3개 노선으로 구성된다. GTX가 개통되면 강남과 일산을 20분대에 오가는 등 경기도에서 서울로의 접근성이 크게 개선될 것으로 경기도는 기대하고 있다.

경기도는 GTX 사업안을 지난 4월 국토해양부에 제안했다. 국토부는 현재 교통연구원에 의뢰, GTX의 경제적 타당성 등을 검토 중이다. 사업 추진 여부는 내년 초에 결정될 전망이다.

서울시는 도심을 남 · 북간 3개축 동 · 서간 3개축의 총 6개 노선으로 구성해 서울의 땅밑을 거미줄처럼 잇는 지하도로망을 2020년까지 완공하는 것을 목표로 하고 있다. 남북 3개축 노선은 ▲시흥~도심~은평 ▲양재~한남~도봉 ▲세곡~성수~상계 노선이다. 동서 3개축 노선은 ▲상암~도심~중랑 ▲신월~도심~강동 ▲강서~서초~방이 노선이다. 서울시는 지하도로망이 구축되면 서울 전역을 30분대에 이동할 수 있을 뿐 아니라 지상교통량의 21%가 지하도로망으로 흡수돼 지상도로의 통행속도도 8.4km 증가할 것으로 기대하고 있다.

서울시는 지하도로 6개 노선 중 민자방식으로 추진되는 4개 노선(동서 1 · 2축 남북 1 · 2축)의 경우 2011년 발주, 2014년 착공한다는 계획이다. 재정사업으로 건설되는 동부간선 지하화 구간(남북 3축)도 이르면 2011년 발주할 예정이다.

천문학적인 공사비용 '부담'

경기도는 GTX사업을 재정사업으로 추진하면 13조 9,039억 원, 민자사업일 경우에는 11조 1,231억 원의 재원이 필요할 것으로 추산하고 있다. 재정사업은 지자체가 2조 7,808억 원(사업비의 20%)를 조달해야 하지만 민자사업은 7,897억 원(사업비의 7.1%)만 지자체가 분담하면 된다.

문제는 추후 공사비가 늘어날 가능성이 높다는 점. 소음 · 진동을 줄이고 공사 안전성 확보를 위해 기계굴착방식을 적용할 계획이다. 일반적인 발파공법(NATM)에 비해 기계굴착공법(TBM)은 장비가 고가인 데다 가동률이 떨어질 경우 공사비 상승이 불가피하다.

서울시의 지하도로에는 11조 2,000억 원이 투입될 예정이다. 서울시는 동부간선도로 지하화 사업의 경우 공적자금을 투입해 건설하고 나머지는 민간자본 유치를 통해 해결한다는 방침이다. 하지만 1개 노선별로 2조원 안팎의 막대한 자금이 들고 사업성도 불투명해 참여 건설사들이 많지 않을 것이라는 게 업계의 시각이다.

경기도의 GTX와 서울시의 지하도로 모두 사업에 앞서 선결해야 할 문제들이 적지 않다.

GTX와 지하도로 모두 지하 40~60m에 건설되는 만큼 환 · 배기 시스템, 방재 시스템을 충분히 갖춰야 한다.

사업의 경제성도 논란거리다. 지하 깊숙한 곳에 교통망을 구축하면 공사비용의 상당 부분을 차지하는 토지보상비가 들지 않는 장점이 있다. 대신 지하로 가면 공사비가 늘어나고 안전시설을 구축하는 비용이 추가로 필요한 만큼 경제성을 잘 따져봐야 한다는 지적이다.

〈이데일리〉 2009.12.18

GTX(수도권 광역급행철도)	사업명	지하도로
경기도	사업자	서울시
고양 킨텍스~동탄 신도시 의정부~군포 금정 청량리~인천송도	노선	시흥~도심~은평 양재~한남~도봉 세곡~성수~상계 상암~도심~중랑 신월~도심~강동 강서~서초~방이
11조 1,231억 원(민자사업) 13조 9,039억 원(재정사업)	사업비(추산)	11조 2,000억 원
경기도에서 서울로의 접근성 개선	기대효과	지상 교통량 감소로 서울 내 이동속도 증가

신분당선은 부자들의 급행전철

산수로 : 신분당선은 기존 분당선이 이미 포화상태인데다가 잦은 역 배치로 인한 문제점이 있어 이를 수정할 1단계로 강남역에서 정자역까지의 구간으로 2010년 7월 개통예정이었으나 2011년 9월로 개통이 연기된 수도권 전철입니다. 그러나 향후 2단계로 2014년까지 수원 광교신도시까지 연장되고 2015년까지는 서울 용산까지 연장 될 뿐만 아니라 최종적으로 2019년이면 수원 호매실역까지 완전 개통되게 됩니다. 즉, 용산에서 수원까지 연결되는 전철이지요.

로빈손 : 신분당선이 주목을 받는 이유는 무엇입니까?

산수로 : 기존 분당선의 경우 예를 들어 정자역부터 강남 선릉역까지 35분이 걸리지만 신분당선의 경우 정자역부터 강남역까지 16분이면 갈 수 있습니다. 분당선은 서울로 진입할 때 성남·수서 등을 우회하지만 신분당선은 판교신도시를 거쳐 바로 강남으로 진입하지요. 따라서 분당과 강남을 곧바로 연결하기 때문에 분당·판교가 명실공히 '제2의 강남' 이 되는 것이지요. 게다가 용산역에서 경의선 복선전철(2012년 12월 완공예정)로 환승하게 되면 상암·일산·파주를 거쳐 문산까지 1시간이면 주파할 수 있게 됩니다.

신분당선이 주목받는 이유는 노선을 보면 이해가 가실 것입니다(그림16).

우선 노선을 살펴보기로 하죠.

신분당선이 완공될 경우 용산역(1호선, KTX, 중앙선, 전철경의선 환승)을 기점으로 하여 → 국립중앙박물관 → 동빙고역 → 한남역(중앙선, 1호선 환승) → 신사역(3호선 환승) → 강남역(2015년 개통예정, 2호선 환승) → 양재역(3호선 환승) → 매헌역 → 청계역 → 판교역 → 정자역(2011년 9월 개통예정, 분당선 환승) → 동천역 → 수지역 → 성복역 → 상현역 → 가산천역 → 광교역(2014년 개통예정) → 북문역 → 신안동역 → 화서역 → 수원 호매실역(2019년 개통예정)까지의 노선을 지나게 됩니다.

로빈손님은 위 노선을 보고 신분당선에 왜 주목해야 하는지 아실 수 있겠습니까?

[그림16] 신분당선 노선도

로빈손 : 음… 신분당선의 정차역을 보니 그야말로 부자들의 동네이군요.

산수로 : 잘 보셨습니다. 강남은 물론 앞으로 최고의 지역이 될 용산이라든가 이촌동, 한남동, 판교신도시, 분당신도시에 수원에서 최고의 유망지역으로 평가받는 광교신도시까지 대한민국 최고의 상류층들이 모여 살고 있는 지역을 지나는 전철이지요. 광교신도시에서 강남역까지 32분 안에 주파한다면 정말 대단하지 않나요.

로빈손 : 부자들이 사는 지역을 지나는 전철이라면 당연히 그 역세권

의 가치는 엄청나게 평가되겠네요?

산수로 : 바로 그 점입니다. 아마도 향후 신분당선의 역세권이 대한민국 최고의 상권 중의 하나가 될 것입니다. 그래서 신분당선을 '부자들의 급행전철'이라 명명한 것이죠.

로빈손 : 부자들이 사는 동네에 어중간한 투자자금을 가지고는 엄두도 못내겠네요?

산수로 : 투자금액이 많이 소요되는 것은 사실이겠지요. 그러나 신분당선 일대의 아파트나 수익형 부동산에 투자한다면 투자금액 대비 수익률은 다른 어떤 곳보다 뛰어날 것으로 예상됩니다. 가치 있는 부동산은 '비쌀 때 사서 더 비싸게 팔아라'는 격언도 있지 않습니까.

신분당선은 최종적으로 완공될 때까지는 앞으로도 많은 시간적 여유가 있기 때문에 그동안 충분한 투자 타이밍을 제공할 것입니다. 로빈손님이 이왕이면 신분당선의 급행전철을 타고 부자가 되어 돌아오면 어떨까요?

서울의 지도를 바꾸는 한강르네상스

한강르네상스 프로젝트가 부동산 시장에 미치는 영향에 주목

산수로 : 서울의 중심부에 위치하여 강남과 강북의 경계 역할을 했던 한강이 이제 강남북 통합의 공간이자 미래성장동력의 기반으로 거듭 태어나게 됩니다. 이름하여 '한강르네상스 마스터플랜'이죠. 한강르네상스는 도시의 공간구조를 한강을 중심으로 재편하게 됩니다.

'한강르네상스 마스터플랜'은 2007년을 기점으로 하여 2030년 완성을 목표로 추진되는 그야말로 서울의 지도를 바꾸는 대역사라고 할 수 있습니다.

한강르네상스 프로젝트가 진행되면 서울은 세계 최고의 수변도시로 재탄생하게 되고 아라뱃길과 연계되어 서울의 새로운 성장동력을 창출하게 될 것입니다.

로빈손 : 한강르네상스는 말만 들어도 꿈같은 프로젝트이더군요. 한강르네상스 프로젝트가 추진되면 서울의 부동산 시장에 미치는 영향은 가히 폭발적일 것 같은데요?

산수로 : 그렇습니다. 무엇보다도 한강변에 있는 수많은 아파트단지들이 한강르네상스 프로젝트와 맞물려 재건축의 호재를 기다리고 있습니다. 그동안 한강 주변 아파트단지는 까다로운 건축규제 때문에 한강조망권이라는 프리미엄을 가지고도 제대로 활용하지 못했지요.

한강르네상스 프로젝트가 본격적으로 추진되면 한강 인근지역의 주거환경과 상업권역에까지 막대한 영향을 미치게 될 것입니다. 한강르네상스 프로젝트는 일일이 소개하는 것이 힘들 정도로 방대한 사업이죠. 로빈손님이 보시기에는 한강르네상스 프로젝트로 인하여 부동산 시장의 어떤 측면에 가장 영향을 미치리라 봅니까?

로빈손 : 그거야 말할 것도 없이 한강변 아파트들의 재건축사업 추진으로 인한 부동산 시장의 지각변동이 아닐까요.

산수로 : 맞습니다. 한강변 아파트단지의 재건축이 고층화되어 추진될 것입니다. 한강르네상스 프로젝트에 의한 재건축 최고의 수혜지는 여의도지구와 압구정지구라고 할 수 있습니다. 그 외에도 반포지구 이촌지구 역

시 최고의 수혜지로 손꼽힐 수 있습니다.

정부의 재건축 규제완화와 맞물려 층수제한에서 벗어나게 되면 50층 안팎의 초고층 아파트 건축도 가능할 것으로 예상됩니다. 그야말로 한강의 스카이라인 자체가 바뀌는 것이죠. 지금까지 한강변 아파트의 조망권은 한강변 라인만 혜택을 받았다면 앞으로는 단지 전체가 조망권의 혜택을 누릴 수 있게 되어 그 가치는 짐작할 수 없을 정도일 것입니다. 그렇다면 한강변 아파트들의 재건축 못지않게 영향을 받게 되는 아파트 사업은 무엇일까요?

로빈손 : 한강변에서 추진되는 뉴타운사업이 아닐까요?

산수로 : 너무 잘 이해하시네요. 최고의 뉴타운 사업지구는 당연히 한강 중앙부에 위치한 한남뉴타운과 흑석뉴타운지구가 되겠지요. 다음으로는 노량진뉴타운, 영등포뉴타운과 천호뉴타운 등이 영향권 안에 들어온다고 볼 수 있습니다.

이 중에서도 한남뉴타운지구는 지구 남단 전체가 한강과 맞닿아 있어서 강북을 대표하는 '한강조망권 뉴타운 단지'로 이미 엄청난 프리미엄이 붙어 있지요. 한강르네상스 프로젝트에서 이러한 아파트단지들 못지않게 최고의 사업지구는 어디가 되지요?

로빈손 : 용산 아닌가요. 앞으로 강남을 제치고 서울 최고의 명품지역이 될 것이라고들 하던데요.

산수로 : 그렇지요. 용산재개발 프로젝트는 그야말로 '강남 위에 용산'이라는 말이 나올 정도로 부동산 시장의 지각변동을 일으키고 있는 사업이지요. 이미 용산재개발 프로젝트는 워낙 규모가 크다보니 사회적 갈등도 있어 이미 그에 따른 용산참사라는 아픔도 있었지만 용산재개발은 지역적 차

원을 넘어서 경제적·사회적·환경적 차원에서 그 파급효과가 가히 엄청나다고 하지 않을 수 없습니다. 따라서 서울 최대의 개발프로젝트로 한강르네상스 프로젝트와 아울러 용산재개발 프로젝트를 꼽게 되는 것이지요.

한강변 100리 길을 가다

10년 후 대한민국 최고 주거지 1순위

한강이 새로운 비상을 꿈꾸고 있다. 친환경과 첨단이 어우러진 대한민국 최고의 부촌은 이제 한강을 중심으로 조성될 것이라는 게 전문가들의 공통된 지적이다. 이미 그 조짐은 여러 곳에서 동시다발적으로 나타나고 있다. 우리 역사의 중심 무대인 한강이 만들 10년 후 수도 서울은 어떤 모습일까.

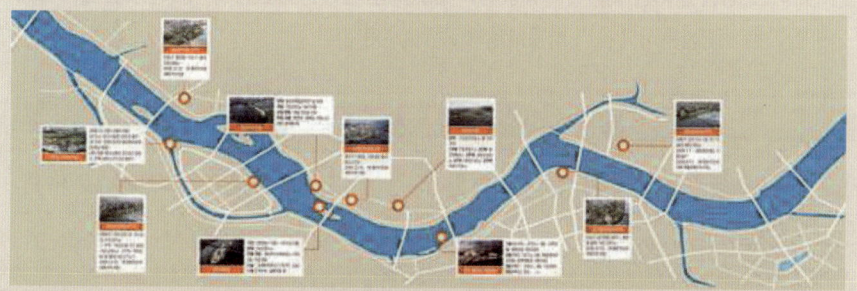

"한국이 보릿고개에서 G20 정상회담을 개최하는 '세계 10대 경제대국'으로 발전해 왔듯이 강남은 '말죽거리'에서 '타워팰리스'까지 달려왔다. 전자의 달리기가 피땀으로 이룬 반면 후자의 달리기는 일확천금의 투기 광풍이 아니었느냐고 반문할 수 있겠지만 욕망의 대질주라고 하는 본질에 있어서는 다를 게 없다."

강준만 전북대 교수는 '강남, 낯선 대한민국의 자화상'에서 강남 제일주의를 이렇게 꼬집었다. 그렇다고 현실적으로 강남으로 이사가는 것을 모두 투기로 볼 수는 없는 노릇이다. 다산 정약용도 죽기 전 자녀들에게 무슨 일이 있어도 사대문 밖으로 이사 가지 말고 버텨야 하며 서울을 벗어나는 순간 기회는 사라지고 사회적으로 재기하기도 힘들다고 신신당부했다. 강남에 수많은 사람들이 열광하는 이유도 바로 여기에 있다.

그러나 앞으로도 강남이 최고의 주거지로 자리 잡을 수 있을까. 이에 대해선 전문가들마다 의견이 분분하다. 다만 확실한 것은 강남 제일주의 구도가 깨지고 있다는 점이다. 그 변화의 중심에 바로 한강이 있다. 풍수지리에서 물(水)은 '돈'을 뜻한다.

뒤로 산을 끼고 앞으로 물이 흐르는 배산임수(背山臨水) 지역은 최고의 명당이다. 그런 면에서 볼 때 한강 주변은 풍수지리적으로 전형적인 명당 지형이다. 수많은 풍수 전문가들이 한강변을 주목하라고 강조하고 있는 것도 이 같은 지리적인 특성에서 이유를 찾을 수 있다. 물론 사회적 트렌드 측면에서도 한강은 매우 중요하다. 역사적으로 국민소득 1만~2만 달러 시대에 성공을 결정하는 요소는 돈과 명예이며 이를 보다 쉽게 얻을 수 있는 방법은 양질의 교육이다. 교육 열풍 때문에 강남 집값이 부침을 기록한 것도 같은 맥락이다.

그러나 소득이 높아질수록 돈에 대한 선호는 뚜렷하게 줄어들고 삶의 질이 그 가치를 대신한다. 따라서 한적하고 좋은 공간에서 유유자적한 삶을 보낼 수 있느냐가 앞으로 중요해질 것이다. 그런 면에서 한강은 준비된 곳이나 다름없다. 이만한 자연환경이 조성된 주거지가 없을뿐더러 서울시 한가운데를 관통하고 흘러 사통발달의 교통을 자랑한다.

실제로 부동산 전문가들은 한강 주변이 서울의 최고 부촌으로 자리 잡을 것이라는 데 이견을 달지 않는다. '앞으로 10년 후 서울 최고의 요충지가 어디가 될 것이냐'는 질문에 용산·여의도·압구정·잠원동·성수동 등이 빠지지 않고 등장하는 이유도 바로 한강을 끼고 있기 때문이다.

서울시 한강 주변 개발 신호탄

서울시는 지난해 초 한강 공공성 회복을 통해 한강변 주변 낡은 주거지를 대대적으로 정비해 한강의 쾌적성을 높이겠다고 발표했다. 현재 서울시가 파악한 바에 따르면 한강변 주변 85%가 주거지역이며 이 중 아파트 주거지역이 7곳이다. 문제는 이들 주거지역 중 20%가 이미 재건축됐고 나머지 80%도 개발을 서두르고 있어 더 미뤘다간 향후 20~30년 내에는 한강 공공성 회복이 사실상 불가능하다는 데 있다.

서울시는 한강변을 전략정비구역·유도정비구역·일반관리구역 등 3개 구역으로 통합 관리한다는 방침을 세웠다. 전략정비구역은 성수·합정·이촌·압구정·여의도, 유도정비구역은 망원·당산·반포·잠실·구의·자양 등이다. 나머지 지역은 일반관리구역으로 지정, 서울시 기본 경관 계획을 적용해 통합 관리한다.

당장 용산·여의도·압구정동 등지가 관심의 대상으로 떠오르고 있다. 지난 1년 사이 커다란 변화가 인 것은 아니지만 장기 투자 목적으로 아파트를 매입하는 수요는 다소 늘었다는 것이 해당 중개업소의 공통된 설명이다.

특히 용산은 이번 서울시 한강 프로젝트의 사실상 중심에 있다. 미군기지 이전과 용산역 주변 개발 등 굵직굵직한 개발 호재가 예정돼 있는데다 한남동·동부이촌동 등을 중심으로 재개발·재건축을 추진하는 사업장이 상당수 포진해 있어 관심 대상 '0순위' 이다.

〈한국경제매거진〉 2010.03.22

한강르네상스 8대 프로젝트

로빈손 : 말만 들어서는 잘 모르겠어요. 먼저 한강르네상스 프로젝트의 그림을 보면서 설명해 주시면 안 될까요?

[그림17] 한강르네상스 개요도

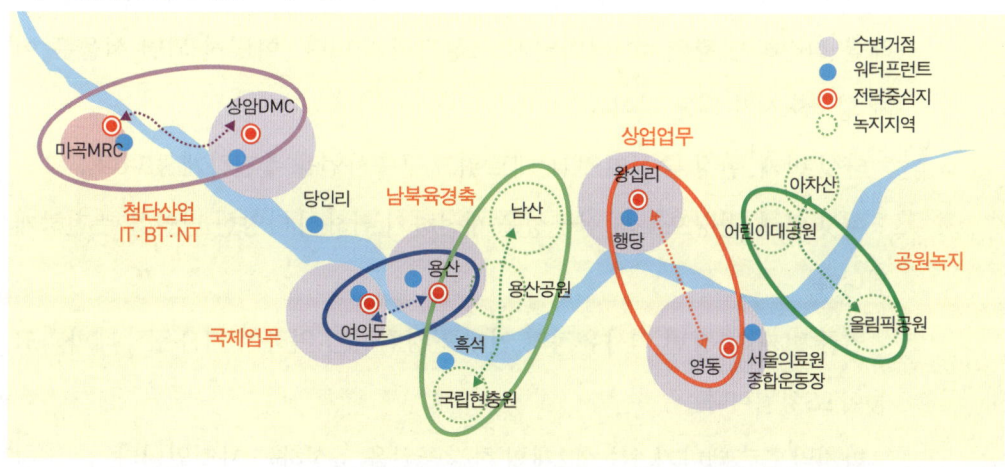

산수로 : 한강르네상스 마스터플랜은 크게 8가지 사업으로 나누어집니다. 그 내용만해도 만만치 않은 관계로 여기서는 간단히 소개하죠.

첫 번째, 한강 중심의 도시공간구조 개편입니다.

한강과 인접한 영등포·용산·상암·영동·왕십리 등 5개 부도심과 전략 중심지인 마곡지구가 6개의 수변거점으로 육성됩니다. 이 거점들이 한강으로 연결되어 문화·상업벨트를 형성하여 시너지효과를 발휘하게 되는 것이죠.

두 번째, 워터프론트타운을 조성하여 활력이 넘치는 멋진 수변도시로 탄생하는 것입니다.

마곡, 상암·난지, 여의도, 용산, 잠실, 행당, 당인리(합정) 등 8개 지역이 워터프론트타운(도시가 큰 강이나 바다·호수 등가 접하고 있는 수변도시)으로 지정되어 수변도시로 개발되는 것이지요.

세 번째, 한강변 경관개선사업입니다.

네 번째, 서해연결 주운기반을 조성하는 것입니다.

이에 따라 국제금융·업무지구인 여의도와 용산에는 아라뱃길을 따라 서해를 직결하는 광역국제터미널이 조성되게 됩니다. 이렇게 되면 서울은 이제 항구도시가 되는 것이죠.

다섯 번째, 한강 중심의 생태 네트워크 구축사업을 추진하게 됩니다.

여섯 번째, 한강으로의 접근성을 개선하기 위하여 다양한 방안을 추진하게 됩니다.

일곱 번째, 한강변 역사유적의 연계를 강화하기 위하여 역사유적 테마파크 등이 조성됩니다.

마지막으로 테마가 있는 12개의 한강공원을 조성하는 사업입니다.

 로빈손 : 정말 대단한 프로젝트입니다. 이 프로젝트가 완성되면 서울의 그림은 완전히 바뀌겠네요. 그야말로 세계 제일의 수변도시이자 항구도시로 재탄생할 것 같습니다. 부자가 되어 돌아오는 마지막 종착지는 여의도나 압구정 또는 용산의 명품 아파트가 되는 꿈을 꾸어야 되겠습니다.

산수로 : '꿈은 반드시 이루어진다' 라고 하지 않았나요. 로빈손님의 꿈도 꼭 이루어지길 바라겠습니다.

서울의 지형을 바꾸는 용산재개발 프로젝트

로빈손 : 용산재개발 프로젝트에 대해서도 설명 부탁드리겠습니다.

[그림18] 용산 재개발 프로젝트 조감도

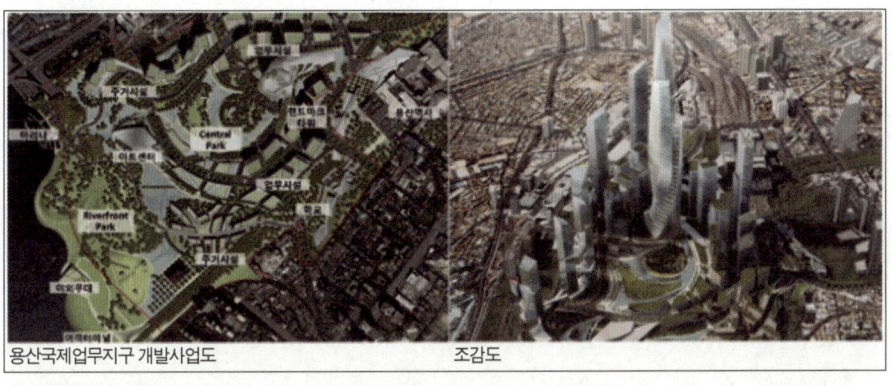

용산국제업무지구 개발사업도   조감도

산수로 : 용산재개발 프로젝트는 크게 세 가지로 나누어져 추진되고 있습니다.

첫 번째로 665m의 랜드마크타워가 세워지는 용산국제업무지구입니다.

[그림19] 용산재개발지구 지도

공덕역
숙대입구역
남산식물원
마포역
마포초교
남영역
효창공원앞역
성심여고
한강진역
삼각지역
녹사평역
이태원역
삼각지역
용산역
용산국제업무지구
용산역전면지구
용산공원(예정지)
한강진역
원효대교
국제빌딩주변지구
한남뉴타운
용산공원남측지구
한강철교
이촌역
국립중앙박물관
한강중
신용산초교
한강대교
반포대교
동작대교

　이는 상암동의 서울DMC랜드마크빌딩(640m)보다 높은 국내 최고의 건축물이 되는 것입니다. 세계적으로도 두바이의 버즈두바이(818m)에 이어 두 번째로 높은 빌딩이 되는 것이죠.

　용산국제업무지구는 2014년 상반기에 1단계 완공을 하고, 이어 2016년 12월에 2단계 완공을 목표로 하고 있습니다.

　로빈손 : 조감도만 봐도 그 위용이 대단하군요.

　산수로 : 두 번째로는 지상과 지하를 연결하는 대규모 복합상업·문화공간과 용산재개발지구를 하나로 연결하는 통합입체공간인 용산링크가 조성됩니다.

　용산링크 지하는 삼성동 코엑스몰의 2배에 이르는 거대공간으로 다양한 쇼핑시설이 들어서게 되고, 용산링크의 지상은 대규모 녹지공원과 함께 보행데크가 만들어져 가만있어도 목표지로 가게 됩니다.

마지막으로 용산 미군기지 일대가 '민족공원' 으로 조성되어 미국 뉴욕의 센트럴파크에 못지 않는 세계적 규모의 공원으로 탈바꿈하게 됩니다. 용산공원은 '남산르네상스' 사업과도 연계되어 서울 도심의 생태축으로서 중요한 역할을 하게 될 것입니다.

로빈손 : 한강르네상스 프로젝트와 용산재개발 프로젝트는 그야말로 서울을 세계 일류도시로 탈바꿈시킬 꿈의 프로젝트이군요. 저도 꿈의 대열에 꼭 합류하겠습니다.

Chapter 02 개발지역 투자

지도를 바꾸는 개발계획

산수로 : 부동산 투자의 요체는 개발가능성과 미래가치를 읽을 줄 아는 안목을 키우는 것이라고 누차 강조하였지요. 따라서 부동산 투자를 하고자 할 때에는 도로를 따라가는 개발축의 방향으로 투자를 해야 한다고 하였습니다. 지금까지 설명한 것처럼 개발축을 잘 판단하고 개발정보를 캐내기 위해서는 각종 개발계획을 섭렵하는 것이 중요합니다.

한 마디로 개발계획은 지역의 지도를 바꾸는 역할을 하는 것입니다. 개발계획이 발표되고 난 시점에서야 뒤늦게 점검도 제대로 하지 않고 무조건 남을 따라 투자하는 경우가 많죠. 이런 경우에는 자칫 잘못하면 단기적으로 상투를 잡든지 아니면 잘못된 투자로 고생을 하게 되는 경우가 많습니다.

로빈손님은 지금까지 제 설명을 들었으니 개발계획의 중요성을 누구보다도 아시리라 믿습니다.

272

로빈손 : 부동산 투자의 출발점은 개발계획을 얼마나 이해하느냐에 달려 있다는 것을 절감합니다. 수도권의 경우 각종 개발계획의 설명을 잘 들었는데 지방의 경우에는 어떻게 개발계획을 점검해야 합니까?

산수로 : '제4차 국토종합계획 수정계획'의 경우는 전 국토를 대상으로 하는 것이므로 최상위계획입니다. 수도권 광역개발계획의 경우와 마찬가지로 지방도 광역권 단위로 광역개발계획이 있으며, 도 단위로는 도종합계획이 있습니다. 그리고 시·군단위로는 도시기본계획을 확인해야 하는 것이지요. 만약 해당 도시의 재개발이나 재건축에 관심이 있다면 '도시·주거환경정비기본계획'을 볼 필요가 있죠.

로빈손 : 이명박 정부에 들어오고서 언론을 보다 보면 하루가 멀다하고 각종 계획들이 쏟아져 나오는 것 같은데 어떤 계획들입니까?

산수로 : 이명박 정부에서 발표하는 각종 계획들에 대하여 설명하기 전에 먼저 참여정부와 이명박 정부에서의 부동산 정책을 바라보는 시각의 차이점을 먼저 설명하겠습니다.

참여정부 시절의 부동산 정책방향은 한 마디로 수도권 집중에 따른 불균형을 해소하기 위한 '국토균형발전' 전략이라고 할 수 있었지요. 이에 따라 행정수도의 세종시 이전이 추진되었으며, 공기업의 지방이전을 통한 혁신도시·기업도시 활성화를 추진하였지요. 또한 종부세 강화를 통하여 소위 '강남불패' 현상을 불식시키고자 많은 노력을 하였습니다. 그러나 아이러니컬하게도 지방 땅값을 올려놓고 강남 집값만 천정부지로 올려놓았지만…

그러나 이명박 정부에 들어와 부동산 정책은 일대 변혁을 맞고 있습니다.

참여정부의 부동산 정책의 골자가 '규제의 강화'와 '지방화'라면 이명박 정부의 부동산 정책방향의 골자는 '규제완화'와 '수도권과 지방의 상생(相生)발전'이라고 말할 수 있습니다.

참여정부의 경우 지방의 균형발전을 강조하였다면 이명박 정부는 지방의 광역화를 통한 글로벌 경쟁력을 강화하는 방향으로 지역발전정책의 패러다임을 전환한 것이죠.

이에 따라 수도권 규제완화정책이 지속적으로 추진되었고 수도권과 지방의 상생발전을 위하여 '국토의 3차원적 지역발전전략'에 입각하여 다각적인 지역발전을 추진하고 있습니다.

따라서 각 권역별로 다양한 개발계획들이 쏟아져 나오는 것입니다. 이명박 정부에서 지방에 투자하기 위해서는 이러한 각종 개발계획들을 당연히 검토할 필요가 있겠죠.

로빈손 : 그렇군요. 그동안 이명박 정부는 수도권 규제완화정책만 추진하고 지방은 소홀히 한다고 생각했죠. 특히 대운하정책으로 많은 투자자들이 피해를 입어 지방에 투자하는 것은 위험하다고 생각했는데 오히려 지방에 투자할 기회가 꽤 있을 것 같기도 하네요?

산수로 : 맞습니다. 참여정부 시절에는 행정중심복합도시다 혁신도시다 기업도시다 J프로젝트다 하는 다양한 지방화 전략을 썼지만 따지고 보면 전부 토지거래허가구역으로 묶어놔 초기에 치고 빠진 고수들만 돈을 벌었지, 외지인인 일반 투자자들은 아직까지도 그 타격에서 빠져 나오지 못하고 고생하고 있는 실정이죠.

그러나 이명박 정부에서는 지방의 경우 개발계획이 확정된 지역을 제외하고는 거의 토지거래허가구역에서 해제되어 외지인의 경우에도 개발재료만 잘 선별하여 입지선택을 하면 지방의 투자여건은 매우 좋아졌다고 볼 수 있습니다.

국토의 3차원적 지역발전정책

로빈손 : 아까 설명하신 국토의 3차원적 지역발전정책이라는 것은 구체적으로 무엇을 의미하는 것입니까?

산수로 : 국토의 3차원적 지역발전정책이란 이명박 정부의 신지역발전정책으로서 전 국토의 성장 잠재력을 극대화할 수 있도록 정책의 공간단위를 기초생활권(163개 시·군), 광역경제권(5+2, 7개 권역), 초광역개발권(4+α)으로 설정하여 3차원적으로 접근하여 지역발전을 추진하는 것을 말합니다.

기초생활권은 광역경제권 정책에서 상대적으로 소외된 시·군에 살고 있는 주민의 삶의 질 개선을 목표로 하며, 광역경제권은 시·도간 연계협력을 통한 지역의 경쟁력 강화를, 초광역개발권은 권역 간 연계와 대외개방형 국토운영을 통한 국가의 경쟁력 강화에 초점을 두는 것이지요.

로빈손 : 상당히 독특한 지역발전전략으로 보이네요.

산수로 : 그렇다고 볼 수 있습니다. 이명박 정부의 지역발전전략의 핵심은 지역의 광역화를 통한 글로벌 경쟁력을 확보하여 수도권과 지방의 동반발전을 강조하는 것이지요. 이를 통하여 기존 지역발전정책의 한계를 극복하고 지역의 글로벌 경쟁력 강화를 위해 지역발전정책의 패러다임을 전환한 것이라고 할 수 있습니다.

따라서 이명박 정부는 이러한 새로운 지역발전정책의 패러다임을 구체적으로 실현하기 위해 참여정부 시절의 '국가균형발전 5개년계획' 을 '지역발전 5개년계획' 으로 수정하였지요.

2차원적 '5+2 광역경제권'

로빈손 : 5+2 광역경제권은 어떤 광역경제권을 의미하는 것입니까?

산수로 : 인구 500만 이상의 5대 광역경제권인 수도권 · 충청권 · 호남권 · 대경권 · 동남권과 인구 100만 규모의 비교적 작은 독립적인 2개의 특별 광역경제권인 강원권 · 제주권으로 구분한 것을 5+2 광역경제권이라고 하는 것이죠.

로빈손 : 그렇다면 수도권의 '수도권 광역경제권 발전계획' 처럼 다른 광역경제권에서도 광역경제권 발전계획이 수립되어 있겠네요?

산수로 : 그렇습니다. 광역경제권 발전계획은 권역별 발전비전 및 추진전략 위주로 수립되어 있으며, 5년(2009~2013) 단위의 중기적 실행계획입니다.

로빈손 : 그림에 나와 있는 30대 선도 프로젝트란 무엇입니까?

산수로 : 광역경제권 활성화를 통한 지역의 특화발전을 촉진하기 위하여 각 광역권별로 가장 시급한 역점사업을 국책사업화하여 2009년부터 2013년까지 정부에서 50조원을 지원하여 추진하는 사업입니다.

로빈손 : 그러면 참여정부 시절 추진하던 혁신도시나 기업도시는 이제 어떻게 되는 것입니까?

【그림20】5+2 광역경제권과 30대 선도 프로젝트

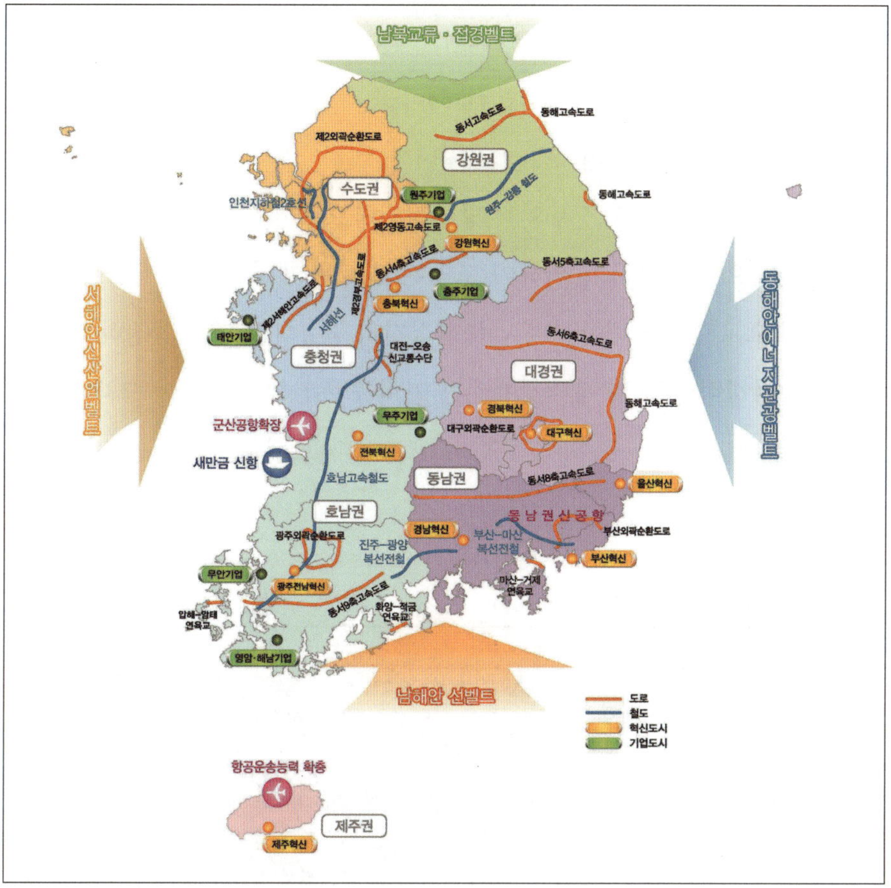

산수로 : 혁신도시나 기업도시는 이명박 정부에서도 계속 추진되며 광역경제권의 발전을 선도할 성장거점으로 육성될 계획입니다. 다만, 아무래도 참여정부 시절과 같은 추진동력은 기대하기가 어렵지 않나 생각되지요. 투자측면에서는 참여정부 시절 이미 땅값을 대폭 올려놓아 지금은 투자가치가 별로 없다고 생각됩니다.

3차원적 '4+α 초광역개발권'에 주목하라

로빈손 : '4+α 초광역개발권'이라는 개념이 매우 신선한 것 같네요. 구체적으로 어떤 개념을 의미하는 것입니까?

산수로 : 이명박 정부의 지방발전전략으로서 국토의 대외개방형 미래 신성장축으로 육성하기 위하여 도입된 새로운 개념입니다. 당초에 '4대 초광역권'으로 동서남해안권과 남북접경지역 등 4대 벨트를 설정하고 2020년까지 초국경적 협력 및 광역경제권간 연계를 촉진하기 위하여 수차례에 걸친 논의 끝에 기본구상을 확정하였지요. 그러다 보니 소외된 내륙지방에서

【그림21】 4+α 초광역개발권

278

초광역권에 포함시켜 줄 것을 요구하여 '내륙특화벨트'를 추가로 설정하여 '4+α초광역개발권'이라는 개념이 정립된 것입니다.

 로빈슨 : '4+α초광역개발권'의 초광역개발권의 기본구상은 무엇입니까?

 산수로 : 표로 정리하여 설명하는 것이 이해하는데 도움이 될 것 같네요.

【표4】초광역개발권의 비전 및 개발방향

개 발 권	비 전	개발방향
남해안 선벨트	수도권 대극(對極)의 동북아 신 경제 · 물류 · 휴양허브	· 글로벌 경제 · 물류거점으로 육성 · 세계적 해양 관광 · 휴양지대로 조성 · 통합인프라 및 초국경 네트워크 구축 · 남중권을 동서통합 상징지역으로 개발
동해안 에너지 · 관광벨트 (블루벨트)	녹색성장을 선도하는 에너지 관광의 블루파워벨트	· 에너지 산업벨트 구축 · 국제관광거점 기반조성 및 창조산업 육성 · 산업부문간 연계강화를 통한 기간산업 고도화 · 인프라 확충 및 환동해권 교류협력 강화
서해안 신산업벨트 (골드벨트)	환황해 경제권을 주도하는 지식·첨단산업의 융복합벨트	· 국제비즈니스 거점화와 환황해권 협력체계 활성화 · 경쟁력 있는 초일류 첨단산업벨트 구축 · 역내외 연계 인프라 구축 · 글로벌 해양 생태 · 문화 관광벨트 조성
남북교류 접경벨트 (평화에코벨트)	한반도 중심의 생태 · 평화 벨트(Eco-Peace Belt) 육성	· DMZ 생태 · 관광벨트 육성 · 세계평화협력의 상징공간 조성 · 동서 - 남북간 교통인프라 구축 · 남북한 교류협력 지구 조성 · 저탄소 녹색 성장지역 육성
내륙 특화벨트	해안내륙의 연계를 위한 특성화된 개발거점 육성	· 기업 · 혁신도시 · R&D거점 연계 첨단벨트 구축 · 초광역 문화권 · 유역권, 물관리 등 공동개발 · 백두대간 등 청정환경을 활용한 녹색성장벨트 등

산수로 : 2010년 상반기까지 '4+α 초광역개발권'의 추진방향과 기본구상을 반영한 구체적인 벨트별 종합계획을 수립할 예정입니다. 따라서 벨트별 종합계획에 주목할 필요가 있겠죠.

로빈손 : 투자와 관련해 보자면 '4+α 초광역개발권' 중 어느 초광역개발권에 초점을 더 맞추어야 하나요?

산수로 : 당연히 제1순위는 서해안 신산업벨트(골드벨트)이지요. 수도권에서도 서·남부 개발축이 주개발축으로 그 연장선상에 있는 서해안이 가장 유망한 투자지역이라고 할 수 있습니다.

다음으로는 지중해에 버금가는 세계수준의 해양휴양벨트를 조성하는 것을 목표로 하고 있는 남해안선벨트 지역이 향후 무궁한 잠재력을 가지고 있다고 말할 수 있습니다. 기타의 벨트들은 도로축과 관련하여 개발재료가 있는 경우 선별적으로 투자를 하는 방향으로 생각하시면 되겠습니다. 2010년 중 초광역개발권에 대한 구체적인 종합계획이 나오면 향후 2020년까지 상당한 잠재력을 가진 계획으로서 지속적인 관심을 가져야 할 것입니다.

부동산 가격의 상승패턴을 알아두자

부동산 가격의 3승법칙은 격언이다

산수로 : 부동산 가격은 보통 3차례에 걸쳐 오른다고 하죠. 계획발표단계-착공단계-완공단계에 걸쳐 오르는 것은 '부동산 가격의 3승법칙'이라고 이야기 합니다. 일반적으로 부동산 가격상승 패턴을 이야기할 때 흔히들

하는 이야기죠. 이는 부동산 투자자들이 지난 수십년 동안 투자경험을 통해 굳어진 격언이나 다름없습니다.

로빈슨 : '부동산 가격의 3승법칙' 에 의하며 보통 땅에 투자하게 될 때 어느 정도 상승률을 보일까요?

산수로 : 일률적으로 이야기 할 수 있는 성질은 못되지요. 어느 지역에 입지하느냐 개발계획의 재료가 어느 정도 되느냐에 따라 다 다르겠지요.

그러나 흥미로운 이야기가 있습니다. 보통 땅에 투자하면 3-3-3법칙이 작용한다고 하지요.

로빈슨 : 3-3-3 법칙은 또 무엇입니까?

산수로 : 일반적으로 개발계획 발표 이전에 호재를 예측하고 땅을 선점하면 개발계획 발표와 동시에 보통 3배 정도 오르고, 다시 개발 착수시점에 또 3배 정도 오르고, 마지막으로 개발이 완공되면 다시 3배 정도 오른다는 것이죠.

개발이 완공된 후 도시가 성숙해서 발전해 나가는 과정에서 다시 또 상승하겠지요. 복리로 계산하면 초기에 제대로 된 땅에 투자하면 적어도 10~20년 정도면 엄청나게 상승한다는 것입니다.

로빈슨 : 3-3-3만 해도 복리로 27배네요. 설마 그렇게까지 오를까요?

산수로 : 예를 하나 들어드릴까요? 1989년도 제1기 신도시가 개발되기 전 일산 전담의 3.3㎡당 가격은 3만 원 정도에 불과했었지요. 그러던 것이 20년이 지난 지금 3.3㎡당 가격은 지역에 따라 차이가 있겠지만 상업지역의 경우 보통 2천~3천만 원 내외입니다. 그러면 상승률은 70배~100배에 달하는 것이죠(분당의 경우는 상승률이 더 높겠지만 1989년도 일산의 땅값을 기억하고

있어서 예를 들었네요).

강남의 타워팰리스를 예로 하나 더 들어봅시다. 1999년 타워팰리스의 평균 분양가는 3.3㎡당 1천만 원 정도이었죠. 초기에 미분양이었던 것이 2010년 현재 4천만 원 이상을 호가합니다.

과연 지난 40여년간 개발의 역사 동안 부동산 가격이 얼마나 상승했을까 알면 일반인의 상상을 초월할 정도입니다. 물론 특수한 예를 들었다고 할 수 있으나 제대로 개발축을 따라 입지조건이 좋은 곳에 투자하면 3승법칙에 의한 3-3-3배의 상승은 어렵지 않다고 봅니다.

로빈슨 : 3승법칙에 의하면 투자 타이밍이 조금 늦어도 충분한 상승 효과를 볼 수 있네요?

산수로 : 그렇습니다. 보통 개발계획이 발표되는 시점에서 가격이 2~3배 이상 오르게 되면 일반인들은 발표 전의 가격과 비교했을 때 가격부담으로 투자를 망설이는 경우가 많지요. 그러나 개발재료만 확실하다면 이때도 결코 늦은 타이밍이라 할 수는 없습니다.

그러나 최근 아파트 투자의 경우 오히려 미분양이 속출하고 분양가보다 하락하는 등 3승법칙이 무너지고 있는 추세입니다. 이는 일시적인 추세라기보다는 앞으로 부동산 시장의 패러다임이 바뀔 것을 예고하는 현상이라고 판단됩니다.

아파트는 이제 투자가치 보다는 주거개념으로 전환해야 할 시점이라는 것이지요. 다만, 명품아파트단지의 경우 희소성의 원칙과 부자들의 과시욕 때문에 그 가치가 더욱 상승할 수 있습니다. 다시 말하면 아파트 시장의 양극화 시대가 왔다고 말할 수 있죠.

부동산 시장의 밴드왜건 효과를 경계하라

산수로 : 우리가 낯선 지방을 여행할 때 맛있는 집을 찾기 위해 손님이 많은 식당으로 가는 경우가 많죠. 이처럼 소비자들의 상품선택이 다른 사람들의 선호에 의해 영향을 받는 것을 밴드왜건(band-wagon : 악대차) 효과라고 합니다.

사실 부동산 시장에서도 밴드왜건 효과가 적용됩니다. 즉, 아파트 분양 시 사람들이 많이 모이면 거기에 편승하게 되고, 땅도 어떤 호재가 있다고 해서 투자자들이 몰려들면 이때 사지 않으면 마치 손해 보는 기분이 들어 앞뒤 가리지 않고 덥석 무는 것이죠. 대표적인 것이 누차 예를 들듯이 행정수도이전 재료로 인한 세종시나 J프로젝트나 대운하사업 같은 경우입니다. 부동산 시장에서 밴드왜건 효과가 작용하게 되면 어떤 현상이 일어날까요?

로빈손 : 글쎄요. 일종의 군중심리에 편승해서 부동산을 사는 것이니까 아마도 가수요를 창출하게 되고 그에 따라 가격을 상승시킬 것 같은데요.

산수로 : 이제 정말 전문가가 다 되셨네요. 전세계적인 글로벌 금융위기에 따라 부동산 시장의 버블이 꺼질 것이 우려되고 있습니다. 사실 어느 순간 악대가 악기치는 것을 멈추는 순간 일순간에 바람은 빠져 나갈 수밖에 없겠죠. 그래서 요즈음 부동산 시장의 대폭락을 주장하는 전문가들이 꽤 많습니다. 제가 여기서 부동산 시장에 있어서 밴드왜건 효과를 거론하는 것은 투자자들이 몰려드는 시점을 경계하라는 의미입니다. 자칫 잘못하면 소위 단기적으로 상투를 잡을 수도 있게 되는 것이죠.

부동산 투자도 타이밍입니다. 개발계획의 청사진이 나왔을 때 철저히 분석해서 사전에 선점할 수 있다면 성공이지만, 이미 개발계획이 확정돼서 투자자들이 몰려들 때는 위험신호일 수도 있다는 것입니다. 개발호재가 있다 하더라도 오히려 선점 타이밍을 놓친 경우에는 한 템포 투자 타이밍을 늦추는 것도 방법입니다.

로빈손 : 어느 투자나 다 마찬가지지만 부동산 투자에 있어서 투자 타이밍이 중요하다는 것을 다시 한 번 느끼게 되는군요.

동심원 효과와 도넛 효과를 이용하라

산수로 : 부동산 가격 상승요인으로 '동심원 효과' 라는 것이 있습니다. 이는 도시지대의 동심원지대이론을 원용한 것으로 도시의 중심부가 방사선적으로 확대된다고 하는 내용입니다.

우리가 호숫가에 돌을 던지면 동심원을 그리며 물결이 퍼져나가죠. 그와 마찬가지로 부동산도 땅값이 중심지역부터 먼저 오르고 난 다음에 인접지역으로 확산되어 나간다는 것을 부동산 시장에 있어서 동심원 효과가 작용한다고 말할 수 있는 것입니다.

로빈손 : 동심원 효과는 쉽게 이해가 되네요. 개발호재가 있어서 중심부의 가격이 상승하면 가격에 부담을 느낀 투자자들이 가격이 저렴한 인근지역에 투자하게 되어 다시 인근지역까지 가격상승효과를 가져오는 것으로 설명할 수 있을 것 같습니다.

산수로 : 맞습니다. 그러한 예는 너무나 많지요. 개발지역의 중심부의 가격상승은 연쇄적으로 물결치듯이 주변지역의 부동산 가격을 상승시키지요. 아파트 시장의 경우는 지금까지 농심원 효과가 철저하게 적용된 예이지요. 예컨대, 강남 아파트 가격이 먼저 상승하면 강북지역까지 확산되고, 다

강남 부동산과 '밴드왜건'

경제용어로 '밴드왜건(Band Wagon)' 효과란 말이 있다. 서커스 행렬의 맨 앞에 있는 악단 차량을 사람들이 떼를 지어 따라다니는 현상을 말한다. 소란스런 악대 소리에 뭔가 있을 것이라는 호기심에 사람들이 몰려들고 뒤따라간다. 최근 2~3년 간 강남권에 집 사는 행렬이 바로 그런 것이다. '밴드왜건'은 분위기 편승과 심리적 영향이 크기 때문에 쉽게 제동이 안 걸린다.

'불패신화'의 강남권 부동산시장이 그 모양이다. 강남권 주택매입 심리는 단순히 재테크 목적이나 내집마련 차원을 넘어선 것 같다. 그곳에 가면 우리 애를 좋은 대학에 보내고, 더 나은 혼처를 구할 수 있고, 사회적 신분(?)이 올라갈 수 있다는 막연한 기대감이 깔려 있다. 물론 최근 집값 급등세는 투기적 가수요가 한몫했다. 그러나 기회만 되면 강남권에 집을 마련하려는 대기수요가 많아 정책을 잘못 쓰면 집값이 오를 개연성이 높은 곳이 강남권이다. 중·대형 평수의 아파트 공급을 줄이고 세금을 더 매기면 강남 진입벽은 갈수록 높아지고 그 희소성으로 집값은 더 오른다. 강남권에 아파트 매물이나 공급 물량이 달리다보니 인근 분당까지 덩달아 주택값이 올랐다.

정부는 그 집값을 잡기 위해 세무조사 협박, 합동수사본부 가동, 5만명 블랙리스트 관리 등 초강경 조치를 잇달아 내놓고 있다. 그러나 이런 때려잡기식의 대책이 강남을 향한 밴드왜건행을 막을 수 있을지는 의문이다.

2003년 10·29 부동산투기 억제조치도 약효가 1년을 채 못 갔다. 저 금리로 인한 과잉 유동성과 금리인상 카드를 쓸 수 없는 정책 한계 때문에 투자 가치가 높은 부동산 쪽으로 돈이 몰리게 되어 있다. 돈 굴릴 데가 마땅치 않은 금융기관은 연체율이 낮아 대출장사하기 좋은 강남권을 쉽게 포기하지 못한다. 못 말리는 것은 부모의 교육 극성이다. 좋은 학교, 좋은 학원이 많은 강남에서 자식공부를 못 시켜 안달이 나 있다.

우리 주위를 보자. 외국 파견 공무원이 강남 아파트라도 하나 사놓고 출국해야 '잘했다'는 말을 듣는다. 외국에서 근무를 끝낸 대기업 간부는 강남 쪽 집부터 구하러 다닌다. 사회지도층치고 강남권에 안 사는 사람이 드물 정도다. 강북에 사는 모 국책 금융기관장은 며느리한테서 "아버님, 이제 저희도 강남으로 이사가시죠"라는 간청을 받았다고 한다. 그 이유를 물어보면 다 자녀교육 때문이다. 따라서 이번 부동산 대책이 실효를 거두려면 공급 확대, 보유세 강화, 대출 축소 등의 처방 외에 교육제도 개선 등을 포함한 종합판 대책이 되어야 할 것이다. 강북이나 강남 근처에 강남에 버금가는 최고의 교육 인프라스트럭처를 갖춘 도시를 세울 수 없는 것인지….

〈매일경제〉 2005.07.12

시 지방아파트 가격까지 상승시켰지요. 그러나 토지시장의 경우는 동심원 효과를 경계해야 하는 경우가 많습니다. 왜 그렇다고 생각하십니까?

로빈손 : 글쎄요. 토지시장의 경우도 마찬가지가 아닌가요?

산수로 : 일반적으로 토지시장의 경우도 동심원 효과가 적용된다고 볼 수 있습니다. 예컨대, 최근 당진지역이 현대제철소나 황해경제자유구역인 송악지구의 지가상승에 따라 당진의 주변지역까지 땅값이 올라가는 추세이지요.

토지시장에서는 대기업 공장이나 대학교, 골프장 등 인구유발요인이 생기면 당연히 중심부분의 땅값이 급등하게 되고 시차를 두고 인근지역의 땅값까지 상승시키게 되지요. 그러나 대규모 개발계획이 발표될 경우에는 꼭 그렇지만 않은 경우도 있습니다. 어떤 경우일까요?

로빈손 : 음… 대규모 개발계획이 추진되게 되면 보통 공영개발에 의한 수용방식으로 사업을 진행하기 때문에 개발지역의 안에 있는 토지는 수용으로 인하여 오히려 큰 수익을 얻기가 어렵지 않나요.

산수로 : 그렇지요. 보통 대규모 개발계획이 발표되면 해당 지역을 토지거래허가구역이나 개발행위허가 제한지역 또는 건축허가 제한지역 등으로 묶이게 되어 사실상 거래가 어려워지거나, 로빈손님 말씀대로 수용될 경우 오히려 주변의 인근지역의 땅값이 향후 개발가능성에 대한 기대로 오르게 되지요. 따라서 이러한 경우는 동심원 효과와는 반대로 오히려 도넛효과가 발생하는 것이지요. 즉, 중심부는 공동화되고 주변부로 확산되는 현상이죠.

로빈손 : 부동산 가격 결정요인도 여러 가지를 판단할 줄 알아야 되

겠군요.

규제에 따른 풍선효과와 부메랑효과를 고려해야

산수로 : 풍선효과라는 것은 말 그대로 풍선의 한 곳을 누르면 다른 곳이 불거져 나오는 현상을 말하는 것이지요. 부동산 시장에서도 이러한 풍선효과가 적용됩니다.

최근에 아파트 시장에 있어서 서울과 수도권에서 정부가 총부채상환비율(DTI)·주택담보대출비율(LTV) 규제를 강화하자 전세가격이 급등하고 있지요. 2009년 9월부터 DTI 규제를 강화하자 DTI 규제받지 않는 제2 금융권의 경우 주택대출이 늘어나고 있는 현상도 풍선효과로 설명할 수 있습니다. 이러한 풍선효과로 인하여 금융당국은 제2 금융권에도 DTI 규제를 강화하게 되었지요. 상황이 이러다 보니 아파트 시장은 침체될 수밖에 없고 최근 서서히 토지시장 쪽으로 자금이동이 일어나는 현상도 역시 풍선효과라고 할 수 있습니다.

그러나 정부가 시장의 수급원리를 고려하지 않고 규제를 강화할 경우 오히려 반대의 현상이 나타날 수도 있습니다. 이런 경우를 무엇이라고 말할 수 있습니까?

로빈슨 : 규제를 강화했는데도 오히려 가격이 상승하는 경우도 있습니까?

산수로 : 과거 참여정부때 '강남불패 현상'을 불식하기 위해서 강남지역을 대상으로 고강도 대책을 내놓았지만 매물(공급)의 부족으로 오히려 강남의 아파트 값이 더 급등하였지요. 교육이라든지 기타 여러 가지 이유로

강남에 들어가려는 수요는 많은데 공급은 줄어드니 아무리 규제의 칼을 휘둘러도 결국은 부메랑으로 돌아오게 되는 것이지요. 이러한 현상을 '부메랑 현상'이라고 말합니다. 따라서 정부의 규제정책은 보통 일시적으로는 효과를 보는 경우가 많으나 시장의 수급원리를 고려하지 않을 경우 실패로 돌아가는 경우가 많은 것입니다.

물론 이명박 정부는 시세보다 훨씬 저렴한 보금자리 주택의 대폭적인 공급 확대를 통하여 기존 아파트 시장의 가격 상승을 억제하고자 정책을 펴고 있는 바, 여러 가지 대내외적인 요인을 고려하여 볼 때 향후 아파트 가격의 대폭적인 상승은 힘들다고 봅니다.

로빈손 : 그래서 이제는 부동산 시장 투자는 토지시장이나 수익형 부동산 시장에 주력해야 한다는 말씀이군요.

개발지역은 수용에 대비하라

개발계획의 진행단계를 알아야 한다

산수로 : 지금까지 우리는 투자를 하고자 할 때에는 가급적 개발축(=도로축)을 따라 투자하는 것이 가장 바람직하다고 배웠습니다. 또 개발가능성과 미래가치를 볼 줄 아는 안목을 갖고 투자에 임해야 한다고 하였지요.

따라서 우리가 부동산에 투자를 하기 위해서는 개발계획의 윤곽이 발표되는 시점에서 개발축이라든가 개발가능성 내지 미래가치 그리고 해당 지역의 토지이용규제 등 여러 가지 요인을 종합적으로 확인할 필요가 있는 것입니다.

로빈손 : 이제 개발지역에 투자를 어떻게 해야 할지는 산수로님의 지금까지의 설명을 들어보니 어렵지 않을 것 같네요.

산수로 : 로빈손님. 과연 그럴까요. 우리가 개발지역에 투자하는 단계를 한 번 검토해 봅시다. 일반적인 경우를 예로 든 것이므로 예외적인 경우도 물론 있을 수 있습니다.

첫 번째 단계로 부동산을 볼 줄 아는 안목이 생기면 개발축 등을 고려하여 남보다 한 발 앞서 지금은 눈앞에 보이는 것이 제대로 없지만 미래의 그림을 그리고 미리 선점하는 단계입니다. 이 경우 투자가치는 어떨까요?

로빈손 : 당연히 투자가치가 가장 높지 않을까요?

산수로 : 물론 제대로 판단하고 선점하면 투자가치가 가장 높겠지요. 그러나 판단에 실수가 있게 되면 오히려 장기간 자금이 묶이거나 손해를 볼 우려도 있겠지요.

두 번째 단계로 신도시 조성계획이라든가 도로나 철도 등의 개설과 같은 장기 개발계획의 윤곽이 발표되는 단계입니다. 이때에는 예를 들어 신도시가 어느 지역 정도에 건설된다든지 도로나 철도가 어느 방향으로 난다든지 하는 정도만 발표되고 구체적인 지역이나 나들목 등은 확정되지 않은 단계입니다. 이 경우 투자가치는 어떻겠습니까?

로빈손 : 개발계획의 발표 초기 단계이므로 당연히 투자가치가 매우 높겠지요.

산수로 : 개발계획의 윤곽이 발표되는 초기단계에서는 사실 구체적인 투자지역을 알 수가 없는 상태입니다. 다만, 부동산을 보는 안목이 있다면

어느 정도 개발가능성을 읽고 입지선정을 할 수 있겠지요.

만약 이때 입지선정이 제대로 되면 속된 말로 대박을 치는 것이고 입지선정이 개발지역을 비켜가게 되면 손해는 없지만 수익률은 떨어질 수밖에 없겠지요. 로빈손님. 제 이야기가 이해가 되십니까?

로빈손 : 무슨 말씀인지 알겠습니다. 예컨대 제2경부고속도로가 건설계획은 발표되었지만 아직 구체적인 나들목 등은 알 수 없는 상태에서 투자를 해야 하는 단계가 아니겠습니까? 산수로님 말씀대로 투자 타이밍을 언제 잡아야 하는지 하는 문제와 관련되는 것 같습니다.

산수로 : 맞습니다. 세 번째 단계는 개발계획이 확정되어 지구고시가 되기 전 해당지역의 투기나 난개발을 방지하기 위하여 토지거래허가구역이나 개발행위허가 제한지역 또는 건축허가 제한지역 등으로 묶게 되는 시점입니다. 이 단계에서는 어떻게 해야 하겠습니까?

로빈손 : 만약 제가 토지이용 규제 전에 해당 지역에 투자를 하였다면 일단은 토지이용행위가 묶이기 전에 팔고 나올 것 같습니다.

산수로 : 로빈손님처럼만 한다고 하였을 때에는 아마 상당한 수익을 거둘 수 있을 것입니다. 그러나 이때 매도시점을 놓치거나 아니면 장기보유로 가겠다고 할 때에는 일단 재산권 행사를 마음대로 할 수가 없게 되는 것입니다. 따라서 개발지역의 땅에 투자를 하였을 때에는 해당 지역이 개발될 때까지 보유할 것인지 아니면 규제에 묶이기 전에 팔 것인지를 먼저 결정해야 하는 것입니다. 만약에 해당 지역이 개발될 때까지 보유할 계획이면 사전에 건축행위 등 토지이용행위를 하는 것이 유리합니다. 수용시 보상금 책정에 유리하기 때문이죠. 그러나 고수들의 경우에는 토지이용 규제가 있기 전에

이미 빠져 나가죠.

로빈손 : 만약에 토지이용규제 시점에서 팔지 못한 경우에는 어떻게 되나요?

산수로 : 신도시나 택지개발지구 같은 경우에는 보통 공영개발로 수용방식으로 사업을 진행하게 됩니다. 사업기간도 최소 3년 이상 장기이지요.

따라서 토지이용 규제가 보통 2~3년 걸리고 나서 수용되고 보상금을 받고 하려면 최소한 5년 이상은 걸리게 되어 있습니다. 또한 보상금이라는 것이 주변 시세만큼 주는 것이 아니므로 개발지역에서는 항상 보상금 문제로 불만이 많을 수밖에 없는 것입니다.

로빈손 : 신도시나 택지개발지구 같은 경우가 아닌 개발사업의 경우에는 다르지 않나요?

산수로 : 대규모 개발사업(신도시조성, 택지개발, 산업단지 등)은 「도시개발법」, 「택지개발촉진법」, 「산업입지 및 개발에 관한 법률」 등 특별법을 근거로 지구를 지정하여 추진하게 됩니다.

그러나 도시정비사업지구나 개발진흥지구 또는 시가화예정용지 등 도시지역의 1만㎡ 이상 및 비도시지역의 3만㎡ 이상의 중규모 개발사업은 건축물의 배치·기반시설·교통계획 등을 포함하는 반드시 지구단위계획을 수립하여 개발하게 됩니다.

지구단위계획을 수립할 경우 민간사업자가 사업을 시행하게 되면 매수를 하게 되므로 비교적 유리할 수는 있겠지요.

따라서 많은 사람들이 오해하는 것 중의 하나는 개발계획이 발표되어 개발이 완료될 때까지 장기간에 걸쳐 자기가 매수한 토지를 계속 보유한다고 생각하는 것입니다. 그래서 땅값이 수십 배 올랐다고 이야기 하는데 이건 '호랑이 담배피던 시절의 이야기' 입니다. 지금은 결코 개인에게 그런 개발이익을 주지 않는다는 것을 명심하셔야 됩니다.

로빈손 : 그렇다면 개발계획이 발표되어 실제 해당 지역이 개발지역으로 지정ㆍ고시가 되게 되면 사실상 해당 토지는 투자자의 손을 떠나게 되는 것이군요.

산수로 : 그렇습니다. 경우에 따라서는 도시개발사업의 환지방식으로 시행하여 사업 시행 후 자기 토지와 바꾸는 경우도 있습니다만, 대부분의 개발사업은 공영개발 방식이 일반적이지요.

수용시 이주자택지 등 보상은 매력적

로빈손 : 만약 수용을 당하게 되면 토지소유자 입장에서는 시세에 못미치는 보상금 외에는 아무런 혜택도 없는 것입니까?

산수로 : 요즈음은 LH공사(한국토지주택개발공사)같은 사업주체의 경영난으로 인하여 채권보상비율이 높아져 개발지역의 토지를 매수하고 수용당하게 되면 더욱 불리하죠.

그러나 지구지정을 위한 주민공람공고일 1년 이전부터(수도권 외의 지역은 주민공람공고일 기준) 계속 거주하던 원주민의 경우 주택의 크기에 관계없이 이주자택지를 공급하고, 토지를 소유한 주민에게는 협의양도인택지를 공급하게 됩니다. 그리고 영업을 영위하던 사업자의 경우에는 생활대책용지를 공급하게 되지요.

로빈손 : 이주자택지나 협의양도인택지 등은 어떤 것입니까?

산수로 : 이주자택지는 수용지역에 주택을 소유한 원주민이 해당 수용지역의 개발이 끝난 후 재정착을 지원하기 위해 공급하는 택지로서 3층짜리 상가주택을 지을 수 있는 일종의 택지분양권으로 공급 상한선은 265㎡입니다. 판교의 경우 이주자택지의 시세가 10억 가까이 육박할 정도로 소위 '로또복권' 으로 불릴 정도로 인기를 끌었지요.

원주민의 경우 보상이 끝난 후 이주자택지를 받게 되면 1회에 한하여 전매가 허용되는데 사실상 그 이전부터 프리미엄을 받고 불법으로 거래를 하는 사례가 매우 많습니다. 이런 경우 이주자택지를 받을 수 있는 대상인지 여부는 보상이 끝나보아야 아는데도 불구하고 불확실한 상태에서 불법거래를 하게 되면 위험할 뿐만 아니라, 하나밖에 받을 수 없는 이주자택지를 원주민이 여러 사람에게 팔아먹는 소위 '물딱지' 라는 사기에 걸려들 가능성도 농후하지요.

협의양도인택지는 1천㎡ 이상(수도권 외의 경우 4백㎡) 이상의 토지를 소유한 사람에게 주는 택지분양권으로서 단독 2층 주택밖에 지을 수 없어 이주자택지에 비하여 훨씬 시세가 떨어질 수밖에 없습니다. 특기할만한 사실은 2010년부터는 수용지역 내에서 일정한 경우 대토보상을 990㎡까지 받을 수 있게 됨에 따라 개발 완료 후 지가상승을 기대할 수 있죠.

로빈손 : 원주민은 이주자택지나 협의양도인택지의 경우 좀 싸게 공급받는다든가 하는 공급가격에 어떤 특혜가 있습니까?

산수로 : 이주자택지는 수도권의 경우 택지조성원가의 80% 수준(지방의 경우 70%)에서 공급되게 됩니다. 또한 협의양도인택지는 감정가격(지방의 경우는 조성원가의 110%)에 공급되게 됩니다.

따라서 일반인들이 살 수 있는 일반택지분양은 감정가를 기준으로 경쟁입찰에 의하여 조성원가보다 훨씬 비싼 가격에 공급받는 것에 비하면 상당한 특혜라고 할 수 있죠.

로빈손 : 감이 잘 안오는데 판교택지개발지구를 예를 들어 설명을 해 주실 수 있겠습니까?

산수로 : 판교의 택지조성원가는 3.3㎡당 743만 원이었는데 이주자택지의 경우 80% 수준인 594만 원에 공급받게 되죠. 예를 들어 265㎡(80평)를 공급받았다면 4억 7,520만 원에 땅을 공급받게 되는 것이죠.

따라서 일반인이 향후 단독주택의 택지분양을 받을 경우와 비교하여 보면 ① 조성원가와의 차이에서 20%의 시세차익과 ② 택지분양 낙찰가와의 시세차익(일반적으로 상당한 차이가 남) 및 ③ 공급받는 위치가 택지분양 받는 경우보다 노른자위 땅이기 때문에 향후 지가상승의 차이 ④ 그리고 택지분양을 받을 경우에는 2층 단독주택밖에 못 짓지만 이주자택지는 3층 점포겸용 상가주택을 지을 수 있다는 엄청난 이점이 있습니다.

로빈손 : 산수로님의 자세한 설명을 들으니 이주자택지에 대한 궁금증이 확 풀리네요. 그렇다면 원주민에게 공급되는 이주자택지는 주로 어떤 위치에 공급받게 됩니까?

산수로 : 이주자택지는 대개 해당 개발지역의 아파트 지구 등의 도로 주변 땅을 추첨하여 배정합니다. 이주자택지는 해당 개발지역의 노른자위 땅에 해당하며, 더군다나 추첨에 의해 도로의 각지 땅이나 도로 변의 땅을 배정받게 되면 향후 신도시 형성과정에서 상당한 지가상승이 예상되지요.

그래서 일반 투자자들이 원주민의 이주자택지를 개발계획이 발표된 초기부터 적은 프리미엄으로 싸게 매입하려고 불법거래를 하는 일이 비일비재한 것입니다.

로빈손 : 그런 이유로 이주자택지를 로또라고 하는군요. 그렇다면 개발계획 지역의 농지나 임야에 투자를 했다가 수용되기 전에 상당한 시세차익을 보고 매각하는 것과 그냥 수용당한 후 보상금과 함께 이주자택지 등 대토를 공급받는 것 중 어느 쪽이 더 유리할까요?

산수로 : 그것은 판단하기 쉽지 않습니다. 수용지역의 경우 개발행위허가 제한지역 등의 토지이용규제가 이루어지고 난 이후 해당 지역이 수용되어 보상금을 받고 이주자택지 등을 공급받기까지는 최소한 5년 이상의 시간이 소요되므로 장기간 투자자금이 묶이는 것을 감안해야 합니다.

그러나 토지이용규제가 있기 전에 팔게 되면 상당한 시세차익과 함께 투자자금을 다시 재투자할 수 있다는 장점이 있지요. 다만, 2010년부터는 원주민에게 990㎡까지 대토가 주어지게 되므로 상당한 메리트가 있다고 볼 수 있습니다.

따라서 수용 이전에 처분할 것인지 수용된 후 보상금과 함께 대토를 받을 것인지 여부는 본인의 자금사정과 향후 투자계획 등을 감안하여 결정해야 되겠지요.

로빈손 : 그동안 제가 착각을 했던 것 같습니다. 지금까지는 개발지역에 투자를 하기만 하면 신도시가 개발될 때까지 땅을 보유한 후 용도지역 등이 변경되어 대박이 난다고 생각했는데 그게 아니었네요.

개발계획 지역에 투자를 한 경우 언제 팔아야 할지, 그 매매 타이밍이 중요하다는 것을 새삼 느끼게 됩니다.

개발사업때 대토·채권 보상 활성화

정부 "현금보상 따른 부동산시장 불안 차단하자"
대토면적 상향··· '개발리츠' 설립 현물출자 유도

정부가 부동산 시장의 불안 요인으로 떠오르고 있는 막대한 토지보상비를 차단하기 위해 대토 (代土) 보상과 채권 보상을 활성화한다. 토지보상을 받을 때 현금 대신 대토로 받을 수 있는 주택용지의 1인당 면적 상한이 990㎡까지 확대되고 대토를 받은 사람이 그 땅을 현물로 출자해 투자수익을 가져가는 '개발 리츠' 도 설립된다.

또 채권 보상시 보유기간을 늘리기 위해 5년 만기 채권이 새로 발행되고 만기까지 보유할 경우 양도소득세 감면율도 확대된다. 국토해양부는 보금자리주택과 2기 신도시 토지에 대한 본격적인 보상을 앞두고 보상금이 시중에 풀려 서울 강남 및 인근 토지 시장을 자극하는 것을 막기 위해 이 같은 내용의 '대토 및 채권보상 활성화 방안' 을 마련해 내년부터 시행할 계획이라고 12일 밝혔다.
국토부는 보상금을 현금 대신 사업지구에 조성된 다른 토지로 보상해주는 '대토 보상' 이 활성화될 수 있도록 1인당 받을 수 있는 주택용지의 면적을 현재 330㎡에서 990㎡로 상향 조정하기로 했다.

대토로 받을 수 있는 주택용지의 면적이 990㎡까지 늘어나면 30~40명의 지주가 모일 경우 아파트 500~700가구를 지을 수 있는 약 3만 3,000㎡의 땅이 생길 수 있다. 국토부는 토지주들이 현금 대신 받은 토지를 현물로 출자해 개발전문부동산투자회사(개발 리츠)를 설립하고 리츠가 아파트 사업 등 개발 사업을 시행해 수익을 배당 받을 수 있도록 하는 방안을 강구하기로 했다.

국토부의 한 관계자는 "우선 동탄 2지구 등 2기 신도시에서 시범적으로 시행해보고 보금자리 주택 사업 지역까지 확대할 계획" 이라며 "아직은 이 같은 개발 리츠가 활성화돼 있지 않기 때문에 처음에는 한국토지주택공사 등 사업시행자가 리츠를 설립하는 방안이 검토되고 있다" 고 말했다.

국토부는 이와 함께 대토 보상자에게 계약 체결 1년 후 한 차례에 한해 현금보상으로 전환할 수 있는 기회를 부여해 대토보상에 대한 저항감을 최대한 줄이기로 했다. 대토 보상과 함께 채권

보상 활성화 방안도 마련된다. 국토부는 채권 보상시 3년 만기 채권만 발행하고 있으나 앞으로는 5년 만기 채권도 발행하기로 했다. 5년 만기의 경우 국고채 금리(10월 기준 4.91%)를 적용한다.

또 채권 보상을 받을 경우 만기까지 보유하도록 유도하기 위해 오는 2012년 말까지 한시적으로 수용 토지에 대한 양도소득세 감면율을 높여주기로 했다. 현행 양도소득세 감면율은 30%이지만 앞으로는 3년 만기 채권을 만기까지 보유하면 40%, 5년 만기 채권의 경우 50%로 감면율이 높아진다. 아울러 보상 채권을 만기까지 보유하는 경우에 한해 양도세 감면 한도를 연간 1억 원에서 2억 원으로 확대할 계획이다.

국토부가 이처럼 대토 보상과 채권 보상에 대한 파격적인 지원을 늘리는 것은 토지 보상비가 부동산 시장 불안의 뇌관으로 떠오르고 있기 때문이다. 국토부에 따르면 연간 토지보상비는 지난 2003년 10조 352억 원에 그쳤으나 매년 증가해 2006년에는 29조 9,185억 원까지 불어났다.

지난해 보상금은 22조 4,980억 원 수준으로 전년보다는 다소 줄었으나 올해 보금자리주택 사업 확대 등으로 토지보상비가 다시 증가할 것으로 전망된다. 부동산 업계는 현금으로 받은 토지보상비의 약 40%는 다시 부동산 시장에 유입되는 것으로 파악하고 있다.

국토부의 한 관계자는 "이번 대책 시행으로 개발 사업지구에서 대토 및 채권 보상률이 현재 5.6% 수준에서 15~20% 수준까지 늘어나 토지 보상비에 따른 부동산 불안 요소가 일부 차단될 것으로 기대하고 있다"고 말했다.

<서울경제> 2009.11.12

신도시 등 개발지역의 택지분양도 고려해 볼만

 로빈손 : 신도시 등 택지개발지구의 택지분양을 받는 것은 어떨까요?

 산수로 : 택지개발지구의 경우 일반인에게 단독주택용지나 근린상업용지 등을 감정가를 기준으로 경쟁입찰 방식으로 분양하게 됩니다. 일반적으로 택지개발지구에서 분양하는 단독주택용지나 상업시설용지의 경우

많은 인기를 끌어 경쟁률이 치열하지요.

그러나 최근처럼 경기침체기에는 택지분양이 원활치 않아 미분양이 나오는 택지개발지구도 있음을 유의하셔야 합니다.

따라서 택지개발지구의 택지를 분양받고자 할 경우에는 경기분석과 입지조건이, 향후 발전가능성 등을 분석하여 입찰에 응할 필요가 있습니다.

그러나 장기적인 관점에서 본다면 택지개발지구는 해당 지역에서 가장 발전할 수밖에 없는 지역이기 때문에 택지분양을 받을 수 있다면 매우 유리하다고 볼 수 있습니다.

로빈손 : 단독주택용지의 경우 아까 설명하셨던 원주민의 이주자택지나 협의양도인택지를 프리미엄을 주고 전매 받는 것과 일반인에게 분양하는 단독주택용지를 사는 것 중에서 어느 것이 유리할까요?

산수로 : 땅의 가치 측면에서는 이주자택지가 가장 유리하고 다음 협의양도인택지와 단독주택용지는 비슷합니다. 결국 위치에 따른 프리미엄과 가격측면을 비교하여 결정지어야 하겠지요.

로빈손 : 근린상업용지의 경우에는 주로 어떤 시설들이 입지가 가능하게 됩니까?

산수로 : 근린상업용지의 경우 보통 5층 정도의 근린생활시설과 모텔 등이 입지하게 됩니다. 이러한 근린상업용지는 택지개발지구에서 물량이 많지 않기 때문에 매우 치열한 입찰경쟁이 있는 것이 보통입니다. 따라서 낙찰가격대도 만만치가 않죠. 다만, 낙찰 받기만 하면 향후 도시의 발전에 따라 상당한 지가상승을 기대할 수 있다고 볼 수 있습니다.

로빈손 : 2010년도에 분양될 택지개발지구 내의 단독주택용지나 근

린상업용지 등의 분양계획을 알 수 있을까요?

산수로 : 한국토지주택공사(LH)의 경우 2010년도에 성남 판교, 광명 역세권 등 수도권 지역을 포함한 전국 80개 택지개발지구에서 총 1,000만㎡ 규모 5,602필지의 용지를 분양합니다.

유형별로는 상업 및 편익시설용지가 65개 지구에서 1,703필지(512만 2,000 ㎡), 단독주택용지가 30개 지구에서 3,821필지(170만 5,000㎡), 공동주택용지 가 27개 지구에서 78필지(326만㎡)가 분양됩니다.

단독주택용지의 경우 택지개발지구 내에 위치 학교나 도로·생활편의시 설 등 기반시설이 잘 갖춰져 있다는 장점이 있습니다. 또 상업·편익시설용 지는 교육·공공시설 등 기반시설과 연계해 택지지구의 중심상권으로 개발 되고 공급면적이 한정돼 투자가치가 높을 수밖에 없습니다.

택지개발지구 내의 자세한 분양계획은 한국토지주택공사(LH)의 홈페이지 청약시스템(www.lh.or.kr)에서 확인할 수 있습니다.

또한 지방공사에서 시행하는 택지개발지구의 경우에도 해당 홈페이지에 들어가면 확인 가능합니다.

로빈손 : 산수로님의 상세한 설명을 듣다 보니 저도 이제 부동산 투 자의 입문단계는 졸업할 수 있을 것 같습니다.

개발지역의 인근지역에 투자하는 것이 오히려 유리하다

산수로 : 지금까지 개발계획과 관련하여 여러 가지 투자방식을 살펴 보았습니다. 그렇다면 개발지역과 관련하여 또 다른 투자방법을 생각할 수 있겠습니까?

로빈손 : 글쎄요. 저 같으면 그냥 개발계획의 윤곽이 어느 정도 드러난 후 좀 비싸게 매수하더라도 입지여건이 좋은 땅에 투자해서 토지이용 규제가 있기 전에 팔아버리고 나오는 것이 가장 유리할 것 같습니다. 그런데 지금까지 설명한 것 외에도 다른 투자방법이 또 있습니까?

산수로 : 물론 로빈손님의 말씀이 투자리스크도 줄이고 투자수익도 올리는 좋은 방법 중 하나입니다. 그러나 자칫 토지이용 규제시점에 매도를 못하게 되면 장기전이 되는 것이지요.

그래서 고수들이 선호하는 방법이 개발지역의 경계를 벗어난 인근지역에 투자하는 것입니다. 그러면 개발된 이후 개발지역의 후광효과를 입게 되어 엄청난 수익률을 올릴 수도 있죠.

로빈손 : 그런데 사전에 개발지역의 범위가 정해지지도 않은 상태에서 인근지역을 예측하고 투자한다는 것도 쉬운 일은 아니지 않습니까? 게다가 개발지역의 범위를 너무 벗어나 버리면 그것도 그다지 좋은 방법은 아닌 것 같은데요.

산수로 : 물론 개발지역의 범위가 고시되기 전에 미리 알 수는 없지요. 그러나 개발계획이 나오게 되면 어느 정도 윤곽은 알 수 있다고 할 수 있습니다. 이때 제가 항상 강조하는 것이 개발지역을 중심으로 향후 어떤 방향으로 도로가 나고 따라서 개발축이 어디가 될 것인가를 예상한 뒤 입지분석을 통해 좋은 땅을 고르라는 것입니다. 이것만 지킨다면 수익을 내는 것이 충분히 가능하지요.

로빈손 : 그렇군요. 그래서 산수로님이 입이 닳도록 도로를 따라가는 개발축을 강조하시는 것이군요. 이제 충분히 이해됩니다.

산수로 : 로빈손님. 그런데 제가 개발지역의 인근지역에 투자하라고 말하는 가장 중요한 이유가 또 있습니다. 무엇인지 아시겠습니까?

로빈손 : 글쎄요. 수용을 피하기 위해서라고 하셨는데 또 다른 이유가 있습니까?

산수로 : 개발지역 주민들이 수용을 당하고 나면 보상금을 수령하고 일단 해당 지역을 떠나게 됩니다. 그러면 그 주민들이 어디로 가야 하겠습니까?

로빈손 : 아하, 그렇군요. 바로 인근지역의 땅을 필요로 하겠네요. 예컨대, 농사짓던 사람이면 대토를 구해야 할 것이고 장사하던 사람은 장사할 땅을 구할 것이고 그렇게 되겠네요.

산수로 : 바로 그겁니다. 통상 개발지역의 주민들이 보상금을 받는 시점은 케이스 바이 케이스지만 지구지정이 고시가 된 이후 최소한 3년 이상은 있어야 합니다. 그리고 원주민들의 경우 보상금을 수령하면 일반적으로 일단은 금융기관에 예치하는 경우가 보통이죠. 땅을 사는데 시간이 필요하니까요.

따라서 실제 개발지역의 지구지정이 고시가 된 이후 5년 정도 지나야 인근지역으로 돈이 흘러가게 되는 것이지요. 따라서 개발지역의 지구지정이 고시된 이후 지구 밖의 인근지역에 투자해도 늦지 않다는 것입니다.

이러한 점을 고려하여 투자 타이밍을 잡는 것도 하나의 방법이라고 할 수 있습니다.

로빈손 : 산수로님 덕분에 정말 많은 것을 공부하게 되네요. 이렇게 공부할 게 많은 줄 미처 몰랐습니다.

산수로 : 또 한 가지 중요한 것은 정부나 지방자치단체가 발표하는 개발계획만 따라가지는 말라는 것입니다. 지난번에도 설명드렸듯이 대기업, 공장, 대학교, 골프장이나 리조트단지 등 인구유발요인이 있는 지역의 주변지역에 투자하는 것이 사실 실속있는 것입니다. 이런 경우 투자를 하고 나서 수용될지 걱정할 필요도 없고 내가 투자한 땅을 필요로 하는 수요자는 얼마든지 있기 때문에 땅값도 속된 말로 내 맘대로이죠. 한 가지 덧붙이면 이런 시설들은 모두 인프라를 필수로 합니다. 인프라가 뭐죠? 또 이야기하지만 '도로' 입니다. 그래서 제 이름도 배산임수의 산수(山水)와 '길' 로(路)자 아닙니까? 한 마디로 '길 가는 곳에 돈이 있다' 는 것입니다.

로빈손 : 산수로님. 그렇다면 수도권에서는 보금자리주택지구로 고시된 지역의 인근지역을 주목할 필요가 있지 않을까요?

산수로 : 예리하게 보셨습니다. 수도권 보금자리주택지구는 서울에서 불과 20km 이내에 건설되는 아파트지구로 최첨단 유비쿼터스 도시(U-city)로 조성됩니다. 대부분 개발제한구역에서 해제된 지구에 조성되기 때문에 보상금이 인근지역으로 흘러나올 가능성도 매우 높지요. 따라서 그 인근지역의 가치는 앞으로 무궁무진하다고 판단됩니다.

로빈손 : 보금자리주택지구로 지정된 지역의 지도를 볼 수는 없을까요?

산수로 : 국토해양부의 보금자리주택(http://portal.newplus.go.kr) 사이트에 들어가시면 자세히 볼 수 있습니다. 참고로 2010년 4월 1일 현재까지 보금자리주택지구로 지정된 지역의 지도를 올려놓으니 많은 도움이 되기를 바랍니다.

[그림22] 보금자리주택지구 지정위치도

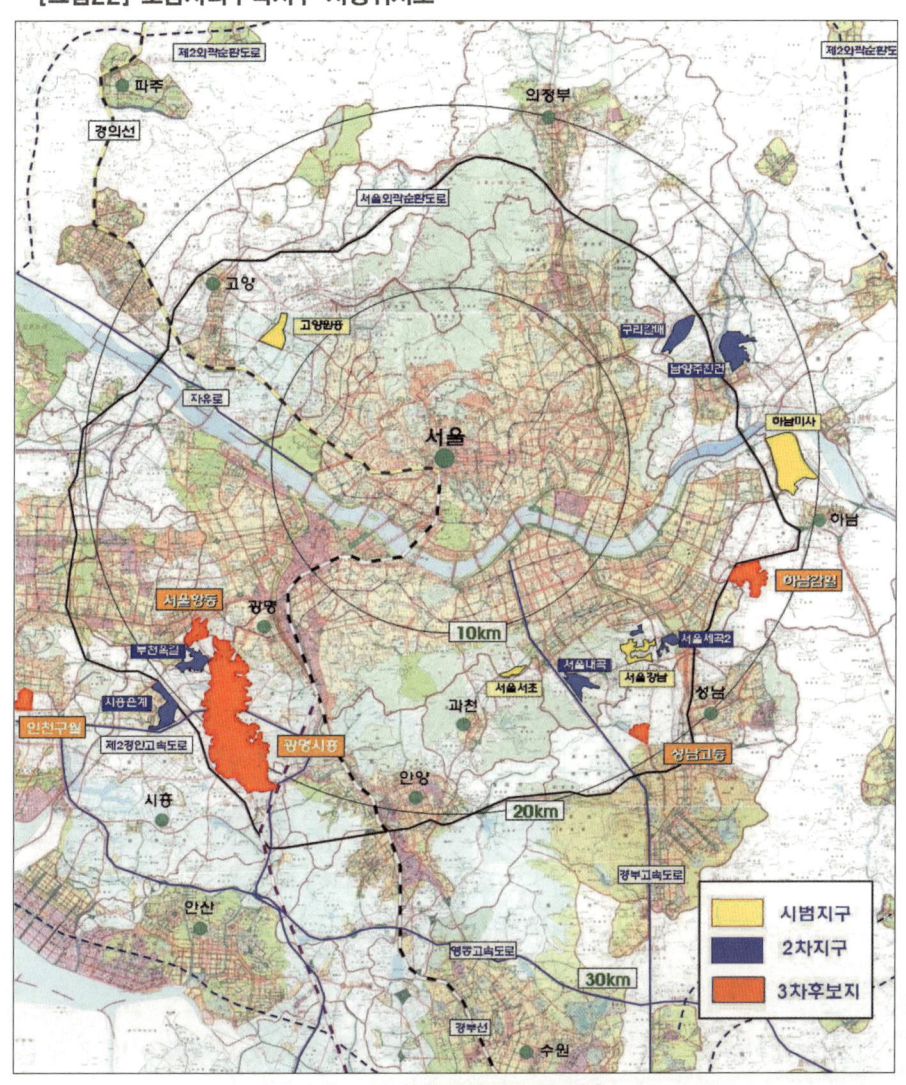

도시개발사업의 환지방식은 기회

산수로 : 재개발사업 같은 정비사업이 비교적 도시의 슬럼화된 지역 등 국지적인 부분을 대상으로 하여 실시되는 도시계획사업이라면 도시개발 사업은 보통 도시나 도시인근의 '나지'(빈 땅)가 많은 지역을 대상으로 신도 시건설 수준의 비교적 대규모 사업이 추진되는 도시계획사업이라 할 수 있습 니다.

현재 도시개발사업 추진이 전국적으로 봇물을 이루고 있는 실정입니다. 더욱이 각 지방자치단체들이 세수확보, 도시개발, 랜드마크 건설 등을 경쟁 적으로 추진하면서 도시개발사업이 더욱 탄력받고 있습니다.

로빈손 : 그런데 택지개발사업과 도시개발사업은 어떤 차이가 있는 것입니까? 둘 다 신도시 건설을 위한 사업으로 사실상 구별이 어렵던데요.

산수로 : 택지개발사업은 「택지개발촉진법」에 근거를 두고 도시지 역의 시급한 주택난을 해소하기 위하여 주택건설에 필요한 택지를 개발하기 위한 대규모 주택건설사업이라면, 도시개발사업은 「도시개발법」에 근거를 두고 도시개발구역 안에서 주거·상업 등 복합단지를 조성하기 위하여 시행 하는 사업으로 일반적으로 택지조성사업의 목적 외에 복합적인 사업을 할 수 있는 특성을 가지고 있습니다.

로빈손 : 택지개발사업과 도시개발사업을 외형적으로 어떻게 구분 합니까?

산수로 : 택지개발사업이 주로 신도시 조성에 초점을 맞춘다면 도시 개발사업은 주거 기능 외에도 특화된 사업목적으로 시행하는 경우가 많습니

다. 그러나 외형적으로는 택지개발사업과 도시개발사업을 구별하기는 쉽지 않습니다.

택지개발사업은 주로 한국토지주택공사(LH)나 각 지방자치단체의 도시개발공사가 해당지역의 땅을 수용하는 방식에 의한 공영개발이라면 도시개발사업은 이러한 수용방식에 의한 공영개발방식 외에 도시개발조합이 주축이 된 환지방식에 의한 민간개발이 혼재된 개발사업이라고 할 수 있습니다.

로빈손 : 환지방식이라는 것이 무슨 뜻이며, 수용과 비교하였을 때 어떤 장점이 있습니까?

산수로 : 환지방식에 의한 도시개발사업은 민간참여에 의한 개발방식이며 주민들 입장에서도 종전의 땅 대신 새로운 땅을 환지받게 됨에 따라 도시개발사업이 완료되면 토지의 가치가 급등하게 되어 일반적으로 수용방식보다 선호하게 됩니다.

반대로 시행자 입장에서도 보상문제가 뒤따르지 않고 체비지의 매각 등으로 자금 유통이 원활하기 때문에 최근에는 환지방식에 의한 도시개발사업이 활기를 띠고 있습니다.

로빈손 : 그렇다면 환지방식은 토지소유자 입장에서는 수용방식보다 훨씬 유리하다고 볼 수 있겠네요?

산수로 : 그렇습니다. 최근 들어 공영개발에 대한 토지소유자들의 반발과 엄청난 토지보상비용에 대한 부담 등이 제기되며 택지개발사업에 대한 비판이 일기 시작함에 따라 개발이익의 극대화 및 안정적 사업추진을 위한 프로젝트 파이낸싱(PF : 금융기관이 특정사업의 사업성을 보고 자금을 지원하는 금융기법)이란 민간참여방법이 제시되면서 도시개발사업이 전국적으로 각광

을 받고 있습니다.

더욱이 2000년 10월 토지공사와 주택공사의 합병으로 탄생한 한국토지주택공사(LH)가 심각한 재정난을 겪으면서 전국적으로 진행 중인 택지개발사업이 주춤거리면서 도시개발사업은 앞으로 더욱 활성화될 수밖에 없을 것으로 예상됩니다.

로빈손 : 그렇다면 환지방식으로 도시개발사업이 시행될 것으로 예상되는 지역에 투자하는 것도 나쁘지 않겠네요?

산수로 : 환지방식의 도시개발사업으로 시행할 수 있다는 것을 알 수만 있다면 물론 좋지요. 도시개발사업을 하기 위해서는 도시개발사업조합을 구성하기 때문에 조합이 구성된 경우에는 투자가 가능할 수도 있지요.

로빈손님의 이해를 돕기 위해 환지방식의 도시개발사업에 관한 기사를 몇 건 실어 보았습니다.

판교남단 대장지구 미니신도시 민간-공공, 개발방식 놓고 이견

인근 대장동, 동원동일대 토지수요급증… 개발본격화

판교신도시 남쪽 1km떨어진 성남시 분당구 대장동 일대에 100만㎡ 규모의 미니신도시 조성이 재추진된다. 성남시와 LH공사, 건설업계에 따르면 "대장지구는 '2020년 성남시 도시기본계획'에 시가화예정용지로 계획된 곳으로 국토해양부의 개발행위허가제한이 풀리는 내년 7월까지 도시개발사업구역지정을 마치고 개발을 본격화할 계획"이라고 밝혔다.

성남시의 한 관계자는 "개발방식은 미정이지만 최근 도시개발사업으로 추진하기로 확정하고 시 계획대로 내년 7월 이전에 구역지정이 이뤄진다면 2012년께 아파트를 분양할 수 있을 것으로 보인다"라고 전했다.

대장지구는 판교신도시에서 불과 1km 떨어져있고 분당신도시와 가까워 서울권 고급주택수요를 끌어들이는데 최적 조건을 갖췄다는 평가를 받는 곳으로 2005년 성남시와 주공이 한국판 베버리힐스로 고급주거지로 개발을 추진한바있다.

이에 최근 개발방식 주도권을 놓고 민간과 공공(한국토지주택공사/LH)이 대립하고 있다. LH는 이 일대를 수용인구 8,370명, 3,100세대의 저밀도개발로 친환경명품복합단지를 조성하겠다고 하고 대장동 민간 도시개발사업추진위원회는 주민들이 원하는 방식으로 추진하는 구상이기 때문이다. 작년 3월 대장동 원주민이 중심이 된 도시개발사업추진위원회가 결성되었고 같은 해 12월 LH가 도시개발사업 제안서를 성남시에 접수하면서부터 이 지역 개발 사업은 결국 동일 도시개발사업을 놓고 민간과 공공이 대립각을 세우게 된 것이다. 사업방식 결정의 칼자루를 쥔 성남시는 현재 내년7월까지 구역지정을 마치고 본격개발을 추진한다는 원칙만 세웠을 뿐 개발방식에 대해서는 내부입장을 결정하지 않은 상태이며 현재 논의 중인 것으로 알려졌다.

이러한 민간과 공공간의 개발방식의 견해 차이에도 불구하고 현지 부동산 열기는 고조되고 있다. 현지 부동산관계자 이모씨에 따르면 "최근 용인~서울 간 고속도로개통과 성남 대장지구 재추진 등으로 인해 대장동, 동원동, 일대 매물을 찾는 사람들이 많다" 며 "현재 이 일대는 최근 토지거래허가구역이 해제되면서 수요가 급상승해 전, 답, 임야 할 것 없이 매물을 사겠다는 사람이 대기할 정도" 라며 이 지역상황을 전했다. 특히 내년부터는 판교신도시가 입주를 시작하고 내곡 및 세곡지구 등 보금자리주택건설로 인한 보상금까지 대거 몰릴 것으로 예상되면서 판교신도시 인근토지와 대장동 인근땅값은 한동안 가격상승이 계속될 것으로 예상된다.

대장지구 개발이 완료되면 부동산시장에도 적지 않은 영향을 미칠 전망이다. 대장지구 도시개발사업은 강남권 대체 주거지로 개발된 판교신도시가 임대주택이 많아 사실 강남수요를 흡수하는데 한계가 있었는데 비해 임대주택을 들이지 않아도 돼 이를 대장지구가 보완하는 역할을 하면서 강남 주택시장안정에도 도움이 될 것으로 보인다.

특히 대장지구는 산으로 둘러싸여 주거환경이 쾌적한데다 경부고속도로 판교나들목, 용인~서울간 고속도로 서판교나들목이 가까워 개발이 완료되면 판교신도시와 함께 서울 강남권의 대체주거지로 인기를 끌 전망이여서 인근의 대장동 및 동원동일대도 이러한 개발호재영향을 받을 것으로 본다. 성남시는 현재 개발방식에 관한 계획을 논의 중이며 이 지역개발과 관련한 용역이 수행 중이므로 조만간 개발방식에 관한 결론이 날것으로 밝혔다. 이 지구가 조성되면 판교(2만 9,000가구), 분당(9만 7,600가구)과 함께 거대주거타운을 형성하면서 주변지역도 영향을 받을 것으로 예상된다.

〈머니투데이〉 2009.10.28

"LH 택지개발에 환지 방식 혼용 검토"

내달 재무개선특별위 발족… 재무건전화 방안 마련
택지 민관 합동개발, ABS 발행 등 적극 검토키로

한국토지주택공사(LH)가 재무건전성 확보를 위해 택지개발사업에 환지(換地)방식을 일부 도입하거나 민간 자본을 유치해 합동개발하는 방안이 적극 검토된다. 자금조달 방식도 종전 채권 발행위주에서 특수목적회사(SPC) 설립과 자산유동화증권(ABS) 발행 등으로 다양해질 전망이다.

한국토지주택공사는 재무 건전성 확보를 위해 민간위원을 중심으로 한 재무개선특별위원회를 구성하고, 다음달부터 본격적인 활동에 들어간다고 24일 밝혔다.

LH는 지난해 말 기준 총 부채가 109조 원, 금융부채가 75조 원으로 하루 이자만 74억 원에 달할 만큼 재무구조 개선이 시급한 상황이다. 올해 말의 금융부채는 100조 원으로 증가해 내년부터는 하루 이자만 100억 원에 육박할 전망이다. 현재 LH의 재무 건전성을 확보하는 방법으로는 택지개발과 자금조달 방식을 다각화하는 방안이 유력하게 검토되고 있다.

LH는 지금까지 택지를 모두 매입해 사업을 추진하는 '전면 수용' 방식을 채택해 왔으나 보상금 대신 토지로 제공하는 '환지(換地)' 방식을 일부 혼용하는 방안을 적극 추진하기로 했다. LH 관계자는 "전면 수용 방식은 사업을 빨리 진행할 수 있는 장점이 있지만 초기 투자비가 커 부담으로 작용하고 있다"며 "자금부담을 줄이기 위해 일부 수용과 환지방식을 혼용할 수 있을 것"이라고 말했다.

LH의 개발비 부담을 줄이기 위해 민간 기업이나 재무적 투자자의 자금을 끌어들여 공동으로 사업을 진행하는 '민관 합동개발' 방식도 적극 검토하기로 했다.

보상비 등 자금조달 방법은 지금은 주로 채권발행에 의존하고 있지만 앞으로 특수목적회사(SPC)를 설립해 LH의 부채를 줄이거나 토지유동화증권(ABS)을 발행하는 등 다각화를 모색하기로 했다. 택지지구 공동주택지의 공급가격을 조성원가에서 감정평가로 바꾸거나 녹지율은 낮추고, 용적률은 높이는 방식으로 매각대상 토지 면적을 확대해 수익성을 높이는 방안도 검토할 방침이다. LH 관계자는 "올해부터는 금융부채 증가폭을 낮춰 재무개선의 전기를 마련하겠다는 것이 이지송 사장 이하 경영진의 방침"이라며 "특별위원회가 종합대책을 확정하는대로 국토해양부와 협의해 본격적인 재무 건전화 작업에 돌입할 것"이라고 말했다.

〈연합뉴스〉 2010.03.24

기업도시 개발에 '환지' 방식 도입

학교용지는 감정평가 금액으로 공급… 사업성 개선될 듯

기업도시 개발사업에서 토지주에게 보상비 대신 토지를 분양하는 '환지(換地)' 제도가 도입된다. 또 학교용지는 다른 민간 개발사업처럼 교육청에 감정평가 금액으로 공급해 기업도시의 사업성이 기존보다 개선될 것으로 전망된다. 국토해양부는 이런 내용을 골자로 한 기업도시개발특별법 개정안이 최근 국회 국토해양위원회 법안심사 소위원회를 통과했다고 22일 밝혔다.

개정안은 이달 안에 국회를 통과할 경우 공포 이후 6개월 뒤인 오는 9월부터 시행될 것으로 예상된다. 개정안에 따르면 앞으로 기업도시 개발사업에 토지 환지방식이 도입돼 토지주에게 보상비 대신 토지를 분양할 수 있게 된다. 다만 환지는 개발사업에 지장이 없는 범위 내에서 환지를 희망하는 토지 소유자에게만 분양할 수 있다. 이 방식이 도입되면 환지는 소득세법상 양도로 보지 않는 만큼 토지 소유자의 양도소득세 부담이 줄어들어 사업시행자의 토지확보가 쉬워질 것으로 보인다.

개정안은 기업도시 내 학교용지를 '학교용지 확보 등에 관한 특례법'에 따라 교육청에 감정평가 가격으로 매매할 수 있도록 했다. 지금까지 기업도시는 학교용지를 감정평가로 공급할 수 있는 개발사업 대상에서 제외돼 교육청으로부터 학교부지와 시설 설치비 전액을 무상으로 기부해달라는 요구가 많았다.

〈서울경제〉 2010.02.22

길 따라가는 충청권 투자

미래의 블루칩으로 떠오르는 제2경부고속도로

산수로 : 제2경부고속도로는 수도권편에서도 설명하였듯이 향후 새로운 개발축으로 떠오를 미래의 블루칩이라고 하였지요. 한마디로 황금노선이지요. 제2경부고속도로의 공식명칭은 '서울~세종 고속도로'로 서하남 나들목에서 세종시까지 6차선 도로로 조성됩니다.

1단계로 서하남~용인 구간은 2013년 완공되고, 2단계로 용인~세종시 구간까지는 2016년에 완공을 목표로 하고 있습니다.

로빈손 : 제2경부고속도로의 수혜지는 어디가 되겠습니까?

산수로 : 수도권에서는 하남, 특히 광주시가 복합재료가 많습니다. 용인시의 경우 남사면 복합신도시, 동탄 제2신도시가 직접적인 영향권에 들게 됩니다. 특히 그동안 경부고속도로와 중부고속도로 사이의 애매한 위치에 있었던 안성이 평택~음성고속도로의 개통과 함께 제2경부고속도로가 바로 지나가게 되면 교통의 요충지로 부상되는 것은 불을 보듯 뻔한 일이 됩니다.

충청권에서는 동천안 나들목으로 확정되어 천안시에서 낙후지역인 동부쪽의 병천면, 수신면, 성남면 등이 혜택을 받을 것으로 예상됩니다.

목적지인 세종시의 경우 수용 보상이 완료된 지역이므로 인근 지역에 투자가 가능하겠지요.

로빈손 : 너무 자세한 정보라 앞으로 투자하는데 많은 도움이 될 것 같습니다.

310

[그림23] 제2경부고속도로 및 제2서해안고속도로 노선도

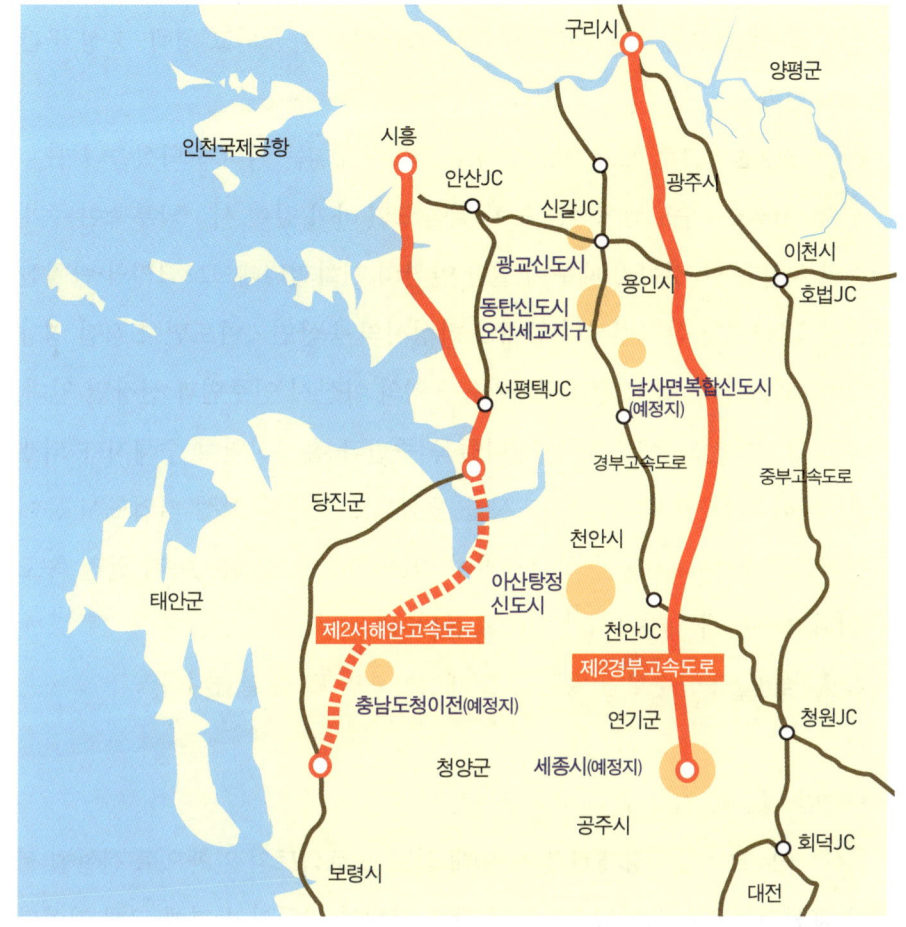

황해경제자유규역의 기간도로인 제2서해안고속도로

산수로 : 제2서해안고속도로는 경기도 시흥시 월곶동을 기점으로 하여 서평택JC를 지나 아산·예산 등 충남 내륙을 거쳐 충남도청 이전 예정지인 홍성까지 이어지게 됩니다. 기존의 서해안고속도로는 이미 포화상태라

제2서해안고속도로가 개통되게 되면 서해안 지역의 교통난을 획기적으로 개선시켜 줄 것입니다. 시흥~평택 구간은 2013년에 완공되고 평택~홍성 구간은 2018년까지 완공계획으로 있죠.

로빈손 : 그럼 제2서해안고속도로의 수혜지는 어디가 되겠습니까?

 산수로 : 수도권에서는 누차 말씀드린 바와 같이 서·남부축이 주개발축의 역할을 할 것이기 때문에 일단 안산의 시화멀티테크노밸리와 반월산업단지, 그리고 송산그린시티 일대와 화성시의 송산면·마도면이 직접 영향권 안에 들어가며, 특히 황해경제자유구역의 아산시 인주면과 선장면 일대, 그리고 당진대전고속도로의 예산나들목 주변과 홍성지역이 수혜지가 되겠지요. 특히 아산지역은 아산신도시를 중심으로 탕정의 삼성 기업도시 등이 발전되었으나, 현대자동차 아산공장이 있는 인주면 일대는 아직 발전 속도가 더디기 때문에 투자가치가 있다고 봅니다.

로빈손 : 산수로님 말씀만 잘 새겨들으면 될 것 같습니다.

서해안 발전에 기여할 서해안 복선전철

산수로 : 광역경제권 발전 30대 선도 프로젝트의 일환으로 건설될 서해안 복선전철은 서해안고속도로와 함께 서해안 지역의 발전에 크게 기여할 것으로 보입니다. 우선 1단계로 부천시 소사에서 안산시 반월산업단지가 있는 원시까지가 2015년에 개통예정입니다. 다음 2단계로 부천시 소사에서 고양시 대곡까지가 2016년에 개통되며, 안산시 원시에서 홍성의 화양까지는 2019년에 개통될 예정입니다.

서해안 복선전철은 향후 장항선과 전라선과 연결되면서 서해안 개발 활성화에 기여하게 되며, 아울러 안산선, 경인선, 경의선 및 공항철도 등과도 연결되게 됩니다. 고양시 대곡부터 충남 홍성군 화양까지 전체적인 노선도는 다음과 같습니다.

고양 대곡~김포공항~소사~시흥시청~안산시 원시~화성시 향남~평택시 안중~당진군 합덕~홍성군 화양 노선입니다. 수도권 쪽의 안산시 원시에서 고양시 대곡까지는 역세권의 가치가 충분히 있다고 판단됩니다.

[그림24] 서해안 복선전철 노선도

로빈손 : 그동안 대곡이 어딘지 원시가 어딘지 몰랐는데 산수로님이 자세히 설명해주시니 위치가 대략적이나마 감이 잡히네요. 아무튼 수도권 일대는 남북방향과 동서방향으로 격자순환형으로 도로와 전철망이 촘촘하게 깔리니까 투자하기에 좋은 입지는 정말 너무나 많을 것 같습니다.

낙후지역인 중부내륙권을 동서로 가로지르는 평택제천고속도로

산수로 : 평택제천고속도로는 평택~안성~음성 대소분기점~충주~제천 구간으로 이 중 평택에서 음성 대소분기점까지는 완공되었으며, 음성 대소분기점에서 충주 구간은 2013년 개통예정입니다. 충주에서 제천 구간은 2014년에 완공될 예정입니다.

장기적으로는 강원도 삼척까지 연결될 예정으로 있습니다.

음성에서 제천까지 이르는 구간은 그동안 가장 낙후된 지역이라고 해도 과언이 아니죠. 평택제천고속도로가 개통되면 중부 내륙지방의 지역 활성화에 기여할 것으로 보입니다.

로빈손 : 음성에서 제천 구간은 경치도 좋고 땅값이 싸니까 묻어 둔다는 마음으로 투자를 하는 것은 어떨까요?

산수로 : 나들목 주변의 땅을 사면 어느 정도 오르기야 하겠죠. 하지만 제가 항상 말씀드렸지요. 투자를 할 때에는 언제나 개발축을 따라서 투자

[그림25] 평택~제천고속도로 노선도

314

하는 것을 원칙으로 해야 한다고. 충주지방에 참여정부 시절 기업도시 재료를 가지고 장난을 많이 쳤지요. 게다가 대운하 재료까지 등장하면서 많은 투자자들이 지금까지도 고생을 하고 있지요. 물론 충주지역의 기업도시 건설이 예정대로 진행되고, 제천지방의 한방엑스포 등의 영향으로 중부 내륙지방도 교통인프라가 좋아지면 향후 발전가능성은 충분히 있습니다.

 로빈손 : 산수로님께서 굳이 음성~제천간의 고속도로를 소개한 이유는 바로 개발축의 개념을 설명하시고자 한 것이군요. 명심하겠습니다.

길 따라가는 강원권 투자

강원권 발전에 기여할 제2영동고속도로

산수로 : 경기도 광주시 초월읍 초월 나들목에서 강원도 원주시 가현동 서원주 JCT를 연결하는 제2영동고속도로가 2010년 5월에 비로소 착공되어 2014년 완공될 예정입니다. 제2영동고속도로가 개통되면 그동안 만성적인 정체에 시달려 왔던 영동고속도로의 교통량을 분담할 뿐만 아니라 원주에서 서울까지 소요시간도 30분 가까이 단축되게 됩니다.

아울러 강릉에서 인천까지 3시간 이내면 주파할 수 있게 되어 강원권의 발전에도 크게 기여할 것으로 전망됩니다.

로빈손 : 산수로님. 무식한 질문인지는 모르지만 고속도로의 JCT와 IC의 차이점은 무엇입니까?

산수로 : JCT(JunCTion)는 고속도로와 고속도로가 만나는 분기점(교

[그림26] 제2영동고속도로 노선도

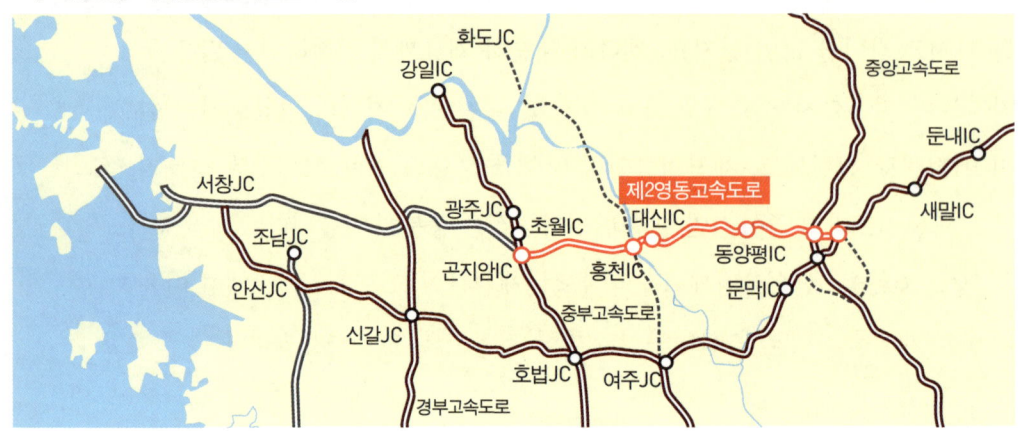

차로)을 말하는 것입니다. 예컨대, 경부고속도로와 영동고속도로가 만나는 신갈분기점이나 경부고속도로와 호남고속도로가 만나는 회덕분기점 등이 죠. JCT 주변은 단지 고속도로가 교차하면서 지나는 지역이기 때문에 일반적으로 투자가치가 별로 없습니다.

반면 IC(InterChange)는 고속도로에서 도시로 진입하는 국도 및 지방도와 연결되는 고속도로 나들목입니다. 따라서 교통의 편의성 및 접근성 때문에 항상 IC(나들목) 인근의 땅을 주목하라고 이야기 하는 것이지요.

로빈슨 : 제2영동고속도로가 개통되면 가장 수혜를 받는 지역은 어디가 되겠습니까?

산수로 : 수도권편을 설명하였을 때도 말씀드렸지만 광주가 가장 수혜를 받는 지역이 될 것입니다. 광주는 중부고속도로와 향후 제2경부고속도로 및 제2영동고속도로의 교통요충지로서 아직까지 개발할 여지가 많이 남아 있는 지역입니다. 따라서 투자를 충분히 고려할만한 지역으로 판단됩니다.

원주~경기 광주, 제2영동고속도로 5월 착공

2014년 완공

경기도 광주시 초월읍 선동리와 강원도 원주시 가현동을 연결하는 제2영동고속도로 건설사업이 5월 착공될 예정이다. 총 길이 56.95㎞, 왕복 4차로 규모의 제2영동고속도로는 현대건설 등 9개사가 참여하는 제2영동고속도로가 건설하고 30년간 운영권을 갖는 수익형 민자사업(BTO)이다. 8일 국토해양부 원주지방국토관리청에 따르면 제2영동고속도로는 5월 착공해 2014년 완공될 예정이다. 제2영동고속도로가 완공되면 안양~성남 제2경인고속도로, 성남~장호원 국도 3호선 대체 우회도로와 연결돼 통행거리도 단축된다. 원주분기점에서 동서울톨게이트까지 통행거리는 101㎞지만 이 도로가 완공되면 86㎞로 단축된다. 동서울~원주분기점 운행시간도 54분으로 기존 영동고속도로를 이용할 때 소요되는 82분보다 28분가량 줄어든다.

〈매일경제〉 2010.03.08

강원권 관광산업 활성화에 기여할 서울~양양간 동서고속도로

산수로 : 서울~양양간 동서고속도로는 서울 강일 나들목에서 춘천을 거쳐 동홍천 나들목까지는 2009년에 이미 개통되었고 동홍천 나들목에서 양양까지는 2014년에 완공될 예정입니다. 동서고속도로 개통과 경춘선의 고속화 추진으로 인하여 춘천지역의 땅값이 많이 올랐지요. 동서고속도로는 강원권의 관광산업 활성화에 결정적인 기여를 하게 될 것입니다. 동서고속도로의 개통효과에 대한 언론기사를 보시면 길의 중요성을 새삼 느끼게 될 것입니다.

 로빈손 : 동서고속도로 개통으로 수혜를 받게 되는 지역은 어디입니까?

[그림27] 서울~양양간 동서고속도로 노선도

　　　　산수로 : 춘천지역의 땅값은 벌써 올랐지만 향후에도 지속적인 상승 가능성이 있다고 봅니다. 왜냐하면 서울 접근성이 매우 좋아졌기 때문이죠. 경기도에서도 나들목 주위의 많은 지역들이 수혜대상이지요.

　　지금은 조금 길게 보고 설악산국립공원 인근의 속초, 양양, 강릉까지 바라보는 투자도 나쁘지 않다고 봅니다. 강릉의 경우는 만약 2018년도에 평창동계올림픽이 실현된다면 빙상경기장은 거의 강릉에서 열리게 된다는 점도 고려하시고, 다만 불확실한 재료에만 의존하는 것이 아니라 여러 가지 요인을 검토할 필요가 있습니다.

동서 고속도로 개통 8개월. 새길따라 투자 0순위 부상

"길"은 부동산 투자의 시작이다. 새길이 나는 곳은 접근성이 높아져 부동산 시장이 호황일 때 상승폭이 크고 불황일 때 하락폭이 적다. 게다가 주변 지역 개발의 호재까지 누릴 수 있어 투자 0순위로 꼽힌다. 개통된 지 약 8개월 지난해 7월 개통된 서울 춘천간 고속도로는 초창기 남춘천 IC까지 개통되던 것이 지금은 동홍천 IC까지 개통되어 있다. 나머지 동홍천~양양구간 (71.5Km)은 2014년 개통될 예정이다. 이 고속도로의 개통은 주변 지역에 엄청난 파급 효과를 몰고 오고 있다. 개통 효과가 가장 큰 지역은 가평군 설악면 일대와 춘천시 남산면, 홍천군 서면, 북방면, 화촌면 일원이다.

설악IC에 인접한 면사무소 부근 일반 주거용지만 해도 개통되기전 3.3㎡ 200만 원대였던 것이 개통이후 400만 원대로 껑충 뛰었다. 전답은 3.3㎡당 매매값이 100~150만 원선이다. 설악면 K공인 중개사 대표는 "토지거래허가구역이 아니다 보니 외지인들의 수요가 많다"면서 가평군의 개발 계획 등의 호재로 당분간 계속 상승할 것으로 내다 봤다.

고속도로와 가까운 지역에 있는 골프장 회원권도 덩달아 가격이 강보합세를 기록하고 있다. 대표적인 곳이 설악IC와 가까운 마이다스밸리, 아난티클럽서울, 프리스틴밸리다, 에이스회원권 거래소에 따르면 아난티클럽서울 회원권 값은 개통전 2억 3,600만 원 이었지만 지금은 두 배 가까이 오른 4억 5,000만 원 선에 거래되고 있다. 같은 기간 마이다스밸리 회원권 값도 4억 2,000만 원에서 7억 7,000만 원으로 올라 83%의 상승률을 기록했다.

강촌IC의 경우 누구나 한번쯤은 가 봤을 MT의 대표적 명소이다. 하지만 지금은 경춘선 철도 복선화 사업까지 겹치면서 더욱 가까워지고 있는 곳이기도 하다. 춘천의 관문이기도 한 이곳은 관광객의 증가로 곳곳에 펜션 개발이 활기를 띄고 있으며 신강촌역 주변역시 역세권 개발 호재로 3.3㎡당 100~120만 정도 이던 가격이 200만 원대까지 형성이 되고 있고 최근 들어서는 춘천시에서 추진하고 있는 기업 유치의 대표적인 지역으로 발돋음 하면서 창촌 농공단지 주변과 전력 IT산업단지 주변 등지의 지가도 꾸준히 오름세를 타고 있다. 또한 강촌IC에서 남산면 소재지까지 연결되는 도로변도 도로확장의 영향으로 개통전에 비해 2배 이상 호가하고 있다.

또 하나의 수혜지역인 홍천은 수도권 인근 지역임에도 주목받지 못한 곳이다. 하지만 지금은 도내에서 지가 상승률이 가장 높은 곳이다. 국토해양부에 따르면 강원도 내 표준지 공시지가 상승률이 4.06%로 최고를 기록했다. 이는 고속도로 개통의 여파로 분석되고 있다. 실제 고속도로 개통으로 서울과의 접근성이 양호해지면서 홍천군 서면 팔봉산 유원지의 상가 매출이 예년에 비해 2~3배 증가하고 있고 마곡 유원지 팔봉산 국민관광지 주변 토지는 3.3㎡당 100만 원대를 호가하고 있으며 노일강 펜션 단지 주변 토지들도 오름세를 나타내고 있다. 특히 강원도 최대 골프장과 각종 휴향시설이 들어서고 있는 무릉도원 정문인 북방면의 역전 평리와 원소리 일대는 작년 하반기 이후 3.3㎡당 60~70만 원까지 호가하고 있고 대명 리조트 주변 역시 남춘천IC를 이용해서 오는 차량들로 군도 9호선 및 70호선 주변은 새로운 상권이 형성되면서 3.3㎡당 지가가 150~250만 원선으로 작년에 비해 2배정도 상승하고 있다.

또한 10월말 개통된 동홍천IC 주변 화촌면 일원 홍천강 상류지역 역시 전원생활과 펜션 수요로 꾸준히 지가가 상승하고 있다. 이처럼 동서 고속도로는 강원도의 레져 지도를 바꾸고 있으며 2014년 양양까지 전구간 개통은 강원도의 새로운 전기가 마련 될 것으로 보인다.

"투자의 나침판은 교통망" 이란 말이 새삼스럽지만 않다.

〈동아일보〉 2010.03.22

경춘고속도로와 쌍두마차인 경춘선 복선전철

산수로 : 현재 서울에서 춘천까지 이어지는 경춘선은 단선인데다가 운행속도가 50km도 안 돼 1시간 50분 이상 걸립니다. 이를 2010년 말까지는 복선전철화하고 2011년 말에는 시속 180km대의 고속형 전동차를 투입하여 40분대에 주파할 수 있도록 하는 획기적인 사업을 추진하고 있습니다.

이렇게 되면 경춘고속도로와 함께 쌍두마차 역할을 하면서 수도권 동북부 방향의 발전이 가속화될 것으로 보입니다.

로빈손 : 길 하나가 지역의 팔자를 고친다는 것을 실감하고도 남네요. 부동산 투자를 할 때에는 항상 '길' 과의 상관관계를 철저히 분석하는 것을 금과옥조로 삼아야 하겠습니다.

[그림28] 경춘선 복선전철 노선도

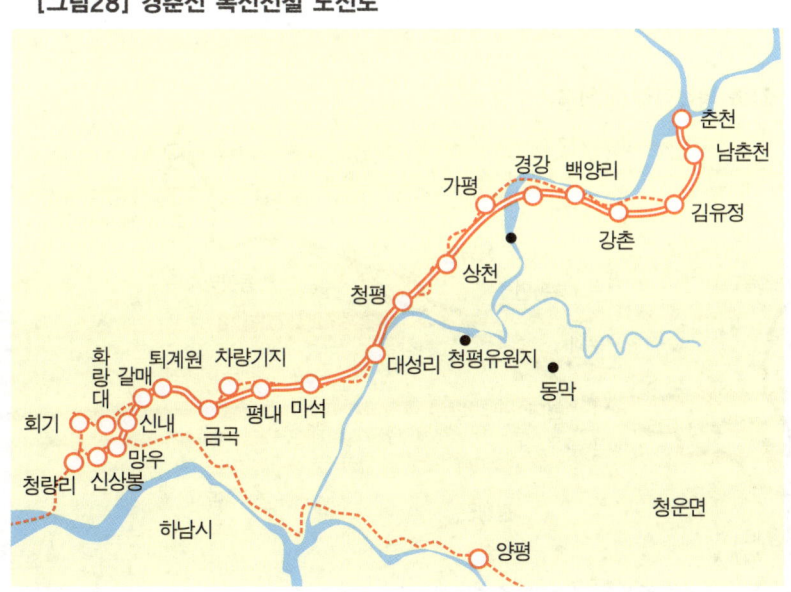

평창동계올림픽 개최성사를 위한 원주-강릉 복선전철

산수로 : 원주-강릉 복선전철사업은 강원지역의 15년 이상의 숙원사업으로 그동안 이 개발재료로 피해를 본 투자자들도 많았습니다. 게다가 평창동계올림픽이 무산되면서 이 지역 인근에 투자했던 사람들은 이제 다시 평창동계올림픽이 열리기만을 학수고대하고 있죠.

2010년 밴쿠버동계올림픽에서 우리나라가 종합 5위의 괄목한 만한 성적을 거두면서 2018년 평창동계올림픽의 개최가능성이 높아짐에 따라 원주-강릉 간 복선전철은 조기에 성사될 가능성이 높아졌습니다. 더군다나 원주-강릉 복선전철사업은 광역경제권 발전 30대 선도 프로젝트의 하나로 선정되어 완공시기만 문제일 뿐 착공은 확실하다고 할 수 있습니다.

또한 복선전철의 운행속도가 200km까지 예상됨에 따라 KTX 고속철도 못지않은 효과를 발휘할 것으로 보고 있습니다. 그렇게 되면 서울에서 강릉까

[그림29] 원주~강릉 복선전철 노선도

지 약 1시간 40분이면 주파할 수 있게 되죠.

로빈손 : 평창동계올림픽을 신청하여 성사시키기 위해서도 이제는
원주-강릉간 복선전철사업은 빠른 시일 내에 반드시 추진해야 되겠군요.

"원주~강릉 복선전철 검토"… 李대통령 강원도 업무보고

평창동계올림픽 유치 측면지원

이명박 대통령은 15일 강원도 원주~강릉 복선전철 사업과 관련, "경제성과 미래지향적 관점에서 볼 때 단선보다는 복선으로 가는 것이 맞다"고 말했다. 이 대통령은 이날 춘천 강원도청에서 김진선 지사로부터 업무보고를 받고 원주~강릉 복선전철에 대해 이같이 긍정 검토할 것을 지시했다고 김은혜 대변인이 전했다. 원주~강릉 복선전철 사업은 1996년부터 논의가 시작된 강원도의 숙원 사업이다. 정부는 2010, 2014평창올림픽 유치 추진 때 복선 전철 계획을 핵심 인프라 사업으로 제시했다. 이 대통령도 지난 대선에서 복선전철 공약을 내세웠다. 그렇지만 이후 단선이냐, 복선이냐를 놓고 논란을 거듭하면서 답보상태를 면치 못하고 있다.

기획재정부는 경제성과 물동량 수요 등을 감안할 때 단선으로 충분하다는 입장을 보여왔다. 반면 정몽준 한나라당 대표는 최근 "공급은 수요를 창조할 수 있듯 복선으로 가야지 강원도가 더욱 발전할 것"이라고 강조했다. 이런 상황에서 이 대통령이 업무보고에서 복선 전철 추진에 힘을 실어줌으로써 이 사업이 한층 탄력을 받게 됐다. 정부는 이미 한국교통연구원에 민자 사업 추진 방안 연구 용역을 의뢰해 놓은 상황이다. 정부는 복선전철 사업에 3조 3,370억 원의 예산이 소요될 것으로 추정하고 있다. 전문가들은 조속히 착공에 들어가면 2015년까지 완공할 수 있을 것으로 예상하고 있다.

〈한국경제〉 2010.03.15

길 따라가는 남해안 투자

전국 반나절 생활권을 실현하는 호남고속철도

산수로 : 그동안 호남선 고속철도는 사실상 서대전부터 광주까지의 구간은 기존 철도를 이용하였기 때문에 말만 고속철도였다고 할 수 있습니다. 그러나 2009년 12월 오송~광주송정 구간의 1단계 호남고속철도 건설사업이 착공됨에 따라 2014년말 이면 완공될 예정입니다. 2단계 건설사업은 광주송정부터 목포(임성리)까지 구간으로 2017년 완공될 예정으로 있습니다.

호남고속철도의 구간은 경부고속철도 오송역에서 공주, 익산, 정읍, 광주송정을 거쳐 목포까지 복선 노선으로 조성되며, 기존 호남선 KTX를 이용할 때보다 선로가 직선화되므로 고속열차의 속도가 더욱 빨라지게 됩니다. 서울~광주 구간이 2시간 39분에서 1시간 33분으로 1시간 이상 단축되고, 서울~목포 구간도 3시간 5분에서 1시간 46분으로 약 1시간 20분 단축되게 되어 호남축의 수송능력 증대 및 물류비용 해소에 기여할 뿐 아니라 실질적으로 전국 반나절 생활권이 실현되게 되는 혁명적인 교통변화가 일어나게 되는 것이죠.

로빈손 : 투자와 관련하여 호남고속철도는 어떠한 영향을 미칠까요?

산수로 : 기존 경부고속철도의 경우 역세권을 중심으로 지역개발이 이루어져 발전하는 추세이므로 호남고속철도의 중간역인 남공주, 익산, 정읍 등은 광역철도의 수혜지가 되면서, 백제문화권, 계룡산, 내장산 등 관광객 이용 수요 증가로 지역경제 활성화에도 크게 기여하게 될 것입니다.

또한 최종 종착역인 목포의 경우 그동안 도시발전이 소외되어 왔으나 서해안과 남해안을 연결하는 해양 요충지로 부각될 가능성이 있습니다.

KTX는 철저히 역세권 중심으로 투자를 하게 되면 투자가치가 매우 높다고 판단됩니다.

여수엑스포를 대비한 전라선 복선전철

[그림30] 오송~목포 호남선 고속철도 노선도

산수로 : 전북 익산에서 전주~남원~구례~순천을 지나 여수에 이르는 전라선 철도가 단선이 복선화되고 굴곡이 심한 구간이 직선화되면서 2012년 여수세계박람회 개최에 맞춰 새롭게 개통되게 됩니다. 당초 2019년 완공 목표였던 전라선 복선전철사업은 여수엑스포에 맞추어 대폭 단축되어 2011년까지 전 구간이 완공될 예정입니다.

전라선 복선화가 완공되면 한국형 고속철도차량인 KTX-II(KTX산천)가 운행돼 서울~여수 소요구간이 현재의 5시간에서 3시간대로 단축되게 됩니다. 또한 전라선 복선전철화 사업과 함께 여수엑스포의 접근성을 높이고자 여수역이 새로 이전되고 기존의 여수역부지는 '2012 여수세계박람회' 부지로 사용되게 됩니다.

 로빈손 : 전라선 복선전철사업이 투자에 미치는 영향이 있겠습니까?

산수로 : 사실 서울에서 본다면 전라선 복선전철사업의 투자효과를 분석하기에는 위치가 너무 멀다는 단점도 있으나, 전라선 복선전철사업으로 인하여 호남권 내륙 및 남해안 지방의 지역경제가 활성화되고 무엇보다도 가깝게는 여수엑스포, 길게는 향후 4대 초광역권의 하나인 '남해안 선벨트' 시대에 일조를 할 것으로 보입니다.

남해안 선벨트 시대의 중추도로인 목포-광양고속도로

산수로 : 목포~광양고속도로는 전남 목포에서 광양을 잇는 도로로 광역경제권 발전 30대 선도 프로젝트 중의 하나입니다. 나들목은 영암학산~영암~강진~장흥~보성~고흥~벌교~남순천의 8곳에 설치되게 되며, 2011년 말까지는 완공될 예정입니다.

목포~광양 고속도로는 전남 서남부권에서 광양만권을 연결하는 유일한 고속교통망이 되며, 광양에서 순천~진주~마산~부산을 잇는 기존 남해고속도로와 연결됨에 따라 목포와 부산까지 한반도 남부지역을 동서로 횡단하는 간선도로의 기능을 하게 됩니다. 이로써 그동안 절름발이였던 남해고속도로가 진정한 의미의 남해고속도로로 재탄생하게 되는 것이라고 할 수 있습니다.

게다가 실현가능성 여부는 미지수이지만 목포~광양고속도로를 속도제한이 없는 아우토반으로 만들겠다는 구상도 나오고 있어 흥미를 끌고 있습니다. 이는 영암에 F1 세계선수권대회를 유치할 'T1 코리아 서킷' 이 2010년에 완공됨에 따라 2010년 10월경 국내 최초로 'F1 코리아 그랑프리 대회'

[그림31] 목포~광양 고속도로 노선도

무안국제공항
나주시
화순군
순천시
국도우회대체도로
광양시
남순천IC
전라남도
여수시
목포시
국도우회대체도로
영암IC
목포~광양 고속도로
보성IC
벌교IC
목포공항
강진IC
장흥IC
고흥군
해남군

가 열리게 되는 것에 맞추어 아우토반 구상이 나온 것입니다. 'F1 세계선수권대회'는 국제자동차연맹이 주최하는 자동차 경주의 최고봉으로 최고시속 360km의 자동차의 한계에 도전하는 경기로 전 세계적인 스포츠 이벤트입니다.

로빈손 : 저도 세계 최고의 드라이버인 '미하엘 슈마허'를 꿈꾸었는데 'F1 세계선수권대회'가 우리나라에서도 열린다는 정말 흥분되는 일이 아닐 수 없군요. 영암의 'F1 코리아 서킷' 일대는 분명히 투자가치가 있다고 봅니다. 목포~광양고속도로와 관련한 투자가치는 어떻게 보십니까?

산수로 : 정부에서 추진하고 있는 '남해안 선벨트'는 남해안의 한려수도와 다도해 일대를 '동북아의 해양·휴양의 허브'로 육성하여 아시아의

지중해를 꿈꾸고 있습니다. 이를 위하여 크루즈선 및 요트운항을 위한 '마리나법' 도 공포되었지요.

앞으로 남해안까지의 교통여건도 획기적으로 개선되므로 적어도 10년 이내에는 남해안이 새로운 모습으로 재탄생할 것이라고 봅니다. 따라서 남해안 일대 또는 섬에다가 돈을 묻어 둔다고 생각하고 투자하면 언젠가는 빛을 발할 것이라고 믿습니다.

우리나라 최대의 연육교인 가덕대교-거가대교-거마대교

산수로 : 부산신항이 입지하고 있는 부산의 녹산산업단지와 가덕도를 연결하는 가덕대교는 현재 완공되었으며, 가덕도와 거제도를 연결하는 총 길이 8.2km의 거가대교는 2010년 말 준공예정입니다.

거가대교가 개통되면 부산~거제도 구간이 140km에서 60km로, 통행시간은 2시간 10분에서 무려 50분으로 단축되게 되어 조선단지가 조성되어 있는 거제도의 교통환경과 물류비용이 엄청나게 좋아지게 되는 것이지요.

부산과 거제를 잇는 거가대교에 이어 거제와 마산을 잇는 거마대교(이순신대교) 건설도 계획 중에 있습니다.

거마대교는 마산시 구산면과 거제시 장목면을 연결하는 총 길이 25.6km(교량 6.6km, 접속도로 19.0km), 왕복 4차로의 해상교량으로 건설되며, 광역경제권 선도 프로젝트사업으로 선정되었습니다. 거마대교는 2011년에 착공하여 2018년 완공을 목표로 추진됩니다. 거마대교의 특징적인 점은 마산의 로봇산업을 상징하는 거대한 로봇 형상이 대교 중앙에 설치될 예정이라 교량의 랜드마크가 될 것입니다.

[그림32] 가덕대교~거가대교~거마대교 노선도

거마대교가 개통되게 되면 마산~거제 구간이 76km에서 25km로 단축되고, 운행시간도 70분에서 30분으로 줄어들게 됩니다. 이로 인해 조선업 중심의 거제와 산업단지가 밀집해 있는 마산·창원·진해 등지의 물류비용이 연간 650억 원 가까이 절감되는 효과를 가져 오게 됩니다.

가덕대교-거가대교-거마대교의 연결로 부산과 거제·통영·진주지역이 하루 생활권으로 편입되면서 남해안 선벨트의 동부 쪽의 경제허브로서 새로운 광역경제권이 형성되게 됩니다.

로빈손 : 전에 가덕도 공사현장 앞에서 일몰을 보면서 아름다운 경치에 취한 기억이 나네요. 말만 들어도 정말 엄청난 프로젝트이군요. 가덕대

교-거가대교-거마대교의 연결이 투자측면에서도 큰 효과가 있을 것 같은데 어떨까요?

산수로 : 일단 가장 혜택을 받는 지역은 거제도가 되겠지요. 하지만 거제도는 지금도 대형 조선단지들이 입지해 있어 땅값이 만만치 않습니다. 그래도 연육교 프로젝트에 따라 앞으로도 높은 지가 상승을 보일 것입니다.

또 한 가지 알아두셔야 할 점은 마산·창원·진해가 통합되어 남해안 최대의 메가시티인 새로운 광역시가 탄생한다는 것입니다. 따라서 향후 이 지역의 투자가치가 더욱 올라갈 수밖에 없을 것으로 예상됩니다.

아무튼 저 개인적으로는 수도권에서는 아무대도 수도권 투자와 '서해안 골드벨트' 투자가 우선이겠지만 좀 더 거시적인 안목에서 '남해안 선벨트'에 관심을 갖게 되면 큰 수익으로 보답할 것이라고 예상됩니다. 물론 입지분석이나 개발가능성 내지 미래가치 분석은 기본이겠지요.

장보고의 해양시대가 열린다

동·서·남해안권 초광역개발 기본구상

산수로 : 2009년 12월 2일 발표된 '동·서·남해안권 초광역개발 기본구상'은 4대 초광역권 구상을 보다 구체화한 것으로 국토해양부를 비롯한 기획재정부·행정안전부·문화체육관광부·지식경제부·환경부 등 6개 부처가 합동으로 계획을 수립하였습니다.

4대 초광역권 개발의 목적은 개별 행정구역 단위의 지역개발에서 벗어나

지역간 협력과 통합을 통해 우리나라의 3면을 차지하고 있는 해안권을 초광역적인 국토의 신성장축으로 육성하고자 하는데 있습니다.

우리나라의 해안권은 향후 개발방향에 따라 동북아경제권과 환태평양·유라시아의 관문역할을 할 수 있는 대외개방형 국토 신성장발전축으로서 무한한 잠재력을 보유하고 있다고 할 수 있습니다. 이에 따라 집적된 기간산업을 기반으로 지역간 협력과 통합적 개발을 통해 글로벌 경쟁력을 갖춘 경제산업지대 조성이 용이할뿐만 아니라 수려한 자연환경과 고유한 지역자원을 연계 활용하여 글로벌 관광명소화와 함께 고품격 녹색국토를 창출하는 선도역할이 가능합니다.

로빈손 : 그렇다면 정부에서는 해안권을 어떤 방향으로 개발할 복안을 갖고 있습니까?

산수로 : 첫째, 남해안은 동북아의 글로벌 경제·물류거점으로 육성하고 세계적인 해양관광·휴양 기반조성 등을 통해 수도권에 편중된 국토구조를 극복할 수 있는 새로운 경제·물류·휴양 허브의 선벨트로 개발될 것입니다.

둘째, 동해안은 국가 에너지 벨트 구축, 관광 및 창조산업 육성, 원자재~부품~완제품을 연결하는 자립적 경제권 구축 등을 통해 녹색성장을 선도하는 에너지·관광벨트로 개발될 것입니다.

셋째, 서해안은 국제비지니스 거점화와 서울·수도권을 배후로 한 초일류 첨단산업벨트 구축 등을 통해 환황해 경제권을 주도하는 신산업벨트로 개발될 것입니다.

로빈손 : 동·서·남해안권을 포괄하는 전체적인 개발 기본구상도

같은 것은 혹시 없습니까?

산수로 : 당연히 있지요. 동·서·남해안권을 포괄하는 전체적인 개발 기본구상도는 물론 각 해안별로 개발구상이 구체화되어 있습니다.

【그림33】 동·서·남해안권 초광역개발 기본구상도

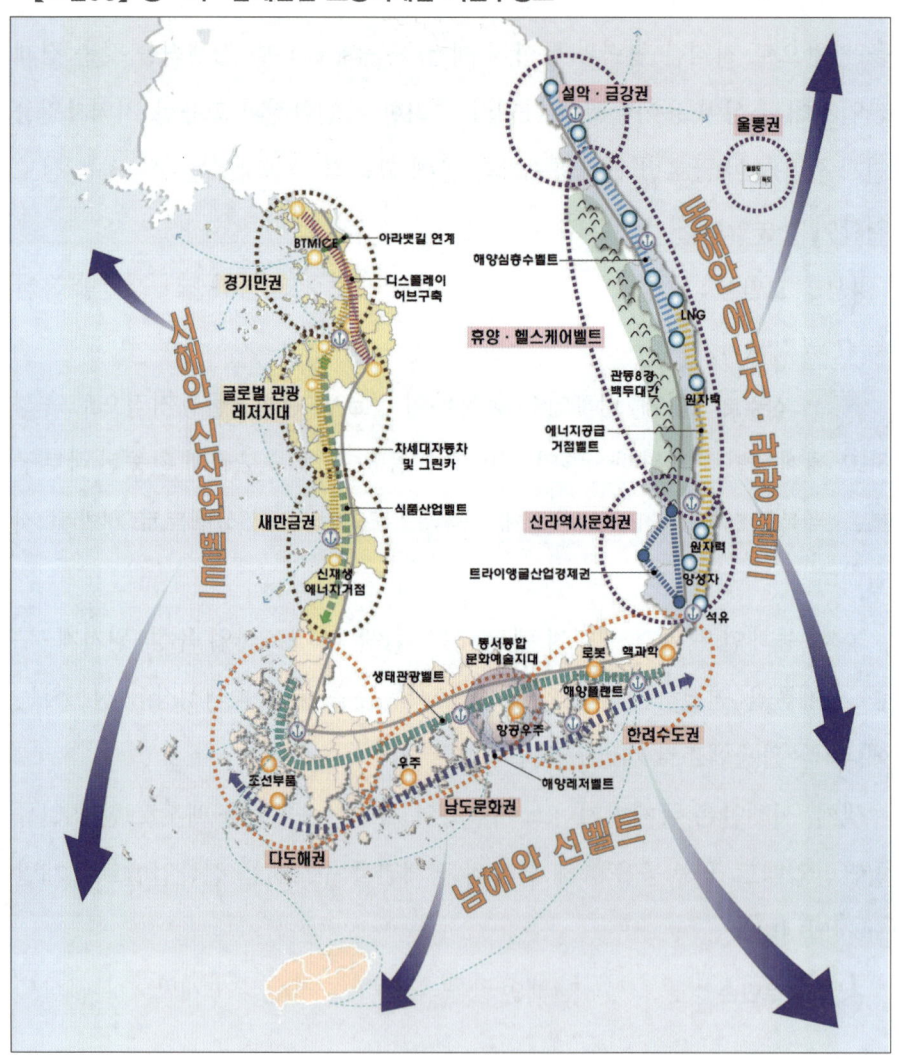

남해안 선벨트(부산, 경남, 전남 + 제주) 개발 기본구상

산수로 : 남해안 선벨트의 경우 2009년 12월 2일 발표된 '동·서·남해안권 초광역개발 기본구상'을 실현하기 위한 구체적인 발전방안으로 동·서·남해안권 중 남해안권에 대하여 가장 먼저 2010년 4월 21일 '남해안 선벨트 종합계획'이 발표되었습니다. 동 종합계획에 의하면 2020년까지 민자를 포함하여 총 24.3조원의 사업비를 투자하여 남해안 일대의 지도를 획기적으로 바꿀 계획입니다.

먼저 남해안 선벨트 종합계획(안) 총괄도를 보시죠.

로빈손 : 먼저 남해안을 선벨트라고 부르는 이유가 궁금한데요. 남해안의 해안을 선으로 연결한 벨트이기 때문에 선벨트라고 부르는 것입니까?

【그림34】 남해안 선벨트 종합계획(안) 총괄도

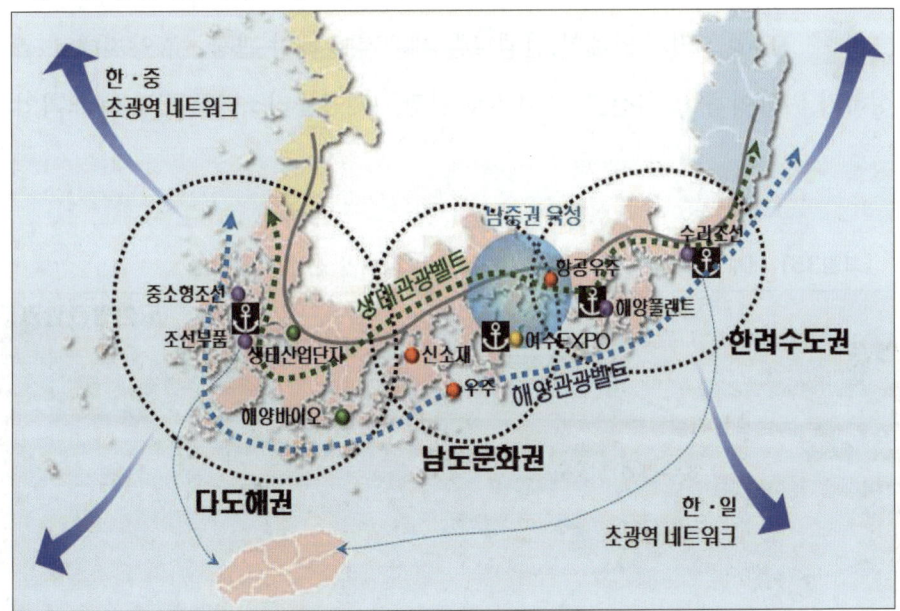

333

산수로 : 선은 Sun(태양)으로 남해안 지역의 풍부한 일조량을 나타내어 선벨트로 부르는 것이죠.

로빈손 : 아~ 그렇군요. 위 그림의 총괄도를 보니 한려수도와 다도해의 그림같은 남해안의 모습이 자연스레 떠오르네요. 그럼 '남해안 선벨트 종합계획' 의 내용을 소개하여 주시죠.

산수로 : 푸른 바다위에 초록빛 섬이 떠 있는 남해안의 전경만 봐도 가슴이 확 트이죠. 남해안 선벨트는 '동북아의 새로운 경제·물류·휴양 허브' 라는 비전 아래 ① 세계적 해양 관광·휴양 지대로 조성하고 ② 글로벌 경제·물류 거점으로 육성하며 ③ 통합인프라 및 초국경 네트워크를 구축하고 ④ 남중권을 동서통합 상징지역으로 개발하고자 하는 전략을 추진할 것입니다.

로빈손 : 전략별로 하나하나 구체적으로 설명하여 주셨으면 합니다.

산수로 : 먼저 남해안 선벨트를 세계적인 해양 관광·휴양지대로 조성하기 위하여 주요 거점별, 테마별로 관광·휴양클러스터를 구축할 계획입

[그림35] 세계적 해양 관광·휴양 지대로서의 남해안 선벨트 구상도

니다.

거점별로 남해안 선벨트를 친환경 해양관광산업벨트로 육성할 것입니다.

첫째, 한려수도권(여수~사천~통영~거제)은 수려한 자연 · 청정해역을 바탕으로 외국인 관광단지 · 친환경 리조트 · 가족휴양단지 등 체류형 휴양지대로 개발하고,

둘째, 다도해권(신안~진도~완도, 기타 섬지역)은 섬의 특징을 활용하여 해양 레포츠, 테마섬, 레저단지, 외국인 별장지대, 크루즈 등을 갖춘 미리내 섬벨트(Galaxy-island) 또는 판타지 아일랜드로 조성하며,

셋째, 남도문화권(강진~순천~남해)은 남도고유문화 및 특산물을 바탕으로 슬로시티(Slow city), 녹차 및 한방, 요양 등 휴양 · 헬스케어벨트로 조성하고,

넷째, 도심형 관광권으로 지역특성을 살려 부산은 레저 · 테마파크 등 도심형 해양관광단지(가덕도 · 해운대 · 다대포 · 동부산 등), 고흥 · 사천은 우주 · 항공 스페이스단지를 조성할 계획입니다.

로빈손 : 다도해권의 미리내 섬벨트 또는 환타지 아일랜드가 환상적일 것 같군요. 언젠가는 저도 자가용 요트를 갖고 다도해며 한려수도를 유유히 여행할 날이 오겠지요.

남해안 선벨트를 세계적 해양 관광 · 휴양벨트로 조성한다는 계획과 관련하여 또 다른 계획은 없습니까?

산수로 : 테마별로는 남해안 선벨트를 문화예술 · 녹색생태 · 관광벨트로 구축할 것입니다.

첫째, 이순신 장군 등 역사자원을 활용하여 통제영 등 역사복원, 해전사박물관, 해상영웅 테마공원 등 해상영웅벨트(진도~완도~여수~남해~통영~진해~

거제)를 조성하고,

둘째, 남도 고유의 문화를 바탕으로 남도문화 탐방벨트(해남~진도~통영)를 조성하여 한(韓)스타일·문학·예술·어촌문화 등 테마형 체험단지, 문화거리·음악당·전시관 등 문화인프라를 확충하며,

셋째, 남해안 해안선을 따라 갯벌 등 습지, 공룡화석지, 생태공원, 생태숲, 녹색길 등의 생태자원을 복원·연결하는 생태관광·테마 탐방루트(함평~해남~순천만~섬진강~사천~고성)를 개발을 계속 추진해 나갈 것입니다.

로빈손 : 제가 보기에는 남해안 선벨트를 세계적 해양 관광·휴양벨트로 조성한다는 계획과 관련하여 가장 중요한 것이 빠진 것 같네요. 해양레포츠 활동을 지원할 수 있는 계획이 있어야 하지 않나요?

산수로 : 아, 당연히 있죠. 남해안을 국제적 관광지대로 개발하는데 일조하고, 소득수준 향상에 따라 향후 고성장이 기대되는 크루즈 산업을 지원·육성하기 위하여 주요 항구(부산·여수·목포·통영)에 크루즈 기반시설을 확충하고 국제 크루즈 선사 유치와 함께 육상과 연계한 관광상품을 개발할 계획입니다.

또한 요트 등 해양레포츠에 대한 수요 증가에 대비하고 해양레저 기반시설 확충을 위해 주요 관광거점별로 레포츠·리조트형 마리나를 조성할 계획입니다.

로빈손 : 정말 멋지네요. 빨리 남해안 선벨트가 아시아의 지중해로 불리는 날이 왔으면 합니다.

산수로 : 남해안 선벨트를 글로벌 경제·물류 거점으로 육성하기 위하여 첫째, 조선, 석유화학, 기계, 우주항공 등 집적된 기간산업을 초광역적

인 협력을 통해 고부가가치화하여 미래 신산업을 창출할 것입니다.

먼저 세계 1위인 조선산업의 고부가가치화를 위해 신조선 외에도 특수·레저선박, 플랜트, 기자재, 수리조선을 포괄하는 조선산업 클러스터를 조성하기 위하여 수리조선(부산), 기자재·플랜트(고성·통영), 중소형 조선(신안), 엔진·부품(영암) 등의 거점단지를 연계·조성하여 남해안 주력산업을 지원할 것입니다.

또한 지역별 중점 산업을 기반으로 산·학·연 협력과 R&D 기능을 확충하여 산업간 융복합화와 첨단화를 추진하고 연관산업을 창출하기 위하여 항공우주 부품(사천), 신소재 산업인 고분자 융복합(고흥)·마그네슘 부품(보성), 로봇(마산), 중입자가속기 등 핵과학(부산) 등의 미래 첨단산업 육성을 위한 산업단지를 조성하게 됩니다.

아울러 부산신항과 광양항은 배후 물류단지 조성 등을 통해 동북아 종합물류거점으로 육성하고, 부산·여수·목포·거제·통영항 등을 재정비하여 대표적인 관광미항으로 조성하며, 풍부한 해양자원을 활용한 해양바이오산업 육성을 위해 거점별(부산·완도·통영)로 R&D 및 산업단지를 조성하고 연구가공센터(목포), 수산물류기지(부산) 등을 통해 지역특화 친환경 농수산물의 고부가가치를 창출할 계획입니다.

로빈슨 : 남해안 선벨트는 세계적인 해양 관광·휴양지대로서 개발될 뿐만 아니라 동북아의 글로벌 경제·물류 거점으로 발전될 무궁한 잠재력을 가진 지역이라고 볼 수 있네요. 그렇다면 남해안 선벨트의 개발을 차질없이 추진하기 위해서는 교통망 인프라가 무엇보다도 중요하다고 생각되는데 이에 대한 계획은 있습니까?

산수로 : 남해안 선벨트지역의 2시간대 통합생활권을 구축하기 위한 인프라로 첫째, 수도권·중부권 등 외부권역에서의 접근성을 확보하기 위해 경부고속철도 뿐만 아니라 호남고속철도(2014 완공) 건설도 차질없이 시행하고 둘째, 남해안 일주 철도를 고속화하기 위해 기존 경전선 등을 확충하여 단계적으로 복선·전철화를 추진하며 셋째, 남해안의 해안선과 섬을 잇는 국

[그림37] 통합인프라 및 초국경 네트워크 구축을 위한 남해안 선벨트 구상도

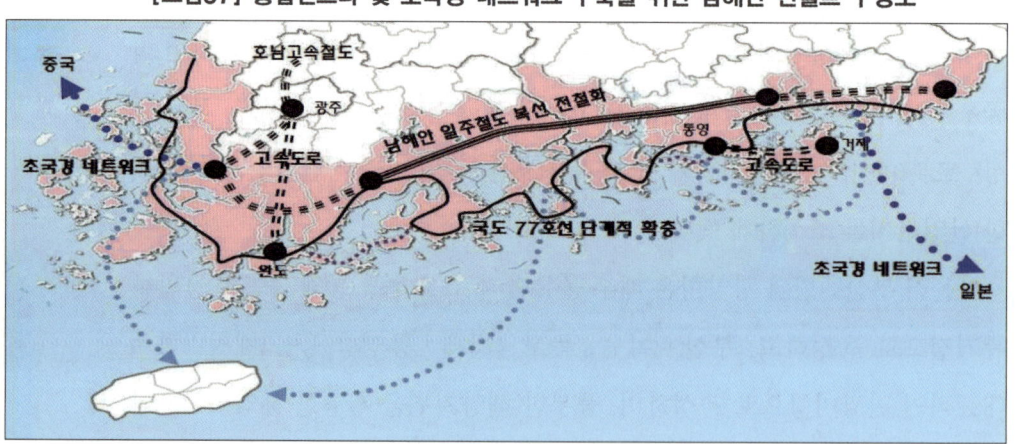

도 77호선(목포~부산)을 점진적으로 확충하고 장기적으로 다도해 · 한려수도 권내 연륙 · 연도교도 검토할 계획으로 있으며 넷째, 권역내 거점지역간 교류 확대를 위해 내륙과 연안 등을 연계하는 광주~완도, 통영~거제 고속도로 망도 추진방안을 마련 중에 있습니다.

로빈슨 : 계획대로 추진되면 남해안 일대의 교통인프라가 획기적으로 개선되겠군요. 산수로님 말씀대로 남해안 선벨트지역은 미래의 꿈을 실현하기 위하여 길게 보고 투자를 고려해야 할 것 같습니다.

산수로 : 그렇습니다. 2012년 여수 세계박람회 및 2013년 순천만 국제정원박람회를 계기로 향후 남해안 선벨트지역의 발전전망은 무궁무진하다고 볼 수 있습니다. 수도권이나 서해안 골드벨트지역에 비해서 땅값이 훨씬 싸므로 입지조건을 잘 판단하여 길게 보고 투자하면 투자가치가 매우 높을 것으로 예상됩니다.

동해안 에너지 · 관광벨트(울산, 강원, 경북) 개발 기본구상

산수로 : 동해안 에너지 · 관광벨트는 '녹색성장을 선도하는 에너지 · 관광의 블루 파워 벨트' 라는 비전아래 ① 에너지 산업벨트를 구축하고 ② 국제관광거점 기반조성 및 창조산업을 육성하며 ③ 산업부문간 연계강화를 통한 기간산업을 고도화하고 ④ 인프라 확충 및 환동해권 교류협력을 강화하는 전략을 추진할 것입니다.

로빈슨 : 동해안 블루벨트는 투자측면에서 보았을 때 비중이 좀 떨어지겠지요.

산수로 : 아무래도 서해안 골드벨트나 남해안 선벨트에 비해서는 투

[그림38] 동해안 블루벨투 개발구상도

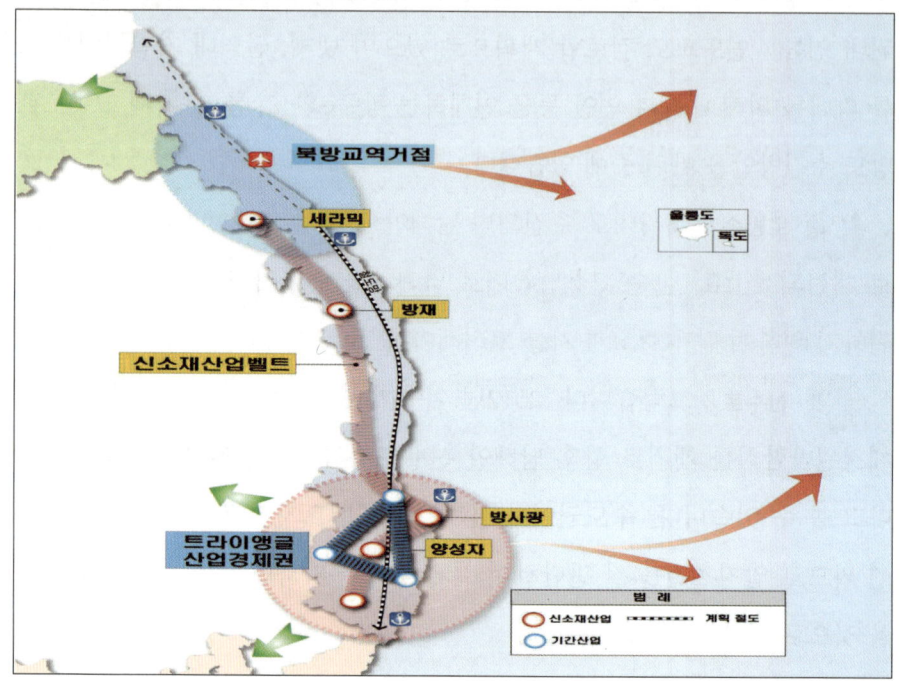

자여건은 좀 열악한 편이지요. 해당 지역에 거주하는 경우라면 몰라도 수도권에 거주하는 경우에는 거리상으로도 만만치는 않지요. 일단 동해안 블루벨트의 개발구상도를 소개하여 드리겠습니다.

동해안 블루벨트는 교통여건이 열악한 편이므로 동해안권의 기간교통망 확충을 위해 기존의 단절된 남북교통망을 단계적으로 연결할 계획입니다. 동서연결을 위한 철도망(원주~강릉 등) 등 내륙과의 연계 교통망과 권역 내 주요 산업단지와 항만간의 연계교통망 확충을 검토할 것입니다.

동해안 블루벨트 지역도 향후 교통망 확충과 함께 신소재 산업벨트가 구축되면 기존의 부산에서 울산을 거쳐 포항까지 뿐만 아니라 해안선을 타고 영덕~울진~삼척 일대까지 발전가능성이 충분히 있습니다.

서해안 신산업벨트(인천, 경기, 충남, 전북) 개발 기본구상

산수로 : 서해안 신산업벨트는 서해안 골드벨트라고도 불리며 '환황해 경제권을 주도하는 지식 · 첨단산업의 융복합벨트'라는 비전아래 ① 국제비즈니스를 위한 거점화와 환황해권 협력체계를 활성화하고 ② 경쟁력 있는 초일류 첨단산업벨트를 구축하여 ③ 역내외 연계 인프라를 구축하며 ④ 글로벌 해양 생태 · 문화 관광벨트로 조성하고자 하는 전략을 추진할 것입니다.

로빈손 : 서해안 골드벨트의 전략을 하나하나 구체적으로 소개하여 주시죠.

산수로 : 먼저 서해안 골드벨트는 국제비즈니스를 위한 거점으로 육성될 것입니다. 이를 위하여 국제비지니스의 핵심지대를 형성하고 경제자유구역을 활성화할 것입니다. 인천공항의 잠재력과 연계한 비티마이스(BTMICE : Business Travel, Meeting, Incentives, Convention, Exhibition 약자로 단순 컨벤션과 국제회의에서 벗어나 비즈니스, 쇼핑, 관광, 숙박 등을 결합) 복합단지를 조성하고, 중 · 일과 공동프로그램 개발로 글로벌 거점기능을 강화할 계획이며, 경제자유구역(인천 · 황해 · 새만금)에 외국인 직접투자(FDI : Foreign Direct Investment 약자로 해외 직접투자를 의미)를 촉진하기 위하여 노력할 것입니다.

로빈손 : 서해안 골드벨트의 첨단산업벨트 구상은 무엇입니까? 이

부분이 투자와 관련하여 가장 중요할 것 같은데요.

산수로 : 맞습니다. 첨단산업이 유치되면 자연히 대규모 산업단지가 조성되고 그에 따라 인구가 유입되므로 자연히 부동산 투자가치가 높아질 수 밖에 없지요. 서해안 골드벨트의 첨단산업벨트 구상은 다음과 같습니다.

[그림39] 서해안 골드벨트 초일류 첨단산업벨트 개발구상도

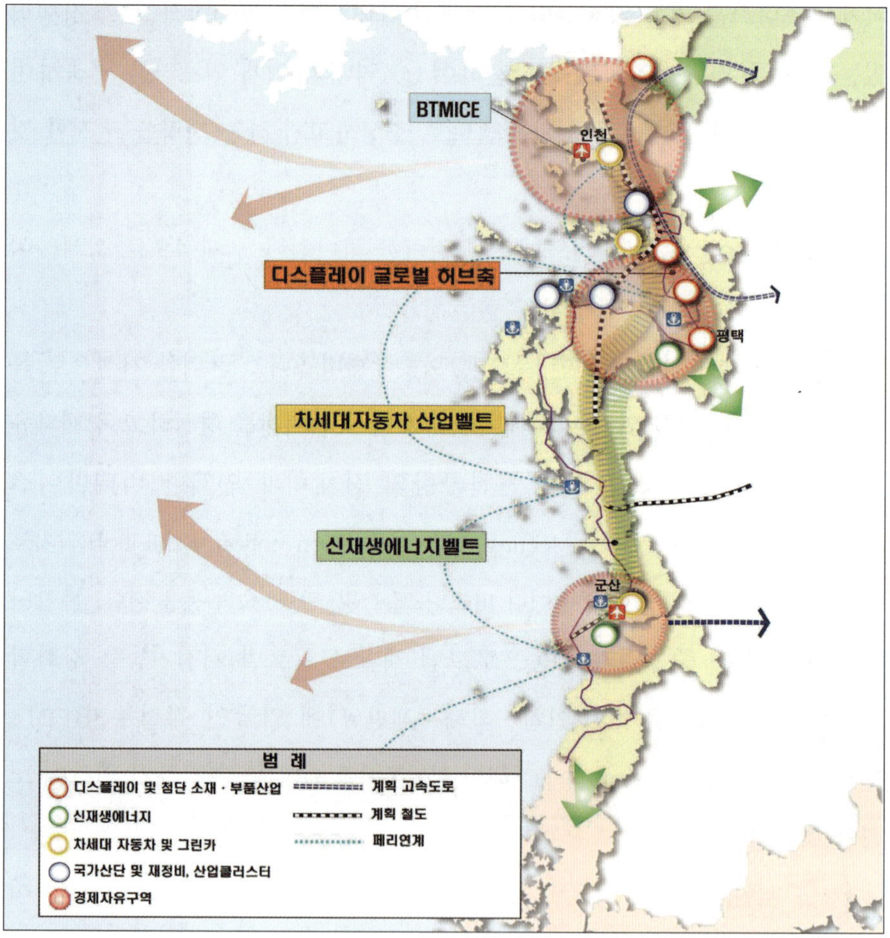

첫째, 디스플레이 산업의 글로벌 허브로 구축하기 위하여 아산만 일원에 디스플레이 클러스터를 육성하고, 파주·평택 지역을 중심으로 디스플레이 산업의 소재 및 첨단부품 집적단지를 조성해 나갈 것입니다.

둘째, IT산업과 주력산업 간의 융복합 클러스터를 조성하기 위하여 수도권 (IT·기계)~충남(자동차·제철)~전북(자동차·기계)을 연계하여 자동차·기계·로봇 등 주력산업과 IT 산업간의 융복합화를 지속적으로 촉진할 것입니다.

셋째, 신재생에너지 산업의 성장벨트를 구축하기 위하여 새만금 지역에 신재생에너지 관련 산업단지와 대형 과학연구시설의 조기 유치를 추진하는 등

【그림40】 서해안 골드벨트 글로벌 해양 생태·문화 관광벨트 구상도

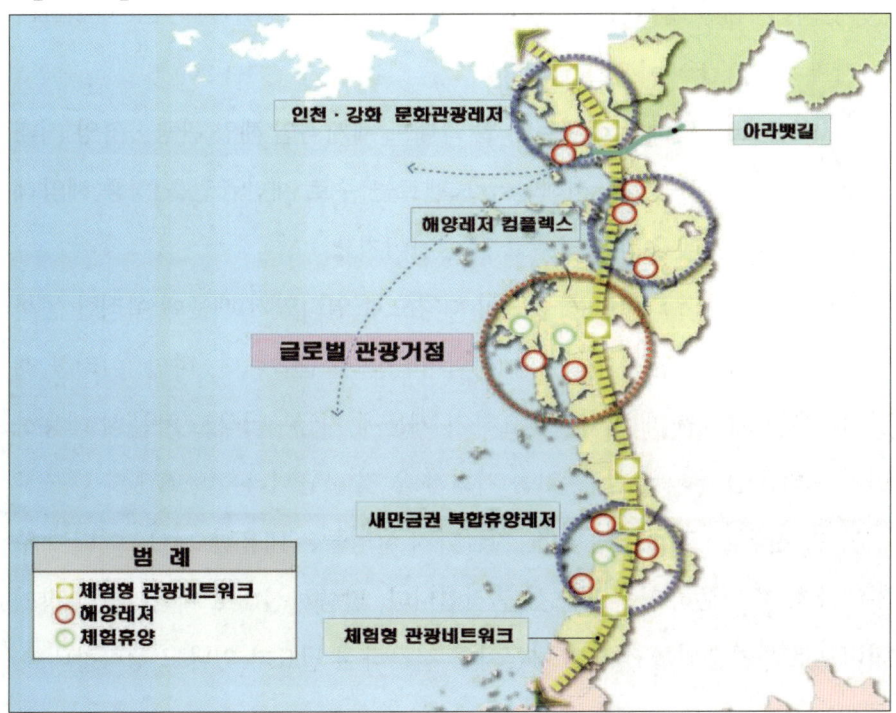

생산 및 연구개발 기능을 집적화하고, 화성·시흥·안산 등 경기만 지역의 기존 산업집적지를 중심으로 그린에너지 산업의 연구개발과 부품소재생산 기능을 강화해 나갈 것입니다.

로빈손 : 서해안 신산업벨트를 중심으로 적극적인 투자도 고려해야 할 것 같습니다.

산수로 : 수도권에서도 서남부축이 향후 발전성이 뛰어난 개발축이며 이미 서해안시대가 도래되어 서해안 일대의 땅값도 만만치는 않습니다. 그러나 향후 10년을 내다본다면 지금도 옥석을 가려 잘만 투자한다면 최고의 수익률을 얻을 수도 있을 것입니다.

로빈손 : 남해안 선벨트의 세계적 해양 관광·휴양 지대로 조성한다는 계획과 서해안 골드벨트의 글로벌 해양 생태·문화 관광벨트로 조성한다는 계획과는 약간의 차이가 있지요?

산수로 : 남해안 선벨트는 말 그대로 세계적인 해양 관광·휴양 지대로 조성한다는 계획이고, 서해안 골드벨트는 주로 새만금권을 명품 해양레저도시로 만드는데 초점을 맞추고 있는 것이지요.

로빈손 : 우리나라는 삼면이 해양으로 열려있기 때문에 이러한 동서남해안 초광역권개발계획은 아주 시의적절한 것 같습니다. 다만, 이러한 개발계획은 장기적인 개발기간을 요하기 때문에 지금부터라도 차분히 대응하면 충분히 좋은 투자를 할 수 있는 기회가 올 것 같습니다.

산수로 : 잘 보셨습니다. 지금까지 설명들은 내용만으로도 어디에 투자해야 할지 충분히 감을 잡으셨을 것입니다. 말씀하신대로 계획기간이 장기적이므로 투자순위를 정하여 차근차근 접근하실 필요가 있다고 생각하네요.

동서남해안 초광역권개발계획은 수도권 못지않은 투자기회를 줄 것으로 보이며, 수도권 투자에 비해서 규제도 비교적 덜 심하고 비교적 소액의 투자자금으로도 가능할 수 있기 때문에 관심을 가지시는 것이 바람직할 것입니다.

새로운 문명을 여는 도시 '아리울' 새만금 사업

20년을 기다려온 새만금 사업

산수로 : 새만금 사업은 1991년 11월 방조제 건설의 첫 삽을 떴지만 환경단체들의 반대에 부딪쳐 지지부진하였습니다. 그러다가 2006년 4월 21일에 이르러야 비로소 세계 최장의 33.9km에 달하는 방조제의 최종 연결공사가 완료되고, 2010년 4월 27일 마침내 준공되었습니다. 새만금 방조제는

[그림41] 새만금 전체 조감도

'바다의 만리장성' 또는 '바다의 고속도로' 로 불립니다. 세계 최장 기록을 갖고 있었던 네델란드 주다치 방조제(32.5km)보다 1.4km나 더 길어 세계 기록을 경신했기 때문이죠. 조만간 기네스북에도 오를 예정입니다.

당초에는 세계 최대의 간척 농지를 조성하는 것을 목표로 했던 새만금을 이명박 정부에 들어와 '동북아 경제중심지' 로 개발하는 방향으로 전면 수정하게 되었습니다.

이에 따라 2010년 1월 28일 새만금을 동북아 경제중심지이자 세계적 명소로 조성하기 위한 개발계획을 확정하고, 군산~부안을 잇는 새만금 지역에 2011년부터 2030년까지 20년간 21조원을 투입하여 첨단산업·관광레저·농업 등이 어우러진 세계적인 '명품복합도시' 를 조성하기로 하였습니다.

 로빈손 : 새만금 사업만큼 말도 많고 시끄러웠던 사업도 없었던 것 같아요. 20년만에 본격적인 사업이 시작되게 되어 정말 다행이라고 생각합니다. 그런데 도대체 새만금의 규모가 얼마만큼 되기에 이렇게 사람들의 이목을 끄는 것인가요?

산수로 : 새만금 사업이 완료되면 서울면적의 2/3에 준하는 총면적 401㎢에 달하는 엄청난 규모의 명품복합도시가 탄생되게 되는 것이죠. 한 마디로 새만금은 단순히 바다를 막는 것이 아니라 국토의 창조적 개조차원에서 추진하는 사업이라고 할 수 있습니다.

로빈손 : 정말 엄청난 규모네요. 그래서 한국의 '두바이' 를 건설한다는 이야기가 나왔군요. 새만금을 동북아 경제중심지로서 '명품복합도시' 로 조성할 계획이라는데 혹시 도시의 비전이나 이름이 따로 있나요?

산수로 : 새만금의 비전은 '새로운 문명을 여는 도시(The City of Neo

Civitas)'이며, 글로벌 네임은 'Ariul[아리울 : 아리(물의 순우리말)+울(울타리, 터전의 순우리말)]'로 확정되었지요.

명품복합도시로서의 새만금

로빈손 : 비전과 글로벌 네임이 너무 마음에 드네요. 그러면 새만금의 그 방대한 매립지를 구체적으로 어떻게 활용하게 되나요?

산수로 : 새만금은 전체적으로 8대 용지로 나누어져 활용하게 됩니다. ① 산업용지 ② 관광·레저용지 ③ 국제업무용지 ④ 생태·환경용지 ⑤ 과학·연구용지 ⑥ 신재생에너지용지 ⑦ 농업용지 ⑧ 도시용지이죠.

특히, 산업·국제업무·관광레저·생태환경용지(일부)를 묶어 저탄소·녹색성장 개념을 적극 도입한 친환경도시로서 '명품복합도시'로 개발하게 됩니다.

로빈손 : 그렇다면 '아리울'로 불릴 새만금은 산업중심 복합도시와 국제업무중심 복합도시, 그리고 관광·레저중심 복합도시가 어우러진 '명품복합도시'로 탄생하게 되는군요. 그러면 새만금의 권역별 배치도 등도 확정되었겠네요?

산수로 : 당연히 확정되었지요. 크게 5개 권역으로 나누어지게 되죠. ① 첨단산업권역 ② 녹색산업권역 ③ 미래융합산업권역 ④ 국제업무권역 ⑤ 레저·생태권역으로 구분됩니다. 다음 그림을 보면 더욱 실감나실 겁니다.

[그림42] 새만금 권역별 배치도

새만금 명품 복합도시 권역별 기능 배치

첨단산업권역
자동차·일반기계 산업 및 주거·상업
(그린카 부품, 정밀기계, 생태환경 콤플렉스)

녹색산업권역
식품·신재생 에너지 산업 및 주거
(발효기술, 기능성식품, 한식, 올리실리콘, 녹색체험관)

미래융합기술산업권역
융·복합 기술산업 및 주거
(환경 관련 융·복합산업, 첨단기술 연구시설, 주거단지)

국제업무권역
국제업무 및 주거·관광
(국제업무·금융, 컨벤션, 숙박, 쇼핑)

레저·생태권역
레저·휴양·문화
(창조·희망 등 9개의 테마섬, 리조트, 골프장, 마리나, 식물전시관, 해양테마파크)

자료: 국토해양부

아시아 · 환황해권 경제수요에 대응할 새만금 · 군산경제자유구역

로빈손 : 조감도만 봐도 새만금의 위용이 새삼 느껴지네요. 그럼 새만금은 당연히 경제자유구역으로 지정되었겠네요?

산수로 : 당연하지요. 새만금 · 군산경제자유구역은 군산국가산업단지?군장국가산업단지 · 군산 신항만 · 고군산 국제해양관광단지를 바탕으로 한 항공 · 우주 · 에너지 등 21세기 미래형 신산업 및 관광레저산업 허브로서 미래성장 수요에 대비하고, 동아시아 · 환황해권 경제수요에 대응할 새로운 국가경제 중심지로 육성할 계획입니다.

로빈손 : 새만금 · 군산경제자유구역이 가지고 있는 잠재력은 무엇입니까?

[그림43] 새만금 · 군산경제자유구역 주변도

산수로 : 새만금·군산경제자유구역은 중국경제를 견인하고 있는 중국 동해안 벨트의 중심부에서 최단거리에 위치해 있어 중국경제의 부상을 가장 잘 활용할 수 있는 지역입니다. 국내에서도 국토공간상 수도권, 서남부, 충청권의 중간지역에 입지하여 국토전역과 접근성이 양호하며, 세종시와 불과 1시간 거리로 신성장거점으로 급부상하고 있죠.

특히 401㎢에 달하는 토지는 기존 우리나라 전체 산업단지 면적의 34.2%를 차지하고 있으며, 바다를 매립한만큼 저렴한 조성원가에 산업용지를 제공할 수 있다는 강점이 있습니다.

향후 새만금은 세계 최장의 방조제와 천혜의 자연환경을 보유하고 있는 고군산군도, 한국의 대표적인 해양관광지인 변산과 격포 등을 잇는 한국 최고의 해양관광벨트로 부상할 가능성이 높습니다. 새만금 일대는 한마디로 자연과 인공이 조화된 최적의 관광벨트라고 할 수 있지요.

로빈손 : 산수로님 설명을 들으면 들을수록 새만금 '아리울'의 매력에 푹 빠지게 되는군요. 당장 새만금지역에 투자를 해야 되겠다는 생각이 드네요. 투자를 하려면 어떻게 해야 할까요?

산수로 : 새만금 같은 초대형 프로젝트를 정부에서 개인이 개발이익을 챙기도록 그냥 놔두지를 않겠지요. 일단 새만금 주변 군산이나 무주 등은 전부 토지거래허가구역으로 묶어놔 외지인은 현실적으로 투자가 불가능합니다. 방법은 토지거래허가구역으로 묶여지지 않은 외곽지역에 투자를 해야하는데 입지여건이 그다지 좋다고 할 수는 없겠지요.

로빈손 : 그렇다면 개인은 투자를 하고 싶어도 전혀 방법이 없는 것인가요?

산수로 : 새만금의 경우는 향후 새만금 일대가 조성되어 택지나 상업용지 등을 분양할 때 입찰해서 분양받는 방법이 있지요. 물론 경쟁률이 치열할 것으로 예상되니 그것도 쉬운 일은 아니겠지만요.

로빈슨 : 아~ 개발지역 투자가 만만치 않은 경우가 많이 있다고 말씀하신 게 이런 경우를 두고 이야기하는 것이네요. 산수로님의 세심하고 상세한 설명을 듣다 보니 부동산 투자를 어떻게 해야 할지 이제 어느 정도 자신이 생깁니다.

제 **04** 부

수익형 부동산 투자
- 부동산 투자의 미래의 부

수익형 부동산 투자의 이해

수익형 부동산 투자를 위한 사전점검

연금형 부동산인 수익형 부동산

산수로 : 일반적으로 수익형 부동산이라고 하면 임대수익을 주목적으로 하는 부동산을 일컫는 말이죠. 경우에 따라 수익형 부동산이라 하더라도 입지여건만 좋으면 자산가치 상승으로 시세차익도 얻을 수 있어 일거양득의 기회가 될 수 있습니다. 그러나 수익형 부동산은 자산가치의 상승에 따른 시세차익보다는 임대수익을 목적으로 하는 수익률로 그 가치를 판단하는 부동산이라고 할 수 있습니다.

이러한 수익형 부동산은 상가형 수익형 부동산과 주택형 수익형 부동산으로 나누어 볼 수 있습니다.

로빈손 : 아무래도 나이가 들어가 은퇴시기가 가까워지게 되면 자산관리도 보수적으로 운용하게 되어 수익형 부동산에 관심을 많이 갖게 되더라

고요. 이러한 수익형 부동산이 갖는 장점은 무엇이라고 할 수 있을까요?

산수로 : 첫째, 수익형 부동산이 가지는 장점은 저금리 시대에 안정적인 임대수입을 얻을 수 있다는 것이죠. 매달 연금과 같은 고정수입이 들어오기 때문에 은퇴가 가까워질수록 투자자산의 비중을 줄이고 안전자산인 수익형 부동산의 비중을 높이는 것이 바람직하지요. 즉, '재(財)테크 보다는 매월 현금이 들어오는 산(産)테크가 가장 효과적인 자산관리법'이 된다는 것입니다.

둘째, 아파트나 토지에 비해서 정부의 규제를 피할 수 있는 상품이라는 것입니다. 아파트는 현재 총부채상환비율(DTI)이나 주택담보대출비율(LTV) 등의 적용을 받아 침체를 면하지 못하고 있고, 토지시장의 경우에는 워낙에 많은 토지이용규제로 인하여 전문가적 수준이 아니면 쉽게 접근할 수 없지만 수익형 부동산의 경우 입지분석과 수익성 분석만 제대로 할 줄 알면 쉽게 접근할 수 있다는 장점이 있지요.

셋째, 부동산 투자의 3요소는 수익성·안정성·환금성이라고 하였죠. 수익성 부동산은 자산가치 상승에 따른 큰 시세차익을 노리기 어렵지만 비교적 수익성도 좋고, 안정성이나 환금성 측면에서도 다른 상품에 비하여 뛰어나다고 할 수 있습니다.

다만, 수익성 부동산이라 하더라도 제대로 된 분석 없이 광고만 보고 덜컥 투자에 나섰다가는 낭패를 볼 수도 있다는 점을 염두에 두어야 합니다.

로빈손 : 결론적으로 젊을 때에는 좀 더 공격적인 토지시장과 같은 가치 중심의 투자를 하는 것이 좋고, 은퇴가 가까워지면 환금성이 높고 안정적인 임대수익을 얻을 수 있는 수익형 부동산에 투자하는 것이 바람직하겠네요.

산수로 : 그래서 '100-나이의 분산투자법칙' 이라는 것이 있지요. 100에서 자신의 나이를 뺀 만큼은 위험자산에 투자하고 나머지는 안전자산에 투자하라는 것입니다. 아무래도 젊을 때는 실패를 하더라도 다시 일어설 기회가 있지만 나이가 들면 들수록 안정성이 최우선이 될 수밖에 없겠지요.

한 마디로 누구나 투자를 하기는 쉽지만 그 누구도 쉽지 않은 것이 투자라고 할 수 있습니다. 베이비부머의 은퇴쇼크라는 말이 회자되는 시점에서 연금형 부동산인 수익형 부동산에 관심이 많아지는 것은 당연한 일이라고 할 수 있습니다.

로빈손 : 누구나 투자를 하기는 쉽지만 그 누구도 쉽지 않은 것이 투자라는 말씀은 정말 공감이 가네요. 그래서 토지시장의 투자는 제대로 알지 못하고는 투자를 하기가 정말 어려운 것 같습니다. 그래도 수익형 부동산은 큰 시세차익은 없더라도 연금처럼 매달 또박또박 현금이 들어오는 매력이 있다는 점을 무시할 수 없을 것 같네요.

수익형 부동산의 투자기준을 명확히 하라

산수로 : 수익형부동산은 임대수익을 목적으로 하는 것이므로 수익형 부동산 투자의 생명은 현금창출 능력이라 할 수 있습니다. 당연히 현금흐름이 원활하지 않은 부동산은 수익형 부동산으로서의 가치가 없겠지요.

따라서 현금흐름을 좋게 하려면 치밀한 계획을 세워야하고 투자하려는 부동산상품의 특성을 철저하게 파악해야 합니다.

로빈손 : 수익형 부동신도 종류기 많다 보니 어떤 부동산을 선택해야 할 지 기준이 분명해야 할 것 같습니다. 그런 관점에서 설명하여 주셨으면 하

네요?

산수로 : 수익형 부동산은 자산가치 측면을 제외한다면 수익률은 크게 차이가 없다고 보시면 됩니다. 물론 지역적인 위치라든가 부동산의 대상에 따라 차이는 있겠지만 보통 시중금리보다 3~5% 정도의 수익률을 더 올릴 수 있다고 생각하시면 됩니다. 즉, 약 10% 정도의 무난한 수익률이라 말할 수 있겠지요. 따라서 수익형 부동산을 선택하고자 할 때에는 자신의 자금규모에 맞는 수익형 부동산을 선택해야 하는 것이 가장 중요합니다. 상가형 수익형 부동산이나 주택형 수익형 부동산의 경우도 천차만별이므로 자신이 관리할 수 있는 규모의 물건을 선택해야 하겠지요.

수익형 부동산은 자산가치 상승을 목적으로 하는 것이 아니므로 자신의 자금규모를 넘어서 너무 지나친 레버리지 효과를 노리는 것은 자칫 잘못하면 임대수익을 목적으로 하다가 대출이자에 쫓기게 되는 본말이 전도된 경우가 있을 수 있다는 것이죠.

로빈손 : 그래도 임대수익이 대출이자는 초과할테니 레버리지 효과를 위한 대출이 나쁜 것은 아니지 않습니까?

산수로 : 물론 적절한 대출을 활용할 수는 있겠지요. 그러나 수익형 부동산에 투자할 때 염두에 두어야 할 점은 공실률과 임대수입이 계획대로 들어오지 않을 수 있다는 것입니다. 이럴 경우 지나친 대출을 얻어 투자하게 되면 차질을 빚을 수 있다는 것이죠.

로빈손 : 정말 그렇겠군요. 다음에는 수익형 부동산은 임대수익을 얻는 것이 목적이므로 무엇보다도 입지선택이 가장 중요할 것 같은데요. 그렇지 않습니까?

산수로 : 당연하지요. 수익형 부동산은 임대가 잘 될 만한 지역을 선택하는 것이 무엇보다도 중요합니다. 임대가 잘 되기 위해서는 무엇보다도 교통 접근성이 뛰어나고 배후수요가 탄탄한 지역을 선택해야 되겠지요.

따라서 역세권이나 대학가 또는 근로자가 많은 산업단지 인근 등과 실수요층이 두터운 도심권이 좋습니다.

로빈손 : 수익형 부동산은 임대수익이 주목적이라고 하지만 그래도 자산가치 상승을 노려 두 마리 토끼를 잡을 수 있으면 더 좋지 않겠습니까? 그런 측면에서는 어느 지역에 투자를 하는 것이 좋을까?

산수로 : 로빈손님은 이제 하나를 말하면 둘을 말씀하시네요. 자산가치 상승까지 노릴 목적이라면 신흥 역세권이나 개발지역에 위치한 수익형 부동산을 노리는 것이 좋습니다.

신흥 역세권이나 개발지역 등이 활성화될 때까지는 공실이 발생하여 임대수익에 차질을 빚을 수는 있으나 향후 해당지역이 활성화되게 되면 확실한 자산가치 상승을 기대할 수 있겠지요. 그런 점에서 새로 개통예정인 전철의 역세권이나 배후수요가 탄탄할 것으로 예상되는 택지개발예정지구나 신도시 등을 미리 선점하면 될 것입니다.

로빈손 : 정말 그렇게 하면 확실하게 두 마리 토끼를 잡을 수 있겠네요. 그럼 예를 들어 신분당선에서 계획된 역세권 중 특히 환승역세권이나 판교나 광교 같은 신도시에 미리 선점하여 투자를 하면 되겠군요.

산수로 : 이제 지역까지 예를 들어 설명할 정도이니 제가 따로 설명할 필요조차 없겠네요. 그리고 신흥 역세권이나 택지개발예정지구, 신도시 외에도 대학교나 대기업 공장 등이 신규로 입지하는 곳도 자산가치 측면에서

아주 매력 있는 곳이 될 수 있습니다.

 로빈손 : 수익형 부동산에 투자할 때 어디에 투자해야 할지 기준이 분명해지네요. 그럼 수익형 부동산에 투자하기 위해서 또 고려해야 할 기준은 무엇입니까?

산수로 : 수익형 부동산도 부동산인만큼 당연히 투자 타이밍을 잘 잡아야 할 필요가 있습니다. 이왕이면 저평가된 수익형 부동산을 매수하여 임대수익 뿐만 아니라 시세차익까지 얻을 수 있게 되면 수익률을 극대화시킬수 있겠지요. 따라서 수익형 부동산 투자에 있어서는 경매로 물건을 취득하는 방법도 적극 고려하여 볼 만 합니다. 아울러 저평가된 물건을 리모델링하여 부가가치를 높이는 방법도 적극 고려할 필요가 있지요.

그 외에도 수익용 부동산은 관리가 무엇보다도 중요합니다. 공실률이 많아지거나 월세를 받는데 문제가 생기면 오히려 손실을 볼 경우도 있을 테니까요.

 로빈손 : 이제 저한테 적합한 수익형 부동산을 고를 자신이 생기네요.

역세권 투자는 수익형 부동산 투자의 핵심

유동인구를 바탕으로 한 역세권 투자

산수로 : 역세권은 토지 투자에서도 가장 황금 투자지역이지요. 마찬가지로 수익형 부동산 투자에 있어서도 황금 투자지역은 바로 역세권입니다. 다시 말하면 모든 부동산 투자의 1순위 지역은 '역세권' 이라고 해도

과언이 아닙니다. 역세권이 투자가치가 가장 높은 지역이라는 것은 굳이 말하지 않아도 누구나 다 아는 사실이죠.

그래도 로빈손님. 한 번 물어 보죠. 투자자들이 역세권 투자를 선호하는 이유는 무엇입니까?

로빈손 : 일단 접근성이 좋으므로 유동인구가 많아 상권성립이 유리한 것이 가장 큰 이유가 아닐까요?

산수로 : 그렇습니다. 부동산 투자에서 입지선택의 기준은 '위치의 중요성' 이지요. 바로 위치의 중요성이란 바로 접근성을 의미하는 것입니다.

그러나 토지 투자와 수익형 부동산 투자에 있어서 역세권의 개념은 약간 차이가 잇다고 볼 수 있습니다. 어떤 점에서 차이가 있다고 볼 수 있을까요?

로빈손 : 글쎄요. 역세권이라는 것이 역의 영향력이 미치는 주변지역을 말하는 것인데 어떤 차이가 있나요?

산수로 : 바로 그겁니다. 역세권이란 역의 영향력이 미치는 주변지역인데 역이 있음으로 해서 사람들이 몰려드는 것이죠. 즉, 유동인구가 많아지면 당연히 상권이 형성되는 것입니다.

그런데 토지 시장과 수익형 부동산 시장에서 역세권은 그 '범위' 에 있어서 차이가 있습니다. 토지 시장은 비교적 범위가 넓은 주변지역까지 역세권의 범위에 포함시키지만, 수익형 부동산 시장에서는 보통 도보로 5~10분 거리 이내에 있어야 역세권으로서의 가치가 있게 됩니다. 일반적으로 역세권이라고 할 때는 보통 반경 500m까지를 1차 역세권, 1km까지를 2차 역세권으로 이야기 합니다.

로빈손 : 그렇군요. 요즘은 대형시설물들이나, 심지어 대학교들까지

도 경쟁적으로 역사를 학교 인근에 유치할려고 노력하다보니 역사명이 대학교 이름으로 된 곳도 꽤 많더라고요.

산수로 : 그렇습니다. 그런데 로빈손님. 수익형 부동산은 말 그대로 유동인구의 소비를 바탕으로 하는 것인데 가장 돈 잘 쓰는 계층이 누군가요?

로빈손 : 아, 그거야 당연히 부자들이 아닐까요? 명품을 사도 돈이 있어야 하니까요.

산수로 : 아닙니다. 돈을 가장 잘 쓰는 계층은 돈을 벌어 본 경험이 없이 부모들에게 돈을 타서 쓰는 대학생들이 아닐까요. 두 번째로 소비성향이 높은 계층은 근로자들입니다. 회사일로 스트레스가 많다보니 오히려 돈을 잘 쓰게 되는 계층이죠. 그렇다면 역세권 중에서도 어느 역세권이 유리할까요?

로빈손 : 산수로님 말씀을 들어보니 대학교를 끼고 있는 역세권이 가장 유리하겠네요. 다음으로는 사무실이나 대기업 공장을 끼고 있는 역세권도 유리할 것 같고요. 그리고 요즈음은 환승역이나 철도역에는 민자역사가 들어서면서 쇼핑몰이 많이 형성되는데 이런데도 유리할 것 같습니다.

다양한 역세권을 노려라

산수로 : 역세권은 일반적으로 어느 지역에 투자하더라도 실패할 확률이 적으며, 심지어는 불황에도 타격이 적은 지역이라고 할 수 있습니다.

그래서 오죽하면 부동산 투자에 있어서 '역세권 신화'라 말할 정도이지요. 과거에는 역세권이라고 하면 단순히 지하철 역세권만 생각했지만 지금은 역세권의 범위가 상당히 넓어졌지요. 어디 어디가 역세권으로 형성되겠습니까?

로빈손 : 지하철역뿐 아니라 고속철도 역세권, 개발지역을 끼고 있는 철도 역세권, 향후 경전철 역세권까지 정말 다양한 역세권이 형성될 것 같습니다.

산수로 : 잘 아시네요. 전국의 역세권은 매우 많을 뿐만 아니라 앞으로 새로 생길 역세권도 너무 많지요. 따라서 역세권을 분석할 줄 아는 안목을 키울 필요가 있습니다. 그렇다면 어떤 역세권을 선택기준으로 삼는 것이 바람직하겠습니까?

로빈손 : 음~ 역세권이라고 해서 다 똑같은 역세권이 될 수는 없겠네요. 그렇다면 역세권 중에서도 배후수요가 탄탄한 도심이나 개발지역, 대학, 대규모 공장 등을 끼고 있는 역세권이라야 거대 상권이 형성되어 투자가치가 높겠네요. 특히 환승역세권의 가치가 더욱 높을 것 같습니다.

산수로 : 맞습니다. 따라서 우리가 수익형 부동산에 투자를 하고자 할 때에는 역세권이라 하더라도 배후수요가 탄탄한 지역을 선택하되, 투자 부동산 인근의 유동인구의 흐름을 파악하는 것이 중요합니다.

로빈손 : 그런데 산수로님. 역세권이 가장 좋은 투자처인 것은 당연한데 기존에 이미 상권이 형성된 역세권은 가격대가 천문학적이라 쉽게 투자하기가 어렵던데요?

산수로 : 좋은 점을 지적하셨습니다. 사실 역세권은 다들 노리다보니 가격대가 워낙 비싸 수익형 부동산의 경우 가격판단이 잘못될 경우 오히려 예상했던 만큼의 수익을 거두지 못하는 경우도 있습니다. 따라서 기존 역세권에 투자할 때에는 입지분석도 중요하지만 무엇보다도 수익성 분석이 중요한 것입니다.

로빈손 : 그렇다면 아까 말씀하신 것처럼 신규로 형성될 역세권에 투자하는 방법이 더 좋을 수 있겠네요?

산수로 : 앞으로 역세권은 매우 많이 형성될 것입니다. 그러나 신규로 형성될 역세권은 상권이 형성될 때까지는 상당한 시간이 소요되다 보니, 수익형 부동산의 개념으로 투자하여서는 오히려 손실이 발생할 수도 있습니다. 그러나 시간이 지나면서 상권이 형성되어가는 과정에서 자산가치의 상승이 손실분을 상쇄하고도 남을 것이라고 봅니다.

따라서 신규로 형성될 예정인 역세권에 투자하는 것은 임대수익을 목적으로 하는 수익형 부동산이라는 개념보다는 가치상승을 목적으로 하는 투자부동산 개념으로 보아야 할 것입니다.

로빈손 : 그동안 막연하게 역세권에 투자하면 돈을 벌 것이라 생각했는데 역세권 하나의 분석도 간단하지 않구나 하는 생각이 듭니다.

교통의 허브인 환승역세권과 복합환승센터

환승역세권은 역세권 중의 역세권이다

산수로 : 역세권은 수익용 부동산 투자의 제1순위 투자지역이지요. 그 중에서도 두 개 이상의 지하철 역이나 철도역 등이 교차하는 환승역이 있는 역세권은 그야말로 초역세권으로서 교통의 요충지인 골드존(gold zone)이라고 할 수 있습니다.

환승역세권에 대한 역세권 프리미엄에 대하여는 굳이 설명하지 않아도 이해할 것으로 압니다.

로빈슨 : 그런데 지하철 환승역세권의 경우 단순히 지하철을 갈아타기 위한 환승역 역할만 한다면 환승역세권은 오히려 위축되는 경우도 있지 않을까요?

산수로 : 예리한 질문이네요. 물론 지하철의 경우 환승역은 단순히 지하철을 갈아타기 위한 경우도 많겠지만, 역으로 교통의 편리성 및 접근성으로 인하여 유동인구가 많이 몰릴 수밖에 없는 것이 환승역세권입니다. 따라서 해당 환승역세권의 특성을 잘 파악하여 거기에 맞는 수익용 부동산에 투자한다면 환승역세권은 역세권으로서 가치가 높은 지역이라고 할 수 있습니다.

로빈슨 : 그렇다면 앞으로 환승역세권이 되는 지역은 수익용 부동산 투자뿐만 아니라 일반 부동산 시장에서도 당연히 호재가 될 수밖에 없겠군요. 전국적으로 그러한 환승역이 많은가요?

산수로 : 그렇습니다. 현재도 서울 지하철의 경우 서울역, 동대문운동장역, 종로3가역, 김포공항역 등이 3개의 지하철 노선이 지나가는 트리플 환승역세권이며, 더블 역세권은 매우 많습니다.

게다가 앞으로 전철, 국철, KTX 고속철도, 경전철 등이 복합적으로 겹치면서 환승역으로 예상되는 지역은 생각보다 매우 많습니다.

따라서 향후 환승역으로 예상되는 지역은 당연히 부동산 시장의 투자 1순위가 될 수밖에 없겠지요. 지금까지 설명한 교통망의 개발계획을 잘 살펴보면 어디에 투자해야 할 것인지 그림이 그려질 것입니다. 그래서 부동산 투자에서 성공하려면 지도를 열심히 봐야 한다고들 하지요.

"공항철도, 2단계 개통시 환승역 비율 1위"

코레일공항철도가 2단계 구간(김포공항~서울역)이 완전 개통되면 수도권 전철 중 환승역 비율이 가장 높아지면서 수송수요가 증가할 것이란 전망이 나왔다. 서원대 송호열 교수(지리교육과)가 최근 발표한 '수도권 전철 역명의 지명학적 특성에 관한 연구' 논문에 따르면 공항철도는 2단계 구간이 완공되면 신설되는 디지털미디어시티, 홍대입구, 공덕, 서울역이 모두 환승역이어서 환승역 비율이 60%로 높아지면서 지하철 2호선을 제치고 환승역 비율 1위가 되는 것으로 조사됐다.

환승역은 연계 수송능력을 의미하기 때문에 올해 말 2단계 개통을 앞둔 코레일공항철도의 수요 증대가 기대된다. 현재 환승역 비율이 가장 높은 곳은 지하철 2호선으로 37.2%이며 코레일공항철도(33.3%), 3호선(32.5%), 6호선(31.5%) 순으로 나타났다.

송 교수는 "전철 수송능력을 극대화하기 위해서는 환승체계를 잘 갖추어야 하며, 환승역이 많다는 것은 연계 수송능력이 높다는 것을 의미한다"며 "공항철도가 현재 2단계 구간이 완공되지 않아 수송 여객수가 예상보다 적지만 앞으로 이 구간이 완공되면 더 많은 노선과 연계돼 환승객을 많이 유치할 수 있을 것으로 예상된다"고 말했다.

한편 수도권 전철 역명과 관련한 송 교수 논문에 따르면 2009년 말 현재 모두 442개역(환승역은 1개역으로 계산)이 있으며, 역 이름은 두 글자에 행정지역인 동이름을 딴 것이 61.99%로 가장 많았으며 다음이 세글자 역명(20.6%), 네글자 역명(7.2%), 다섯글자 역명(6.8%), 여섯글자 역명(2.5%), 일곱글자 역명(0.5%), 여덟글자 및 아홉글자 역명이 각각 0.23% 순으로 조사됐다. 특히 최근에 신설된 역이나 역 이름이 바뀐 경우 대부분 역 이름이 긴 것으로 나타났는데, 지난해 말 '동대문운동장' 역에서 역명이 바뀐 '동대문역사문화공원' 역(2·4·5호선 환승)이 아홉 글자로 가장 이름이 긴 역으로 조사됐다.

〈매일경제〉 2010.03.25

365

복합환승센터 구축사업을 주목하라

산수로 : 복합환승센터란 열차·항공기·선박·지하철·버스·택시·승용차 등 교통수단 간의 원활한 연계(환승)와 더불어 상업·업무 등 사회경제적 활동을 복합적으로 지원하기 위하여 환승시설 및 환승지원시설이 상호 연계성을 가지고 한 장소에 모여 있는 시설을 말합니다.

복합환승센터는 한 마디로 '교통의 허브'로서 지역 상권의 중심과 교통·경제·관광·비즈니스의 중추기능을 담당하는 역할을 수행하게 되지요.

로빈손 : 복합환승센터가 위치한 지역도 수익용 부동산을 포함한 부동산 투자를 할 때 반드시 눈여겨 봐야할 지역이 되겠네요?

산수로 : 그렇습니다. 정부에서는 특히 복합환승센터를 집중 개발하여 도시의 신성장거점으로 육성하기 위하여 기존의 철도역·환승전철역·버스터미널 등을 상업·문화·업무기능이 결합된 One-stop Living형 복합환승센터로 지정하여 개발을 적극 추진하기로 하였습니다.

이에 따라 복합환승센터로 지정되게 되면 해당 지방자치단체가 정한 건폐율 또는 용적률의 150%까지 완화되게 되는 등 대규모 환승거점인 철도역 등의 고밀도 집적개발을 촉진하여 교통 수단간 유기적인 연계·환승체계를 구축하고 도시의 신성장거점 역할 수행이 가능하도록 하도록 법적·제도적인 뒷받침을 강화하기로 하였습니다.

로빈손 : 복합환승센터는 도시의 신성장거점 역할을 하게 되므로 부동산 시장에 미치는 파급효과는 매우 클 것 같습니다. 부동산 투자와 관련하여 예의 주시해야 할 것 같네요. 그렇다면 복합환승센터 지정과 관련하여 현재 추진 중인 곳이 있나요?

산수로 : 일단 KTX 역세권은 기본적으로 복합환승센터로 바뀌게 됩니다. 2009년 12월 현재 각 지방자치단체별로 복합환승센터 구축을 위한 개발계획을 지정권자인 국토해양부장관에게 제출하였습니다. 여기서 복합환승센터로 지정되게 되면 사업추진이 되게 되는 것이지요.

로빈손 : KTX 고속철도는 전국을 1~2시간 내로 연결하다보니 수도권으로 역집중 되어 오히려 지방경제만 위축시키지 않을까요?

산수로 : 좋은 질문입니다. 그럴 가능성이 충분히 있지요. KTX 고속철도가 오히려 수도권으로의 역집중(빨대효과)만 강화할 우려는 있습니다.

이에 따라 정부는 기존 역세권개발과 차별화하여, 지역 고유의 잠재력을 극대화하는 광역경제권 전략과 KTX 역세권의 교통결절점으로서의 장점을 극대화하는 KTX 역세권 개발을 연계시키는 전략을 추진하고 있죠. 그러한 방안의 일환으로 KTX 역세권을 복합환승센터로 구축하여 유동인구를 끌어들이고자 하는 것입니다.

로빈손 : 복합환승센터 개발계획 제출현황을 알 수 있을까요? 복합환승센터 일대는 수익용 부동산 투자에는 최적지인 것으로 판단되는데요.

산수로 : 지방자치단체나 공공기관별로 복합환승센터 개발계획 제출현황은 〈표5〉와 같습니다. 투자에 많은 참고가 될 것입니다.

[표5] 복합환승센터 개발계획 제출현황

구 분			규모(연면적)	연계교통체계
공공기관 (6)	철도시설공단	광명역	지하 2층/지상 10층 연면적:299,600㎡	KTX, 버스터미널
	철도공사	용산역	용산국제업무단지 개발과 연계하여 복합환승센터로 개발 검토 중	
		수색역	부지:153,506㎡ 연면적:802,840㎡	철도 3개노선, 전철, 경전철, 버스
	토지공사	동탄2	부지:126,200㎡ 연면적:694,926㎡	KTX, BRT, 광역/시내버스
	서울메트로	사당역	부지:17,777㎡ 연면적:194,406㎡	지하철(2,4호), 광역버스
	부산교통공사	동래역	지상14층 연면적:79,414㎡	지하철(1·3), 시내/시외버스
지자체 (16)	서울시	구파발역	지하2층/지상3층 연면적:13,237㎡	승용차, 지하철, 버스, 자전거
		도봉산역	지하2층/지상4층 연면적:15,730㎡	승용차, 지하철, 버스 등
		개화역	지하1층/지상4층	승용차, 지하철, 버스 등
		복정역	부지:약 82,000㎡	지하철, BRT, 트램, 광역/시내버스
	인천시	작전역	지상20층 연면적:159,846㎡	지하철, BRT, 버스, 승용차
		부평구청역	지상3층 연면적:3,313㎡	서울지하철7, 인천1호선, 버스
	대구시	동대구역	지하3층/지상12층 부지:37,231㎡ 연면적:147,640㎡	KTX/도시철도, 고속/시외버스
	대전시	유성터미널	부지:102,080㎡	시외/고속/시내버스, 지하철
	부산시	부전역	부지:101,000㎡ 연면적:176,000㎡	KTX,일반철도, 지하철, 버스
		부산대역	지상4층 연면적:17,221㎡	도시철도, 시외/시내버스
		부산센텀시티	연면적:45,000㎡	일반/도시철도,광역/시내버스
		부산역	지하1층/지상1층 연면적:3,085㎡	KTX, 일반철도, 도시철도, 버스
	울산시	울산역	부지:37,615㎡ 연면적(미정)	KTX, BRT, 경전철, 버스
	경기도	죽전	부지:36,760㎡ 연면적:3,206㎡	승용차, 광역버스
	강원도	남춘천역	지하2층/지상3층 연면적:4,300㎡	복선전철, 고속/시내외버스
	충남도	서산	부지:15,000㎡ 연면적:3,000㎡	고속/시내외버스

[그림42] KTX광명역 복합환승센터 개발 조감도 예시

수도권 광역교통환승센터 구축사업 역시 주목할 필요가 있다

산수로 : 수도권 소재 각 지방자치단체는 수도권 지역의 만성적인 교통문제를 해결하기 위해 승용차의 이용을 대중교통으로 전환시킬 수 있도록 수도권 광역교통환승센터 건설을 적극 추진하고 있습니다.

이에 따라 지난 2006년부터 2013년까지 서울시 9개소(구파발, 도봉산, 개화, 사당, 대공원, 천왕, 신방화, 강동대로, 장암역), 인천시 5개소(검단, 작전, 청라, 부평구청, 인천터미널) 및 경기도 30개소 등이 추진 중에 있으며, 향후 도농역, 인덕원역, 화서역, 고촌역, 백마역, 의정부역, 고양터미널, 김포경전철, 부천터미널 등 9개소 역시 광역교통환승센터 구축을 추진예정입니다.

로빈손 : 수도권의 광역교통환승센터는 특히 수도권 지역에 구축되는 만큼 더욱 관심을 가져야 하겠네요. 광역교통환승센터가 구축되는 지역은 역시 신성장거점으로 육성될테니 부동산 투자와 관련하여 관심이 많을 수밖에 없습니다.

[그림43] 수도권 일대 광역교통환승센터 추진 지역

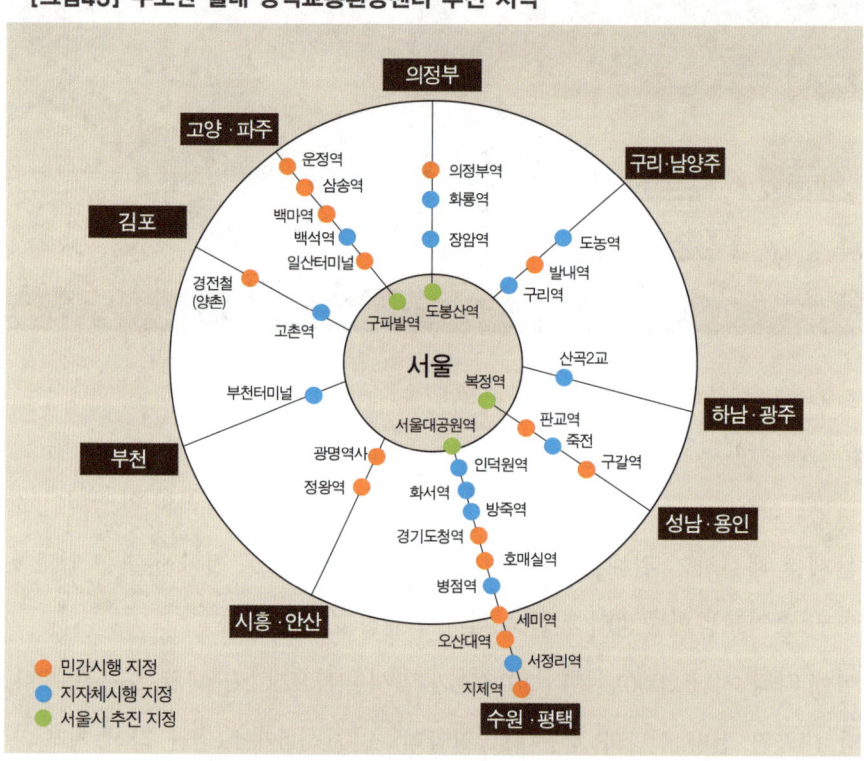

Chapter 02 상가형 수익형 부동산 투자

상가투자를 위한 사전분석

1단계 투자 상가유형 결정

산수로 : 상가형 수익형 부동산투자는 일단 매달 임대수익을 목적으로 하는 것이므로 공실률이 많이 발생한다던지 세입자로부터 월세가 제때 들어오지 않는다든지 하면 어려움에 처하게 됩니다. 상가투자는 경기에 영향을 많이 받게 되므로 상가투자를 위해서는 무엇보다 꼼꼼한 사전분석이 선행되어야 합니다. 로빈손님이 상가투자를 하고자 할 때에는 가장 먼저 무엇을 결정해야 하겠습니까?

로빈손 : 음~ 일단은 제 투자자금 범위 내에서 어떤 유형의 상가에 투자를 할 것인지 먼저 결정해야 할 것 같습니다.

산수로 : 맞습니다. 상가에는 여러 유형이 있으므로 제일 먼저 자신의 투자자금 규모 범위 내에서 어떤 유형의 상가에 투자할 것인지를 결정해

야 합니다. 상가의 유형에 따라 상품의 특성이 다르기 때문에 투자전략도 달라질 수밖에 없습니다.

또 자신의 자금규모를 넘어서는 과도한 대출을 받게 되면 경기가 침체된다든지 시중이자율이 상승하게 되는 경우 어려움에 처하게 되는 것이지요.

투자자금 규모가 큰 경우에는 중소형 빌딩이나 근린상가 등에 투자가 가능하고 비교적 적을 경우에는 상가형 주택이나 택지개발지구의 단지 내 상가 등에 투자할 수 있고 소액일 경우에는 분양상가 또는 오피스텔 상가 등에 투자가 가능하겠지요. 로빈손님이 투자할 상가의 유형이 결정되었다면 다음에는 어떤 점을 고려해야 할까요?

2단계 상가의 지역분석

로빈손 : 일단 선택한 상가가 어느 지역에 위치하는 것이 좋을지 지역분석의 큰 그림을 먼저 그려봐야 할 것 같은데요.

산수로 : 그렇습니다. 역세권을 선택할지, 대학가를 선택할지, 택지개발지구를 선택할지 아니면 기존 도심의 아파트지구를 선택할지 등 자신이 선택한 상가유형에 적합한 지역선택이 우선되어야 합니다. 예를 들어 상가임대를 하면서 주거도 해결하며 임대수입을 얻고자 하면 상가주택을 선택해야 되겠지요.

이럴 경우 택지개발지구의 이주자택지 용도로 나온 상가주택을 선택해야 되겠다고 결정하였으면 기존 택지개발지구의 상가주택을 매수할 수도 있고, 아니면 신규 택지개발지구의 이주자택지를 프리미엄을 주고 매수하여 아예 건축을 하고 임대를 놓을 수도 있지요.

로빈손 : 그렇군요. 일단 어느 위치에 상가투자를 할 것인지에 대한 지역분석이 먼저 되어야 한다는 것이군요. 그럼 상가투자를 위한 지역 선택 다음에는 어떤 분석이 필요할까요?

산수로 : 로빈손님이 상가투자를 위해 지역을 선택하였다면 임대가 잘되어야만 소기의 목적을 달성할 수 있겠죠. 그렇다면 당연히 어떤 점이 분석이 되어야 할지 한 번 생각해 보시죠.

3단계 상가의 상권분석

로빈손 : 상가가 임대가 잘 되려면 그 지역의 상권분석이 우선일 것 같네요.

산수로 : 바로 그겁니다. 상가투자를 위해서는 무엇보다 해당 지역의 상권분석이 선행되어야 합니다. 상권분석은 상가의 투자유형, 즉 (업종마다 조금씩 차이가 있지만)상가가 위치한 해당 지역의 상거래가 이루어지고 있는 범위라고 할 수 있습니다. 상권이 넓을수록 활성화된 지역으로 임대수요가 활발하다고 볼 수 있습니다.

로빈손 : 그렇다면 상권을 판단하는 기준은 무엇입니까?

산수로 : 상권의 범위를 판단하기 위해서는 먼저 해당 업종의 수요가 가능한 배후지역 즉, 배후수요(소비수요)를 조사할 필요가 있습니다. 배후수요가 탄탄한 지역일수록 상권이 발달되겠지요. 배후수요가 탄탄한 지역은 자연히 해당 상권으로 유동인구가 많아 상권을 발달시키게 되는 것입니다.

또한 상권에 영향을 미치는 요인은 '접근성' 입니다. 즉, 교통이 발달한 지역일수록 접근성이 뛰어나기 때문에 상권이 발달하게 됩니다. 그런 이유로 역세권 상권을 최고로 꼽게 되는 것이지요.

상권과 관련하여 명심해야 할 점은 상권도 순환 사이클이 있다는 것입니다. 상권은 결코 고정된 것이 아닙니다. 상권도 여러 가지 요인에 의해 변화한다는 것이지요.

로빈슨 : 상권이 변한다는 것은 무슨 의미입니까?

산수로 : 상권도 경기의 순환 사이클처럼 회복기 → 활황기 → 후퇴기 → 침체기라는 과정을 겪으면서 변화한다는 것이지요.

택지개발지구의 경우를 예로 들면 개발초기 상권이 형성되기 시작하면서 신도시가 커 가는 과정에서 상권은 확장되어 나가겠죠. 그러나 초기에 상권이 발달했던 지역이 시간이 가면서 상권이 다른 지역으로 옮겨 가면서 쇠퇴하는 경우도 많이 볼 수 있습니다. 경우에 따라서는 인근에 더 큰 규모의 새로운 신도시가 조성되면서 인구이동이 일어나 대형 상권이 이동하게 되는 경우도 있을 수 있습니다.

상권의 변화를 가져오는 요인은 여러 가지가 있지만 가장 중요한 것은 유동인구의 동선변화를 초래하는 교통망의 변화와 배후지역의 변화라고 할 수 있습니다. 그렇다면 상권의 순환 사이클과 관련하여 상가투자를 하고자 할 때는 어떤 점을 고려해야 하겠습니까?

로빈슨 : 상권분석을 할 때에는 해당 지역의 상권이 지금 어느 단계에 해당하는지를 분석해야 할 필요가 있을 것 같네요.

산수로 : 맞습니다. 이러한 상권의 순환 사이클 분석을 통하여 신흥상권에 투자할 것인지 아니면 기존상권에 안정적으로 투자할 것인지를 결정할 수 있겠지요. 다만, 신도시의 택지개발지구 등의 신흥상권의 경우 상권이

활성화될 때까지 상당한 시간이 소요되는 것이 보통이므로 투자에 신중을 기할 필요가 있습니다. 물론 신흥상권 상가에 투자할 경우 임대수익을 상쇄하는 자산가치 상승이라는 측면도 무시할 수는 없겠지요.

기존상권의 경우 이미 쇠퇴기에 접어들 가능성이 있는 지역에 투자하는 우를 범하여서는 안되겠죠. 즉, 죽은 상권이나 죽어가는 상권에 투자하는 것은 위험합니다. 예를 들어 신흥상권이라면 판교나 광교지구 같은 곳이 좋을 테고 기존상권이라면 이미 검증된 압구정이나 청담동 또는 홍대와 같은 대학가 등이 좋겠죠.

 **로빈손 :** 상권분석을 하기 위해서는 어떤 방법을 써야 합니까?

산수로 : 구체적인 상권분석을 하기 위해서는 해당 상가의 업종과 관련된 인구유인요인을 검토해야 합니다. 상권분석은 업종에 따라서 분석방법이 다르기 때문에 여기서 일일이 설명하기는 어렵습니다. 다만, 중요한 것은 교통의 축이 어디에 위치하고 있는지와 해당 상권의 주대상층 그리고 주대상층의 소비수요를 판단할 수 있는 배후지역의 조사는 필수적이라고 할 수 있습니다.

참고로 상권분석을 함에 있어서 반드시 대형상권만 고집할 필요는 없습니다. 자신의 투자규모에 맞는 소형상권도 의외로 틈새시장 역할을 할 수 있는 경우가 많이 있다는 것이지요.

4단계 상가의 입지분석

산수로 : 상권분석 결과 충분한 임대수요가 있다고 판단되면 해당 상권에서 구체적인 입지분석을 통하여 어떤 상가를 선택할 것인지를 결정해야

합니다. 상권분석이 보다 넓은 범위의 분석이라면 입지분석은 좁은 범위의 분석이라고 할 수 있습니다. 그렇다면 입지분석이란 무엇이라고 할 수 있겠습니까?

로빈손 : 입지분석이란 결국 해당 상권에서 구체적으로 어디에 위치하는 것이 가장 많은 임대수요를 창출할 수 있는 상가를 선택할 수 있느냐를 분석하는 과정이 아닐까요?

산수로 : 그렇습니다. 상가의 위치가 가각에 있어야 유리한지, 아니면 대로변 또는 골목길 안쪽 등 어디에 위치해야만 해당 업종의 상가의 임대수요가 가장 많을 수 있을지 판단하는 것이지요. 이것은 해당 업종의 상가 임대수요를 창출할 수 있는 유동인구의 동선을 파악하는 것이 중요합니다. 유동인구의 동선과 함께 해당 상가로의 접근성이 얼마나 뛰어나냐를 분석해야 하겠지요. 그래야만 소위 '상권력'이라는 사람을 끌어들이는 힘이 강하게 나타나는 것입니다.

아무리 좋은 상권이라 하더라도 입지가 후미진 곳에 있으면 당연히 나쁘겠지요. 따라서 가능한 최적의 입지를 갖춘 상가에 투자할 때 임대수익 역시 안정적일 수 있다고 할 수 있습니다.

5단계 상가의 수익성분석

로빈손 : 잘 알겠습니다. 수익형 부동산인 상가투자에도 이렇게 많은 요인을 고려해야 하는군요. 그런데 수익형 부동산인 만큼 위와 같은 분석과정을 통하여 최종적으로는 수익성 분석이 확실하게 되어야만 해당 상가의 적정 매수가격을 알 수 있지 않을까요?

산수로 : 로빈손님은 이제 거의 전문가 수준에 다다른 것 같네요. 맞습니다, 상가투자에서 수익성 분석이 되지 않는다면 다른 모든 분석이 무용지물이 되는 것이지요. 물론 상권분석과 입지분석의 결과 좋은 물건을 선택한다 하더라도 시세보다 비싸게 산다면 당연히 수익성은 떨어질 수밖에 없습니다.

상가의 수익성 분석은 보통 수익환원법이라는 도구를 사용하여 평가하게 됩니다. 수익환원법은 임대수익을 기준으로 산정한 가격으로 평가하는 방식입니다. 평가방식은 시장환원율(기대수익률)의 개념을 도입하여 계산하게 됩니다. 아주 간단히 예를 들어 설명한다면 기대수익률이 8%인데 연간임대수익(보증금 환산액 포함)이 5천만 원이라면 5천만 원÷8%=6억 2,500만 원이 적정가격이라는 것입니다. 따라서 시세가 이보다 비싸면 고평가되어 있는 것이고, 싸다면 저평가되었다고 이야기 할 수 있는 것이죠. 물론 실제 평가에는 여러 가지 요인을 고려하여 평가하게 됩니다.

로빈손 : 그렇다면 향후 성장가능성이 높은 지역은 기대수익률이 낮게 책정되지 않을까요?

산수로 : 그렇다고 볼 수 있습니다. 성장가능성이 높은 지역은 향후 자산가치 상승도 기대할 수 있으므로 단순히 임대수익을 기준으로 한 기대수익률은 낮은 것이 일반적이지요.

로빈손 : 아무튼 수익형 부동산의 투자도 이렇게 꼼꼼하게 여러 가지 단계를 거쳐 분석해야 실수가 없다는 것을 새삼 확인하게 되네요. 결국 부동산 투자도 이제는 그냥 감으로만 하는 것이 아니라 과학적인 방법으로 접근해야 된다는 것을 절실히 느끼게 됩니다.

다양한 상가투자의 유형

산수로 : 우리가 정작 상가투자를 하려고 해도 상가투자의 유형이 꽤 많다보니 어떤 상가에 투자해야 할지 망설이게 되는 경우가 많습니다. 상가투자라는 것이 임대수익에 초점을 맞춘다면 수익률은 상가유형별로 큰 차이가 없으므로 결국 투자자금에 맞추어 적당한 상가유형을 선택하면 될 것입니다. 물론 향후 자산가치의 상승까지 노릴 수 있는 상가이면 더욱 좋겠지요. 다만, 그럴 경우에는 수익률이 떨어질 수 있다는 점을 감안해야 할 것입니다.

100억대 이상 업무용 상가빌딩

로빈손 : 투자자금 규모별로 나누어 본다면 상가의 유형에는 어떤 것이 있을까요?

산수로 : 먼저 100억 원 이상의 업무용 상가빌딩을 들 수 있습니다. 특히 역세권 등 유동인구가 많아 상권이 발달된 지역에 있는 상가빌딩은 경기변동에 따른 공실률도 비교적 낮고 임차인들의 임대료 연체율도 낮아 자금 규모만 충분하다면 투자가치가 있다고 볼 수 있습니다.

반면 상가빌딩은 큰 규모의 자금이 투자됨에 따라 상권분석이라든가 건물 자체의 분석을 소홀히 하고 성급하게 투자를 하는 경우에는 엄청난 경제적 손실을 입을 가능성이 있기 때문에 철저한 상권분석과 임차인 확보 등을 확인하고 투자에 신중을 기할 필요가 있습니다.

30~100억대의 근린상가

산수로 : 재력가들이 상가투자로 가장 많이 찾는 물건은 30~100억대의 근린상가입니다. 근린상가는 상가빌딩에 비하여 규모가 작은 5~7층 정도로 다양한 근린생활시설을 입점시킬 수 있어 비교적 공실률이 적고 안정적인 임대수익을 기대할 수 있습니다.

이러한 근린상가는 상업지역 인근에서 다양한 업종을 입점시켜 후광효과를 누릴 수도 있고, 주거지역에서는 주로 학원이나 병·의원·중개사사무소·은행 등을 입점시켜 상권을 활성화시키기가 수월하다는 장점이 있습니다.

로빈손 : 그렇다면 근린상가는 상가형태 중 가장 경쟁력이 높은 상가로 꼽힌다고 할 수 있겠네요?

산수로 : 그렇습니다. 근린상가 투자는 다른 상가 투자보다 비교적 안전하면서도 수익률 확보까지 가능합니다. 상가 투자의 핵심은 임대가 얼마나 잘 나갈 수 있느냐, 즉 공실률을 얼마나 줄일 수 있느냐에 달려 있는데 근린상가는 다양한 업종을 입점시킬 수 있기 때문에 경쟁력이 높다고 할 수 있죠.

로빈손 : 근린상가 역시 상권분석이나 입지분석은 필수적이겠지만 초보 투자자의 경우 어디에 위치한 근린상가에 투자하는 것이 바람직할까요?

산수로 : 초보 투자자의 경우에는 신흥 상가지역보다는 기존 상가지역 중 상권이 활성화되어 있는 근린상가에 투자하는 것이 바람직합니다. 그런 경우 초기 투자자본이 다소 높을 수는 있으나 투자에 실패할 확률은 매우 낮아집니다.

로빈손 : 그렇다면 이미 검증된 근린상가는 주로 어느 지역에 위치하

나요?

산수로 : 상권분석에서도 설명했듯이 역세권 주변에 위치한 근린상가는 가격은 비싸지만 역세권의 유동인구를 흡수하여 다양한 업종을 입점시킬 수 있기 때문에 근린상가의 꽃이라고 할 수 있습니다.

다음으로는 대단지 아파트가 위치한 주거지에 인접한 근린상가의 경우에도 충분히 경쟁력이 있습니다. 왜 그런지 아시겠지요?

로빈손 : 대단지 아파트 인근에서는 주로 학원 업종이 많이 번성하던데요. 따라서 임대수요 역시 많다고 생각 됩니다.

산수로 : 그렇지요. 주거지역 인근의 근린상가들 역시 다양한 업종을 입점시킬 수 있을 뿐만 아니라 단지 내 상가에 비해 경쟁력이 있어 아파트 배후수요를 끌어들일 수 있다는 장점이 있습니다. 그러나 주거지역의 경우에는 근린상가가 대로변에 있어야만 충분한 경쟁력을 갖출 수 있습니다. 이면도로 쪽이나 뒤쪽에 위치한 근린상가의 경우 오히려 임대를 놓는데 애를 먹는 경우가 더 많습니다.

로빈손 : 그것은 역세권의 경우에도 동일하지 않나요?

산수로 : 역세권의 대로변에는 주로 업무용이나 상업용 빌딩들이 위치하고 있지요. 물론 경우에 따라 근린상가가 있는 경우도 있지만 역세권의 경우에는 이면도로 쪽에 블록형태나 길을 따라 유흥상가나 패션상가 등이 발달하는 경우가 많죠. 따라서 역세권의 근린상가는 대로변에 위치하였는지 여부보다는 주변 상권이 어떻게 발달하였는지 여부가 더 중요하다고 볼 수 있습니다.

10~30억 대의 상가주택

로빈손 : 요즈음은 차라리 아파트를 팔고 주거도 하면서 임대수익도 얻을 수 있는 상가주택을 매입하는 것이 어떨까 생각하네요. 이러한 상가주택에 대하여 자세한 설명을 부탁드리겠습니다.

산수로 : 상가주택의 경우 보통 3~4층으로 지역이나 상권에 따라 10~30억대의 자금으로 투자가 가능합니다. 상가주택은 근린생활시설과 사무실 등의 입점이 가능하고 대개 3층 이상은 주택으로 쓰이게 됩니다.

로빈손님이 말씀하신 것처럼 최근에는 중대형 아파트의 경우 과거와 같은 높은 시세차익을 기대하기가 어려우므로 차라리 상가주택에 투자하여 거주와 임대수익을 함께 올리려는 사람들이 많이 늘어나고 있습니다. 이러한 상가주택은 투자금액이 비교적 적은 편이므로 근린상가 등에 비해서 환금성이 더 낫다고 볼 수 있습니다.

상가주택 역시 당연히 상권분석이 중요하며 인근에 근린상가가 많은 곳은 경쟁이 심해 임대가 쉽지 않을 가능성도 있으므로 가능하면 대형 아파트단지를 끼고 유동인구가 많은 곳의 도로변이나 각지에 위치한 상가주택이 투자가치가 있다고 볼 수 있습니다.

로빈손 : 전에 설명하셨을 때 택지개발지구의 이주자택지에 지은 건물이 상가주택이라고 하지 않았나요?

산수로 : 맞습니다. 이주자택지에 지은 건물이 바로 상가주택이지요. 이주자택지는 보통 265㎡(80평) 내외로 택지개발지구의 비교적 좋은 위치에 입지하고 있기 때문에 투자가치가 상당히 높다고 할 수 있습니다.

로빈손 : 차라리 이주자택지를 원주민으로부터 매수해서 건물을 지

어 상가주택을 짓는 것이 투자금액이나 향후 시세차익 측면에서도 나을 것 같은데 이러한 이주자택지를 효과적으로 살 수 있는 방법을 설명해 주실 수 있을까요?

 산수로 : 이주자택지는 수용지구의 원주민에게 보상을 받고 난 이후 이주대책으로 공급되는 택지입니다. 일단 이주자택지를 매수할 수 있는 방법을 몇 가지 열거해 보도록 하죠.

첫째, 이주자택지는 수용지구 내에서 주민공람공고일 이전부터 거주하던 주택을 가진 원주민에게 주어지는 것이므로 공람공고일 이후 초기에 약간의 프리미엄을 주고 사는 방법이 있습니다. 그러나 이는 불법적인 방법이며 안전장치가 미약하므로 권장할 수 있는 방법이라고 할 수 없습니다.

둘째, 원주민이 보상공고일이 지나 이주자택지를 공급받을 수 있는 자로 확정되게 되는 시점에서 매수하는 방법입니다. 그러나 이 역시 편법이며, 이 시점에서는 프리미엄이 상당히 붙은 채 거래가 되게 됩니다. 또한 이 시점에서는 아직 이주자택지의 위치에 대한 추첨이 안 된 상태이므로 어디에 위치할지 모른다는 단점이 있습니다.

셋째, 원주민은 이주자택지를 받고 난 후 6개월이 지나면 1회에 한하여 전매가 허용되는데 이때 이주자택지를 상당한 프리미엄을 지불하고 매수하는 방법이 정상적인 방법이라고 할 수 있습니다. 이미 위치가 확정되었으므로 교차로의 각지의 경우 등 위치가 좋은 곳은 프리미엄이 훨씬 더 비쌀 수밖에 없겠지요. 그러나 합법적으로 최종적으로 위치까지 확인하고 살 수 있으므로 가장 안전한 방법이라고 할 수 있습니다.

 로빈손 : 수용지구의 이주자택지에 대한 설명을 여러 차례 자세히 들

다보니 앞으로 많은 관심을 가져보아야 할 것 같습니다. 다음에는 또 어떤 상가유형이 있습니까?

소액투자가 가능한 단지 내 상가

산수로 : 수익형 부동산에 관심을 갖는 사람들이 가장 많이 투자하는 상가는 단지 내 상가라고 할 수 있습니다. 아파트단지 내 상가는 비교적 소액으로도 투자가 가능하기 때문에 인기를 끄는 수익형 부동산이라고 할 수 있습니다. 아파트단지 내 상가는 근린생활시설 등이 주로 입점하면서 아파트단지의 소형수요를 독점하게 됩니다. 아파트단지 내 상가 역시 근린상가와 마찬가지로 수익형 부동산의 쌍두마차 역할을 할 정도로 많은 사람들의 관심을 끄는 상가라고 할 수 있습니다.

로빈손 : 대단지 아파트와 적정 규모의 아파트단지 중 어느 쪽이 단지 내 상가에 투자하는 것이 유리할까요?

산수로 : 단지의 규모가 1천 5백~2천세대 이상이 되는 대단지 아파트의 경우 단지 내에 상가가 두어군데 있게 됩니다. 즉, 주출입구 쪽과 부출입구 쪽에 상가가 분산되게 되지요. 또한 대단지의 경우 도보로 출입구까지 나오는 것이 멀기 때문에 오히려 차량을 이용하여 외부로 나갈 가능성도 높게 됩니다. 이런 대단지 아파트의 경우에는 주출입구 쪽에 위치한 단지 내 상가가 유리할 수밖에 없습니다.

따라서 단지규모는 약 1천세대 내외가 적당하다고 봅니다. 반대로 단지규모가 500세대 미만으로 지나치게 작은 경우에는 도보로 단지 외부로 나가는 것이 어렵지 않기 때문에 단지 내 상가가 활성화되기가 어렵습니다.

로빈손 : 그렇다면 아파트 단지 내에서 상가면적이 차지하는 비율은 어느 정도가 적당할까요?

산수로 : 단지 내 상가는 아파트 단지 내의 배후세대 인구를 바탕으로 상권이 형성되는 것이기 때문에 상가면적이 차지하는 비율이 중요합니다.

세대수에 비하여 상가면적이 지나치게 넓으면 빈 점포가 생길 우려가 있어 상가가 활성화 되지 않아 수익성이 떨어질 수 있습니다. 반대로 상가면적이 너무 좁으면 상권형성이 제대로 안되고 인근 근린상가 등에 배후수요를 빼앗길 우려가 있습니다.

로빈손 : 그렇다면 큰 평형 위주인 아파트 단지보다는 중소형 평형 위주의 아파트 단지의 단지 내 상가에 투자하는 것이 당연히 유리하겠지요?

산수로 : 그렇습니다. 아무래도 큰 평형 아파트 단지의 부유층은 차량을 이용하여 외부의 상권을 이용할 가능성이 높겠지요. 따라서 유동인구의 동선을 파악하는 것이 중요합니다.

그런 의미에서 LH공사의 단지 내 상가는 주거면적 대비 상가면적이 상대적으로 작고, 배후 단지의 단지 내 상가 이용 빈도가 높은 중소형 위주의 면적으로 구성돼 있어 일반적으로 투자가치가 있다고 볼 수 있습니다.

로빈손 : 이제 단지 내 상가를 어떤 기준에 따라 투자해야 할지 알 수 있겠습니다. 무엇보다도 수익성 분석을 제대로 하여 투자를 하면 될 것 같습니다. 그런데 신도시나 택지개발지구에서 분양하는 단지 내 상가의 경우에는 어떤 관점에서 투자해야 할까요?

산수로 : 신도시의 경우에도 기본적인 원칙은 지금까지 설명한 기준에 따르면 되겠지요. 다만, 경쟁입찰방식이기 때문에 분위기에 휩쓸려 수익

성 분석을 제대로 하지 않고 지나치게 고가에 낙찰 받으면 수익률이 심하게 낮아지거나 경우에 따라서는 임대를 놓기가 어려워지는 문제가 생길 수 있습니다.

로빈손 : 신도시나 택지개발지구에서 단지 내 상가를 분양할 경우 유찰되는 경우도 있나요?

산수로 : 경기가 좋지 않을 경우에는 당연히 좋은 물건임에도 불구하고 유찰되는 경우가 있지요. 그런 경우에는 수의계약이 가능하기 때문에 이런 물량이 있다면 입지가 좋을 경우 적극 투자하는 것도 고려할 필요가 있습니다. 결론적으로 단지 내 상가의 경우 배후세대의 독점성과 수익성 분석을 철저히 한 후 투자에 임해야 할 것입니다.

'LH 상가' 알짜 점포 쏟아진다

· 102개 단지서 연말까지 841개 분양
· 공개입찰 방식… 고가 낙찰은 금물

다음달부터 연말까지 한국토지주택공사(LH)의 단지 내 상가가 대거 쏟아진다. 102개 단지에서 841개 점포가 나올 예정이다. LH 상가는 주로 택지개발지구 내 대단지에 위치해 안정된 배후 상권을 가지고 있는 대표적인 수익형 부동산이다. 최근 아파트 거래 부진에 따른 시장 분위기를 감안할 때 틈새 상품으로 인기를 끌 것으로 보인다. 하지만 입찰 경쟁이 치열해 적정가를 웃도는 수준에서 낙찰이 이뤄지는 경우가 많아 주의해야 한다. LH 상가 역시 '묻지마 투자'로 낭패를 볼 수 있다.

올해 성남 판교, 수원 광교, 의왕 포일2, 광명역세권, 부천 범박, 오산 세교, 대전 도안, 대구 율

올해 수도권 LH 단지내상가 공급계획

(단위: 개, 자료: 상가뉴스레이다)

시기	권역	지구	상가공급수
4월	경기	성남 판교	51
5월	경기	광명 역세권, 성남 도촌	35
	인천	인천 동신	15
6월	인천	김포 미송, 김포 양곡, 인천소례2	20
	파주사업단	파주 운정	12
7월	경기	용인 서천	17
	오산사업단	오산 세교	17
9월	경기	수원 광교, 안산 신길	20
	인천	김포 양곡, 인천 소래	11
	오산사업단	오산 세교	9
10월	경기	의왕 포일2	18
	인천	부천 범박	20
	파주사업단	문산 선유	14
11월	파주사업단	파주 문정, 문산 선유	28
12월	경기	수원 호매실	54
	인천	인천 항촌	27
수도권 지역 총 368개 상가 공급예정			

하지구의 주요 인기 단지에 상가 공급이 예정돼 있다.

단지 내 상가는 기존 도심 상권과의 차별화가 가능한 장점이 있다. 가구원이 많은 중·소형 아파트로 구성돼 고객을 쉽게 확보할 수 있다는 이점도 있다. LH 상가는 평균 100가구당 1개 점포에 불과해 상대적으로 높은 수익성이 기대된다.

아직은 편의시설이 부족한 판교신도시에 다음달 중 상가 공급이 예정돼 있다. LH가 공급하는 판교의 마지막 상가 물량이다. 판교신도시 A18·24·25블록 3개 단지에서 51개 점포다. 동판교 중심상업지역과 인접한 데다 배후에는 4,993가구의 국민임대주택이 자리잡고 있다. 5월에는 광명역세권에서 상가 26개 점포가 나온다. 광명역세권지구는 광명 소하지구와 광명 KTX역사가 인근에 있어 단지 내 고정고객뿐 아니라 풍부한 유동인구에 따른 외부고객 수요도 기대할 수 있다.

'미니 판교' 라 불리는 성남 도촌지구에서도 5월 중 9개 점포가 분양된다. 공인중개사 사무소 입점이 많은 공공분양과 슈퍼마켓, 미용실 수익률이 좋은 국민임대가 혼합돼 있는 단지다. 도촌지구에서 2월 공급된 10개 점포가 모두 낙찰된 바 있다. 수원 광교신도시에서는 9월에 상가

분양이 이뤄진다. 광교 첫 LH 단지 내 상가 물량으로 모두 16개 점포가 공급된다. A30블록에서는 9개 점포가 공급된다. 1,117가구의 배후수요를 확보한 데다 중심 상업지역과 인접해 있다. A4·25블록은 배후단지 규모가 각각 466가구, 375가구로 작지만 주거 밀집지역에 자리잡고 있어 주변 수요를 기대할 수 있다.

부천 범박지구에서는 10월 중 20개 점포가 공급된다. 1,473가구의 대단지로 단지 내 주민을 대상으로 독점적인 상권 확보가 가능하다. 파주 운정신도시에는 6월과 11월 중 물량이 나올 예정이다. 6월에는 A18블록에서 12개 점포가 나온다. 1,467가구의 국민임대아파트단지에 위치해 있다. 11월에는 A28블록에서 10개 점포가 공급된다.

이 외 의왕 포일2지구에서 10월에 18개 점포, 수원 호매실에서 12월에 26개 점포가 각각 공급을 준비 중이다. 수원 호매실의 경우 주변에 발달된 상권이 없다는 점에서 투자 전망이 밝다. LH 단지 내 상가는 공개 경쟁입찰 방식으로 낙찰자를 가린다. 분양정보는 LH 홈페이지나 매월 둘째주 금요일 일간지에 분양공고가 나간다. 낙찰 예정가도 이때 공개된다.

수요가 탄탄해 관심이 높고 경쟁입찰 방식이어서 인기지역의 경우 낙찰가가 급등하는 경우가 있다. 이럴 경우 임대료가 높아져 상당 기간 점포가 공실이 되거나 수익률이 낮아지게 된다. 최근 들어 LH 단지 내 상가도 입지나 배후 단지의 소비력에 따라 입찰 경쟁률이나 수익률이 크게 차이가 난다. 따라서 입찰 전에 사전조사는 필수다.

사전조사 시에는 주변 상권도 철저히 분석해야 한다. 단지 인근에 시장이 있거나 대형마트가 들어서면 임대수익을 기대하기 힘들기 때문이다. 아파트 주민들이 상가에 편리하게 접근할 수 있는지도 꼼꼼히 살펴봐야 한다. 또 아파트 규모에 따라 임대료가 달라지는 만큼 배후 가구수를 따져보는 것은 기본이다.

〈경향신문〉 2010.03.28

틈새투자처인 아파트형 공장상가

산수로 : 아파트형 공장상가는 상가시장에서 틈새상품으로 주목받는 상가 중의 하나라고 할 수 있습니다. 아파트형 공장상가는 공장 내 상주인구의 수요가 기본적으로 뒷받침되기 때문에 독점 업종으로 운영할 경우 안정적인 내부수요가 탄탄하게 받쳐 주는 장점이 있습니다.

따라서 고정매출이 확보되기 때문에 임대를 주기가 쉬울 뿐 아니라 임대수익률도 매우 짭짤한 편입니다.

로빈슨 : 아파트형 공장상가는 좀 생소한 상가인데 실제 아파트형 공장에 입주하는 기업이 많습니까?

산수로 : 아파트형 공장은 주로 제조시설이 필요 없는 벤처기업이라든가 연구소형 기업 등의 경우 도심의 비싼 토지를 효율적으로 이용하여 아파트 형태로 건립된 공장에 입주함으로써 비교적 저렴한 임대료로 이용할 수 있기 때문에 기업이 많이 선호합니다.

아파트형 공장은 최첨단시설과 친환경적인 근무여건은 물론 입주기업에게 취득세 및 등록세를 100% 면제시켜 줄 뿐만 아니라 재산세를 5년간 50% 감면하여 주는 등 세제상·금융상의 혜택이 주어집니다. 따라서 서울의 경우 과거 낙후되었던 구로구를 중심으로 주변지역으로 많이 확산되고 있는 추세입니다.

구로구의 경우 구로디지털단지 및 금천구의 가산디지털단지 등이 이미 활성화되어 있으며, 수도권의 인천, 안양, 성남, 부천, 용인, 분당 등지에도 많은 아파트형 공장이 들어서고 있습니다.

로빈슨 : 아파트형 공장상가라고 무조건 다 높은 임대수익률이 보장

되는 것은 아니지 않겠습니까? 아파트형 공장상가에 투자할 때에는 어떤 점에 유의하여 투자해야 할까요?

산수로 : 아파트형 공장상가는 아파트 내의 공장종업원들의 고정수요를 일단 기반으로 하기 때문에 규모가 중요합니다. 또한 규모에 비하여 지나치게 상가점포가 많아도 불리합니다.

또한 아파트형 공장의 기업 입주율을 꼭 확인해야 합니다. 아직까지 제대로 기업이 입주하지 않은 경우 활성화될 때까지 상당히 애를 먹을 수 있습니다. 따라서 해당 아파트형 공장의 입지조건 등을 면밀히 검토하여 기업체에 분양가능성이 높은지를 판단하고 아파트형 공장상가의 투자를 결정해야 합니다.

로빈손 : 아파트형 공장상가의 경우에도 이왕이면 외부 유동인구까지 끌어들일 수 있다면 더욱 금상첨화가 아니겠습니까?

산수로 : 아파트형 공장상가의 경우 외부 유동인구까지 끌어들인다고 생각하는 것은 사실상 쉽지 않은 일입니다. 따라서 무엇보다도 내부의 고정고객을 얼마나 확보할 수 있는지가 관건이라고 할 수 있습니다. 내부의 고정수요가 확실하고 아파트형 공장 내의 동선측면에서(예컨대, 건물 출입구나 엘리베이터 또는 계단입구 등) 눈에 잘 띄는 곳에 위치한다면 임대를 놓는 것은 그다지 어려운 일이 아닐 뿐 아니라 임대수익률도 꽤 좋은 편입니다.

로빈손 : 아파트형 공장상가의 경우 기업의 주 5일제 시행으로 인하여 주말에는 텅 빌 경우가 많아 임차인들이 꺼려 임대를 놓는데 애로사항이 있지 않을까요?

 산수로 : 최근 수도권에서 아파트형 공장이 많이 생기면서 아파트형

공장상가가 틈새시장으로 떠오르고 있는 것은 사실이지요. 그러나 말씀하신 대로 주5일 영업이 위주이고 또 사실상 주변지역의 수요층까지 흡수한다는 것이 쉽지 않다는 점을 감안할 때, 아파트형 공장상가 역시 일반상가에 투자할 때와 마찬가지로 여러 가지 분석요인을 검토하여 신중하게 투자해야 한다고 생각합니다.

오피스텔 상가 및 주상복합상가

 로빈손 : 오피스텔 상가라든지 주상복합 상가 등에 투자하는 것은 어떻습니까?

산수로 : 오피스텔 상가라든가 주상복합 상가의 경우에는 아파트형 공장상가와는 달리 내부 상주인구의 수요뿐만 아니라 주변 유동인구의 유입도 가능하기 때문에 무엇보다도 입지조건과 주변 상권분포가 중요합니다. 따라서 역세권에 위치하면 한층 더 유리하겠지요. 상권분석, 입지분석, 수익성분석 등 기본적인 분석절차는 다른 상가형 수익형 부동산과 크게 다를 바 없다고 하겠습니다.

다만, 한 가지 유의할 점은 오피스텔 상가와 주상복합 상가의 경우 전체 건물에서 차지하는 상가비율이 중요합니다. 상가비율이 다른 상가와 비교하여 높을 경우 경쟁력이 없을 수 있습니다. 또한 상가 내부에서의 동선이 중요한 점은 어떤 상가든지 공통사항이라고 할 수 있습니다.

로빈손 : 신문을 보면 많은 상가가 분양 광고를 하는데 특별히 주의해야 할 점이 있을까요?

산수로 : 상가투자는 상권분석이나 입지분석, 그리고 수익성 분석 등

과 같은 철저한 분석 없이 섣불리 투자하게 되면 노후생활을 위한 연금투자가 오히려 애물단지로 전락할 수 있다는 점을 명심하셔야 합니다.

상가분양과 관련한 피해사례에 관하여는 다음 언론기사를 참고하시면 큰 도움이 되실 것입니다.

"상가분양 피해보상 어디서 받나요"

#1. 서울 관악구 신림역 사거리에 가면 지상 12층 규모의 짓다 만 건물이 흉물스럽게 자리를 차지하고 있다. 바로 'C&백화점' 이다. 2006년 분양한 이곳엔 750여 명이 총 1,225억 원에 달하는 자금을 투자했다.

하지만 당시 사업을 주관하던 C&우방이 법정관리에 들어가면서 공사가 중단돼 점포를 분양받은 이들은 발만 동동 구르는 처지가 됐다. 현재 이곳 점포를 분양받은 사람들은 공사 재개를 위해 안간힘을 쓰고 있는 실정이다.

#2. 경기 성남시 분당구청 인근 '펀스테이션' . 도서관, 테마파크, 스포츠교실 등으로 구성된 어린이 복합문화교육시설로 현재 부도처리된 상태다. 2008년 6월 준공 예정이었지만 외자유치 실패 등으로 공사대금을 마련하지 못해 결국 부도가 났다. 공사는 내외장 작업 등을 남겨둔 채 진척을 보이지 않고 있다.

공사 지연에 따른 피해는 고스란히 점포를 분양받은 70여 명이 지고 있다. 이들이 낸 임대보증금은 317억 원 선이다.

두 사례의 공통점은 예기치 못한 상가 공사 중단으로 점포를 분양받은 사람들이 막대한 금전적 피해를 보고 있다는 것이다.

하지만 이들을 위한 법적 보호장치가 미흡하다 보니 제2, 제3 피해자가 양산될 것이란 우려가 커지고 있다.

점포를 분양받은 사람들은 '건축물의 분양에 관한 법률(이하 건분법)' 에 의해 보호를 받는다. 이 법은 2003년 동대문 쇼핑몰 '굿모닝시티' 부도 사건이 터진 후 분양받은 사람의 피해를 막기 위해 2005년에 만들어진 제도로 바닥면적이 3,000㎡ 이상인 상가는 후분양을 원칙으로 한다는 내용을 담고 있다. 분양받은 사람을 보호하기 위해선 후분양이 최선이다.

공사가 완료된 상황에서 상가를 직접 눈으로 보고 분양받을지 여부를 결정할 수 있어 위험이 크게 줄기 때문이다. 하지만 후분양할 경우 공사 진행을 위한 자금을 마련하기 어렵기 때문에 시행사는 선분양을 선호하고 있다.

문제는 바닥면적 3,000㎡라는 기준이 악용되고 있다는 것. 법률에 따르면 3,000㎡ 미만까지는 선분양을 해도 무방하다. 시행사가 3,000㎡ 미만 면적을 선분양하고 나머지는 임대하면 건분법의 저촉을 받지 않는다는 얘기다.

실제로 고양시 화정역 인근에 미완공 상태로 남아 있는 '한신에리어타워'는 2008년 3월 시행사 부도 이후 공사가 중단된 상태다. 이곳은 분양 당시 전체 4,000㎡ 중 3,000㎡가 약간 안 되는 공간을 선분양한 뒤 나머지 공간을 임대분양하는 방식으로 법망을 피해갔다. 분양받은 사람들이 입은 피해액은 수백억 원대에 달하는 것으로 알려졌다.

시행사의 과장·허위 광고에 대해서도 강력한 제재가 요구된다. 성남시 소재 상가 L몰은 당초 내부에 '테마광장' '만남의광장'과 해외 명품 브랜드 상가가 들어선다는 점을 내세워 분양자를 모집했다. 이에 총 820여명이 상가를 분양받았다.

문제는 상가 완공 후 실제 모습이 최초 분양 시 알려졌던 내용과 다르다는 것. 테마광장이 조성되기로 했던 지하 2층은 유료 주차장으로 꾸며졌고 만남의광장 자리에는 점포들이 들어섰다. 명품상가 자리에는 전자게임장이 들어섰다.

고객을 끌어들일 만한 환경이 조성되지 않다 보니 점포별 영업실적이 저조해 현재 전체 점포의 과반수가 비어 있는 처지다.

〈매일경제〉 2010.02.07

주택형 수익형 부동산 투자

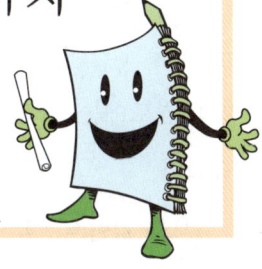

1인가구의 증가는 새로운 주거패턴을 요구한다

산수로 : 우리 사회의 향후 주거문화의 트렌드에 대해서는 통계청이 2009년 1월 20일 발표한 '향후 10년간 사회변화 요인분석 및 시사점'이 잘 나타내고 있습니다. 통계청은 향후 10년간 우리 사회 변화의 키워드를 인구감소, 고령화 및 노인빈곤화, 사회 고학력화 및 양극화의 네 가지로 제시하였습니다. 특히 앞으로 인구감소에도 불구하고 가구수는 계속 증가한다고 분석하고, 통계청장도 "향후 10년 이내에 다가올 인구감소와 고령화는 과거에 겪지 못했던 새로운 변화가 될 것"이라고 말했습니다.

그러나 여기서 주목할 점은 인구구조 변화에 따라 자연히 주택은 감소할 수밖에 없어도 1인 가구의 증가로 인하여 오히려 주택공급은 늘릴 수밖에 없으며, 이는 도심권 소형주택을 활성화하는 것이 대안이라는 점입니다.

로빈손 : 그렇다면 향후 1 · 2인 가구의 증가추이는 어떻게 예상됩

니까?

산수로 : 통계청의 '향후 10년 보고서'에 의하면 2000년도에 전체가구수 중 1 · 2인 가구가 차지한 비중이 28%였던 것이 2008년도에는 35%, 2018년도에는 38%, 그리고 2030년도에는 45%를 차지할 것으로 예상하고 있습니다.

로빈손 : 앞으로는 싱글가구 내지 더블가구가 보편화되는 시대가 오고 있다고 보면 되겠군요.

산수로 : 베이비붐세대의 은퇴와 맞물려 새로운 연금형 수익형 부동산에 대한 수요가 대폭 늘어날 수밖에 없는 시점에서 싱글가구 및 더블가구에 대한 수요의 증가는 주택형 수익형 부동산에 대한 투자가 늘어날 것임을 보여준다고 할 수 있습니다.

로빈손 : 앞으로는 중대형 아파트보다 소형 아파트, 소형 주택이 늘어날 수밖에 없겠네요?

산수로 : 그렇습니다. 앞으로 주거문화의 트렌드가 중대형 아파트 위주에서 소형 아파트 위주로 바뀔 것입니다. 따라서 주택형 수익형 부동산에 투자하고자 할 때에는 역세권 주변의 소형아파트가 각광받을 것으로 보입니다. 또 정부에서 추진하고 있는 1 · 2인 가구를 위한 도시형 생활주택이 본격적으로 진행되면 향후 소형 아파트와 함께 주거문화의 트렌드를 바꿀 양대축이 될 것으로 예상됩니다.

뿐만 아니라 그동안 주택의 사각지대에서 방치되어 있었던 원룸텔 · 고시원 · 오피스텔 · 노인 실버주택 등이 '준주택'으로 흡수되어 사실상 싱글가구를 위한 주택으로 인정받게 될 것입니다.

로빈손 : 주택형 수익형 부동산에 투자하기 위해서는 어떤 점에 중점을 두어야 합니까?

산수로 : 임대수익을 목적으로 하는 주택형 수익형 부동산에 투자하기 위해서는 무엇보다도 교통 접근성이 가장 중요합니다. 일반적으로 소형주택은 주차난 때문에 차량을 이용하기가 쉽지 않습니다. 때문에 도보로 지하철역이나 버스정류장 등 대중교통을 쉽게 이용할 수가 있어야 합니다. 따라서 역세권에 위치한 주택형 수익형 부동산이 가장 투자가치가 높다고 할 수 있습니다.

로빈손 : 소형 주택에 대한 투자와 관련하여 서울에서는 특히 어느 지역에 원룸텔등 싱글가구가 밀집되어 있습니까? 이를 알 수 있다면 향후 주택형 수익형 투자에 많은 도움이 될 것 같은데요.

산수로 : 서울의 경우 싱글가구는 교통이 편리한 역세권가와 대학가를 중심으로 주로 분포되어 있습니다. 특히 지하철 2호선에 위치한 11개 동은 1인 가구 비중이 50%를 넘어 지하철 2호선 벨트를 '싱글벨트' 라고 부르기도 합니다.

다음 표와 그림을 보면 좀 더 자세히 이해가 될 것입니다(서울시정개발연구원 '서울의 1인가구 증가와 도시정책 수요 연구' 참고).

[표6] 서울시 1인가구 밀집지역(1인가구/일반가구) 현황

구 분	동 수	행정동
50% 이상	11	종로1·2·3·4가동(종로구), 을지로동, 회현동(중구), 노고산동(마포구), 가리봉1동(구로구), 영등포2동(영등포구), 신림9동, 신림2동, 신림5동, 봉천4동(관악구), 역삼1동(강남구)
45% 이상 50% 미만	10	명륜3가동(종로구), 명동(중구), 남영동(용산구), 동선1동(성북구), 대신동, 창천동(서대문구), 동교동, 서교동(마포구), 논현1동, 대치4동(강남구)
45% 이상 45% 미만	10	광희동, 장충동(중구), 한강로2동(용산구), 이문2동, 회기동(동대문구), 화양동(광진구), 연희3동(서대문구), 봉천7동(관악구), 흑석1동(동작구), 반포1동(서초구)
35% 이상 40% 미만	15	소공동, 필동(중구), 창신1동(종로구), 청파2동(용산구), 사근동(성동구), 용두1동(동대문구), 안암동(성북구), 상수동(마포구), 가리봉2동(구로구), 가산동(금천구), 봉천6동, 신림본동(관악구), 논현2동, 삼성2동, 역삼2동(강남구)
30% 이상 35% 미만	27	사직동, 종로5·6가동, 이화동, 혜화동(종로구), 황학동(중구), 한강로1동, 이태원1동, 한남1동, 한남2동(용산구), 노유1동, 군자동, 능동(광진구), 용두2동, 제기동, 전농2동, 휘경1동, 문1동(동대문구), 중화2동(중랑구), 충정로동, 북아현1동(서대문구), 창천동(마포구), 독산본동(금천구), 도림2동, 신길1동(영등포구), 봉천10동(관악구), 양재2동(서초구), 청담2동(강남구)

자료: 2005년 통계청 인구주택총조사

[표7] 1인가구 밀집지역의 군집분석결과에 따른 유형화

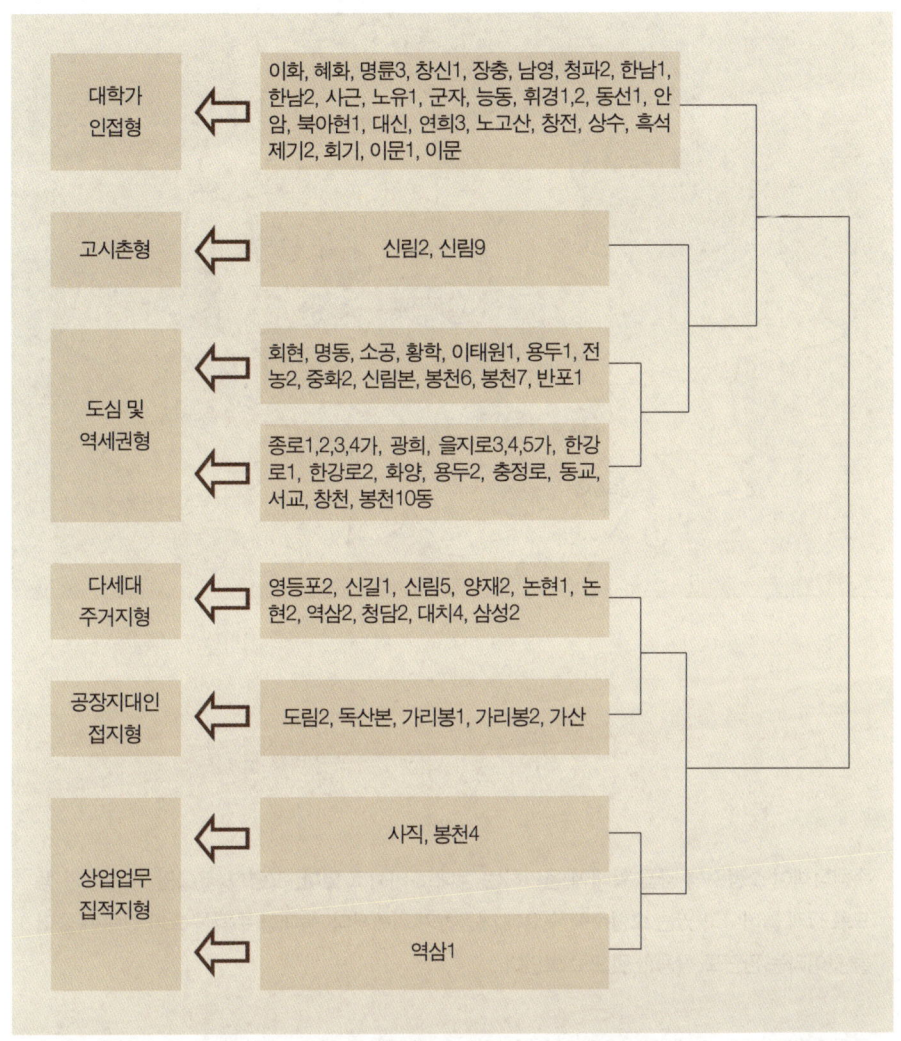

[그림44] 서울시 1인가구의 2호선 축 중심의 '싱글벨트' 형성도

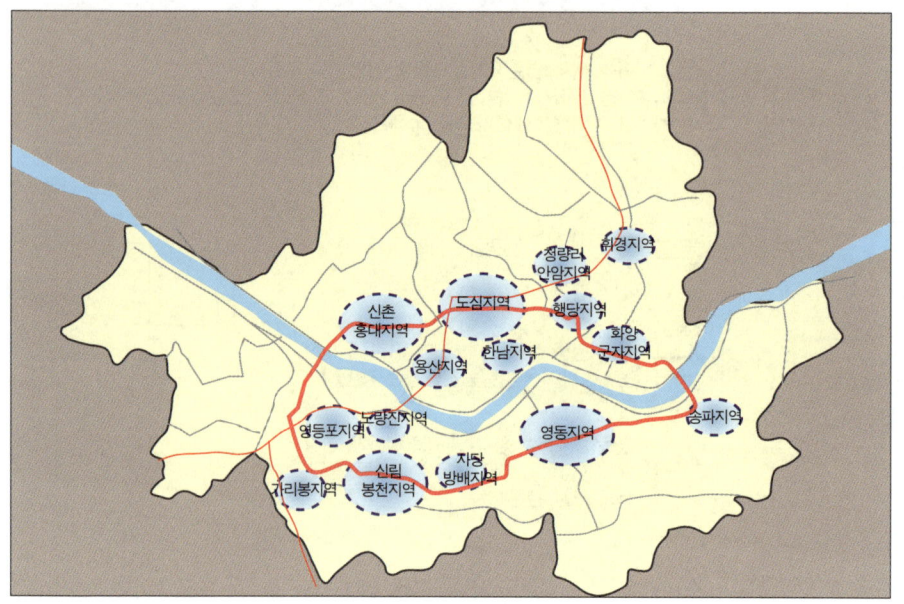

정부도 소형 확대에 포커스… 용적률·자금지원 '팍팍'

주택정책이 소형주택 공급 확대에 올인하는 형태로 바뀌고 있다. 고령화, 1~2인 가구 증가 등으로 크게 늘어나고 있는 소형주택 수요에 대응하기 위해서다. 중대형 주택 수요가 갈수록 줄어들 것이라는 판단도 작용한 것으로 보인다.

국토해양부는 2018년까지 12만채의 소형주택을 공급하기 위해 역세권 고밀도 개발을 6월부터 추진하는 내용의 '도시재정비 촉진 특별법 시행령' 개정안을 18일 입법예고한다고 17일 밝혔다.

개정안에 따르면 도심역세권에 지정되는 고밀복합형 뉴타운(재정비촉진지구)에서는 용도지역 변경이나 국토계획법상 용적률 상한(300%) 적용 때 생기는 용적률 증기분 가운데 △서울 등 수도권 과밀억제권역은 75% 이상 △성장관리 · 자연보전권역 및 지방에서는 25~75%를 전용면적 60㎡ 이하 주택으로 건립해야 한다.

구체적인 소형주택 의무비율은 지방자치단체가 지역 실정에 맞게 조례로 정한다. 이렇게 되면 고밀복합형 뉴타운에서는 현재 85㎡ 이하 주택건립 비율이 30%인 길음 · 아현뉴타운 같은 '주거지형'에 비해 소형주택이 2배 이상 늘어나게 된다.

고밀복합형 뉴타운 지정범위는 지하철 · 경전철 · 국철 등의 승강장 중심점 또는 간선도로 교차점에서 반경 500m 이내로 △철도와 지하철이 2개 이상 교차하는 지역 △철도 · 지하철과 버스전용차로가 3개 이상 교차하는 지역 △시 · 도가 지정하는 주요 역세권 및 간선도로 교차지역 중에서 정해진다. 학교와 주차장 설치기준도 현행 기준의 50%까지 완화할 수 있다.

국토부는 직주근접이 가능한 도심 내 중소형주택 공급을 늘리는 정책도 추진하고 있다. 오피스텔, 고시원, 실버주택(노인복지주택) 등을 포함한 '준주택' 제도가 이르면 7월부터 도입된다. 준주택이란 법적으로는 주택이 아니면서도 사실상 주거기능을 하는 건축물을 통칭하는 개념으로 소형이 대부분이다. 준주택을 지으면 국민주택기금 지원, 용적률 완화 등 인센티브를 주고 분양가 상한제, 청약통장 가입, 지역우선공급 등 각종 청약 규제도 받지 않는다.

정부는 또 원룸형 · 기숙사형 · 단지형 다세대 등 소규모 도시형 생활주택도 올해 2만채를 공급한다는 계획이다.

서울시도 비슷한 행보를 보이고 있다. 18일부터 서울시내 재개발 사업의 용적률을 20%포인트 높여 최대 2만 2천여채의 60㎡ 이하 소형 재개발 아파트가 공급되도록 한다는 계획이다.

역세권에 있는 재개발 · 재건축 구역의 용적률을 최대 500%까지 완화해 시프트(장기전세주택) 1만 3,000채를 공급한다는 계획도 세워 놓았다. 재개발 사업에도 용적률을 법적 상한선인 300%까지 허용해 줘 늘어나는 용적률을 소형주택으로 짓도록 할 방침이다.

국토부 관계자는 "재개발 · 재건축 등으로 갈수록 줄고 있는 소형주택을 도심권 위주로 늘릴 경우 빠르게 변하고 있는 주택수요에 대응하고 전셋값 등 서민 주거 안정에도 도움이 될 것"이라고 설명했다.

〈한국경제〉 2010.03.17

준주택인 원룸텔 · 고시텔 · 오피스텔 투자

독신주거시설의 다양한 형태 비교

로빈손 : 주택형 수익형 부동산 중 원룸이니 고시원이니 오피스텔 등은 익숙하게 들어서 잘 알고 있습니다만 요즘 원룸텔이나 고시텔 또는 코업 레지던스, 코쿤 하우스 등 새로운 형태의 주거공간이 등장하여 이를 정확히 구분하여 설명을 부탁드립니다.

산수로 : 우리가 일반적으로 '원룸'이라고 부르는 것은 제도적으로 규정된 개념이 아니라 일반적으로 방 한 칸이 갖추어진 숙소를 의미하는 바, 보통 다가구주택이나 다세대주택의 형태를 띠게 됩니다. 이 원룸에 모든 편의시설이 갖추어져 업그레이드되면 이른바 호텔식 원룸이라는 개념에서 '원룸텔'이라는 용어로 많이 분양하게 되지요.

로빈손 : 고시원이나 고시텔에 대해서도 정확한 정의를 내려 주시면 합니다.

산수로 : 고시원은 '구획된 실 안에 다수의 학습자가 공부할 수 있는 시설을 갖추고 숙박 또는 숙식을 제공하는 형태'를 지칭하는 것입니다.

그러나 고시원은 현재 법적으로 사각지대에 속해 있어 우후죽순 격으로 생기고 있고 화재 발생 등 많은 사회적 문제도 야기하고 있지요. 원래는 신림동 고시촌에서 고시공부하는 학생들을 위한 공간으로 고시원을 이야기하던 것이 지금은 독신자들이 가장 저렴하게 숙박할 수 있는 '쪽방'형 다중거주시설로 변질된 것이지요.

현행법상 고시원에 대한 별도의 법규정은 없고 다만, 「건축법」상 고시원은

1천㎡ 미만은 근린생활시설로 분류하고, 1천㎡ 이상이면 숙박시설로 분류하고 있을 뿐입니다. 이러한 문제 때문에 정부에서 2010년 하반기부터 '준주택' 제도를 편입하여 고시원 등을 주택이라는 제도권으로 편입하고자 하는 것입니다. 고시텔은 고시원이 업그레이드된 형태로 내부에 욕실을 포함하여 최신시설을 갖춘 고시원을 의미하는 것이지요(고시원은 취사시설 불가).

로빈손 : 원룸이나 고시원 외에도 코업 레지던스니, 코쿤 하우스니 하는 새로운 개념들의 주거공간들을 많이 선전하던데 무슨 의미의 주거공간입니까?

산수로 : 이해를 돕기 위하여 독신주거시설의 다양한 형태를 표로 비교하여 보겠습니다(서울시정개발연구원 '서울의 1인가구 증가와 도시정책 수요 연구' 참고).

[표8] 독신주거시설의 다양한 형태 비교

구분	원룸	고시원	고시텔/원룸텔	오피스텔
특징	침실, 화장실, 주방을 내부에 갖춘 독립된 주거 형식	일반 상업용 건물에 학생이나 직장인 등이 일정기간 생활하면서 학습할 수 있도록 내부 칸막이를 하고 최소한의 좁은 주거 공간을 제공하는 집단 주거 형식	원룸+고시원의 업그레이드형(고시원+최신시설+방음+방내 샤워실)	주용도는 업무시설이며, 업무공간이 50% 이상이고 주거공간이 50% 미만인 건축물
주거 이용자	다양	남여 공용이거나 층별 구분 또는 여성전용	층별 구분 또는 여성, 남성 전용	전문직, 개인사업, 소형 사업체 등
규모	다양	실평수 1.5~3평	10평대까지 등장	다양
실내 설비	방안에 욕실과 주방시설, 에어컨, 냉장고, 옷장 등이 구비되어 있는 곳도 있고 없는 곳도 있음	방안에 침대, 책상, 에어컨 등 구비	방안에 침대, 책상, 에어컨 등 구비(고시원 보다 큰 방에 욕실 있음)	세탁기, 냉장고, 붙박이장, 가스레인지, 싱크대, 샤워 부스 등 기본으로 제공
공용 공간	없음	주방, 욕실, 화장실, 세탁실 등은 층별로 공동 사용	주방과 세탁실은 층별로 공동 사용	없음
개별 공간	모두 개인 시설	실내	실내	실내
점유 방식	보증금 필요, 최소 1년 계약	보증금 없이 월 입실료	보증금 없이 월 입실료	최소 1년 계약
기타	안전, 위생 모두 개인이 책임, 공과금 별도, 식사, 기본 생필품 본인 부담(고정관리비=기본관리비+전기, 가스, 수도요금)	식사(밥) 기본생필품(세제, 비누, 침구 등) 제공	식사무료(원룸텔은 내부 식사 조리 가능하고 고시텔은 불가)	지하주차장, 경비원, 전용면적률 낮음(44~55%), 구조적으로는 원룸을 많이 닮아있고, 생활 면으로는 주상복합형태

구 분	코업 레지던스	모 스	코쿤하우스
특징	호텔식 주거서비스+단위세대 안 주거시설+건물 내 부대시설 +전문서비스 운영관리	대학생, 싱글족 등을 겨냥한 서비스 제공 주거시설	싱글족이 사는 신개념 하숙집, 여성·남성 전용 고시텔, 주거용 미니 원룸
주거 이용자	신세대 도시인, 전문직 종사자, 중장기 비즈니스 방문자	25세~35세 싱글족	여성전용, 남성 전용으로 구분
규모	다양한 형태	전용면적 5~8평형대	2~5평형 미니원룸
실내 설비	주방, 가구, 수납, 욕실	가능한 Full Fumished 및 Built-in 가구	침대, 옷장, 책상, 의자, 냉장고, 전화, 1인용 샤워실
공용 공간	레스토랑, 휘트니스센터, 비즈니스지원실, 세탁 부스, 뷰티숍 등	세탁서비스, 프론트 데스크서비스, 카페테리아, 주민연회실, DVD룸, 휘트니스 센터 등	세탁실, 건조실, 다림실, 조리실, 화장실, 정수기 등
개별 공간	실내	실내	실내
점유 방식	월단위 임대료		보증금 없이 월 입실료(수도세, 전기세, 난방비, 관리비 등 추가 부담 없음)
기타	비즈니스지원 서비스, 보안 서비스, 프론트데스크, 세탁·모닝콜·청소·우편물보관·렌탈 서비스 등 호텔식 서비스	임대차관리대행서비스, Facility anagement 서비스, 호텔식 프론트 서비스, 시큐리티 서비스, Cleaning 서비스, MOS Community	도난방지장치와 CCTV 설치로 안전한 생활 보장(고시원과의 차별화를 위해 방마다 큰 창문과 1인용 샤워실 설치, 이중벽 방음, 넓은 옥상과 야외테라스 등 설치)

주택의 형태 정확히 이해하기

산수로 : 주택형 수익형 부동산에 투자하기 위해서는 우선 주택의 개념을 정확히 이해할 필요가 있습니다. 예컨대, 우리가 흔히 원룸이라고 하는 주택형태도 다가구주택일 수도 있고 다세대주택일 수도 있지요. 주택의 형태에 따라서 소유권 등 여러 가지 차이점이 있게 되기 때문에 반드시 이해하실 필요가 있습니다.

로빈손 : 사실 주변에 많은 원룸들을 보면 외관상 다세대주택인지 다가구주택인지 구분이 쉽지 않고 실제 그것이 어떤 의미가 있는지도 정확히 이해하기가 어렵더라고요.

산수로 : 1인 주거시설은 보통 단독주택으로서 다중주택이거나 다가구주택 또는 공동주택으로서 다세대주택이므로 이 세 가지를 이해하기 쉽게 〈표9〉로 정리하여 설명하겠습니다.

로빈손 : 우리가 일반적으로 원룸이나 투룸이 있는 빌라라고 부르는 건물들이 다가구주택인지 다세대주택인지 구분하는 기준은 호수별로 소유권등기가 되어 있는지 여부가 가장 중요하겠군요?

산수로 : 그렇습니다. 호수별로 소유권등기가 되어 있으면 다세대주택이며 등기가 건물전체에 대하여 되어 있으면 다가구주택이지요.

로빈손 : 그렇다면 다세대주택 형태로 지은 건물이라야 세대별로 분양이 가능하겠군요?

산수로 : 그렇지요. 따라서 분양을 목적으로 빌라를 건축하려면 다세내주택 형태로 해야 하고, 임대를 목적으로 빌라를 건축하려면 다가구주택 형태로 하면 되는 것이지요. 보통 노후에 임대수익을 목석으로 빌라를 건축

[표9] 1인 주거시설 주택의 형태 비교

구분	다중주택	다가구주택	다세대주택
주택의 종류	학생 또는 직장인 등 여러 사람이 장기간 거주할 수 있는 구조로 되어 있으며, 독립된 주거 형태를 갖추지 아니한 단독주택	단독주택 - 건축물 전체를 하나의 주택으로 봄	공동주택 - 각 호수별로 독립적인 주택
구분기준	각 주거구획별로 독립공간 확보하되 주방, 화장실, 공동샤워실 등 공유	가구별로 독립공간을 확보하여 별도의 방, 주방, 화장실 구비	각 세대가 하나의 건축물 안에서 각각 독립된 주거생활 영위
소유권 및 분양	구분소유 및 분양 불가	구분소유 및 분양 불가	세대별 구분소유 및 분양가능
건축면적 규제	연면적이 330㎡ 이하이고 층수가 3층 이하	주택으로 쓰이는 바닥면적의 합계가 660㎡ 이하	다가구주택과 동일(단, 지하 주차장면적은 건축면적에 불포함)
층수 규제	3층 이하	주택으로 쓰이는 층수가 3개층 이하(1층을 필로티 구조로 주차장으로 할시 4층 이하 가능)	주택으로 쓰이는 층수가 4개 층 이하(1층을 필로티 구조로 주차장으로 할시 5층 이하 가능)
지하층	-	지하층은 주택의 층수에 포함 안됨	지하층도 주택의 층수에 포함됨
세대 규모	쪽방 형태로 20구획 이하 (주거구획 전용면적 12㎡~33㎡)	19가구 이하	건축법상은 19세대 이하(전용면적 20㎡~85㎡)이며, 주택법상 사업계획승인을 받으면 20세대 이상 건축도 가능

할 경우 다가구주택 형태로 하는 경우가 많습니다.

　참고로 과거 다세대주택의 경우 택지개발지구로 수용이 예상되는 지역에서 주택을 소유하고 있는 원주민에게 주어지는 이주자택지를 목적으로 우후죽순으로 지어지는 사례가 많았지요. 또는 재개발지역에서 다가구주택을 다세대주택으로 전환하는 '지분쪼개기' 사례 역시 극성을 부렸지요.

로빈손 : 그럼 수용지구나 재개발지역에서 다가구주택을 소유하고 있으면 어떻게 되는 것입니까?

산수로 : 다가구주택은 단독주택이므로 택지개발지구의 다가구주택에 살고 있는 세입자들은 원주민으로 인정받을 수 없고 단지 건물주만이 원주민으로 인정받아 이주자택지를 받을 수 있는 것이지요.

또한 재개발지역에서도 다가구주택에 살고 있는 세입자들은 조합원으로 인정받지 못하기 때문에 재개발지역을 개발할 때 항상 많은 문제가 일어나는 것입니다.

로빈손 : 그렇군요. 이제 이해가 됩니다. 외관상 비슷해 보이는 빌라 형태의 주택이 다세대주택인가 다가구주택인가가 중요한 판단기준이 되는 경우를 말씀하신 경우이군요.

산수로 : 주택의 형태와 관련하여 다중주택과 고시원을 구별할 필요가 있습니다.

로빈손 : 고시원은 다중주택에 속하지 않나요?

산수로 : 원래 다중주택은 고시원 같은 경우를 염두에 두고 「건축법」상 분류된 주택의 형태인 것은 맞습니다. 그러나 다중주택은 단독주택으로 20 구획 미만으로 설치해야 하는 것이지만 고시원은 「건축법」상 1천㎡ 미만은 근린생활시설로 분류하고, 1천㎡ 이상이면 숙박시설로 분류하고 있을 뿐입니다.

원룸텔 투자는 신중하라

로빈손 : 요즘 언론광고나 길을 다니다 보면 5천만 원 내외의 소액으로 연 10%가 넘는 고수익의 임대수익을 보장하는 원룸텔 분양이 붐을 이루고 있는데 투자해도 괜찮을까요?

산수로 : 요즈음 분양한다는 원룸텔은 대부분 역세권이나 대학가에서 풀옵션의 최신시설을 갖추고 7~20㎡ 내외의 초소형면적으로 분양하는 원룸텔로 월세 임대수익을 목적으로 하는 노후대책용 소액 틈새상품으로 붐을 이루고 있는 것이지요. 보통 역세권이나 대학가에 위치하고 있기 때문에 임대수요는 풍부한 편으로 수익률은 10% 안팎으로 꽤 높은 편입니다.

로빈손 : 원룸텔 광고를 보면 도시형 생활주택과 관련시켜 초소형 주거형태에 대한 투자자들의 관심이 커진다면서 1인가구가 늘어남에 따라 소형주택에 대한 수요가 급격하게 증가하여 오피스형 원룸이 각광받고 있는 추세라고 선전하고 있던데요.

도시형 생활주택과 원룸텔 같은 소형주택이 어떤 관련이 있는 것입니까?

산수로 : 도시형 생활주택에 대해서는 다시 설명하겠지만 도시형 생활주택은 다세대주택과 같은 공동주택으로 세대별로 분양이 가능하지요. 반면에 원룸텔은 거의 대부분 편법적으로 실별로 분양을 하고 있는 것이라고 보면 됩니다.

로빈손 : 무슨 말씀인지 잘 모르겠네요.

산수로 : 원래 다세대주택은 「건축법」상으로는 건축허가를 받아 19세대까지 건축할 수 있으며, 「주택법」상 사업계획승인을 받으면 20세대 이상 건축이 가능하지요. 도시형 생활주택의 경우에는 「주택법」상 사업계획승

407

인을 받아 20세대 이상 149세대까지 건축하여 세대별로 분양하는 주택으로 규모가 큰 다세대주택이라고 보면 됩니다.

그러나 요즘 분양하는 원룸텔은 거의 1천㎡ 미만의 근린상업시설을 고시원으로 허가받아 이를 최신시설로 꾸며 원룸텔이라는 이름으로 분양하는 것이 대부분입니다. 따라서 임대가 잘 안되는 상가건물을 원룸텔로 바꿔 분양하는 경우도 많지요.

분양하는 거의 대부분의 원룸텔은 원칙적으로 세대별로 분양이 불가능한 경우라고 보면 됩니다.

로빈손 : 고시원으로 허가를 받아 원룸텔로 분양하는 경우에도 주방이 있던데 원래 고시원은 주방 설치를 할 수 없는 것 아닙니까?

산수로 : 말씀하신 것처럼 고시원은 욕실 설치는 가능하나 주방 설치는 불가능합니다. 따라서 보통 가스 주방기구가 아닌 전기 주방기구를 사용하는 방식을 취하게 됩니다.

로빈손 : 그런데 선전문구를 보면 등기상 업무시설로 1가구 2주택과 무관하다고 하는데, 그렇다면 호실별로 분양이 어떻게 가능한가요?

산수로 : 대부분의 원룸텔의 경우 구분등기가 아니라 지분등기 형태로 분양된다고 보면 됩니다. 즉, 각 실별로 구분등기가 되는 것이 아니라 지분등기 형태로 소유하게 되는 것이지요.

로빈손 : 지분등기 형태로 소유하게 되면 사실상 원룸텔 건물 전체에 대한 공동소유형태가 되는 것이 아닙니까?

산수로 : 그렇습니다. 지분등기는 분양 원룸텔 전체를 지분형태로 소유하게 돼 소유권이 구분되지 않습니다. 소유형태가 공동소유인데다 투자자

의 지분은 단지 비율로만 표시되는 것이지요. 따라서 다시 되팔고자 할 때에는 공유지분 형태로 매매하여야 하므로 매매가 원활치 않을 수도 있습니다. 또한 소유권과 사용권의 완전한 행사에 제약이 있게 되므로 환금성이 떨어질 수밖에 없겠지요.

로빈손 : 그렇다면 원룸텔을 분양받을 때는 등기형태가 구분등기인지 지분등기인지 반드시 확인해야 되겠네요?

산수로 : 중요한 것은 원룸텔로 분양한다고 해서 모두 고시원 형태의 원룸텔은 아닙니다. 따라서 가능하면 구분등기가 되어 있는 원룸텔을 매수하는 것이 바람직하다고 할 수 있습니다. 원룸텔은 비교적 소액으로 투자가 가능한 상품으로 대부분 위치도 좋고 최신시설을 갖추어 임차인 확보가 그다지 어렵지 않을 것으로 보여 많은 투자자들이 관심을 가질 것으로 보입니다.

로빈손 : 그렇다면 역설적으로 역세권이나 대학가 주변의 단독주택이나 허름한 빌라를 매입하여 원룸텔로 꾸며 분양하면 수익성이 매우 뛰어나지 않을까요?

산수로 : 역세권이나 대학가 주변의 단독주택이나 허름한 빌라뿐만 아니라 역세권의 상가의 일부층을 매입하여 원룸텔로 개조하는 사업이 요즘 유행하는 소규모 시행사업이라고 할 수 있습니다.

다만, 요즈음 원룸텔이 유행하므로 경쟁이 심해져서 일단은 입지조건이 뛰어나야 하며 풀옵션으로 제공하는 최신시설을 갖추어야만 하기 때문에 택지 매입비용과 건축비용이 만만치 않다는 점을 고려해야 합니다.

아울러 고시원으로 허가받아 원룸텔을 분양할 경우 편법분양에 해당하므로 향후 문제가 발생할 가능성도 있다는 점을 염두에 두어야 하겠지요.

로빈손 : 원룸텔이 어떤 것인지 궁금했는데 산수로님의 설명을 들으니 궁금증이 확 풀리네요.

오피스텔 투자는 손쉽게 할 수 있는 수익형 부동산 투자

산수로 : 최근 수도권 일대의 전셋값이 급등하는 등 전세난으로 인해 중소형 오피스텔에 대한 관심도 부쩍 높아졌습니다. 전세를 구하지 못한 20~30대층이 출퇴근이 편한 역세권 오피스텔 분양으로 눈길을 돌리고 있는 것이지요. 여기에다 정부가 전세대책에서 오피스텔 규제를 대폭 완화한 것도 오피스텔 투자 매력을 크게 높였다고 볼 수 있습니다.

로빈손 : 오피스텔 규제 완화내용이 무엇입니까?

산수로 : 정부가 2009년 8월 발표한 전세대책에 따르면 종전 전용면적 60㎡ 이하인 오피스텔에만 허용하던 바닥 난방을 85㎡ 이하 오피스텔로 확대함에 따라 오피스텔을 주택으로 활용할 수 있는 범위가 보다 넓어졌지요.

아울러 2010년 4월 15일 발표한 '도심 내 소형주택 공급 활성화 대책'에 따르면 그동안 오피스텔에는 욕실은 1개 이하로 5㎡를 초과할 수 없었고 욕조 설치도 불가능했습니다. 그러나 욕실 설치기준과 오피스텔 전체 면적의 70% 이상을 업무부분으로 설치토록 한 규정도 폐지함에 따라 사실상 오피스텔을 주거용으로 인정하여 아파트와 다를 바 없게 되었습니다.

로빈손 : 수익형 부동산으로서 오피스텔 투자의 장점은 무엇입니까?

산수로 : 오피스텔은 「건축법」상 주택이 아닌 업무용으로 분류되므로 「주택법」의 적용을 받지 않아 청약시 청약통장이 필요 없고 따라서 오피스텔을 1채 보유하고 있어도 일반 아파트 청약시 1순위 자격이 그래도 유지

됩니다. 투기과열지구(강남구 · 서초구 · 송파구)가 아닌 한 전매제한도 없지요. 최근 아파트에 대한 DTI(총부채상환비율) 규제 등으로 인하여 상대적으로 이러한 규제가 없는 오피스텔은 대출규제에서도 자유로워 경쟁력 있는 상품이라고 할 수 있습니다.

또한 오피스텔은 임대기간이 비교적 짧고 회전율이 높은 편이라 소형 아파트에 투자하여 임대수익을 목적으로 하는 경우보다 임대료 상승이 용이하다는 점에서 지속적인 임대수익을 올리는데 유리하다고 볼 수 있습니다.

그리고 아파트에 비해 투자자금 규모가 작고 고급 주거공간으로서 임대수요가 풍부한 편이라 매월 안정적인 임대수익을 올릴 수 있어 매력적인 수익형 부동산이라고 할 수 있습니다.

로빈손 : 그렇다면 오피스텔 투자시 단점은 무엇입니까?

산수로 : 오피스텔은 무엇보다도 경기에 민감한 상품입니다. 따라서 경기가 좋지 않으면 공실률이 발생하여 임대를 제대로 놓지 못할 가능성도 있습니다. 또한 오피스텔은 업무용으로 분류되지만 만약 주거용으로 사용한다면 「소득세법」상으로는 주택으로 간주되어 오피스텔 외에 거주용 주택이 따로 있는 경우에는 1가구 2주택 이상 보유자에 해당되어 양도세가 중과된다는 점도 감안해야 합니다. 다만, 본인이 직접 주거하지 않고 임대를 놓을 경우에는 상관없습니다.

로빈손 : 오피스텔 투자 역시 입지여건이 무엇보다 중요할 텐데 수익성이 높은 오피스텔에 투자하기 위해서는 어떻게 해야 합니까?

산수로 : 말씀하신대로 모든 수익형 부동산이 입지여건이 중요하지만 오피스텔은 특히 입지여건이 중요합니다. 불황기에도 입지여건만 좋으면

큰 타격을 받지 않기 때문이죠. 따라서 역세권에서 도보로 최소한 10분 이내에 소재한 오피스텔을 선택할 필요가 있습니다.

두 번째, 오피스텔의 매매가 대비 임대가가 최소한 40%가 넘는 곳을 골라야 합니다. 같은 조건이라면 전용비율이 다소라도 높은 곳이 좋겠지요. 따라서 연면적이 넓은 대형 오피스텔이 유리하다고 볼 수 있습니다.

세 번째, 임대수익을 목적으로 하는 오피스텔은 가급적 소형평형이 유리합니다. 1인 가구 중 직장인 등 고급수요자들이 주로 찾는 평형대는 60㎡ 이내의 소형평형이라고 할 수 있습니다. 소형평형은 나중에 다시 팔 때에도 쉽게 팔릴 수 있어 환금성 측면에서도 유리하지요.

네 번째, 오피스텔 내의 시설이 가능하면 풀옵션의 최신시설이 바람직합니다. 또한 오피스텔 내부의 편의시설과 부대시설이 충분히 갖추어진 곳이 좋습니다. 오피스텔 임대를 놓기 위해서는 풀옵션을 설치해야 경쟁력이 있을 뿐만 아니라 임대료도 더 받을 수 있는 장점이 있습니다. 따라서 오피스텔을 분양받을 때에는 기본시설이나 편의시설 및 부대시설이 무엇인지 반드시 확인할 필요가 있습니다.

다섯 번째, 임대수익을 목적으로 한다면 분양가가 싼 저층도 무방합니다. 요즈음은 오피스텔도 층별로 분양가격이 차등 적용되는 경우가 많으므로 굳이 분양가가 비싼 로열층을 선택할 필요가 없습니다. 임대료는 평형에 따르는 것이지 층과는 상관이 없기 때문이죠.

🗨 **로빈손** : 이제는 임대수익을 목적으로 하는 오피스텔 투자를 할 때 어떻게 해야 할지 어려움이 없을 것 같습니다.

새로운 공동주택의 주거형태 도시형 생활주택

산수로 : 도시형 생활주택이란 서민과 1~2인 가구를 위한 주택을 늘이기 위해 2009년 5월부터 도시지역에서 새로이 도입된 주거형태입니다. 도시형 생활주택은 단지형 다세대 또는 연립(전용면적 85㎡ 이하)과 원룸형 (12~50㎡), 기숙사형(7~30㎡)으로 나눠집니다. 정부에서는 1인가구의 증가 추세와 발맞추어 앞으로 도시형 생활주택을 활성화할 계획을 강력히 추진하고 있습니다. 이러한 도시형 생활주택은 분양이나 임대가 모두 가능하게 됩니다.

로빈손 : 도시형 생활주택의 규모에는 어떤 제한이 있습니까?

산수로 : 도시형 생활주택은 당초 2009년 5월 제도 도입 당시에는 20가구 이상 150가구 미만으로만 건축할 수 있도록 하였으나, 사업수익성이 보장되지 않아 제대로 활성화가 되지 않았습니다. 이에 따라 정부는 2010년 4월 15일 '도심 내 소형주택 공급 활성화 대책'을 발표하여 도시형 생활주택의 건설·공급기준을 대폭 완화하고 건설·공급절차를 간소화하였습니다.

로빈손 : 도시형 생활주택은 149세대까지만 건축 가능한 것으로 알고 있었는데 규모가 더 늘어났습니까?

산수로 : 정부는 도심 내 토지의 효율적 활용과 사업성 제고를 위해 건설 세대수 제한을 150세대 미만에서 300세대 미만으로 확대하였습니다. 또한 종전에는 단지형의 경우 1개동 당 면적이 660㎡ 이하인 다세대주택만 허용하였으나, 660㎡를 초과하는 단지형 연립을 도입하여 다양한 단지설계를 유도할 수 있게 되었습니다.

로빈손 : 이번 조치로 인하여 도시형 생활주택의 수익성이 개선됨에 따라 향후 공급이 활성화될 수 있겠네요?

산수로 : 그렇습니다. 2009년 5월 도시형 생활주택이 도입되었지만 사실 값비싼 도심 땅을 개발하기에는 수익성을 제한하는 규제가 많아 공급이 활성화되지 못하였죠. 그러나 이번 조치로 인하여 도시형 생활주택은 향후 국내 주거문화를 크게 바꿀 수 있는 상품으로 등장할 가능성이 높다고 할 수 있습니다.

로빈손 : 도시형 생활주택의 건설・공급절차도 간소화하였다는데 그 내용은 무엇입니까?

산수로 : 그동안 20세대 이상의 공동주택은 「주택법」상 사업승인 대상이었지만 이를 30세대 이상으로 완화하여, 30세대 미만의 소규모 사업은 「건축법」상 건축허가를 받도록 함으로써 사업기간을 단축할 수 있도록 하였습니다.

또한 상업지역 또는 준주거지역에서 300세대 미만으로 원룸・기숙사형 주택을 주상복합형태로 건설하는 경우 사업계획승인을 받을 필요가 없이 건축허가로 절차를 간소화함에 따라 앞으로 역세권이나 대학가 주변에서 원룸・기숙사형의 도시형 생활주택이 활성화될 것으로 보입니다.

로빈손 : 그렇다면 이번 조치로 인하여 땅을 소유한 일반 투자자들도 30세대 미만의 도시형 생활주택은 건축허가를 받아 직접 건축할 수 있다는 이야기군요. 물론 30세대 이상의 경우에는 직접 건축하는 것은 무리가 있겠네요?

산수로 : 말씀하신 부분은 로빈손님이 오해를 하고 계시네요. 「주택

「법」상 20세대 이상의 공동주택은 주택건설사업자로 등록된 주택업체만이 건설할 수 있기 때문에 일반 토지소유자는 현행과 마찬가지로 19세대까지만 건축허가를 받아 건축할 수 있습니다. 따라서 토지소유자 입장에서는 19세대 이하는 건축허가를 통한 지주단독사업, 20~29세대까지는 건축허가를 통한 주택업체와의 공동사업, 30세대 이상은 주택사업승인을 통한 주택업체와의 공동사업으로 추진하여야 되겠지요.

로빈슨 : 제가 잘못 이해하였군요. 그렇다면 어차피 20세대 이상의 도시형 생활주택은 토지소유자 단독으로는 사업추진이 불가능하군요. 29세대까지는 건축허가를 받아 도시형 생활주택을 건설할 수 있도록 한 취지에 비추어 볼 때 토지소유자들이 단독으로 29세대까지는 도시형 생활주택을 건축할 수 있도록 하는 것이 바람직하다고 보는데요, 그렇지 않나요?

산수로 : 아직까지는 도시형 생활주택의 도입 초기라 여러 가지 문제점이 노출되고 있다고 볼 수 있습니다. 그러나 앞으로 도시형 생활주택은 1~2인 가구의 증가추세와 맞물려 도심 내에서 새로운 트렌드로 자리 잡을 것으로 예상됩니다.

따라서 도시형 생활주택의 활성화를 위하여 현행 「주택법」상 20세대 이상의 공동주택은 주택건설사업자로 등록된 주택업체만이 건설할 수 있도록 되어 있는 주택건설사업자 등록요건이 향후 완화될 가능성도 있다고 볼 수 있습니다. 아무튼 현재로서는 일반 토지소유자가 20세대 이상의 도시형 생활주택을 직접 건설할 수는 없죠. 다만, 땅을 제공하고 주택건설사업자와 공동으로 사업을 시행하여 수익을 배분하는 방법은 가능합니다.

로빈슨 : 도시형 생활주택에 대해서도 아파트 건설시와 마찬가지로

국민주택기금의 지원이 있나요?

    산수로 : 요건에 따라 원룸 · 기숙사형의 경우 ㎡당 80만 원, 단지형의 경우 호당 5천만 원까지 주택기금을 지원받을 수 있습니다.

    로빈손 : 제가 알기로는 토지소유자와 주택건설업자가 공동으로 사업을 시행하고자 주택기금을 지원받을 경우 주택업체도 대출금 완납시까지 공동으로 채무를 부담하여야 하기 때문에 공동사업 추진이 어려운 것으로 알고 있는데 그렇지 않나요?

    산수로 : 맞습니다. 현재는 토지소유자와 주택업체가 공동으로 사업을 추진하면서 기금을 지원받은 경우 주택업체도 대출금을 완납(20년)할 때까지 공동차주(借主)로서 채무를 부담하기 때문에 공동사업에 적극적으로 나서기 힘들었지만, 이번 조치로 인하여 공동차주 유지기간을 20년에서 준공시(6개월~1년)까지로 대폭 완화하여 향후 토지소유자와 주택건설업자와의 공동사업 시행이 활성화될 것으로 예상됩니다.

  아울러 건축허가를 받는 30세대 미만의 도시형 생활주택은 기금수탁은행의 대출심사를 거쳐 토자소유자가 단독으로 토지를 담보로 주택기금 대출을 받을 수 있기 때문에 주택업체와의 공동사업 추진이 더욱 용이할 것으로 보입니다.

    로빈손 : 수익형 부동산으로서 도시형 생활주택도 당연히 입지여건이 가장 중요하겠네요?

    산수로 : 당연하지요. 수익형 부동산에서 금과옥조처럼 이야기하는 역세권과 대학가 또는 공단주변지역 등이라면 수요자층이 두텁다고 볼 수 있습니다. 이런 곳이라면 분양이나 임대수요가 풍부하므로 충분히 사업성이

있습니다.

로빈손 : 도시형 생활주택을 건축하고자 할 때 가장 중요한 관건은 무엇이겠습니까?

산수로 : 무엇보다도 땅값이지요. 문제는 위치가 좋은 지역의 도시형 생활주택을 지을만한 땅값이 만만치 않다는 것입니다. 따라서 싸고 좋은 땅을 확보하는 것이 사업성을 높이는 지름길입니다.

다음에는 도시형 생활주택의 경우 기존의 원룸주택들과는 달리 고급형으로 지어야만 경쟁력이 있기 때문에 설계부터 건축에 이르기까지 많은 신경을 써야 할 것으로 보입니다.

로빈손 : 도시형 생활주택은 149세대까지만 건축할 수 있다면 땅값이 비쌀 경우 사업수익성이 떨어질 가능성도 없지 않아 있겠네요?

산수로 : 그렇습니다. 2009년 5월 도시형 생활주택이 도입된 이후 지금까지 건설된 도시형 생활주택은 정부계획에 훨씬 미달하고 있습니다. 가장 중요한 요인이 바로 건축가능한 세대규모입니다. 따라서 향후 이러한 점을 보완하여 건축가능한 세대규모가 늘어날 가능성도 배제할 수 없습니다.

로빈손 : 기존 상가건물 등을 리모델링하여 도시형 생활주택으로 탈바꿈시키는 것도 가능할까요?

산수로 : 법규의 범위에 맞추어 리모델링도 충분히 가능합니다. 따라서 임대수익이 원활하지 않은 상가의 경우 도시형 생활주택으로 리모델링하는 방법도 고려해 볼 수 있습니다.

로빈손 : 마지막으로 이번 2010년 4월 15일 발표된 '도심 내 소형주택 공급 활성화 대책'의 내용을 다시 한 번 요약하여 주셨으면 하는데요?

산수로 : 〈표10〉을 보시면 지금까지 설명한 내용을 요약해서 보실 수 있을 것입니다.

[표10] 규제 대폭 완화되는 도심 소형주택

구분	현 행	개 선
도시형 생활주택	건립 세대수 150채 미만	300채 미만으로 확대
	1개동 연면적 660㎡ 이하	660㎡ 초과(연립주택) 허용
	근린생활시설, 1채당 6㎡ 이하	폐지
	사업승인 대상 : 20세대 이상	30세대 이상으로 완화
	토지 소유자와 주택업체의 공동차주(借主) 유지기간 20년	6개월~1년 이내로 완화
	민간업체 자금 지원 3,000억 원	1조 원으로 확대
	공공부문의 도시형 생활주택 공급 없음	LH.지방공사가 매입한 다가구, 다세대주택율을 생활주택으로 재건축
		50㎡미만 소형 국민임대주택 중 일부 원룸형으로 공급
준주택	오피스텔 내 욕실	폐지
	업무용 70% 이상	폐지
	주택기금 지원 없음	도시형 생활주택 수준 지원

자료: 국토해양부

산수로 : 정부에서는 도시형 생활주택을 활성화시키기 위하여 서울 송파구 삼전동에 원룸형 주택(60호)과 서울 강남구 보금자리주택지구에 단지형 다세대주택(96호)를 건설할 계획이며, 서울 서초구 보금자리주택지구에 원룸형 주택(100호) 택지를 민간건설업체에 공급할 예정입니다.

조감도를 보시면 앞으로 건설될 도시형 생활주택의 멋진 모습을 보실 수 있을 것입니다. 그동안 아파트 위주로 건설되던 도심의 주거공간이 도시형 생활주택의 도입으로 서로 조화를 이루어 나갈 것으로 보입니다.

[그림45] 송파구 삼전동 도시형 생활주택 조감도

[그림46] 강남구 세곡동 도시형 생활주택 조감도

산수로 : 마지막으로 매일경제신문에 '부동산전문 PB가 말하는 부동산시장 향방' 이라는 글이 부동산 투자여행을 떠나는데 있어 많은 참고가 되리라 생각하여 기사내용이 길지만 전문을 실어 보았습니다.

강남 재건축 대신 도심 소형임대 주목

시중자산 어디로

요즘 강남권의 부동산 전문 PB들은 밤낮이 따로 없이 뛰고 있다. 새로운 투자처를 찾기 위해서다. 거액 자산가 고객들의 구미를 맞춰줄 만한 상품이 마땅치 않다. 최고 인기 상품이었던 강남 재건축 진행 속도가 점차 빨라지고 있지만 도무지 성에 안 차는 모습이다. 이미 지나치게 오른 가격 탓에 부유층들이 더 이상 투자 메리트를 느끼지 못한다. 그렇다고 다른 상품을 추천하자니 경기침체로 PB, 부자들 모두 불안하기만 하다. 물론 그들만의 노하우로 새로운 투자처를 개척하는 부자들도 있다. 금융권 부동산 전문 PB들을 통해 부동산 부자들의 머릿속을 들여다봤다.

집값 전망
6개월 이상 침체

글로벌 금융위기를 거쳐 올해 희망의 빛을 기대했지만 부동산시장에는 여전히 찬바람이 분다. 부유층들은 부동산시장 침체가 얼마나 더 갈 것으로 볼까. 부동산 PB 10인을 대상으로 설문조사한 결과 6개월~1년 정도 침체가 이어질 것으로 내다봤다. 적게는 3개월, 많게는 1년 이상 침체될 것이란 의견이 분분한 가운데 약보합세가 오래 갈 것이란 의견이 많았다.

긍정적인 답변의 배경에는 6월 지방선거, 도심 재개발로 인한 이주 수요에 25조 원 토지보상금, 경기회복 기대심리가 깔려 있다.

김일수 씨티은행 PB팀장은 "시중 부동자금이 넘쳐나고 있고 서울 전세시장이 불안해지면서 부자들은 매매시장 상승 기대감이 여전하다는 판단을 내린다"고 설명한다.

물론 비관적인 전망도 만만찮다. 멀리 보면 부동산은 이제 고수익 상품으로서 가치를 잃었다는 것. 점차 인구가 줄고 고령화 사회로 접어들 전망이라 부동산 가격이 크게 떨어질 것으로 보는 거액 자산가들도 부지기수다. 아파트값은 2000년 이후 꾸준히 올랐고 2008년 기준 PIR(소득대비 집값 비율)는 서울 10.5, 강남권 11.2에 달해 더 이상 가파른 상승세를 기대하기는 어렵다는 판단이다.

정봉주 하나은행 부동산팀장은 "경기 전망이 불투명하고 이미 부동산 가격이 많이 뛰어 투자 메리트가 적다"며 "고령화, 저출산 현상까지 지속돼 부유층들은 미래 부동산시장을 대체로 부정적으로 보고 있다"고 전한다.

양해근 우리투자증권 부동산팀장 역시 "국내 부자들이 대부분 부동산으로 큰돈을 벌었지만 세금 부담 때문에 과거처럼 부동산 선호도가 높지는 않은 편"이라고 강조한다.

특히 올 연말 다주택자 양도세 중과 유예가 만료되는 만큼 부유층이 상반기부터 매물을 시장에 대거 내놓을 수 있다. 다주택자에게 60%까지 중과되는 양도세율은 올해까지 한시적으로 최고 35% 일반세율로 과세된다. 김은경 대한생명 부동산자문위원은 "경기 활성화를 위해 등장했던 세제 혜택이 서서히 사라지고 있고 2012년까지 보금자리주택 32만가구가 공급되는 만큼 수요가 공급을 떠받치기 힘든 상황"이라며 "일본식 거품붕괴까지는 아니더라도 장기침체 국면에 접어들 수 있다"고 우려했다.

이 때문에 거액 자산가들은 대체로 부동산 투자 자체를 고민하고 있었다. 현금이 있더라도 섣불리 실행에 나설 시기가 아니라는 판단이다. 일단 이들은 실탄 비축을 위해 정기예·적금, 펀드, 채권 등에 고루 자금을 묻어두고 있다. 동시에 부자들 사이에선 '주거평형 줄이기'에 관심이 높다. 핵가족화가 심해지면서 자녀가 분가하고 부부만 남은 상황이라 대형평형은 부담이 크기 때문이다.

부유층들이 주목하는 상품
10억대 토지·도시형생활주택

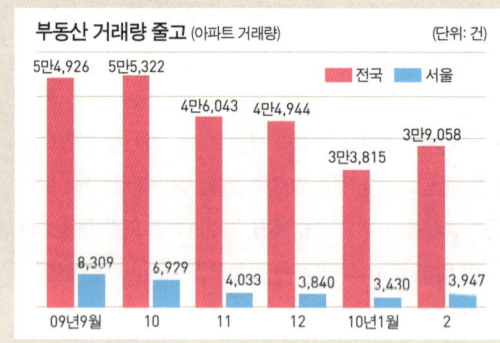

부동산 거래량 줄고 (아파트 거래량)　　(단위: 건)

■ 전국　■ 서울

5만4,926　5만5,322　4만6,043　4만4,944　3만3,815　3만9,058
8,309　6,929　4,033　3,840　3,430　3,947
09년9월　10　11　12　10년1월　2

땅값은 상승세 지속 (땅값 변동률 추이)

(단위: %, 전월대비)

0.3　0.3　0.34　0.25　0.23

(자료: 국토해양부)

09년10월　11　12　10년1월　2

부동산 투자를 고민하는 부유층들이 많지만 여전히 '그들만의 리그'에서 과감히 베팅하는 이들도 적지 않다. 부동산 부자들이 주목하는 상품은 어떤 게 있을까.

1순위는 단연 역세권 중소형 빌딩이 꼽혔다. 강남권에 위치하고 50억~100억 원 안팎인 물건들이 인기다. 비록 임대수익률이 3~4%대에 머물고 가격도 하락세지만 바닥권에서 매입하면 충분히 승산이 있다는 판단이다.

금융자산 비중이 높은 부유층들은 자산 분산 차원에서 자녀에게 증여하기 편한 데다 환금성도 좋고 시세차익까지 얻을 수 있다는 기대가 많다.

한태욱 대신증권 부동산전문위원은 "역세권 중소형 오피스나 임대사업용 오피스텔은 위치만 좋으면 꾸준히 임대료 수입이 나오고 최악의 경우에도 투자 자금은 거둬들일 정도로 환금성이 좋다는 판단을 내린다"고 내다본다.

또한 10억~20억 원 수준의 토지 투자에도 관심이 많다. '투자 대비 높은 시세차익을 기대할 수 있는 상품은 여전히 토지'라는 생각에 수도권 토지 수요가 늘고 있다. 극심한 경기침체에도 전국 땅값은 올 2월까지 11개월째 상승세를 이어가고 있다. 대체로 호재가 많은 경기 하남, 충남 당진, 서울 용산 등의 상승률이 높았다. 특히 대규모 토지보상금이 풀리면서 토지보상자들은 대토를 목적으로 토지에 투자하거나 수익형 부동산에 관심을 기울인다. 다만 수익형 부동산 투자 수익률이 생각보다 높지 않다고 판단할 경우 토지보상 채권으로 눈을 돌린다.

김재언 삼성증권 부동산전문위원은 "예전에는 토지보상자들이 주로 부동산에 재투자하는 경우가 많았지만 요즘은 다르다"며 "만기 3년 또는 5년의 토지보상 채권을 만기 보유할 경우 양도세 감면 혜택이 크게 늘어 채권에 투자하는 경우도 많아졌다"고 설명한다.

급증하는 1인 수요에 맞춰 정부가 야심차게 마련한 도시형생활주택도 관심 상품으로 꼽힌다. 도시형생활주택은 역세권 소형주택 수요에 대비하는 한편 대학가 주변 등 원룸수요와 맞물려 인기가 높다. 용적률 상향과 주차장 설치기준 완화 등 인센티브도 메리트다. 다만 최근 단독주택 지가가 급격히 뛰어 수익성을 확보하기 쉽지 않다.

고령화 시대를 맞아 도심에 위치한 요양시설도 관심을 끈다. 한때 외곽지역으로 입지가 몰렸지만 최근 접근성이 좋고 기존 커뮤니티를 유지하기 쉬운 도심으로 회귀하는 분위기다. 박합수 KB국민은행 부동산팀장은 "대형종합병원 인근은 비싼 입원비용으로 인한 대체 수요 덕분에 사업성이 괜찮다"며 "최근에는 단독건물에서 벗어나 고시원 형태 중소형빌딩 등 집합건물에도 수요가 이어지고 있다"고 내다봤다. 이와 함께 국내 부동산이 워낙 침체돼 있어 미국, 캐나다 등 선진국 중심으로 국외부동산에 대한 관심도 꾸준하다.

부자들의 불황기 투자법
정부 정책 보고 판단

부유층들의 투자 경로도 함께 추적해봤다. 부유층들은 다양한 방법으로 취득한 정보들을 개인 망을 통해 면밀히 검토한 후 최종판단을 한다.

한 예로 임대사업의 경우 현재 가치보다는 사업성이나 미래가치에 중점을 둔다. 재료가 현재 가격에 반영됐다고 판단되면 아무리 좋은 물건이라도 투자대상에서 제외하는 게 특징이다.

또한 부동산에 관한 정부 태도, 정책에 민감하게 반응한다. 참여정부 시절 부자들이 정부 말과 반대로 행동해 돈을 벌었다는 우스갯소리도 있었지만 이들은 결코 정책 흐름에 역행하지 않는다. 정부가 경기 부양을 위해 양도세 한시 감면 정책을 낼 때는 인기지역 주택을 구입하고, 재건축 완화책이 발표되면 재건축 아파트를 구입하는 식이다. 다만 불황기에 탄탄한 현금동원력으로 과감하게 투자하는 전략은 일반 투자자와 다르다.

한태욱 위원은 "부유층들의 투자시기는 일반 투자자와 반대 방향으로 흘러가는 경우가 많다"며 "예를 들어 IMF 외환위기 시절 다들 어렵다고 할 때 과감히 강남권 중소형빌딩에 투자해 돈을 번 부자들이 수두룩하다"고 설명한다.

투자를 앞두고 돌다리를 두들겨보는 것도 부유층들의 습성이다. 투자 전 손익에 대한 명확한 계산은 필수다. 취득·등록세, 종합부동산세, 양도세 등 세금과 제반 비용 등을 꼼꼼히 따져본다. 자칫 잘못하면 어렵게 번 수익을 고스란히 세금으로 날릴 수 있기 때문이다.

특히 불확실한 물건은 신중하게 접근한다. 언론에서 이미 떠들어 가격이 폭등하는 등 '시끄러운(?)' 대상에는 관심을 두지 않는다. 하지만 언제나 '블루칩' 부동산에 투자한다는 원칙은 지킨다. 개발 호재가 있는 곳마다 전문가, 중개업소 네트워크를 활용해 가격, 거래 동향을 파악한다. 여기에 더해 본인이 발품을 팔아 직접 고급정보를 확보한다. 블루칩 부동산은 경기침체기에 적게 떨어지고 상승기에는 많이 오른다는 법칙을 부자들은 항상 새기고 있다.

한때 인기를 끌었던 강남 재건축 아파트는 투자 매력이 많이 줄었다. 대치동 은마아파트의 경우 조건부 안전진단이 통과됐지만 별다른 가격 변동이 없을 정도로 재건축 경기는 극도로 침체된 상태. 결국 수익률 싸움인데 재건축 기대감이 이미 가격에 대부분 반영돼 있고 소형평형의무비율·부담금 등 규제가 여전해 당분간 재건축 추진이 어렵다는 의견이 대세다. 김일수 팀장은 "부자들은 자녀 증여 등 특별한 목적이 있을 때 강남 재건축 투자를 고려하는 경우가 많다"고 판단한다.

또한 총부채상환비율(DTI) 등 대출 규제도 부유층 투자패턴에 영향을 준다. 보통 부자들은 자금 출처가 밝혀질까 걱정돼 일부러 대출을 이용하는 경우가 많다. 그런데 이들이 대출 제약을 받는 다면 섣불리 투자에 나서기 어렵다.

이남수 신한은행 부동산팀장은 "자산가들은 서울 수익형 부동산에 대한 관심이 높고 매수의사를 가진 고객들도 많다"며 "다만 상당수 고객들이 경기 불확실성으로 매수 타이밍을 잡지 못하고 있다"고 설명한다.

〈인터뷰〉 서울시 기능직공무원에서 130억 원대 거부로 변신한 채모씨

"중개 수수료 아낌없이 줘야"

일명 '빌라왕'으로 불리는 채모씨는 부동산업계 실전형 고수다. 서울시 기능직공무원으로 시작해 산전수전 다 겪은 그는 빌라 투자로 130억 원대 자산가로 급부상했다. 그는 애초 '부자' 타이틀과는 거리가 멀었다.

"공사장 막노동부터 가스배달, 대리운전까지 안 해본 게 없지요. 그러다 서울 중구청 기능직공무원으로 취직해 청소차 운전을 시작했는데 하늘을 다 얻은 기분이었습니다."

43㎡ 남짓한 조그만 집에서 할머니, 부모님, 자녀와 함께 4대가 어렵게 살았다. 하지만 매달 고정적인 수입이 들어오다 보니 하루하루가 그에겐 즐거웠다. 그렇게 3년간 월급을 꼬박 아껴가며 겨우 3,000만 원을 모았다.

그러다 우연히 부동산 투자에 눈을 뜬다. 상사 추천으로 지금 성당구 행당동 대림강변아파트 재개발 부지에 투자한 것. 도로부지 땅 6.6㎡(2평)를 1,500만 원에 매입했다. 당시 82㎡ 아파트 입주권이 나올 수 있는 지분이었다. 주위에선 걱정했지만 6개월 뒤 땅값은 3.3㎡당 2,500만 원으로 급등했다. 무려 3배 이상 뛴 것. 부동산에 대해 아무 것도 몰랐지만 투자의 '단맛'을 보기 시작했다.

이때부터 도심 뉴타운, 재개발 시장에 본격 뛰어든다. 평일 저녁, 주말마다 부동산 중개업소를 수십 군데씩 돌아다니며 실전 감각을 익혔다. 도로변에 위치하고 투자비용이 낮은 용산, 합정동 소형 지분과 성수 일대 아파트 투자에 주력했다. 1년 새 종잣돈은 1억 원으로 늘었고 또 1년 후엔 7억 원까지 불었다. 연 20% 이상 높은 수익을 올리면서 한때 다세대주택을 30가구 이상 보유하기도 했다.

물론 그에게도 위기는 있었다. 2008년 글로벌 금융위기 때, 투자해놓은 빌라의 사업성이 떨어지면서 55억 원 부채를 졌다. 매달 이자만 5,500만 원씩 내기도 했다. 하지만 그는 주저앉지 않았다. 도심 재개발사업에 승산이 있다는 판단 속에 주로 성수동·합정동 등 한강변 허름한 주택을 허물고, 다세대주택·빌라를 지은 뒤 분양했다. 다행히 분양은 잘 됐고 수익률도 서서히 뛰었다.

현재 그가 주목하는 지역은 한강변 전략정비구역, 유도정비구역이다. 서울시는 압구정, 여의도, 성수, 이촌, 합정 등 5개 지역을 전략정비구역으로 당산, 구의, 자양, 잠원 등은 유도정비구역으로 지정해 초고층 개발을 진행 중이다. 가격이 많이 올랐지만 이들 지역은 지금도 승산이 있다고 강조한다. 향후 도심 뉴타운, 재개발사업이 계속 진행되면 해마다 3만~4만가구 주택이 멸실돼 다세대주택, 빌라가 주목받을 수 있기 때문이다.

한 예로 성동구 성수1구역 16.5㎡(5평)짜리 재개발 지분의 경우 3.3㎡당 1억~1억 2,000만원 수준인데 향후 분담금 3억 원 정도를 더하면 총 8억~9억 원가량 투자금이 필요하다. 이후 100㎡(30평)대 일반분양가를 9억 원 수준으로 잡고 1억 원 이상 웃돈이 붙는다고 가정하면 투자가치가 충분하다는 계산이다.

"용산, 한강변 등 서울 곳곳이 대규모 공사장이라 해도 과언이 아닌데요. 이런 상황에서 굳이 수도권으로 눈을 돌릴 필요가 없지요. 특히 도심 빌라, 다세대주택은 DTI 규제를 피할 수 있고 매매가 대비 전세금비율도 높습니다. 단독주택보다 감정평가액도 많이 나오고 초기 투자비용도 적어 소액으로도 충분히 투자할 수 있지요."

그만의 투자비결도 공개했다. 평범한 진리 같지만 결국 부동산 투자도 '사람과의 신뢰'라고 강조한다. 채 씨는 중개업소를 통해 거래가 성사될 때 수수료를 남보다 훨씬 많이 준다.

"법정 수수료보다 몇 배 더, 심지어 매매가의 10% 이상까지 주면 중개업자는 자연스레 저를 신뢰하게 됩니다. 이후 좋은 물건이 나오자마자 저에게 먼저 연락해주고 또 거래가 성사되면 '윈윈' 관계가 형성되는 거지요."

두 번째 원칙은 과감한 액션(행동)이다. 아무리 투자정보를 많이 알더라도 실제 투자에 옮기지 않으면 모두 무용지물이라는 것. 그는 "부동산 도서, 강연회 등 정보를 습득하는 창구는 많지만 대개의 사람들이 투자를 망설이고 나중에는 후회한다. 자금만 있다면 적절한 타이밍에 과감히 투자하는 게 성공의 기본"이라고 강조한다.

■ 설문에 응답해주신 분들(10명)
▷ 김은경 대한생명 부동산자문위원 ▷ 김일수 씨티은행 PB팀장 ▷ 김재언 삼성증권 부동산전문위원 ▷ 박합수 KB국민은행 부동산팀장 ▷ 안명숙 우리은행 부동산팀장 ▷ 양용화 외환은행 부동산팀장 ▷ 양해근 우리투자증권 부동산팀장 ▷ 이남수 신한은행 부동산팀장 ▷ 정봉주 하나은행 부동산팀장 ▷ 한태욱 대신증권 부동산전문위원

〈매경이코노미〉2010.03.31

로빈손 : 기사내용을 읽어보니 산수로님이 그동안 설명하셨던 내용들을 압축한 것으로 보이네요. 이제 부동산 투자에 자신감이 생겼습니다.

산수로 : 그동안 길고 긴 부동산 투자여행을 함께 떠나느라 고생하신 로빈손님이 이제는 명실공히 '재테크계의 로빈후드'로 우뚝 설 날이 곧 올 것이라고 믿습니다.

로빈손 : 산수로님과 함께 부동산 투자여행을 떠나면서 쉽고도 재미있는 설명과 아울러 가려운 데를 긁는 핵심적인 설명으로 어렵게만 느껴지던 부동산 투자가 이제는 자신이 생깁니다. 다만, 지금까지 배운 내용만으로도 부동산 투자를 하는 방법이 너무 많다 보니 과연 어떤 것을 선택하여 최고의 수익률을 올릴 수 있는 투자를 해야 할지가 걱정입니다.

마지막으로 산수로님이 효율적인 부동산 투자와 관련하여 좋은 말씀 한 마디 해 주셨으면 하는데요.

산수로 : 로빈손님 말씀대로 부동산에 투자할 수 있는 방법은 무궁무진합니다. 그러나 부동산 투자에 있어서 가장 중요한 것은 '선택과 집중' 입니다.

자신의 투자자금 규모, 투자목적, 투자성향, 나이, 거주지역 등 여러 가지 복합적 요인을 종합적으로 검토하여 가장 적합한 투자방식을 선택하여 이에 집중할 필요가 있습니다. 남들이 좋다고 무작정 따라 뛰어드는 것이 아니라 전문가와 충분한 상담을 거친 후 자신만의 소신을 갖고 한 우물을 팔 필요가 있다는 것이죠.

로빈손 : 너무 좋은 말씀 들었습니다. 산수로님의 기대에 어긋나지 않도록 부자가 되어 돌아오는 급행열차를 타더라도 투자에 있어서만큼은 신중하게 결단력을 가지고 '선택과 집중' 을 하겠습니다.

마지막으로 앞으로 나올 우리책 3권《로빈손과 함께 떠나는 부동산 경매여행》역시 무척이나 기다려지네요. 기대하겠습니다.

산수로 : 부동산 투자에 있어서 중요한 점은 저평가된 미래가치가 있는 부동산을 사는 것이라고 하였지요. 경매는 남보다 싼값으로 저평가된 미

래가치가 있는 부동산을 발견할 수 있는 아주 좋은 방법이지요.

　그러나 경매 역시 미래가치가 있는 부동산을 골라야 한다는 점에서는 지금까지 설명한 로빈손과 함께 떠나는《돈 되는 부동산 투자여행》이 많은 도움이 될 것입니다.

로빈손과 함께 떠나는 재테크 시리즈 ②

돈 되는 부동산 투자여행

초　판 1쇄 2010년 05월 20일

....

지은이 조필규
펴낸이 김석규　**담당PD** 유철진　**펴낸곳** 매경출판(주)
등 록 2003년 4월 24일(No. 2-3759)
주 소 우)100-728 서울 중구 필동1가 30번지 매경미디어센터 9층
전 화 02)2000-2610(출판팀) 02)2000-2636(영업팀)
팩 스 02)2000-2609　**이메일** publish@mk.co.kr
인쇄·제본 (주)M-print　031)8071-0961

....

ISBN 978-89-7442-662-0
값 25,000원